全国教育科学"十三五"规划 2016 年度教育部重点课题
"中小学教师专业阅读体系构建深化研究"（DHA160379）核心成果

读领风骚

——中小学教师专业阅读六讲

孙贞锴／著

中国海洋大学出版社
·青岛·

图书在版编目（CIP）数据

读领风骚：中小学教师专业阅读六讲 / 孙贞锴著 . —青岛：
中国海洋大学出版社，2019.10
ISBN 978-7-5670-2440-3

Ⅰ . ①读… Ⅱ . ①孙… Ⅲ . ①中小学—教师—阅读辅导
Ⅳ . ① G635.12

中国版本图书馆 CIP 数据核字（2019）第 227154 号

出版发行	中国海洋大学出版社		
社　　址	青岛市香港东路 23 号	邮政编码	266071
出 版 人	杨立敏		
网　　址	http://pub.ouc.edu.cn		
电子信箱	502169838@qq.com		
订购电话	0532-82032573（传真）		
责任编辑	由元春	电　　话	0532-85902349
印　　制	日照日报印务中心		
版　　次	2019 年 12 月第 1 版		
印　　次	2019 年 12 月第 1 次印刷		
成品尺寸	185mm×260mm		
印　　张	21.5		
字　　数	426 千		
印　　数	1~2000		
定　　价	66.00 元		

发现印装质量问题，请致电 18663037500，由印刷厂负责调换。

序一

专业阅读成就"良师"

中国教育科学研究院　储朝晖

　　自从 1983 年开始做实地调查，我就与一线教师直接交往，可以说对教师群体充满感情。长期的交往也使我对这个群体有些不满，主要是看到多数老师除了看自己任教学科的教科书、教辅资料外，基本上不读其他的书，以至教师成为社会中读书较少的人群，对人类文明发展方向疏于了解，也不善于体察、探究工作对象——儿童的身心发展过程及其内在规律。

　　阅读是教师改进与提升自己的必由之路，孙贞锴老师探讨教师专业阅读问题，正是在我不满意的方面寻找求解良策，这个选题很有价值，所阐述的内容富有新意。

　　教师要胜任本职工作，适应时代发展需要，必须加强学习。阅读是必要的学习方式，教师应深入且广泛阅读，让自己的学识输入与输出平衡，做到本书所说的"读"领风骚。

　　教师的"读"更在于专业阅读，专业阅读的目的在于成就"良师"。

　　专业阅读，我的理解是——主要为了做好自己的专业工作而阅读。作为教师，阅读的目的不仅仅在于专业知识的获得与专业背景的扩展，更在于培育精神、提升人格、磨砺思想，深刻省察自我，促进教育精神与人生境界的升华，而不在于以此标榜、获得光环、沽名钓誉。对此，孙老师在全书首讲也进行了较为精辟的分析。

　　因为我多次提倡专业阅读要读名著，一些老师说读不下去，原因是那里面讲的内容与现在的教育教学和生活没有太大的关系。这样的说法反映了一个基本事实，即大多数教师专业阅读的功能定位还在于获取某一个知识点，这样的阅读是狭隘的。对于一般材料的阅读也许到此即可，而对经典名作的阅读——我认为主要是读作者的胸怀，如果没有达到这个境界，阅读就不够深入。通过经典作品的阅读知晓先贤的胸怀，才可能引导自己向着真正的"良师"一天天进步，通过理性的判定确立自己成长发展的路径，绝不外骛于一时的名利得失。良师的成长与发展，更要注重内在自主，更要唤起自我，更要走进学生内心世界。一位老师能否成为"良师"，在于其能否形成深厚的积淀。这种积淀，包括其人生体验与阅历，也包括通过阅读与践行结合实现的所感所悟所得，以此积淀成真正有着教育情怀、人格操守、专业理性、能够不断挖掘并发挥自我潜能与智慧的良师。孙老师的这部专著，自始至终也贯穿、渗透着这样一种思想。

专业阅读有其独特的路径，第一道关就是选择。信息社会能阅读的内容几乎无限，每个人的时间有限，教师专业阅读不完全等同于大众阅读，更要根据自己的目的和需求程度做出选择，在内容结构、发展阶梯上有所斟酌。本书提出的"三维四性阅读体系"可供教师选择阅读内容、进行阅读规划时参考。书中针对专业阅读方法做了较为充分的探讨、总结，涵盖教育教学的多个方面，不乏创造性的思考。比如，其中归纳出的几种专业阅读常用思维方法，就是强调把书读精、读深、读活的一种体现。

时下，不少教师读书常偏于一隅，陷自己的观念和观点于固化。本书在着眼建构多元组合、递进发展的专业阅读体系之外，一并提出专业阅读存在非连续性，在我看来，这种非连续性还应指向阅读发生所具有的偶然性。在依照自己的阅读规划循序渐进的同时，也可能某个偶然的事件会引发新的阅读兴趣，当有这样的情况发生时，也不要强制拒绝，而是要保持平衡：在看了一方观点和证据的同时，看一看另一方的观点和证据，质证后形成自己的判断和观念，保证自己不进入别人设置的死胡同。而一个人的阅读，连续性也不应类似于春蚕吃桑叶一般一块一块地啃，而是更应该以下围棋的方式不断思考布点，在每个新的阅读窗口都存在很多可阅读的内容。善于阅读的人总是挑选其中最有价值的内容，分清主次和功能，分别采取泛读或精读等不同的方式进行阅读、反刍、回味，以达到渐入佳境的领悟。

孙贞锴老师曾多年参与和主持学校共青团工作，是陶行知"学生自治"思想忠诚的实践者与研究者。陶行知先生曾引用《墨子》里提出的亲知、闻知、说知强调："亲知是亲身得来的，就是从'行'中得来的。闻知是从旁人那儿得来的，或由师友口传，或由书本传达，都可以归为这一类。说知是推想出来的知识。现在一般学校里所注重的知识，只是闻知，几乎以闻知概括一切知识，亲知是几乎完全被拒于门外。说知也被忽略，最多也不过是些从闻知里推想出来的罢了。我们拿'行是知之始'来说明知识之来源，并不是否认闻知和说知，乃是承认亲知为一切知识之根本。闻知与说知必须安根于亲知里面方能发生效力。"孙老师在推动专业阅读的过程中对教师专业阅读这一主题进行了不断的总结与研究，获得了比较丰富的实践与体验，有自身独立、深入的观察与总结，表现出行以致知的精神。本书作为其成果结晶，既有明晰的理论建构，也有大量的实例支撑，确实不乏启迪、指导意义。

专业阅读成就"良师"是思想不断丰富的省思过程。我曾反复谈到，没有思想的教育教学就如同没有加盐的菜肴，无论做工多么精细、材料如何珍贵都难以让人开胃。即便是强迫师生接受某种教育，也只会让他们日益变得虚脱无力，没有骨气，没有精神。评价教师应该依据他在学生内心深处的有效影响大小来判定，而绝不仅仅是纸面上的教学成绩。仅仅依据疏于省察的分、率评价教师，使教师的教学脱离了社会与学生的实际需求，不得不采取机械重复、灌注强迫的方法来凸显业绩，这样的教育教学，思想注定是贫乏的、真空的。或者，至多可谓一种滞后的异化的"思想"。

不少青年教师刚走上教学岗位的时候还能志存高远，还有着对教育规律的敬畏，有着对自身与学生作为"人"和生命之存在的尊重，还有着几分人文气息。若干年后，内心的彼岸渐行渐远，为了眼前的利益、所谓的某种"现实"而宁愿被裹挟，甘于随波逐流，逐渐心中也就没有了彼岸。内心彼岸的消失就是自我消失。现实中存在的大面积的教师职业倦怠，与不当的管理和评价直接相关，阅读则是教师心中彼岸重现的路径。无论是从教师个人的成长发展角度看，还是从教育品质的提升看，阅读特别是专业阅读又是支撑教师向彼岸前行的一苇。

从这个意义上说，我们希望有更多的中小学校能够带动教师走上专业阅读之路，以专业阅读成就良师，克服职业倦态，唤起专业自觉，重建精神家园，期待更多的老师能在自身力所能及的范围努力改进教育教学生态，寻求教育教学的创造性。这是我对"读领风骚"最美好的期待，真心希望这部专著能在其中发挥作用，给更多人带来有益的启发与思考。

是为序。

2019 年 2 月于北京

储朝晖，中国教育科学研究院研究员，中华教育改进社理事长，全国第三方教育评价机构联谊会主席，中国地方教育史志研究会副会长，中国陶行知研究会副秘书长。2010 年入选"影响中国时代进程 100 人"之十大教育工作者，2012 年被网易评选为年度教育意见领袖，2014 年入选搜狐"2014 中国教育推动者"。著有《中国教育再造》《教育改革行知录》《中国幼儿教育忧思与行动》《多维视野中的生活教育》《以人为本的教育转型》《重建教育生态》《回归常识做教育》等。

| 序二

越阅读，越专业

上海市教育考试研究院　常生龙

　　2014 年，上海市教师学研究会曾做过一项针对教师阅读的专项调查，通过对上海市 48 所中小学和幼儿园的 3411 名教师的抽样问卷分析，发布了《上海市中小学幼儿园教师读书现状报告》，报告显示：教师的阅读时间普遍较短，每天阅读时间低于 1 小时的教师占比为 82%；教师读书数量少，在过去一年里读过的书不超过 4 本的教师占比为 61%；教师购书数量少，在过去一年中购买的书籍少于 10 本的教师占 79.4%，订阅的期刊低于两种者占 86%；教师阅读效果差，在浏览、泛读和精读三种阅读方式中，39.2% 的教师以浏览为主，其次是泛读，占 32%。动机不足、环境不良、方法欠缺和资源缺乏，是当下教师阅读存在的普遍问题，也是推动教师阅读必须要攻克的难关。

　　尽管难度很大，但报告给出的另外一组数据还是让我们对推动教师阅读有了更多的信心。报告显示：89.8% 的教师认为阅读对自己的专业成长帮助很大，80.7% 的教师喜欢与人交流阅读感受、心得与收获，81.3% 的教师乐意参加各种读书交流活动，91.1% 的教师积极鼓励学生看课外书。看来，教师对阅读的价值和意义还是有较高认知的，需要通过恰当的引导和强有力的支撑，帮助教师养成良好的阅读习惯，走向专业发展之路。

孙贞锴老师领衔的"中小学教师专业阅读体系构建深化研究"课题，直指当下教师阅读存在的普遍问题，并聚焦教师阅读的难点和痛点，寻求破解的路径与良方。由孙老师完成的《读领风骚》一书，作为课题研究核心成果，可以在更广泛的范围传播，这对全国各地的教师阅读来说必将起到很好的示范、引领与指导作用。

一

在这个知识爆炸、信息按照指数函数递增的时代，不养成坚持阅读、终身学习的良好习惯，是很难在这个瞬息万变的社会立足的，为此，学校和教师必须有所作为。我一直持这样的观点：教师自己不阅读，培养不出会阅读的学生来。但在现实生活中，为什么有那么多的老师平时不读书，没有阅读的习惯呢？很多人将其归结为工作太忙、没有时间等，这实际上是都是借口，深层次的原因是教师自身专业发展的动力不足。

每一项工作，都可能有三种不同的做法：

第一种是原创，即在工作中勇于创新，通过不断地创造来让工作独一无二，让过程充满活力，让自我不断超越。

第二种是组合，虽然自己没有原创性成果，但善于学习他人先进经验，并结合自身实际进行重组和加工，来让自己不走老路。

第三种是反复操练，一年又一年、一轮又一轮地重复过去的故事。显然，这三种工作状态背后的专业发展动力机制是不一样的。

善于原创的人始终有着不走老路、锐意变革的内在渴望，这是一种由内而外的发展力量，如果有恰当的环境和氛围支持，其能蓄积和迸发的力量是无穷的。善于组合的人注重学习，他们有改变自己的内在需求，但更需要外力的支撑和榜样的引领，通过借鉴和模仿他人，让自己能够跟着原创者前行。那些处于反复操练工作状态的人，最担心的就是改变，总想"以不变应万变"，满足于现有的专业水准。

上述讨论对教师也是适用的。显然，教师专业发展动力的大小来自其专业追求的高度，来自社会对其专业发展成就的不断反馈。让更多的教师成为"原创"型教师，是解决教师专业发展动力不足的关键。事实上，教师工作本身就具有"原创"的特质，这是一项基于个人教育哲学而开展的高度个性化的工作，总是置身于个性化的教育情景之中，面对的是个性化的学生，开展与众不同的教育教学活动，这就要求教师必须创造性地来处置各类教育教学问题。当下最需要做的是发掘教师的专业原创力，引导这种原创力的释放，助推这种原创力的形成，并作为教师教育系统构架的基础。

要发掘、引导、助推教师的原创力，外因固然重要，但归根结底还要靠内因，还离不开教师的自我重构，而坚持阅读、养成良好的阅读习惯，则是帮助教师自我重构的重要路径。教育系统有很多名师，他们成长的道路各不相同，但都有一个共同特点，就是善于阅读、坚持学习。孔子在《论语·为政》中说："温故而知新，可以为师矣。"用今天的话来说，做一名教师必须不断学习，不仅要丰富自己的知识，更要提升教育智慧，有自己的独立思考，有对教育教学工作的新的认识和创新实践，守正出新，与时俱进。所以苏霍姆林斯基说："读书，读书，再读书，教师的教育素养正是取决于此。"

我想，正是基于这样的共识，孙贞锴老师在《读领风骚》的导论和第一讲分别对教师专业阅读的重要性和功能定位进行了梳理分析，在大前提、大方向上给读者以指引。

二

我非常赞同这样一种说法：没有阅读，就没有真正的教育。没有专业阅读，就无法造就真正的教师。所谓专业阅读，简单地说，就是顺应职业特点和个体专业发展的需求开展的阅读。不同的职业有各不相同的特质，为了将相应工作做好而开展的专业阅读自然也有较大差异，因此专业阅读具有鲜明的职业特征。教师要将立德树人的根本任务落到实处，在专业阅读上必然要关注如下几个方面：

第一，围绕学科本体知识的深入理解、丰富拓展而进行的阅读。学科教材的内容有点类似于"压缩饼干"，是被一次次抽象之后提炼总结出来的精华，要想让学生理解，需要先对教材上的学习内容进行"解压"，还原其发展演变的轨迹，增强其与生产生活实践的联系。教师自己在这一领域的阅读质量和水平，决定了他在"解压"的过程中路径是否正确，方向是否跑偏。

第二，围绕学生如何快乐学习、健康成长而进行的阅读。"陶行知喂鸡"的故事告诉我们，如果学习者没有求学的欲望和冲动，无论教师如何努力，学习也不会发生。因此，作为教师必须加强阅读，研究学生身心发展规律，了解学生学习的脑科学原理和心理机制，努力创设易于引发学习产生的氛围和环境。

第三，围绕如何设计课程、组织教学、实施评价而进行的阅读。课程方案和教材提供了教学的素材，学生的身心发展特点决定了教学的起点。教师开展教学设计，一方面要吃透教材，明晰学科的知识逻辑和整体机构，明晰每一个知识点在学科体系中的地位和作用；另一方面要理解学生，把握学生的学段心理特征、认知规律。在此基础上，通过巧妙的教学设计，在教材内隐的知识逻辑与学生内隐的认知逻辑之间架设一道桥梁，让学生能够方便地从自己建构的世界进入到学科的世界之中，感受学习的乐趣，在获取新知的过程中获得巅峰体验。

第四，围绕"五育"的整合和协调一致而进行的阅读。培养德智体美劳全面发展的社会主义建设者和接班人，是全国教育大会明确的教育方针，要将这一方针落到实处，就必须要深入研究"五育"的特点，在学科教学中落实"五育并举"。就拿让学生课间做操这件事情来说吧，按照规范按时排队入场体现着德育的要求，知道怎样做动作并做到位是智育的要求，做操本身是体育，步调一致的动作和节奏呈现给我们的又是美育，坚持锻炼和运动又能为人的劳动提供保障……每项学习任务大都有这样的特点，育人任务只有不被肢解，"人人都是教育工作者"这句话才能落到实处。

第五，围绕教育观念和教育哲学进行的阅读。一个总是专注于本学科知识的研究，没有读过哲学的人，很容易成为一个事务主义者。教师常把"传道、授业、解惑"作为自己的使命，以终结一个个问题为目标，但哲学并不这样，它总是不断地把终极性的问题放在你的面前。如果一位教师能够做哲学性地思考，善于在司空见惯的教育行为之中提出颠覆性的问题，他就会走向"原创"之路，引领学科甚至教育的发展。

第六，围绕学习中国优秀文化、世界先进文化而开展的阅读。我们在教育改革的道路上其实走了很多弯路，今天学习这个，明天学习那个，学来学去总是学不像。这其中的缘由很简单，所有的教育行为和策略，都与当地的文化生态有着密不可分的关系，不同的国家之所以选择各不相同的教育发展之路，也是因为国情、因为文化的不同造成的。学习和思考永远都置身在文化情境里，并且永远都依赖文化资源。

你看，上述教师专业阅读的特质，就是别的职业所不具备的，这也可以视为我所理解的一种阅读结构。孙贞锴老师和他的团队更有智慧，在书中将专业阅读的内容结构概括整合为儿童情怀、专业智慧、人文精神三大维度，简洁明了地引导教师优选作品、亲近经典，提升阅读品质，体现了团队自身的专业阅读素养。

三

既然教师专业阅读如此重要，那该如何循序渐进地推进专业阅读——让其成为伴随教师专业发展的生活方式呢？

阶梯的搭建非常关键。对于登高者来说，阶梯有几个方面的作用和价值：一是可以为攀登者指引路径，避免漫无目的的探索。二是给攀登者提供缓冲，通过在某个阶梯上的驻足停留，让其逐渐适应环境调适身心，为攀登上一级阶梯做好准备。三是可以给攀登者提供心理预期。如果攀登者明确了登顶所需要完成的阶数，就会做到心中有数，合理分配自己的体力和资源。教师专业阅读也是如此，将需要阅读的书籍堆放在老师们眼前，只能为其带来压力，让其产生恐慌，通过恰当的阶梯搭设，帮助他们拾级而上，才是专业阅读的应有之意。

孙贞锴老师和他的团队从感性、知性、理性、灵性的"四性"出发，为专业阅读搭设了四级台阶：与感性阅读相应的是叙事抒怀类作品，重在唤醒教师教育教学实践中的各种感受和经验，产生情感共鸣，激发阅读兴趣；与知性阅读对应的是案例分析类作品，重在为教师架设教育理论与教育实践之间的桥梁，让教师感悟理论指导下的实践的意义和价值，催生对教育理论的学习以及对教育实践的反思；与理性阅读对应的是原理探究类作品，重在从整体上构建教师的儿童观、学习观和教学观，从系统的角度思考教育实践中所面对的各种问题和困惑，形成对教育的理性认识；与灵性阅读相应的是哲理参悟类作品，重在强调教育的终极价值，强调形而上层面的思考与建构，把闻思正见转化为灵魂的力量，为原创性教育厚植心灵之土。当教育哲学和教育常识有机融合的时候，也就是教师蓬勃的创造力迸发的时候。

方法的选择也很重要。毛泽东主席曾说过，任务是过河，方法是船或桥，不解决船或桥的问题，过河就是一句空话。法国物理学家朗之万在总结读书的经验与教训时更是深有体会地说："方法的得当与否往往会主宰整个读书过程，它能将你托到成功的彼岸，也能将你拉入失败的深谷。"在《读领风骚》这本书中，作者用了很大篇幅来讨论教师专业阅读的方法问题，凸显阅读方法的重要：

譬如，检索作为一种阅读方法，有其独特价值，但怎么有效检索尚需斟酌，本书对中小学教师检索阅读的功能定位与方法路向进行了有特质的分析。

再如，在一个时间段里针对特定的话题展开的主题阅读，是深化理解、提高认识的好方法。本书结合例证，针对主题阅读方略也进行了比较精当的探讨。我自己就经常运用这种方式来集中学习、攻克难关。有关人工智能、脑科学、核心素养、学习科学……都曾成为阅读的主题，也正是通过这样主题聚焦的学习和思考，让我对这些领域的研究特点和成果有了较为清晰的认识，知道如何与教育教学工作有机整合。

又如，本书谈到的以课题研究为目的的文献研读，既是对检索、主题阅读等方式的整合，更是对分析、比较、推理、归纳等常见方法的灵活运用，需要教师会运用专业的检索工具，会对相关主题作品进行多样化的分析，能从中找到作品的共性特征，发现此前的研究没有涉略的问题、研究不够深入甚至存在谬误之处，为自己的后续研究指明方向。

阅读成果的呈现也需要重视。很多人很喜欢玩游戏，这其中一个主要原因，就是游戏的及时反馈功能。无论是依据游戏完成时间的长短，还是完成一局的积分，只要你去做了，成果立即显现，玩家可以根据及时的反馈来调整自身行为。阅读也是一样，虽然不能像玩游戏那样随时随地反馈成效，但也必须重视阅读成果的呈现，对其给予及时的反馈。如果始终得不到反馈，教师的阅读热情很难保持，良好的阅读习惯也很难养成。

阅读成果的呈现有很多种方式，比如读书报告会、阅读感想的语言录制和推送等，但最为普遍的还是读书笔记的撰写，包括札记、读后感或者书评等。如果说阅读是一个信息汲取的过程，读书笔记的撰写则是经由思维加工的再创造，是整合了自身经验的信息输出过程。阅读和写作是教师专业发展的一体两翼，不可偏废。我坚持每周读一本书，写一篇读书笔记，并通过博客发布出去。博友对每周一篇的读书笔记非常感兴趣，经常就此和我交流讨论，这实际上就是一种及时反馈机制，让我对阅读、对写作有了更多的信心。2015年，我对自己撰写的500多篇读书笔记进行分析整理，出版了《读书是教师最好的修行》一书，得到全国各地教师的普遍欢迎，这更加增强了我坚持阅读的信心。孙贞锴老师在本书中围绕整理阅读笔记、融入专业实践两个方面对此进行了比较详细的探讨，也很值得大家学习和借鉴。

四

推动教师专业阅读，不是一件容易的事情。

首先是信息时代智能设备的普及，挑战着人们原有的阅读方式和阅读习惯。

纯文字的阅读没有图文并茂式的生动，携带一本厚重的书没有拿着手机方便。随着社会变革和人们的生活节奏越来越快，文本阅读也越来越浮光掠影。很多人都在追求"悦读"，雅斯贝尔斯曾经感叹的"人们草草阅读，只知道追求简短的能快速获得知识又很快速遗忘的那些讯息，而不能去读那些能引起反思的东西"的境况，在今天越来越普遍了。

其次是工作的压力有增无减，窗外的各种诱惑让人心动，每天很难保证足够的时间用于阅读。

一方面，专业阅读是一种深度学习，是需要基本的时间来保证的；另一方面，专业阅读具有一种庄严的仪式感，正是在这样的学习过程中，人们才能学会一种行为，慢慢养成良好的阅读习惯，而这也需要时间来支撑。如何管理好自己的时间，能够在兼顾工作、家庭、休闲的同时，给专业阅读预留时空，体现着教师的自我管理能力和水准。孙老师在书中对这一问题也有细腻的观察与分析，可供参考。

再次是专业阅读本身所特有的挑战性。

娱乐性的阅读最受世人欢喜，因为这种阅读没有什么负担，还能愉悦身心。但专业阅读就不一样了：一方面，书籍的选择往往以经典为主，专业学科、教育领域的经典，文史思想类的经典，这些都与娱乐性的作品有天壤之别；另一方面，阅读过程不能走马观花，要以"啃骨头"的精神勇气，由表及里，由浅入深，逐渐进入到经典所带给你的无穷世界之中，在脱去一层皮的劳累困苦之中，去体验经典带给自己的震撼与感动。

既然一个人的专业阅读如此不易，那就要发挥团队力量，通过打造阅读共同体，形成众人拾柴火焰高的专业阅读新态势。当然，一个区域、一所学校、一个教研组，与一个阅读共同体还是有鲜明区别的，只有那些有共同教育愿景、有类似阅读兴趣、有专业发展渴望的教师们集聚在一起，才能推动教师群体专业阅读的有效开展。对专业阅读的组织推动问题，孙老师在本书最后一讲也有比较详尽的分析，对其中涉及的诸多矛盾关系也有深入探讨，在此不再赘述。

十八大以来，每年的政府工作报告都将推动全民阅读作为工作内容列入，充分体现出国家层面对阅读重要性的理解和价值追求。我们恰逢其时，备感欣慰。作为教师，更应从自身做起，更应成为全民阅读的先行者，更应有"读领风骚"的情怀与追求。何以"读领风骚"？孙老师的这部著作做出了很有针对意义的探讨。通读之后，总的感觉就是很厚实，有鲜明的指导性与启发性，可以说是教师专业阅读研究领域的一部精深之作，作为一项重要成果，确有其推广价值。希望也相信这部著作能够引领更多的有心人——真正踏上专业阅读之路，走向"越阅读，越专业"的美好境界！

2019 年 4 月于上海

常生龙，上海市物理特级教师，历任上海市虹口区人大教科文卫工委主任、中国民主促进会上海市虹口区委主委、上海市虹口区教育局局长等职，现为上海市教育考试院副院长。2011年获"全国教育改革创新管理贡献奖"，当选中国教育报2012年度"全国十大推动读书人物"。著有《物理教师的备课与上课》《读书是教师最好的修行》《给教师的5把钥匙》《让教育更明亮》等著作。

目录

导　论　走近中小学教师专业阅读 / 001

第一节　是否可有可无：导向专业阅读的案例启发 / 003

第二节　并非凭空而来：关于专业阅读的历史考察 / 011

第三节　何以化零为整：专业阅读体系构建之必要 / 014

思考与研讨 / 016

第一讲　专业阅读的功能定位 / 017

第一节　"教师专业阅读"之"教师" / 019

第二节　"教师专业阅读"之"专业" / 027

第三节　"教师专业阅读"之"阅读" / 034

思考与研讨 / 037

第二讲　专业阅读的结构阶梯 / 039

第一节　已有的相关解读与尝试 / 041

第二节　我们的主体建构："三维四性阅读"体系 / 045

第三节　教师专业阅读存在的非连续性 / 099

第四节　教师专业阅读选择的基本原则 / 102

思考与研讨 / 105

第三讲　专业阅读的方法要领 / 109

第一节　教学参考层面的检索阅读 / 111

第二节　专业知识补充与教育教学研究层面的主题阅读 / 126

第三节　课题研究中的文献研读方略述要 / 132

第四节　以教育教学经典为核心的根基阅读 / 136

第五节　专业阅读常用思维方法举要 / 167

思考与研讨 / 212

第四讲　专业阅读的成果体现 / 217

第一节　成果的直接体现：整理阅读笔记 / 219

第二节　成果的间接体现：融入专业实践 / 255

思考与研讨 / 269

第五讲　专业阅读的时间管理 / 271

第一节　时间管理：教师专业阅读的必须 / 273

第二节　关于专业阅读时间管理的认识分歧及其分析 / 277

第三节　专业阅读时间管理微观格局设计举例 / 281

第四节　针对专业阅读时间管理的策略建议 / 283

思考与研讨 / 290

第六讲　专业阅读的组织推动 / 291

第一节　怎一个"推"字了得："组织推动"须审视 / 293

第二节　专业阅读与常态教育教学活动的结合方式 / 297

第三节　教师阅读共同体的组织运作 / 303

第四节　专业阅读的量化与内化 / 310

第五节　对专业阅读课程化的探讨 / 316

第六节　正视"专业化"及"专业阅读"之局限 / 319

思考与研讨 / 320

后　记 / 325

走近中小学教师专业阅读

　　要对中小学教师专业阅读进行系统探讨，需要了解三个基本问题：首先，应该知道它对中小学教师来说究竟有没有用，是否可有可无。其次，应该知道它的提出背景和发展脉络，明确它并非凭空而来。再次，要明确为什么有必要对它形成比较全面的理解，着眼于"化零为整"的体系建构，为此，必须正视、梳理的基本要素又有哪些。导论部分要聚焦的就是这三个问题，这也是后续六讲的前奏与铺垫。

第一节

是否可有可无：导向专业阅读的案例启发

一、别让科学常识挡了道

在一所小学语文备课组同课异构活动中，一年级几位老师上的都是苏教版第二册《蚂蚁和蝈蝈》一课。这篇课文讲的是蚂蚁由于辛勤劳动而得以安然过冬，蝈蝈由于懒惰而又冷又饿难以越冬的故事。不少老师在课堂最后都安排了相应的拓展想象训练。

师：第二年夏天到了，有些得到帮助的蝈蝈幸运地活了下来，现在他们会干些什么呢？或者说第二年夏天到了，蝈蝈们听了大家的劝告会怎么做呢？

生：第二年夏天，蝈蝈们会和蚂蚁一样辛勤地劳动，储备粮食，到了冬天，他们不再挨饿受冻了。

师：是啊，蝈蝈们也懂得了"勤劳才有收获"的道理。

生：蝈蝈们改不了懒惰的本性，依然不肯劳动，结果到了冬天还是又冷又饿。

师：噢，这真是一群顽固不化的蝈蝈！

生：有的蝈蝈变得勤劳了，有的蝈蝈仍然不想劳动。

……

执教老师认为，这样的拓展想象训练，锻炼了一年级学生的说话能力，深化了文章主题。但有听课者对此提出不同看法，认为在课文结尾进行这样的拓展想象，虽然符合故事发展和孩子心理，却难以符合科学常识，对孩子的人文教育一定不能忽视科学观念的渗透，并建议在结课时老师应直接告诉孩子"在自然界蝈蝈寿命一般在5～8个月，大多数蝈蝈在冬天会死掉"，而不必再去做违背生活真实的拓展训练。另一位老师也注意到了这个问题，并在课堂上进行了另一番拓展尝试。

师：面对又冷又饿的蝈蝈，如果你是蚂蚁，你会怎么做呢？

生A：分点粮食给它吃。

生B：借给它，然后让它第二年夏天还我。

生C：让它给我干点活，换点粮食吃。

师：可是，你知道吗？蝈蝈只有5～8个月的生命。也就是说，还没等到明年夏天，这只吃了你粮食的蝈蝈就死了，你还愿意借给他吗？好，闭上眼想十秒钟，不愿意借的举左手，愿意借的举右手。（10位同学举左手，23位同学举右手）

生D：我不愿借给他，因为我借了他，他死了就还不上了。

生E：我和D一样。

其他都是这个意思。

生F：我愿借给它，因为我不借给它，它就不能改正错误。

师：它可是还不上你的粮食的，你可要想好。

生F（点头）：我愿意。

师：也就是说，如果它愿意改错，哪怕还不上，你也是愿借给它？

生F：是的。

生B：我愿借给它，死了就搬不了粮食，活着才能搬粮食。

师：只有把它的生命留下，它才能有机会改正错误，对吗？

生B：对。

师：现在，好，再闭眼，还愿意借的举右手，仍不愿借的举左手。（16位同学举右手，16位同学举左手，1位同学没有举）

师（对G）：你为何还不愿借呢？

生G：早死早超生。

师：你怎么会想到这话？

生G：电视里说的。

师（对A）：面对还不上你粮食的蝈蝈，你仍旧愿借，这是为什么？

生A：动物也是有感情的。

生H：老师，到底要不要借？

师：如果你不忍心看着一个生命死去，你同情它、想让它活下来、给它个机会改正错误，那么你就借点给它；如果你把自己的粮食看得比一个生命还重要，并且认为蝈蝈落到这个下场完全是因为自己的懒惰造成的，你的粮食也是辛苦所得，那么你不借，也没有人可以指责你。

生H：我现在搞不清借还是不借，不借吧它要死掉，借吧我有点不愿意。

师：（笑了）谢谢孩子们，你们学会思考有点复杂的问题了，老师真高兴。

这位老师事后写道：把孩子抛入这样的矛盾中，这是我喜欢做的事。

前后两位老师，一位听课者，一位上课者，对《蚂蚁和蝈蝈》这则故事的教学主张基本相近，即都认为在教学中必须"尊重科学常识"。前面的听课者主张老师在最后直接告知学生关于蝈蝈的科学常识；而后面的上课者则尝试用"科学常识"来为拓展穿针引线，尝试引导学生达到明晓科学常识与理解文本主题的"融合"，结果，学生一头雾水，执教者却自以为"把孩子抛入这样的矛盾中"是一种成功。

两位老师的思考精神值得肯定，他们的教学认识却是站不住脚的。

日本教育家河合隼雄在《童话心理学》谈道："神话学家凯伦依认为，真正的神话并非用于解释事物，而是为了奠定事物的基础，这一观点也适用于童话、寓言故事，给我们很大启发。可以说，童话、寓言故事并不是单纯用来解释自然现象，它与人体验自然现象后的心理反应密不可分，为了让这些体验深刻地留在心灵深处，才诞生了这些故事。"①

英国儿童教育家比亚翠斯·洛奇在《故事和你说晚安》中更有这样的讲述：

小朋友通常不会在故事结束后问："这是不是真的？"但如果他这样问了，你一定要回答说："是的，这当然是真的。"你这么说是因为这是符合小孩子意识需要的答案，还因为童话通过瑰丽的想象和巧妙的比喻表达了人类生活的真谛。小孩子生活在一个充满想象和自然的世界里，这个世界包括仙女、精灵、小矮人、魔法师和天使。"当孩子的成长进入下一个阶段时，仙女们就该为其他的想象让道了。孩子在仙女的陪伴下度过了适当的成长阶段，这意味着在这个成长阶段中孩子的认知得到完善和满足，他将以一种健康的情感状态准备进入下一阶段。这当中不会产生理想破灭的问题。所以告诉小孩子仙女是真实存在的并不算是欺骗，因为他们的确存在于他成长的某个阶段。无论是在家、在幼儿园还是在学校的低龄班讲故事，如果你能全情投入地想象着进入仙女的国度，那你同时也将进入你所关爱的孩子们的意识层面中。②

其实，艺术真实的真谛在于唤醒和重建被现实功利蒙蔽的生命感悟。《蚂蚁和蝈蝈》作为一篇寓言也好、一篇童话也罢，终究在于通过艺术的表现形式说明某个现实生活中人们应该深以为戒的道理。让孩子们学习这样一则故事，根本在于遵从相应的阅读审美规律，读出和读懂故事蕴含、昭示的指向现实世界的含义。这种通过艺术虚构所传递的含义，既折射出现实生活真实的影子，更创造了一种艺术真实。文学源于生活而又高于生活，指的正是这一点，而不是自觉不自觉地把文学故事依托的"现实生活"等同于"生活常识""客观的科学理性"，以此论说其中的"虚实真假"，这样既把丰富的文学艺术变得简单化，更将使文学故事不复存在。所以，那种动不动以"生活和科学常识""科学态度"对此类文本及其教学坐实论证的取向，只能是方枘圆凿、格格不入，甚至会冲击原本正常、正确的教学处理（如开始谈到的几位老师所进行的

---

① （日）河合隼雄. 童话心理学〔M〕. 赵仲明，译. 海口：南海出版公司，2012：18.
② （英）比亚翠斯·洛奇. 故事和你说晚安〔M〕. 天津：天津出版社，2012：12-13.

拓展想象训练）。

反观两位老师的教学主张或教学处理，异化了文本解读、理解的路径，在这种有意强调的科学常识的干扰之下，必然导致无效对话，造成学生的认知错乱。这样的"制造矛盾"，并非促进和发展学生思维所需要的"矛盾"：因为对相应的文本解读及其教学常识缺乏精准的拿捏、把握，陷入偏误却全然不知，甚至还自以为然，如此"引导"学生，结果可想而知。

如果我们在教学中能够多触摸一些类似上述名家的经典文字，有一点专业意味的阅读与反思，恐怕就不会在谬误的陷阱中津津乐道了。

二、梁汉不再"闹腾"了

这是烟台市福山区崇文中学郭玲老师撰写的一则发人深省的教育随笔。

多年的班主任生涯，让我遇到过形形色色的学生。其中最有"个性"的当属是梁汉，他的"闹腾"曾让我无可奈何，也让我从中获益匪浅。

开学第一天中午，学生们到食堂吃饭。因排队时间较长，梁汉突然从队伍中站出来，猛踢旁边的椅子，嘴里还念叨着："怎么还打不上饭？"我急忙过去制止，他才满脸怨气地回到队伍当中。我以为他只是一时冲动，没想到几天之内，他又接二连三地"闹腾"。

先是在我的英语课堂上，他因单词默写错了两个，就把整张纸撕成碎片，接着拿起英语书使劲打自己的头，嘴里还说着："我真笨，这么几个单词都默不对！"我被这突如其来的一幕吓懵了，本能地夺过书，却不知道应该怎么办。我告诉他，默错单词改正就行了，老师不会批评，可他却痛哭流涕："没全对就不行！"

接着，在政治课堂上，梁汉因为自己没加到分（全班前10个背完的学生可以加分），竟然冲到墙边，把头朝墙上撞，幸好被旁边的同学及时拦住。

数学课上也发生了类似的一幕，他因为题不会做，把书本全摔在地上，或许是因为数学老师比较严厉，他没有撞墙、撕纸、打头，而是直接趴在了桌子上，什么也不干。

对于这么"闹腾"的一个学生，我怎敢掉以轻心？我马上和其他老师讨论他这样做的原因和目的，又从网上找了一些相类似的案例，研究当事学生心理及其应对策略，然后小心翼翼地尝试对他进行说服教育。

我先把梁汉的父母叫到学校了解情况。梁汉的父亲对他要求非常严格，任务完不成，有时会打骂他。母亲比较温和，她不太赞同父亲的一些做法。梁汉的种种表现，在小学都发生过，他们和老师都拿他没办法，他的"闹腾"也就愈演愈烈了。

通过这番话，我觉得梁汉对如何"闹腾"已经轻车熟路，想要改变谈何容易！所以对他，我更加上心了。我随之发现，梁汉身上主要有这样几个特征：一是纪律观念淡漠。二是他的这些"闹腾"都是在没有达到目的时表现出来的。三是他的"闹腾"也是有所顾忌的，数学老师严厉，他就没有在数学课上做太过分的事。

针对这些发现，我与梁汉进行了一次沟通。我先和他说了纪律的重要性，告诉他每个学生必须要有纪律观念，对他强调应该做什么不应做什么。我又把他在课堂上的违纪表现一一进行了评价……在此过程中，他不住点头，也表示自己做得不对。在表扬他追求上进的同时，我还教他如何正确看待成败，告诉他我们应该为了成功去想方法，而不能因为失败就一蹶不振，更不能以失败为借口什么也不做。我还给他讲了如何用正确方式宣泄自己的情绪，分析他的方式为什么不对，让他明白以后应该怎么做。

另外，为了让他能有所顾忌，我告诉他，以后如果再犯类似错误，每次都会给他和小组扣分；如果能坚持一个周不犯错误，会给他和小组加分。他听得很仔细，也似乎都听明白了，对于我说的加分扣分的方案，他也表示赞同。

本以为可以松一口气了，没想到他在"忍"了三天之后，一切又恢复到原状。照这样下去，他的成绩会大幅下滑，而且会严重扰乱课堂，影响其他学生。我为了改变他一直在努力，但收效甚微。就这样，他肆无忌惮地"闹腾"了将近半个学期。

正当我为此事焦头烂额却又无计可施之时，我们烟台市三人行读书会推荐的《班主任应急手册》一书走进了我的眼帘。当我读到第五章"自伤自杀"的第二节"自伤自杀成为某些学生解决问题的手段"时，感觉这本书就像是为我遇到的问题而量身定做。书中第119页"自伤自残的妥善处理"中谈道：当前"自伤现象"年龄呈下降趋势，由社会波及学校。学生自伤的原因有很多种，但粗略归纳起来不外乎两类：一类是学生患有心理疾病；一类是学生把自伤当成一种手段，逼迫学校和家长就范，以达到自身目的。

我还发现书中所提供的两个案例《等待花开的日子》《骂醒"怨男"》提到的主人公的表现，和梁汉非常相似。我认真研究了这两则案例中老师们的相应处理策略及其根据。另外，在第四节"自伤自杀应对策略"中，针对有自伤自杀倾向的学生，还提供了以下应对策略：

1. 做一个善于倾听的人。
2. 要了解这类问题生最需要的是什么。
3. 帮助他们进入感兴趣和擅长的领域。
4. 引导学生及时进行心理治疗。
5. 对特定学生成立学生监护小组。

这些章节里的内容，都给了我很好的启示，我反复阅读认真思考，渐渐理清了头绪。于是，我把针对梁汉的教育方案做出如下调整：

（一）走进内心，倾听共情

之前我只是听梁汉父母的说辞，而没有顾及梁汉的感受。这次，我想好好听听他的心声。我把梁汉叫到一个安静的地方，让他谈谈他的父母，他的忧虑，他在意的和他喜欢的。结果，我发现，梁汉这颗幼小的心灵是如此丰富，却又如此脆弱并充满矛盾。

梁汉说，小时候，父母因为工作忙，把他放在乡下奶奶家，很久才回来看他一次。在他犯错误时，奶奶经常用"父母不容易"来教育他，并以"父母不要他"来吓唬他，这使他觉得没有安全感。和父母相处时，总想讨他们欢心，害怕他们抛弃自己。犯错时，他又会有一种负罪感：踢桌子、打头、撞墙、摔书……这些都是没有安全感、心怀负罪感的体现。

另外，他的父亲很强势，梁汉很怕他，所以当他完不成任务的时候，就会变得焦躁不安，这是一种担心和害怕的体现。当表现不好时，如果哭闹，妈妈就会降低对自己的要求，这也就能解释他为什么会经常哭闹了。

在了解到这些之后，我问梁汉最在意什么，他说他最害怕父母不要自己、不喜欢自己。我和他达成协议：我保证让他的父母多在意他，多关爱他，而他也要保证以后尽量不再"闹腾"，他痛快地答应了。

（二）正本清源，父母相助

我意识到，梁汉的诸多表现与其父母有关。于是，我再次找到他们，说明了情况，并且告诉他们，想要改变梁汉，首先要改变他们自己：爸爸应该正确对待孩子的成败，同时应与孩子多沟通、多亲近；妈妈做事要有原则，不要因为孩子的哭闹而松动底线；父母都应该给予孩子更多关爱，让孩子有安全感，而这种关爱应该针对孩子本人，更不能用简单评价孩子的成败与此挂钩。

（三）给予时机，寻找自我

通过和梁汉谈心，我还得知，梁汉擅长做数学计算题，萨克斯吹得也很好。于是我便和数学老师商量，在数学课上，让他多回答计算方面的问题。我还多次寻找机会，让梁汉为同学们演奏萨克斯。这些都让他渐渐找回了自我，也找到了自信。

（四）纪律约束，监督督促

梁汉毕竟是个孩子，纪律约束必不可少。所以，我把纪律方面的要求又和他重申了一遍，他沮丧地说："我都给小组扣了那么多分了，他们还会喜欢我吗？"听了他的话，我眼前一亮，顺势问他："那你是真想改好吗？"他使劲点点头。"那你愿意接受其他组员的监督，让他们看看你改错的决心吗？"他先是犹豫了一下，然后坚定地说"愿意"。

另外，我又把梁汉的情况告知了任课老师，希望他们也对他严格要求，不要一味姑息迁就。

令人欣慰的是：上面的这些策略真的发挥了作用。不知不觉中，梁汉"闹腾"的次数越来越少了。到第二个学期期末时，如果没人提及，大家甚至都忘了他开学初"闹腾"的那些事了。

不同性格的孩子会以不同的方式"闹腾"，但无论怎样"闹腾"，他们仅是以此为手段，以求达到自己的目的。作为教育工作者，如果能弄清他们的目的，了解他们这样做的原因，对症下药，问题才可能得到有效解决。反之，只是根据表象简单定论不问其他，认为孩子性子和纪律不好而强行压制，或者动不动找父母再施压，可能只会奏效一时，但后续潜伏的矛盾也将越来越严重……

撇开这则案例素材本身揭示的学生工作之道不谈，它至少还表明了一点：专业阅读有时真的会为我们开展学生工作、帮助解疑释惑、给予有益启迪而搭桥，如果不是专业阅读的介入，郭老师针对学生梁汉的问题可能还会一直处于不得法的困惑迷茫之中。通过相关阅读与思考，郭老师对问题多了一份理智的审视，随之抓住源头优化策略，在耐心的沟通、等待及观察中，梁汉的改观与转变终于成了现实。

三、没有着落的"课题研究"

下面是一位中学教科室负责人讲述的自我遭遇。

最近区里开始组织市级教育科学规划课题的申报评选，一位执教历史学科的高级教师也按照市里的报表进行了填写申报，但是表格内的很多内容显得比较粗疏，尤其是课题设计与论证部分，没有明确的方向和逻辑。

在区里初次评审中，这位老师的报表即被淘汰。他反复追问"谁把我的申报淘汰了"，强调"我写得可是非常卖力"。

长期以来，在有些领导和老师看来，申报课题是可以突击的事，临时培训指导一下，找点材料整一下就可能获准立项，所谓课题研究和结题最后也不过是再弄点材料交差而已。在这类学校，一方面缺少有效的教研科研机制，没有推动教师阅读研修的方案策略；一方面却又热衷于各级各类课题申报。在这样的背景下，相应工作很难得到扎实有效地展开。

这位学校教科室负责人的遭遇，恐怕并非个例，类似情况在一些学校和教师中间普遍存在。再如，有的老师在有关方面指导培训之下，能够确定比较明确、具体的研究问题，但到了撰写课题方案时，却不知道"理论基础"是什么，希望由别人来帮忙提供。更有甚者，在申报方案时干脆找所谓枪手代笔。凡此种种，不一而足，但本质是相近的：这样一种认识和态度，所能进行的课题研究往往不靠谱，更没有着落。

为什么会出现这种没有着落的"课题研究"？除了实践基础、研究能力欠缺之外，阅读视野有限、知识储备不足也是一个很重要的原因，由此也就不足以支撑其研究。

其实，课题研究乃至整个教育科研的全程都离不开阅读。没有阅读的教科研，很难找到有价值的研究方向或者选题。我们的思考和评判能力既来自实践，也来自相应的学习，阅读特别是专业阅读无疑是这一过程的重要组成。任何一项有价值的研究，要想取得有意义的成果，更需要对自己的研究方向或者选题具备深透的理解思考，更需要具有对相关信息素材进行有效选择、梳理、加工与提炼的能力，更需要具备相对严密的逻辑思维能力。而要做到这几点，很大程度还必须有赖于持之以恒的专业阅读。所以，疏离阅读、摒弃专业阅读的教科研及其课题研究，注定是没有根底的，更难以取得真正意义的研究成果。

上述三个案例的背后，给我们带来的思考是：对中小学教师来说，没有专业阅读会如何？

没有专业阅读，教育教学、教学研究中的很多困惑就可能止步于一知半解，以至自身长期以来形成的某些偏误偏见无法得到有效解决。

没有专业阅读，对一些教育教学问题的理解很可能难以深化，具体行动可能流于经验主义、缺乏专业自觉与实践智慧。

没有专业阅读，就没有对意义的追问，思维视野与认知层次往往比较偏狭、肤浅，甚至会陷于自大和自闭。

所以，专业阅读不是可有可无：有了专业阅读不一定能解决所有问题，但一定会有助于问题解决；没有专业阅读，可能会凭着经验应对和解决很多问题，但并不代表专业素养自然而然就有提升，在遇到棘手问题时，经验的局限就可能随之显现。教育教学远比我们的想象要艰辛、复杂，这种艰辛、复杂有时还不是外在的呈露，有些问题也确实非教师阅读一些书目篇章就能迎刃而解。但是，远离了专业性的阅读与思索，某些问题的解决可能会显得很粗鄙，难度可能会变得更大。

第二节

并非凭空而来：关于专业阅读的历史考察

"专业化"是近年中小学教师发展提出的目标取向，而在中小学教师的"专业化"发展中，阅读作为职后教育的一种重要形式，其作用日益凸显，伴随教师专业化和全民阅读的推进，"让阅读伴随教师成长"成了一种强烈呼唤和积极倡导。在这种热潮的背后，与教师专业化本身相应，归于其下位系统的"专业（化）阅读"，还缺少审视与建构，针对"教师阅读"与"教师专业化"矛盾关系的把握尚显不足。

我国最近施行的中小学教师专业标准在"专业能力"中非常明确地提出，中小学教师要"制订专业发展规划，不断提高自身专业素质"。既然是纳入教师"专业行动"的"阅读"，它和一般意义的"阅读"是有差别的。把教师作为自然人的自主、随意阅读与其身处专业岗位的阅读等量齐观、混为一谈，恐怕很难对这个问题做出科学解答。

纵观关于教师阅读的文论，应该说并不少见，但泛泛而论居多，真正指向"教师专业阅读"的研究则相对较少，相应的实践与探索则更有限。下面，我们对此做一下简要的考察与梳理。

国外对此做出关注、探讨的典型，莫过于苏联教育大家苏霍姆林斯基。虽然苏霍姆林斯基所处时代尚未提出"教师专业化"问题，但在苏霍姆林斯基的教育思想和教育实践中，却比较丰富地隐含、渗透、体现了他对相关问题的认识和理解。苏霍姆林斯基关于教师阅读的思想主张散见于《给教师的建议》《和青年校长的谈话》《帕夫雷什中学》等著作，一些脍炙人口的语句早已成为大家引经据典的首选，诸如：

一些优秀教师的教育技巧的提高，正是由于他们持之以恒地读书，不断地补充他们的知识的大海。如果一个教师在他刚参加教育工作的头几年里所具备的知识，与他要教给儿童的最低限度知识的比例为10∶1，那么到他有了15年至20年教龄的时候，这个比例就变为10∶1，30∶1，50∶1。这一切都归功于读书。时间每过去一年，学校教科书这一滴水，在教师的知识海洋里就变得越来越小。这里的问题还不仅在于教师的理论知识在数量上的增长。数量可以转化为质量：衬托着学校教科书的背景越宽广，犹如强大的光流照射下的一点小光束，那么为教育技巧打下基础的职业质量的提高就越明显，教师在课堂上讲解教材（叙述、演讲）时就能更加自如地分配自己的注意。①

——《给教师的建议》

教师不深刻了解他所教的基础知识所属的那门科学，就谈不上教育素养。然而如何才能使每位教师不仅了解教学的基本内容，而且了解本学科的渊源呢？这就是读书，读书，再读书！——这是教师的教育素养这个品质所要求的。要读书，要如饥似渴地读书，把读书作为精神的第一需要，要善于钻研书本，养成思考的习惯。②

——《和青年校长的谈话》

集体的智力财富之源首先在于教师的个人阅读。真正的教师必是读书爱好者：这是我校集体生活的一条金科玉律，而且已经成为传统。一种热爱书、尊重书、崇拜书的气氛，乃是学校和教育工作的实质所在。一所学校可能什么都齐全，但如果没有为了人的全面发展和丰富精神生活而必备的书，或者如果大家不喜爱书籍，对书籍冷淡，那么，就不能称其为学校。③

——《帕夫雷什中学》

……

苏霍姆林斯基在帕夫雷什中学身体力行推动教师阅读，并在实践中进行了深入探讨。反观苏霍姆林斯基的教师阅读思想，可归结为以下要点：

教师要对读书有浓厚兴趣，要博览群书、善于钻研，养成思考习惯。

教师的阅读生活，不应局限于教育上的兴趣和教育教学技巧的获取，还应该是多方面的，例如文学艺术和音乐的兴趣等。

教师要把自身的阅读和对儿童精神心理世界的分析观察紧密结合起来。

教师读书的兴趣靠领导指示和行政命令来推动是不行的，更需要创设和搭建平台，譬如"集体思考、集体讨论、座谈、生动活泼的争论和钻研精神"。

推动教师阅读和推动学生阅读必须一致，这样才能达成师生精神上的一致，教师才能更深入地了解学生、创造性开展工作。

如此等等。

苏霍姆林斯基的教师阅读思想十分宝贵，现实意义很强，至今仍富有指导性和借鉴性。

---

① （苏）霍姆林斯基. 给教师的建议〔M〕. 杜殿坤编，译. 北京：教育科学出版社，1984：8.

② （苏）霍姆林斯基. 和青年校长的谈话〔M〕. 赵玮等，译. 北京：教育科学出版社，2009：67.

③ （苏）霍姆林斯基. 帕夫雷什中学〔M〕. 赵玮，王义高，蔡兴文，纪强，译. 北京：教育科学出版社，1983：28.

美国当代教育学者瓦赫特、卡哈特在其所著《教师时间管理策略》第19条中明确提出"保持专业阅读"的要求并简明提出一些相应建议[①]，例如：

与同事合作分享所教学科有关书籍报刊的阅读体验（最有价值的三条）；

专业书籍不必买来即迅速看完，可存放起来在需要时查询，再慢慢思考；

新杂志到手以最快的速度挑出最有趣的文章读；

确定一个专门的时间用来专业阅读。

从国内情况看，对教师阅读问题的关注最早可上溯到民国时期。

20世纪30年代，教育学者吴俊升、王西征所著《教育概论》第12章第3节"教员的进修"中明确提出"有系统地阅读书报"是教师进修的重要途径，并提出相关意见。例如：做到随读随记、便于应用；做到广博阅读，教育学术、教材教法与科学常识、社会问题类兼顾；注重联络同事交流心得，如此更为有效。

魏书生1993年成书、后来多次修订的《班主任工作漫谈》中则明确提出"专业阅读，提高班主任工作效率"，尤其强调新任班主任应该读几本班主任工作方面的书，由此弥补经验之不足，以更好地开展工作。这是国内较早提出教师专业阅读的代表。

21世纪以来，在"教师专业阅读"领域影响较大的是全民阅读推动者朱永新教授，他在《拯救教师的阅读》中对教师阅读现状进行了深刻分析，感叹"教师作为最应该阅读的职业群体，有许多人也放弃了阅读，不少教师只靠几本教参在课堂上打拼"，并以敏锐的眼光指出："假如我们来看一下喜欢阅读的教师，就会发现，在有阅读习惯的教师当中，真正走向专业阅读的教师的比例非常少。"[②]朱永新教授所倡导的新教育实验对此进行了专门的研究探索，提出要加强专业引领、同伴互助、倡导解决问题的阅读，以此改善教师阅读，在广大学校、教师中间产生了广泛影响。

除此之外，一些研究者还开展了针对名师名家阅读的调查研究或专题访谈，采集其个人阅读史、推荐书目等，以此探讨阅读对名师成长的作用，从这一特定侧面揭示名师成长的内在规律，以期对广大教师有所启发。

通过以上考察梳理不难看出，只有正确理解、把握中小学教师职业活动特点及其发展需求，把学习、研究看作教育实践一种不可或缺的态度、方式，才能对教师专业阅读形成科学的认识与建构。

---

① （美）瓦赫特，（美）卡哈特.教师时间管理策略〔M〕.张迪帆，译.北京：中国轻工业出版社，2009：19-20.
② 朱永新.我的阅读观〔M〕.北京：中国人民大学出版社，2012：223.

第三节

何以化零为整：专业阅读体系构建之必要

下面是笔者的一位书友、河南省鹤壁市付丽娟老师发表于《教育时报·课改导刊》的文章《专业阅读，何以"化零为整"》[①]：

苏霍姆林斯基指出："读书，读书，再读书，教师的教育素养正取决于此。要把读书当作第一精神需要，当作饥饿者的食物。"作为一位有成长意愿的老师，在意识到专业阅读的重要性之后，渴望读一些好书，可常常感到无从读起，到底读什么书呢？

于是，我开始上网查找名师们推荐的书，加入各种读书QQ群，可是，买来刚看了一半，群里又要共读另一本书了，一段时间下来，感觉自己东一头西一头，没有章法，书里的许多理念也没理解透彻。我不否认有关名师、读书群的引领作用，但作为教师个体而言，不能据此作为自己阅读的全部甚至全然亦步亦趋，跟风式地读来读去，容易导致专业阅读的零散，阅读层次也难以实现质的提升。究其原因，可能有三：

一是缺乏自我的阅读主线，主攻方向不明；

二是自觉不自觉地盲目附和，把时间浪费在一些主题内容多有重叠的畅销书上；

三是止步于读自己看得懂的浅显的专业书籍，满足于低端定位。

静心反思之后，我觉得可从以下几个方面解决问题：

首先，把完善知识结构作为阅读的主要目标。

闫学老师曾说过："一个真正优秀的教师应有完善的知识结构、精深的专业知识、深厚的理论基础和开阔的人文视野。"知识的宽度将最终决定教师生涯所能到达的高度。阅读的本质意义在于丰富、润泽、提升教师的生命质量。我们要审视自己的阅读宽度，看清自我知识结构的缺失，由此选择书籍补充能量。

其二，将有限的时间付诸经典与原典阅读。

书海茫茫，我们难以全数涉猎。不管你的寿命有多长，至多只能阅读书海中的一点点而已，因此，所读的书应是精华所在，精华者，自当首推经典。经典通常指"传

---

① 付丽娟. 专业阅读，何以"化零为整"〔N〕. 教育时报·课改导刊，2015-11-18.

统的具有权威性的著作"，它有几个显著特征：第一，经久不衰；第二，具有典范性或者说权威性；第三，是经过了历史选择的、最有价值的书。

在精力有限的情况下，阅读经过长时间淘洗的经典，代表作者、作品本原的原典，才能起到四两拨千斤的作用。如苏霍姆林斯基《给教师的建议》就是一部经久不衰的教育著作，是每位教师的必读书目，也是需要我们反复阅读思考的经典。

再次，坚持有坡度的阅读。

阅读书目的选择必须对自己具有挑战性，这种阅读更多的是一种提升、丰厚和转变，而不是一种简单的乐趣。有一定难度、表达的角度比较新颖、能够引发思考开阔思路，或者导致困惑的书都值得阅读。相形之下，那些读起来比较容易、浅显的书，我们在时间和力气上应该多多节约，有的则大可不必投入太多，至多浏览一下罢了。

当然，有时，读不懂一本书，不光是语言表达的不习惯，也许更可能是一个知识背景的问题，不要放弃，需要反复、渐进深入才能切近理想境态。当你真正读懂后，就会打开思路拓宽视野，进而趋于知识结构的优化、完善、充实。

最后，要将阅读与职业规划结合起来。

教师成长还需要合理规划自己的专业人生，沿着适合自己的路径，通向一个"最好的自己"。为此，需要根据职业规划，找到一个突破口，像打井一样深入下去，与此对应的，在阅读点上也要有适切聚焦，通过阅读钻研和实践深入地紧密结合，逐渐形成、发展自己的专长，达到"术业有专攻"。

教师成长之难，难在专业阅读的零散。想要成长，就要克服困难，明确目标，集中精力，最优化地设计和落实专业阅读，由此不断完善自己的知识结构，在相伴经典、挑战坡度的过程中提升阅读层次，进而结合自我的专业优势——达成专业阅读与专业实践的高点，如此才可能"化零为整"，从零散走向聚合，实现自我教育生命的丰富、润泽与提升。

付老师在文中鲜明提出了中小学教师专业阅读要"化零为整"的主张，即教师专业阅读必须走出零散状态，形成整合、聚合，才会更具针对性、实效性。

笔者认为，中小学教师专业阅读要"化零为整"，更离不开整体体系的建构。比如，时下很多学校提出要让教师"每天读书一小时"，值得追问的是：

为什么要读书，是否有明确的目标定位？

读什么样的书，不同教龄段、发展段教师所读是否有差别？

怎样去读书，有没有一些方法路径的指引？

读书是否读完就完了，有没有相应的成果体现？

"1 小时"是在校时间还是业余时间抑或两者都包括？是固定时间还是自主随意的

时间概念？

学校怎样引领和推动教师来读书，保障"每天读书一小时"不仅仅只是一个口号？

……

顺承上述追问，笔者认为，中小学教师专业阅读必须正视以下要素：

功能定位：重点探讨专业阅读"有何用"，开展这一行动究竟"为哪般"，其基本内涵与功能何在。

结构阶梯：重点探讨专业阅读"读什么"，怎样有根据地设计规划阅读的内容结构及其台阶层级，为教师具体的阅读选择提供参照。

方法要领：重点探讨专业阅读"怎么读"，运用哪些具体可行的方法要领开展阅读，启迪教师阅读得法，以此渐入佳境。

成果体现：重点探讨专业阅读"读之果"，通过什么方式体现读的收获与效果。专业阅读不能一读了之，还要着眼阅读成果的转化，探索阅读和写作、阅读和实践等有机结合的渠道、路径。

时间管理：重点探讨专业阅读"何时读"，如何科学有效地进行阅读时间管理，针对时间做到既充分利用又切合实际。

组织推动：重点探讨专业阅读"如何推"，对其组织推动中应遵循的基本原则、注意的主要问题等有所把握，以此寻求更为有效的管理与评估方略。

根据笔者有限的观察分析，以上六要素，是当前中小学教师专业阅读体系建设必须斟酌的基本问题，它们构成一个最基本的系统与整体，本书将围绕上述要素，尝试对中小学教师专业阅读这一专题做出解读与探讨。

思考与研讨

1. 对"是否可有可无：关于教师专业阅读的案例启发"这一部分谈到的几个案例，你是否也有相似的观察或体会？在教育教学过程中，你有没有遇到一些类似的比较棘手的问题感觉"心有余而力不足"（即虽有一些个人思考却没有形成系统思路、有效策略）？对此，你是通过什么渠道来加以改进的？你有"以读解惑"的相关经历吗？试对此进行一下反顾。

2. 你对"教师专业阅读"的背景与现实有多少了解？还知道哪些相关信息？

3. 付丽娟老师《专业阅读，何以"化零为整"》一文所提出的"化零为整"的主张及其策略，对你有什么启发？你认为针对教师专业阅读的实践研究还要注意哪些问题？

专业阅读的功能定位

本讲重点探讨专业阅读"有何用""为哪般"：专业阅读之于中小学教师来说，究竟有何意味，其内涵指向与功能定位何在，对此我们应有基本的认识与把握。对这一问题有所梳理，也是对教师专业阅读这一专题进行整体探究、后续探讨的前提和基础。

现代著名教育家夏丏尊先生曾在其《中国的实用主义》一文开篇讲过这样一个故事[①]：

前天，本校数学教师刘心如先生和我说："有一个学生问我，数学学了有什么用？"我听了他的话，不觉想起了从书上看见过的一个故事来。几何学的老祖宗欧几里德曾聚集了许多青年教授几何，其中有一青年对于几何学也发生学了有什么用的疑问来，去问欧几里德。欧几里德叫人拿两个铜币给他。这青年莫名其妙起来。欧几里德和他说："你不是问'用'吗？铜币是可'用'的，你拿去用吧！"

这个故事讽刺了一些人凡事只讲实用不问其他的态度，很值得琢磨。现在，如果有老师问专业阅读有什么用，我们总不能也抛出两个铜币给他。那么，"教师专业阅读"具有什么作用？作为其行动主体的"教师"，在这里又有怎样的范畴所指？其"专业"取向当如何理解？对个中"阅读"，还需要把握哪些最基本的矛盾关系？如此等等，直接涉及对"教师专业阅读"基本内涵的解读，而其中的一个核心问题，就是专业阅读的功能定位。

下面，我们试围绕"教师专业阅读"的几个关键词对此做出些许探讨。

第一节

"教师专业阅读"之"教师"

先说"教师专业阅读"之"教师"。

"教师"一词一般有两重含义，既指一种社会角色，又指这一角色的承担者。广义的教师泛指传授知识、经验的人。狭义的教师指受过专门的教育和训练并担任教育教学工作的人。我们通常所说"教师"当然属于后者。

---

① 夏丏尊. 夏丏尊教育名篇〔M〕. 北京：教育科学出版社，2007：3.

《现代汉语词典》对"教师"的解释只有两个字——"教员",即担任教学工作的人员。实际上,当下所谈"教师"及其"专业阅读",交织包含了三个视角:

一是承担一线教书育人工作。相对侧重教育教学实践的人员,可以说"实践者主导视角"的教师。

二是属于教师编制的各级官属教研部门。相对侧重教育教学研究的教研科研人员,可以说是"研究者主导视角"的教师。当然,就"研究"来说,中小学领域那种纯学术方式的研究较少,即使县区以上教科研机构,主要任务也未必是理论研究,也需要直面和扎根中小学校课堂生活与教育实践。

三是更为侧重教育管理的各级教育行政管理人员。可以说是"管理者主导视角"的教师。

中小学领域上述人员虽然在大范畴同样承担教育教学工作,但具体工作重心还是有差别的,上述视角是可以成立的。当然,这里主导视角的划分是相对而论的:直面学生的实践者也需要做研究、抓管理;研究者本身从事的研究对其来说也是一种实践,也需要一种管理;管理者从事管理活动就是他们的实践,同时也需要研究。很多人可能不止一种角色,存在双重或多重交错的可能,但其主导视角、主要职责还是比较明确的。

那么,不同主导视角的教师在其"阅读"及"专业阅读"方面是不是一个概念呢?请看以下三个来自不同侧面的典型素材。

首先是特级教师、山东省福山第一中学李红梅老师的阅读经历与体悟。

感谢成长,感谢有你

1990年,我离开求学四年的吉林省长春市,来到滨海城市烟台。这里有宁静的自然山水,有厚重的人文底蕴,在经历了初登讲台的紧张慌乱后,我逐渐适应了教学工作,也日渐喜欢这里安稳平和的生活,虽然教学上也有感悟,也不乏困惑,但都被忽略掉了,日子在平静中慢慢滑过。

工作的第三个年头,我在区里的一次教学研讨会上讲授观摩课,效果还好。评课时一位老教师对我说,你的课讲得不错,你还年轻,要多看点书,写点东西,要争取更好的发展。这位语文前辈恳切的声音和期待的眼神给我平静满足的生活增添了压力,也给了我心理暗示,此后我开始留意一些教育教学杂志,业余时间流连在阅览室和书店。我捧起了《中国教育报》《山东教育》《中学语文教学》《中学语文教学参考》等报纸杂志,走近教育大家于漪、魏书生、钱梦龙,领略他们的教学理念、教学风格,聆听"做了一辈子教师,一辈子都在学做教师"的铮铮告诫。

　　我沉浸在名家的、同行的教育教学理论的提炼和经验的分析里，渐渐发现那些文字里也有我没有捕捉住的、未曾表达出的想法或感受，我试着拿起了笔，接连在《中学生阅读》《中学语文园地》上发表了两篇不长的文章，给了我莫大的鼓励，化作了我钻研语文教学的动力。我开始认真研究教材教法，精心设计教学模式和环节，及时反思成败得失：渴望提高语文课堂的文化品位，我撰写了《让语文课堂充满诗意》《上一堂有味儿的语文课》；为强化以人为本的教育教学理念，我撰写了《让我们倾听孩子心底的声音》《让学生主动伸展读书的触角》；为配合高中语文课程改革，我撰写了《激发学生非智力因素，构建和谐高效语文课堂》等文章。同时还积极参加各级各类教学案例、读书随笔评选，先后多次获奖。

　　可是，由于自己阅读的有限，对教育理论把握的肤浅，在将第一手经验和想法整理成文的时候，表达起来时常捉襟见肘，进而一次次迫不及待地找书读，此时，读书已成为我教育生命的一种需要了。

　　我读教育教学书刊，也读文学、自然科学书籍。一部《红楼梦》常年放在床头，第一时间看《杜拉拉升职记》《山楂树之恋》，网购西德尼·谢尔顿的全套推理作品，和同事们传看《沧浪之水》《狼图腾》等小说，借阅《当代》《十月》《译林》《世界文学》等大型杂志，和学生一起读《哈利·波特》，读韩寒、郭敬明，空闲时间也读《读者》《青年文摘》等相对轻松的杂志。

　　余秋雨曾说："应该着力寻找高于自己的'畏友'，使阅读成为一种既亲切又需花费不少脑力的进取性活动。"学校阅览室及时购进大量教育书刊，当一本本散发着油墨芳香的新书展开在手的时候，不免心跳加速。郑杰的《给教师的一百条新建议》，引领我们思考"今天怎样做教师"；彭兴顺的《做卓越的教师》，告诉我们"怎样才能缩小与卓越教师之间的差距"；朱永新的《走进最理想的教育》，呼唤"做一个理想的教师"；李希贵《为了自由呼吸的教育》，向我们展示了一幅幅真实动人的教育图景……

　　加入齐鲁名师建设工程人选团队以后，我更不缺乏真正意义的"畏友"：滨州北镇中学语文老师史建筑，首届齐鲁名师，他每天坚持阅读三千字，且笔耕不辍，仅20天的美国行，就写出八万字教育考察报告。临淄金茵小学语文教师常丽华，不但自己博览群书，还积极开展"童心悦读"活动，通过"晨诵、午读、暮省"，让阅读成为每一个孩子的生活方式；在她引导下，孩子们小学五年要读五百本书，在阅读中"完成了从毛毛虫到美丽彩蝶的成长"。

　　……

　　作为一名语文老师，我有时觉得自己读书比别的学科老师多，比学生多，忙碌疲愈的时候也想放松自己。通过读好书，与 "畏友"交流，我意识到自己做得还远远不够，不用说以多高的素质站在学生的面前，就是和自己的昨天前天比，也要有所进步，才跟得上时代的步伐，才对得起社会对教师这一职业的期待；而我们的教育生命有了书籍的滋养，才会目光深邃长远，拥有独立的、自由的精神领地，从而轻松地引领学生在精神的丛林里放歌。

再来看 2005 年度《中国教育报》十大推动读书人物、烟台市教科院管锡基副院长的阅读经历与体悟。

三本书让我的 2005 很光亮 [①]

在给朋友的一封信中，我这样写道：今年的心情好像不比往年，唯有你我的几次见面和你我共同看重的读书给我郁闷的 2005 留下一抹温暖的光亮！因此我愿意借助三本书的阅读收获来回顾自己 2005 年的阅读实践。

《教师新概念——教师教育理论与实践》是一本具有较强可读性的教育著作，这不仅因为书中介绍了大量生动鲜活的教育案例，而且"写作风格是对话式的、友好的"。作者林达·费奥斯坦和帕特里夏·费尔普斯是来自美国两所州立大学的教育学博士，他们基于选择职业的标准、家庭社会挑战对学生的现实影响、学校的多样性、哲学流派和民族历史对教育影响的梳理与分析，引导教师在课堂环境营造、课程设计与实施、计算机技术运用等方面做出正确的教学选择。本书特别强调反思和终身学习对于一个优秀教师的意义。在作者看来，"成为教师是人生的一次旅途，而不是目的地，在这个路途中，教师需要终身学习"。在最后一篇关于职业问题和政治现实的论述中，作者特别指出了教育中的道德和法律问题，帮助教师澄清个人价值、道德和信仰，提高自我保护意识和能力，从而应对学校里出现的潜在的道德和法律问题，这对于正在强调建立平等、尊重、关爱新型师生关系的我们而言，其借鉴价值不言而喻。

《守望教育》的作者是湖南师范大学的刘铁芳教授。这本书之所以感动我，不是因为作者和我相近的早期生活经验、年龄乃至工作性质，而是共同拥有的"人间情怀"："在关注社会与时代的进步与繁荣的同时也关注普通个体的凡常的存在，关注时光流转中那些暗淡依然的目光。"书中的几篇文章给我留下深刻印象，并进一步激荡着我的思考：就个人的阅读经验而言，《乡村教育的问题与出路》是唯一一篇不再以俯视的姿态来关注乡村教育的文章，作者基于个人经验阐述了乡村教育弥足珍贵的独特价值，那就是"传统的乡村教育体系正包含着以书本知识为核心的外来文化与以民间故

---

① 管锡基. 三本书让我的 2005 很光亮〔N〕. 中国教育报，2006-01-12.

事为基本内容的民俗地域文化的有机结合"。顺着这样的逻辑,在《走向"人对人的理解"》一文中,作者在揭示传统德育"把教育者自身设定为完整的人格,而把受教育者视为被改造的对象"垢疾的基础上把道德教育理解为"具有同等价值与尊严的个体之间的交往与对话",从而使道德教育走向"人对人的理解"。

《教育:思想与对话》本着"学术人志业的理想与宽容精神"试图承担起"为教育需要理想而进行无畏的思想辩护和审慎的思想言说"的神圣责任。对于本书和它的编辑者而言,这个任务显然艰巨繁难,但"它的道路通向希望",而且在我看来,这其实也正是我们每个教育者的希望。其中,著名社会学者任不寐的《中国大学精神批判》和台北市立师范学院但昭伟教授的《多元价值社会与教师道德枷锁的解除》为我解除了诸多迷惑。《中国大学精神批判》认为蔡元培和鲁迅所倡导的美感教育思想、袁世凯和杜亚泉尝试的用人伦取代宗教的思想、陈独秀与胡适以政治取代宗教的思想、严复和邹容的唯政治论思想是近代中国教育思想的四次迷路,提出了均衡理性和信仰是我们思想转型的第五条新路,这样的概括虽有时空的交叠和观点的蕴藏,但还是为我们打开了一扇回望近代教育思想的窗口。《多元价值社会与教师道德枷锁的解除》在痛陈道德超高性标准负面作用的基础上,指出不能把传统儒家道德的超高性标准作为教师日常生活的行动及思维准则,这对于那些盲目抬高师德水准的改革而言不失为一剂良药。

我的阅读动力首先基于专业的需求,作为一名处在理论和实践双重逼迫之中的基层教育科研工作者,每天都要面对永不停滞的教育教学改革,每天都要面对有着强烈发展渴求的中小学校长和教师,每天都要面对有着巨大差异和无限发展可能的中小学生,如果自身没有终身学习的欲求和能力,那就没有能力去引领这样的改革,也就没有能力去满足这样的渴求,更没有能力去指导这些发展过程中的孩子。那么唯一能做的还有什么呢? 一个字,"混"而已,依靠越来越老的资历,凭借越来越多的经验,当然还有越来越圆滑的头脑和嘴巴,去等待自己或者落寞或者快乐的退休生活的最终到来。这样的日子就好像一条可以看得到终点的百米跑道,这样的生活是既可怜又可怕的。正是在这样的逼迫下,我尽可能多地阅读专业的著作。在出差的路上,在每天从家庭到单位嘈杂而拥挤的公共汽车中,在送儿子上学后提前到单位的四十分钟里,在晚上睡眠之前,我都有机会读上一段自己喜欢的书。

正如王小波所言,"一个人倘若需要从思想中得到快乐,那么他的第一个欲望就是学习",一间斗室、一束摇曳的烛光或是一盏暖黄的台灯、一杯香茗,当然还有一本书,这是古今读书人为自己营造的最基本的读书环境,而在我看来,只要我们有读书的愿望和要求,其余一切已是奢侈。

因为阅读，我的 2005 很光亮！

再请看 2012 年度《中国教育报》十大推动读书人物、上海市虹口区教育局常生龙局长的阅读经历与体悟。

阅读，使管理者更理解教育①

在十多年的教育管理工作中，我有一个非常深刻的体会，每当自己在工作上遇到难题、百思不得其解、百般实践不得入其门的时候，阅读总能让自己豁然开朗，书籍总能为自己点亮一盏灯，照亮前行的方向。阅读让我在厘清教育职责、注重顶层设计、明晰实践路径三个方面获益匪浅。

家长、学校校长、教育局局长都承担着教育管理之责，但很显然各自的管理责任是不相同的。能否清晰地界定各自的职责，决定着教育的成效。但很遗憾的是，我们经常搞不清楚自己的责任，该做的事情没有做好，不该做的事情忙得不亦乐乎，因为职责不明相互抱怨的情况屡屡发生。

德国汉堡大学教育学教授韦尔纳·劳夫通过《理解教育》一书告诉我们，父母是孩子教育的第一责任人。父母最重要的任务是养育幼儿，让他们不仅具有生存能力，而且在生活中能够自主地、有能力地去追求自己的幸福。从受孕的那一时刻开始，孩子就开始接受父母的教育，直到他出生并走向社会。在孩子成长的整个阶段，父母都需要拿出足够的时间和快乐来陪伴孩子。孩子的德行、生活和学习习惯的养成，是父母的基本责任。

作为公共教育机构的学校，绝不能取代父母的教育，当然也无法承担父母的教育责任。学校是孩子教育的第二责任人，一个孩子要融入社会，一定要学习和掌握社会运行的法则和相关的符号系统，学习如何做一个合格的公民，这是学校教育的职责所在。

教育行政部门应该承担什么样的职责呢？一是在父母教育和学校教育没有发挥自己应有的作用时，执行自己的监督职能，要求他们承担起自身的教育职责；二是加强对家长的教育，督促父母更好地承担起自身的教育责任。

当今教育中存在的问题，在很大程度上是因为界限不清、职责不明造成的。父母对如何教育孩子缺少经验和培训，要么将孩子送给老人抚养，要么交给寄宿制学校托管，将本该自己承担的教育职责拱手相让。学校和教师承担了很多父母应该承担的教育责任，反而削弱了自己的工作职能，花费了很大的力气，还常遭人诟病。教育行政部门既没有尽到监督之责，也没能在父母的教育方面形成特色。

---

① 常生龙. 阅读，使管理者更理解教育〔N〕. 中国教育报，2013-06-24.

阅读，帮助我们加深对教育的理解，明确各自的教育职责。界限清楚、职责明确了，工作起来才会事半功倍。

作为一名教育管理者，常常需要做出决策。在通常情况下，分析和解决问题时，常常无法得到全局性的资料和信息，总是从局部出发，发现问题，提出猜想、设计方案、实践探究、形成结论、验证猜想。通过对局部的探索和研究，分析一个教育政策或者实践项目在更大范围推进的可能性，从而形成教育决策。一个在局部有效的政策和项目，在更大的范围里可能会低效甚至无效，这对决策者来说是一种挑战和考验。

维克托·迈尔·舍恩伯格在《大数据时代》中告诉我们，今天我们习以为常的思维方式和探究方式将受到极大的挑战。除了原本的因果关系思维外，相关关系的思维方式将影响着人们的思考和决策。当我们拥有了全局性大量的数据样本之后，就可以站在全局的高度做出判断。最近几年，有一个词汇在教育领域也非常热，那就是"顶层设计"，教育管理者也应跳出局部环境的束缚和影响，统揽全局进行思维和决策。大数据为此提供了可能。

2013年，被一些专家称之为大数据元年，它将对教育变革带来巨大的影响。

首先，教育的内容要革新。因大数据而导致的探究方式和思维方式的变化，要融入课堂教学和教育管理的领域中来。其次，教育的方式要革新。对大量数据的分析和研究，使我们有可能更加清晰地把握管理和教学的重点，减少"跟着感觉走"的现象。第三，学习路径会发生变化。过去你要成为一名优秀的教育管理者，需要认识很多这方面的专家；但在今天，可能通过数据分析师就能帮你实现梦想。

大数据为每一个教育管理者开拓了一片全新的视野和领域，也为自身的教育管理工作带来了挑战。接受挑战的最佳方式就是阅读，在阅读中认识大数据对教育的价值和作用，让其成为自己教育管理的好帮手。

佐藤学在《静悄悄的革命》一书中告诉我们，要改变一所学校的面貌，需要从学校内部的变革开始，并且大约需要3年的时间。在这3年中，有3件事情很重要：一是要让每一个教师都能够打开教室的门，让所有的教师都能开设公开课，在学校里建立起教师相互之间公开授课的校内教研体制，每人都心甘情愿地接受公开评论，让每位老师也自觉地产生"下次公开课我来上"的愿望。二是在学校机构和组织的简化上做文章，给教师省出足够多的时间，用于教学研究工作。三是举办专题展示活动，既展示教师研究的成果，又促进教师教学再上新台阶。

前些年，我在一所高中担任校长期间，就是按照这样的思路来管理学校的。不过两年的时间，学校的面貌就发生了很大变化，教育质量有了长足进步。当时自己只是下意识地在做，后来从佐藤学先生的大作中，才明白这样做是有内在道理的。我为此写了一篇题为《改变一所学校需要多长时间》的文章，发表在《中国教育报》的教师书房专栏。

坚持不懈地阅读，可以让教育管理者不断反思自己所做工作的价值，不断反思所选择的实践之路是否正确，以便顺利前行。

对以上三个典型案例，我们可做出如下梳理——

主导视角	阅读方向侧重	主要阅读目的	共同取向
实践者主导视角（例1）	对自身教育教学有较大引领作用的教育教学书刊，以及文学、自然科学书籍等	增进对教育理论的把握，整理提炼教育教学经验，滋养教育生命，丰盈精神领地，引领学生成长	基于自身特定"教师"工作岗位需求的阅读；引领和改进自身所面临实际工作的阅读；丰富和充实自我精神世界、丰润教育生命的阅读
研究者主导视角（例2）	指导教育教学改革与研究的专业理论书籍、学术著作、科研专著等	应对理论和实践的双重逼迫，引领教育教学改革，满足有着强烈发展渴求的中小学校长和教师愿望，指导有着巨大差异和无限发展可能的中小学生	
管理者主导视角（例3）	对教育管理与设计等有较大启迪、指导意义的著作或相关内容	厘清教育职责、注重顶层设计、明晰实践路径。特别是以此不断反思所做工作的意义价值、所选择的实践路向正确与否	

对三个样例的梳理可以说明：不同主导视角下的教师专业阅读之间既有相对明确的指向，又存在互相交融的一面。

为什么我要如此咬文嚼字地去对此有所厘清呢?

因为在教师专业阅读的解读和推动中，既要看到共性的价值取向，还要避免立场单一之下的视角混同、一厢情愿取向。由此，我们来审视一种现象：为什么有些教研科研部门人员的推荐书目未必适合一线教师，有些校长向老师们推荐阅读的书目也未必受老师欢迎，而有些一线教师钟情的作品到了学校校长或者教科研人员那里也未必有什么感觉，凡此种种，原因并不能笼统归结于哪一作品好还是不好，因为相应推介初衷虽好，却可能多属一己之好，并不切合相应教师的实际需求。

即使面对同一作品，基于不同主导视角或者同一主导视角之下处于不同年龄段、发展段、专业岗位的阅读主体，在阅读取向、要求上也应有所差异。例如，同样身处教学一线，为什么有些到了一定层次的名师给年轻教师的推荐书目却未必合其胃口，大家反应不一，原因耐人寻味。再如，一些区域、学校推行的教师阅读活动，缺乏有梯度的区划引导，往往推出几本书，不分老幼一起读，呼呼隆隆一阵风，收效可想而知。

凡此种种，告诉我们：笼统粗放地谈中小学"教师专业阅读"虽然在大面上可能会获得一些认识，但其针对意义还远远不够。所以，在此先要明确一点，我们所要探讨的主要是实践者主导视角的教师专业阅读，也就是聚焦通常所说的中小学一线教师究竟需要怎样的专业阅读。

第二节
"教师专业阅读"之"专业"

再来看"教师专业阅读"之"专业"。

中华书局出版的《中华词典》对"专业"做出这样的解释："〈名〉教育部门根据学科的分工或生产的分工把学业分成的门类；历史 ~。〈形〉专门从事某种工作和职业的：专业 ~。"[1]

"教师专业阅读"的"专业"对两个层面均有涉及。比如说你是语文教师，那么你的专业阅读至少应该笼统地包括两层含义：一是基于"教师"这一岗位需要的阅读，二是针对"语文"这一门类及其教学的阅读。

关于"专业阅读"的"专业"，其实存在狭义和广义的理解之分。

王栋生老师曾说："教师需要专业阅读，同样需要非专业阅读，相比而言，非专业的阅读可能更为必要。我惊讶于一些教师专业之外的一无所知，话题稍有延展，他就会不以为然地说：这和课堂教学有关么？但我不认为这是什么专业精神，反而会认为他被'工具化'了，他本来应当有一双灵巧的手，可以制造工具解决难题，但由于他太专一，结果把自己变成了一具齿轮、一把改锥、一柄铁锤，甚至连工具也不如，

---

① 中华书局.中华词典〔K〕.北京：中华书局，2002：913.

成为一个部件,甚至一颗螺丝钉。教师工作每天与人在一起,会遇到各种各样的情况,他怎么可能只起一种作用?而且是被动的?"[①] 王老师强调的"非专业阅读",主要指向教师的人文阅读及其人文情怀、人文素养的培育。

必须看到的是,这里谈及的"专业阅读"与"非专业阅读"同样重要,二者并非对立关系,而应构成互补关系:前者重在完善知识结构,促进教育教学;后者重在开阔思维视野、提升综合素养,对自我成长以及改善教育教学也有助益。当然,两者在不同个人及不同阅读阶段所占比重可能是有变化的,比如,有人认为,青年阶段应多一些"专业阅读",中老年段应该多一些"非专业阅读",说的就是这个意思。当然,这也只是一种意见,针对不同教师而言,自然还有差异。

我们认为,中小学教师"专业阅读"同样存在狭义与广义两种理解:

狭义的"专业阅读",就是指针对教师教育教学、学科教学的专业知识、专业智慧所进行的阅读。大致指向通常所说的教育心理、学科课程与教学等本体知识背景,和上面所谈、大家通常理解的"专业阅读"大致等同。

广义的"专业阅读",泛指对教师从事专业行动、改善专业品质有利的阅读,既包括本体知识背景架构的阅读,也包括其他层面的阅读,比如人文与文学阅读、针对教师职业的生活保健阅读等。这里自然包含了一些人所理解的"非专业阅读"。

在专业高度细化的今天,一方面必须针对本专业深入学习、刻苦钻研才能有所建树,与此同时,过分强调专业本位,"非专不学"容易造成知识窄化、视野狭隘、后劲不足。教师也是如此。比如你是教语文的,不进行语文教学方面的阅读肯定不合适,而只围绕语文教学进行阅读,恐怕也很不够。所以,我们所探讨的教师"专业阅读"格局,既立足于狭义的基础界定,更着眼于广义的审视建构,两者统合其中。

下面研讨一个问题:如果你的办公室里有一位语文教师正在读金庸的《天龙八部》,那么他算不算"专业阅读"呢?我们尝试着做一下推想分析。

如果这位老师非常喜欢武侠小说,甚至不管在校还是在家都十分着迷,只能说是他的一种自主兴趣阅读,进一步说,这种不分场合、无所规划的随性阅读不能视为专业阅读。

如果金庸武侠小说的阅读是这位老师的所爱,但他只是在一定闲暇进行有节制、有规划的阅读,并没有因此放松和影响自身日常教育教学实务,那么作为一种自主兴趣阅读是可以接受的,这种情况下它可以构成调节和丰富专业生活的一种活动,

---

① 徐飞.读书——教师的第一修炼〔M〕.上海:华东师范大学出版社,2016:22—23.

可以视为专业阅读的一种组成。

如果这位老师对金庸及其作品有相当研究，从金庸研究的角度他已不乏"专业"状态，也可以给自己贴上一些个性标签，但这种"专业"很大程度并非其工作需要的"专业"，仍不能归位于"教师专业阅读"。当然，从做学问的角度看，他的这种个性化的阅读研究肯定有其价值，有时对个体成长还可能产生较大的促进作用，这一点另当别论。

如果这位老师在阅读研究金庸作品的同时正在思考武侠作品对中学生阅读的效用，从金庸作品选择语料，推介编发有关阅读内容或创生课程，能够将其研究气质传导到教育教学工作之中，与学生分享或对学生形成有益影响，那么这种带有专题性的阅读及研究——完全可以说是教师"专业阅读"的体现。

再看一个例子。

一位老师讲《论语·学而》时，教师对原文"子曰：学而时习之，不亦说乎？有朋自远方来，不亦乐乎？人不知而不愠，不亦君子乎？"做出翻译："先生说：学习了知识，时常复习，不是很愉快吗？有朋友从远方来，不是很令人高兴吗？人家不了解我，我却不生气，不也是道德上有修养的人吗？"

有一个学生提出疑问：这三句话的意思怎么不连贯？

教师告诉学生："这三句话一句一个意思，第一句谈学习，第二句谈待友，第三句讲为人，意思确实不连贯。"

有评论者对这一教学片段进行了批评：对《论语》这样的国学经典应该使学生彻底、清晰、明确地领会作品，不可不求甚解，甚至曲解、误解。教师务必钻研经典，打好国学的坚实基础，掌握传承弘扬中华优秀传统文化的本领。研究《论语》的著作汗牛充栋，我们在通读《论语》时，不妨找些有代表性的《论语》研究专著"啃一啃"，如朱子《论语集注》、刘宝楠父子《论语正义》、程树德《论语集注》、钱穆《论语新解》、南怀瑾《论语别裁》等。取各家所长，融会贯通，教起《论语》来才会游刃有余。

不容回避的是，要把以上专著全部"啃"完，需要投入相当的时间精力，对以教学实务为主的中小学教师来说，绝非易事。类似阅读建议并不鲜见，但如是建议往往听来煞是鼓动人心，做来则如天方夜谭。原因何在？因为在课程与教学、测评等高度规范的今天，绝大多数中小学语文老师不可能成为研究《论语》、研究国学的大家，而中学段教学《论语》的目的也不是让师生做考据训诂。因此，类似问题除了教师本身的好学尚研之外，还需要课程与教材、教参等方面的完善。当然，如果一位中小学老师研究《论语》确有所得并能沟通自身的课程与教学实践，对学生对同行产生有益影响，甚至形成具有特质的课程或学术建构，如同上例列举的金庸武侠小说最后一种情态的阅读那样，其阅读研究也应予以肯定，也可以说是一种高标的专业阅读。

接下来请对下列几位老师的阅读行为做出评判，看看是否接近我们所说的"专业阅读"，原因何在。

A 老师，初三化学教师，有 25 年教龄，在办公室里最喜欢翻阅《微型小说》《小说选刊》一类杂志，A 老师自己也常说"随便翻翻"。

B 老师，小学英语教师，有 20 多年教龄，全家都非常喜欢阅读，她的办公桌柜子里总是堆叠着许多文学著作，最近还读完了李娟的两本散文新著。一位老师问她读这些作品是不是对自己的教学有所帮助，她说："没有去考虑这一点，都是语言类的，应该有所相通吧。"

C 老师，初中政治教师，工作 13 年，从大学时就热衷《老子》阅读研究，多年来，利用一切可以利用的时间，购买阅读了大量关于《老子》的书刊，对道家哲学思想深入阐发，已撰写出版一部解读《老子》的专著。他在办公时间也对此多有投入，有时还为此忘记上课，他恨不得什么也不干专门来做这些事。

D 老师，高中物理教师，20 多年教龄，长期担任高中毕业班物理教学，从参加工作那天开始，几乎以校为家，所读书目不外乎物理考试命题一类书籍，除此之外几乎"别无他恋"。他被冠以"名师"，甚至被誉为"考神"。

E 老师，初中数学教师，有 16 年教龄，在备课和反思时总会尽可能阅读教参以及其他相关资料（如课标要求、名师课例等），他还订阅了两份初中数学教学期刊，并在教学中注重吸收借鉴一些好的素材方法。与此同时，每学年还会有计划地读一到两本教育名著，在读的同时会有选择地做一些笔记，写一写随笔感悟，有时还就其中涉及的问题和同事进行讨论。闲余之际还会读一点数学科普著作、儿童文学作品。

不需一一点评，我想大家都可以感觉到，最后一位老师的阅读取向更贴近于我们所说的"专业阅读"。因为他有明确的专业阅读意识并有所规划，阅读目的确当，着意与教育教学实践的结合，以此改进工作，还讲究阅读方法，注重读写结合，另外还融入人文成分，以此提高综合素养。概而言之，这是一种意在成就学生、发展自我的阅读，更加表现出旨在专业、突出专业、利于专业的阅读心向。

其他老师的阅读，多多少少均有助益，有的也具备一定专业意味，但不乏缺憾，或过于随性，或过度偏食，或视界过高。有的老师阅读状态虽专注投入，但已偏离、影响实际工作，不能不说与"教师专业阅读"的诉求有所背离。

综上所述，中小学教师专业阅读一般不是教育学、心理学等原理以及其他学术源头探索性质的阅读，而应与教育教学活动紧密结合，以倡导解决问题的阅读为主，以帮助教师改进自我实践、提升专业品位为主要目的。

2016年5月23日《中国教育报》刊发河南熊纪涛老师文章《教师阅读需要用点儿管理学》，文中直接谈到"教师阅读贡献"问题：

教师阅读如何推动专业发展，管理学可以明确给出的一个答案是，阅读能否促进发展，在很大程度取决于教师自己是否重视阅读贡献。如果教师阅读一本有关教学设计的专业书，按照这本书的理论、方法和技术积极地实践，反复运用和操作，最终改变了自己的认识和行为，提高了自身的专业技能和素养，这就属于阅读贡献较大的教师阅读。否则，则属于阅读贡献较低的教师阅读。

教师阅读是教师本人进行自我管理的一种活动，通过有效的自我管理，教师将阅读所萃取的知识转化为自己的行动，进而转化为教师专业发展的成果或绩效。[1]

既然教师专业阅读主要倡导解决问题的阅读，考察阅读贡献自然也是应有之义。但是，还要审视的是：完全以管理学视角来评定教师专业阅读的成效是否科学？是不是所有阅读都具有直接指向"阅读贡献"的"可用性"？是不是所有阅读都能、都需要转化为行动、绩效？能一刀切吗？

什么叫作"有用"，其实存在两种似乎对立的理解和认识：一种是工具主义维度的"有用"，其特点表现为重实用、实利、实战，着意解决眼前问题，相对突出短期效应；一种是人文主义维度的"有用"，其特点表现为重积淀、熏染、浸润，更较侧重长远效益。

在教师阅读中这两种"有用"都是存在的，也都是必需的，一些管理者往往看重前者而忽视后者，这是不可取的，后者其实对教师发展更具有"无用之用"。工具主义取向的阅读和人文主义取向的阅读，应该各得其所，同时又相得益彰，而不是截然对立。

如果说把教师自身所处工作环境视为一口井的话，笔者认为，在理想的教师专业阅读格局中，有三种取向必不可少：

一曰"以天观井"的阅读。教师需要睿智的目光与远见，需要广博开阔的思维与视野，只有跳出井口择高而立，从大处、高处、远处着眼，才能看清方向、增进辨识能力。这就需要切实提高自身理论素养和人文素养。

二曰"坐井观天"的阅读。教师更多面对的是实际教育教学问题，需要立足井中世界，从小处着力于实实在在的具体问题的解决。此中自然包含了那种直指教育教学的活读活用甚至现读现用的实效阅读，也包括一些工具性的阅读。

---

[1] 熊纪涛. 教师阅读需要用点儿管理学〔N〕. 中国教育报，2016-05-23.

三曰"深挖井底"的阅读。深挖井，就是围绕自身工作在一两个地方进行有深度、有力度的挖掘，而不是四面出击随处"开挖"，由此长时间投入其中，以至在相应领域有更为精深的认识与探索。这样一种阅读及其实践对教师发展来说意义非凡。

由此不难看出，因为强调教师专业阅读的问题解决，将其"有用"狭隘地理解为纯粹工具主义的"坐井观天"格局的阅读，无疑是错误的。这样一种偏狭、片面的定位，更可能产生误导。唯工具主义、绩效化的阅读追求——容易造成急功近利的短视以及借口排斥其他有益阅读的不良后果。长期以来有一种认识，认为中小学的教学和考试只是技术活，除教学参考与考试命题类阅读稍有作用之外，其他方面的阅读既派不上用场，也可谓浪费时间。这种认识是值得反思的。

解决问题的阅读，"问题"包含了教师成长与发展中的各种问题，除了现实性的基于实际工作的疑难困惑之外，还包括了心态、思想上的问题。解决这些问题，不仅在于盘活外在方法的"术"，更在于蓄养内在智慧的"道"，只有内外兼修，才能获得长远、持续发展。功利性的阅读使得我们这个民族在整体素养和"智慧"上显得滞后。所以，对教师专业阅读的功用要有正确理解，不能过分讲求实用化，一味期待其生发"速效"，快速解决眼前问题。我们不排斥"速效"的需要，但也需要"温补"的滋养。这一点必须明确。

下面我们来看著名语文教育家于漪的原型阅读经验，从中管窥教师专业阅读的价值取向与功能定位。

于漪老师完全是一名在课堂里成长起来的语文教师，称得上是语文教学的"巨匠"，她在专业发展上的经验是着重在两个方面狠下功夫：

一是扎扎实实打业务底子，从汉语拼音、语法、修辞入手，到文、史、哲广为涉猎；以中外文学史为经线，先读各个时期有代表性、有影响的作品，力求早日摆脱知之甚少、甚浅的窘境，告别孤陋寡闻，迈向知之甚多、较广、较深的目标。

二是潜心钻研教材，取得使用教材带领学生学好语文的主动权。查检资料，独立分析，从语言文字到思想内容，从思想内容到语言文字，一篇篇课文反复推敲、研究，把文章的脉络思路等等，弄得一清如水，力求使教材如出自己之口，如出自己之心。[①]

其实，于老师的阅读主要涵盖三个层面：

用功于钻研教材教法的"教学参考"层面。教学参考强调的是基于教学、着眼教研的阅读。一名教师如果不精通教材，不研究教法，他能很好地备课、上课、辅导、

---

① 于漪. 于漪文集〔M〕. 济南：山东教育出版社，2001.

指导学生解题吗？

致力于巩固专业知识的"专业补养"层面。专业阅读离不开系统学习有关专业知识，把教育教学所需专业知识体系归拢清楚，以至于融会贯通，厚实业务底子。

着眼于人文博览的"人文熏陶"层面。人文熏陶，强调的是人文情怀的培育和多维素养的促成，避免专业背景的狭隘。教师底蕴的夯实累进，离不开人文阅读。主攻专业没有问题，但不能过于偏狭，还要从更广泛的领域汲取营养。

反观于漪老师阅读经验，还要看到一点，那就是阅读目的要端正：为了一时应付有所获利而阅读，为了炫示学问博取名声而阅读，为了站稳讲台教书育人而阅读，自有质性之别。这里，我想就此多说几句。

教师的"专业"不仅需要"专业能力"，更要讲究"专业伦理"，对教育规律与基本法理心存敬畏，把保护良好人性、呵护生命成长作为底线，而教师的"专业能力"，也不仅包括教学能力，还有关爱、沟通、交流、表达等多重要素的融入。一个真正具有教育素养的阅读者，必须努力恪守专业伦理，完善专业能力，"专业阅读"目的也须随之端正。

阅读确实能够影响一些教师的人生轨迹，不少名特教师在博得诸多荣誉光环、鲜花掌声之后，也常会与阅读挂钩，强调自己作为优秀教师是"读出来的"，这在一定程度确实能多少说明阅读之于教师成长的意义。但是，也有很多老师通过阅读并没有获取多少光环，一直默默行走，我们能不能由此就断定他们的教育人生没有闪光点呢？

其实，人生包括教育人生轨迹、命运的改善与改变，阅读固然会作用其中，但绝非阅读就能左右的。回到原点，阅读就是阅读，它需要的是老老实实、安安静静，而不是时不时附加或赋予太多的外在功利。作为教育者，既要保持阅读热情，更要以此与脚踏实地努力工作融为一体。常言道"腹有诗书气自华"，表明阅读对培育精神、改善气质的重要影响，但这种影响绝不是要我们以此剑走偏锋、惯于标榜、沽名钓誉。

教师阅读更大的好处还在于培育精神、提升人格、磨砺思想，以此深刻省察自我的卑微与局限。一个对自我缺失省察的人，往往会出现两种状态：一是强烈的依附情结，通过对强者的依附支撑虚弱无力的自我；二是强烈的掌控欲望，通过对他者的控制填充膨胀虚空的自我。前者促成奴性人格，后者发展威权人格，二者与现代公民人格相去甚远。与此同时，一个坚守自我的人也可能出现认识偏执、自以为是、以自我为中心的倾向。所以，通过阅读，我们应该学会更好地审视自我、端正自我。只有基于这样的专业操守、专业风范之下的"专业阅读"，才能获取真正的智慧、力量与思想。

第三节

"教师专业阅读"之"阅读"

最后说一下"教师专业阅读"之"阅读"。

通常认为，"阅读"是运用语言文字，通过视觉材料获取信息、认识世界、发展思维并获得审美体验的活动。"教师专业阅读"既有一般意义的阅读属性，也有需要特别关注的一些矛盾关系。在此简要谈三点。

首先聊聊"纸读"和"屏读"之于"教师专业阅读"的矛盾关系。

就阅读习惯和阅读媒介而言，阅读可以分为两种：一种是传统的纸质阅读，重点是正式出版的书籍报刊，此类简称"纸读"；一种是以电脑、手机等为平台载体的网络阅读、电子文本阅读，诸如博客、微信等都在这一范畴，推而广之还可包括视频阅读（观看学习）等多元形式，此类简称"屏读"。

"纸读"优点众所周知无须赘言，"屏读"除了比较经济简便之外，也不乏一些时效性较强、对教育教学具有一定指导意义的信息。所以，只认同"纸读"而拒"屏读"于千里之外，不免会导致我们与时代的隔膜。尤其是在工作繁忙、时间紧张的情况下，利用碎片时间进行适当的"屏读"，也不失为一种乐趣和调剂。

与此同时，我们对"屏读"的局限性也应有所认识。

中国阅读学研究会会长徐雁教授认为"纸读"如同"蒸馏水蒸馏后所沉淀的核心质"，报刊信息可能还是"一锅正在煮着的水"，而网络、电视、电台的东西则如"一锅水蒸发出来的蒸汽，需要经过时代的经验和考验才能沉淀出来"。徐教授指出，在电子阅读、影像阅读等"屏读"越来越强势的情况下，它们只能作为纸质阅读的补充，反之，如果大脑受到的视觉刺激过度，难免会降低思考的含量和智力水平。

美国学者艾伦·雅各布斯在其《阅读的乐趣》中也谈过一种现象，即很多读者不知道"自己在阅读时的注意力、谨慎程度和洞察力是否符合要求"，对电视、电脑、手机等多种同时存在的刺激物的沉溺，"使得他们无法专注于一件事物上，因此也就没有能力阅读那些大部头著作"。这种感觉在青少年中存在，在四十多岁甚至年龄更大的中老年人中也存在："他们中很多人说，他们以前是会读书的，不过，因为习惯了在线阅读，由此带来的——或者说要求的——短暂集中的注意力，使得他们再也无法静下心坐下来看完一本书了。他们坐立不安，时不时地看看手机，查查有没有新邮件，或者更新微博。"①

很多人认为"纸读"有助深阅读，"屏读"容易导向浅阅读，在笔者看来，阅读载体和阅读深浅度之间并不具有根本的决定关系，影响和决定阅读理解深浅把握的根本，恐怕不在于阅读载体本身是"纸"还是"屏"，更取决于阅读主体本身的阅读取向、目标定位、书目选择、自我认知能力与思维方法、奉行贯彻的"阅读之道"等要素。"纸读""屏读"作为阅读形态与介质，本质上没有太大区别，教育和文学经典可以出现在智能手机和平板电脑之上，而言情小说、娱乐八卦也可通过纸质书刊传播。之所以大家普遍感觉"纸读"有助深阅读，"屏读"容易导向浅阅读，其中原因更在于人们不约而同地看到了一个问题，即"纸读"与"屏读"对阅读主体可能造成最大的影响，还在于思考方式的走向之上：前者更利于保证阅读的完整和递进程度，后者则不具有这方面优势，甚至会渐进损害阅读思考的集中性、专注力。

所以，教师专业阅读在相当程度仍然应以"纸读"为主，"屏读"为辅。此外，还有已然流行的移动听书等"听读"形式，也可作为辅助手段而存在。

其次，说说"自读"和"共读"之于"教师专业阅读"的矛盾关系。

所谓"自读"，就是单一阅读主体的自我阅读，"共读"则是侧重阅读主体之间的交流、互动、分享。

"自读"利于保持自主性、独立性，利于结合自我实际加以选择安排，利于静心思考，弊端在于可能会走向散漫随意，孤立的"自读"因为缺少与他人、外围的互动，也容易导致一定程度的自闭自满。日本学者大岩俊之在其主持的读书会上曾做过一个实验："在不向他人讲述的前提下读书，与要向他人讲述的前提下去读，在读书方法上有什么区别？"结果大多数人回答："以向他人讲述为前提去阅读，更容易读进去。"因为一边读一边心里会想着"到时候要给别人说书中的内容"，阅读目标更容易确定下来。"不向他人讲述的前提下读书"实际就是"自读"，"向他人讲述的前提下去读"则主要指向"共读"。

常言道："如果你给我一个苹果，我给你一个苹果，那么我们得到的就是一个苹果；如果你给我一个思想，我给你一个思想，那么我们得到的就不只是一个思想。""共读"有助教师呈现、展示自我阅读思考，有助教师之间的切磋交流、思维碰撞，

---

① （美）艾伦·雅各布斯.阅读的乐趣〔M〕.魏瑞莉，译.南京：译林出版社，2015：4-5.

有助教师从中深化理解，所以，教师专业阅读不应抱守自读窠臼而拒绝必要之"共读"。

当然，教师专业阅读也不能过度迷信盲从"共读"，尤其是一些推动"共读"的载体平台，存在不讲差异、形式单一、交流过频、要求偏高等弊端，一味把目光盯在无节制的"共读"活动上，恐不利于个体的独立选择、专注思考、沉淀积累，也可能会无所适从或者一味盲从以至失去自我。"你给我一个苹果，我给你一个苹果，那么我们得到的就是一个苹果。""你给我一个思想，我给你一个思想，那么我们得到的就不只是一个思想。"道理如此，但还要有一个前提：作为独立个体的"你""我"要拿出真正的"苹果""思想"。进言之，"你""我"拿出的纵然都是"苹果""思想"，但分量又有几何？因此，不建立在沉浸、深入的静养式"自读"前提之下的"共读"，是很难保证质量的，更可能形式大于内涵。

所以，教师专业阅读一方面离不开个体的自觉与坚持，一方面需要一定的外在支持和平台搭建，发挥群体优势，在"共读"中体现自我反思、同伴互助、专业引领等基本策略，通过调动群体资源力量，建设阅读共同体，以此引领、促进教师在共同体之下进行有效的自读跟读、交流互动。无论"自读"还是"共读"都大有学问，涉及很多需要研究的问题与细节，只有两者相得益彰，才能在教师阅读研修中发挥更积极的效用。

再次，谈谈"内驱阅读"和"外驱阅读"之于"教师专业阅读"的矛盾关系。

从"阅读"的一般概念看，最终目的不仅在于获得知识发展思维，还重在获得审美体验，通俗点说，就是通过阅读使人感到精神的愉悦。"专业阅读"面孔再"专"，过程再苦，最终也要落脚于此。精神的愉悦与超越，其实更通向阅读主体的心理因素、心灵世界，指向阅读主体内在动力的激发、兴致趣味的培育。

所谓"内驱阅读"，就是主要基于自我内在动力与兴趣爱好而进行的阅读。所谓"外驱阅读"，就是主要基于特定任务需求包括一定的功利驱动而进行的阅读。毫无疑问，前者是更为理想的阅读范式。

专业阅读自然是需要耗费脑力的，很多情况下还有较大难度。从理想状态来说，我们当然希望主要以来自教师自我强健的内驱力来支撑专业阅读，但由于种种原因，现实与这种期待尚有距离。所以，为了改进教育教学实践、把专业阅读当成教师工作的一部分，在一个阶段之内靠着一定的外驱力、一定的任务驱动来策动教师逐渐走上专业阅读之路，又可谓现实之需。当有了一定基础和铺垫之后，那种原本源自外力乃至功利驱动的专业阅读，也会对老师们起到不同程度的潜移默化之用，也会促进专业能力的潜滋暗长。久而久之，作为阅读主体的阅读动力就可能发生转化，由先前的"外驱主导"渐进转变为"内驱主导"。对此，很多走向专业阅读之路的优秀教师是有所体味的。

有人认为，因为很多中小学教师在职前没有培育浓厚的阅读兴趣、养成良好的阅读习惯，所以希望教师走向"内驱阅读"几无可能。这种认识有其道理，但不免将职前阅读对教师发展的影响绝对化了。其实，教师专业阅读习惯兴趣的培植强化，除了受到职前阅读素养的影响之外，和入职之后的引导、培养、激励更是分不开的，而且这种介入，如果能够早些开发并做出合理规划、恰当选择，即使原本不爱、不善阅读的教师，也可能从起先排斥阅读、对阅读忽略不计的茧缚中破茧而出，感受专业阅读及其学习研究的兴味。反之，一位教师入职之初即使具有较好的职前阅读素养，如若将其长期置身于一个不重视教师成长、不知专业阅读为何物的文化环境，他的优势和潜质也很可能会被逐渐消磨，以致最终"泯然众人"。对于思维已然定势、满足四平八稳、滋生职业倦怠的相应教师来说，期望以骤然升温的外驱"鞭策"——使之迅速走上专业阅读之路显然有些不切实际。当然，也确有个别人士，缘于某些人事、经历、机缘的触动，加之自我悟性相对较高，可能会在这种不利的环境背景下开启自我唤醒，实现个体突围，踏上专业阅读之旅。此外，不管怎样的背景情势，也总会有一些教师在其职业生活中难以养成阅读习惯，专业阅读之兴趣动力更无从谈起。所以，"外驱阅读"的推动有其重要作用，但不可一刀切，还要讲求方法策略，具体到各方面存在差异的教师个体，也终究强求不得。

综上所述，"教师专业阅读"不同于教师作为自然人所进行的随心随性、自主自动的阅读，无论是对个体还是群体而言，它一方面需要有一定的外驱策动，而另一方面它最终还须浸入主体内心世界而生发作用。也就是说，它离不开甚至需要起步于"外驱阅读"，但终极指向是以此促成教师本我的"内驱阅读"。唯其如此，专业阅读之路才会行进得更为持续、久远。

思考与研讨

1. 下面是 2015 年第 21 期《人民教育》采访北京 101 中学郭涵校长《郭涵：用你对世界的认识去影响他》一文关于郭校长谈阅读的节选内容①，读完之后请思考以下问题：

（1）郭校长的阅读经验和阅读取向对你有何启发？既然校长这么忙，还读企业家的书，作为老师，对其阅读选择是不是可以采取"拿来主义"而直接效仿？

---

① 余慧娟，邢星. 郭涵：用你对世界的认识去影响他〔J〕. 人民教育，2015（21）：34-35.

（2）郭校长谈到所谓"无用之书"有大用甚至"久用"，"在阅读中，有好多东西看起来好像与教育没有太直接的关系，但是它可以为你提供很多思考、分析和处理问题的角度"。你是否有这样的体会？

（3）《人民教育》记者在采访中还谈到，移动互联网出现后，大家对电子移动终端非常着迷，娱乐、社交和"快餐式"阅读占据了主导。你认为，《人民教育》记者谈到的这种现象对教师专业阅读有什么冲击？作为教师，应该对此有怎样的认识？

读书最好还是要读经典，读名著。人啊，跟谁在一块儿很重要，读书就是与谁为伍、跟谁对话。人生在世，不图钱财，可总得跟那些思想家、文学家对话啊！而做校长的，更要和历史上的中外教育家对话。这种对话，就是阅读。真的，每当我潜心阅读的时候，书的作者好像就在我身边，在我眼前。

读书还要看校长关注什么事，为了改革，为了管理，企业管理类的书有时也会给我们做校长的很多启示，我把它叫作"治理能力迁移"。我总觉得，企业家改革的步伐要比我们快，他们承受的压力也比我们大。所以，他们改革的热情、思路和方法等就很容易引起我们的共鸣，也很有借鉴价值。

然后就是思想文化领域的书。我不同意这是所谓"无用之书"的说法。恰恰相反，它有大用，能"久用"。因为，它是沉淀之后的思想精髓。这些东西读多了，你也不知道什么时候，它就会走进你的头脑，帮助你思考问题，分析问题，处理问题。细想起来，很奇妙啊。

教育领域的书当然更要读，要经常读。既要读旧的，也要读新的，这是校长的"必修"啊。尤其是中外教育史，可是要好好读！

我还坚持看《人民日报》，我不但喜欢它的文字，更喜欢它的高屋建瓴，它的家国情怀，它的纵横捭阖、全球视野。有几本杂志我也爱看，比如《三联生活周刊》，最近讲股市那期，给我提供了透彻分析问题的范例；《中国企业家》杂志访问了耶鲁大学金融经济学教授陈志武，他所谈的"一带一路""互联网＋"，我印象很深。

我想要说的是，在阅读中，有好多东西看起来好像与教育没有太直接的关系，但是它可以为你提供很多思考、分析和处理问题的角度，这就是刚才我所说的"治理能力迁移"。

2. 对于"优秀教师是读出来的"这一流行说法，你是怎么看的？应该怎样理解这种"优秀"？

3. 有的人将教师阅读划分为"为学生读书"（让读书作用于教育生活，服务于学生发展的需要）和"为自己读书"（让读书带来单纯丰富和幸福的精神生活），并把前者理解为"专业阅读"，后者理解为"非专业阅读"，对这种观点你怎么看？

专业阅读的结构阶梯

　　本讲重点探讨专业阅读"读什么"。在此谈"读什么"，不是直接指向具体读哪些作品，而是基于教师发展的整体性、阶段性——从这一大前提出发，有根据地做出设计与规划，从而为教师的专业阅读选择提供有益参考。对此，可以集中概括为"结构阶梯"四个字：结构，侧重强调阅读内容组成的立体化，强调多维平衡、多位一体；阶梯，则侧重强调阅读层级发展的递进性，强调循序渐进、螺旋上升。二者是密不可分的整体。本讲核心是"三维四性阅读"体系的提出，这一体系建构，可谓全书"整体体系之中的核心元素"。"三维阅读""四性阅读""专业阅读作品形态分类框架"等内容是理解的重点与难点，更需要"细嚼慢咽"。

结构，侧重于组成整体的各部分之间的搭配、组合。阶梯，侧重于阶段、层级、序列，强调依照相应标准所呈现的层次以及由此行进的坡度、状态。两者既各有侧重又密切联系。

探讨教师专业阅读的结构阶梯这一问题，首要本质在于梳理和探讨读什么、如何进行组合搭配，所以"结构"在先：认知结构的残缺、失衡、错位，都可能导致教师对教育的理解和把握出现问题，阻碍自我素养的提升。教师必须清楚自己的专业局限，才会获得长足发展。

与此同时，教师专业发展存在阶段性和差异性，不考虑其阶段性和差异性，只是抽象地倡导"开卷有益"，收效往往不如人意。譬如，很多名家强调杜威的书是经典，但是如果让刚参加工作的青年、没有一定读写和理解基础的老师捧读杜威，恐怕会让更多人感到头疼。缺乏规划、笼统粗放、不加区划的阅读，很难形成清晰的专业自我，甚至会适得其反。因此，教师专业阅读更应有序而灵动：

有序，就是要遵循一般的总体原则与规律，强调序列性和阶梯性。

灵动，就是要结合实际做出具体设计，不搞一刀切，在总体搭配的同时兼顾差异。

这一维度侧重于"阶梯"的搭建。

"结构"在先，"阶梯"随后，只是一般逻辑上的排序，并不代表孰重孰轻，在中小学教师专业阅读规划中两者密不可分。

第一节

已有的相关解读与尝试

"专业阅读"能否取得成效，取得何种意义的成效，重在科学规划，建构相应结构阶梯有其必要。这方面的解读或建构已有不少，来看几个例子。

●苏霍姆林斯基曾建议刚参加工作的年轻教师每个月要买三本书籍：一是关于所

教学科方面科学问题的书籍，二是可以作为榜样人物事迹的书籍，三是心理学方面的书籍（特别是涉及儿童、少年、男女青年心理的书籍）。这一藏书、阅读建议，实际上就是一种阅读结构的组合与呈现。

●辽宁省铁岭市教委原副主任傅东缨认为，教师职业生涯中有三类阅读不可或缺[①]：

一是学科专业类，建立学术高地的"孵化器"。这类阅读犹如精品细粮，需要细嚼慢咽，来厚积学科知识，激活学术智慧。

二是人文科学类，如文学、哲学、历史等多方面，树立起健全人格的"定海神针"。这类阅读好像粗粮，与上一类阅读形成"粗细搭配"，以求营养齐全，促成多元建构。

三是教育理性类，如教育学、心理学、教学论等方面的阅读，以此应用在教育、教学践行中，娴熟把握教书育人的"游泳术"。

这个划分是针对教师整体、不分学科学段所进行的教师阅读结构设计，比较简明清晰。

●教育部基础教育课程教材发展中心、中国教师发展基金会组编"教师素养提升丛书"中"小学语文"卷对小学语文教师的拓展阅读分为五类（五类之下具体列出120部参考书）[②]：

一、教育教学类。提供理论支撑和方法指导，培养教师反思与实践能力，提供教育新理念等。

二、儿童体验类。塑造童心，走进孩子心灵，提高鉴赏应用儿童文学作品能力，以此带动儿童阅读。

三、经典文学类。提升文学素养、幸福指数，拓宽教育智慧，丰盈课堂生活。

四、生活艺术类。保持身心健康，提高生命质量，提升生活品位和艺术修养。

五、社会科学类。丰富精神世界，了解文化常识，提升自身素养，开拓专业视野。

这是针对具体学段及学科教师所做设计的阅读结构，五类划分显得具体细致。

上面三例侧重"结构"方面的设计。再看两个例子。

●美国当代教育哲学家索尔蒂斯认为教育哲学课程在不同的教师专业发展阶段都有其价值，他对相应学习的设计如下[③]：

[①] 傅东缨. 读书，为什么？——关于读书的答问〔N〕. 中国教育报，2013-05-6.

[②] 李家栋. 教学拓展——教师拓展阅读指导〔M〕. 拉萨：西藏人民出版社，2012. 下列内容为笔者根据原作概括梳理.

[③] （美）奥兹门，（美）克莱威尔. 教育的哲学基础（第七版）〔M〕. 石中英，邓敏娜，译. 北京：教育科学出版社，2006. 译者序Ⅱ. 表格为笔者根据原文译者序内容梳理罗列.

索尔蒂斯教育哲学课程设计

学习阶段及其主体	主要需求和课程内容	主要课程目的
职前教育阶段学生（主要为本科生和硕士生）	主导性教育哲学观，从大家公认的观点立场出发，为学习者提供自由选择教育观念的机会	这种课程的主要目的不是提供现成的教学观、发展观，而是使他们掌握清晰思考自我调整的方法，以便今后开展有效教学
有多年教学经验的在职教师和管理者	集中于运用哲学思维方式拓宽教学视野，深入理解教育教学问题，批判反思已有教育教学经验，寻找改善工作的方向途径	主要目的是展现影响教育决策、社会生活的重要哲学观念和思维方式，引导学生批判地思考教育现状并寻求合理的问题解决途径。还能引导学生探讨管理和教学生涯的伦理困境，以便在日常教育生活中做出理性的教育决策
专家型教师和专门的理论工作者	提供教育哲学论辩的技艺，帮助加强表述的逻辑性、明晰性以及价值选择的合理性，提高对教育问题的洞察力和理解力	这个阶段的课程目标主要不是训练具有娴熟教学技巧的教师，也不是培养教育政策的坚定执行者，而是塑造有能力推动政策不断完善的专业人才

这里虽然是"教育哲学课程"的设计，但也可将其延伸理解为"教育哲学的阅读学习"，其中提出了三个阶梯，每一阶梯都有明确侧重，明显体现出循序渐进的思路。

●由北京教育学院组织、各方专业人士参与研制的《中小学语文教师专业发展标准及指导（语文）》对语文教师"科学与人文素养"的阅读规划给出如下的设想和建议[①]：

从新手到熟练——有兴趣广泛涉猎语文专业之外的书籍杂志；

从熟练到成熟——有计划地阅读语文专业之外的书籍；

从成熟到卓越——有计划地系统阅读语文专业之外的书籍。

这里针对语文教师"科学与人文素养"的阅读设计了逐渐上升的三个阶梯的要求、设想。

---

① 中小学教师专业发展标准及指导课题组. 中小学教师专业发展标准及指导（语文）〔M〕. 北京: 北京师范大学出版社, 2012: 48, 91, 139. 所列内容为笔者根据原文表述整合。

以上两例主要侧重于"阶梯"方面的建构，再看一例①。

新教育实验项目组将中小学教师专业阅读结构划分为三大类：

一是本体性知识，即所教学科专业核心知识。

二是专业知识，指从事教师必备的专业基础知识，包括教育学、心理学、课程与教学通识、教育管理常识等。

三是人类基本知识，包含文史哲等多层面，由此构成专业阅读更广阔的背景。

与此同时，新教育实验认为教师专业发展存在着一种特定节奏，他们借用教育家怀特海的理论把教师专业发展划分为"浪漫—精确—综合"三个阶梯：

阶段	表征概要	对应阅读需要
浪漫阶段	对事物整体、直觉的把握阶段（热爱、好奇、迷茫）	提防"贫瘠"，多涉猎，宽视野
精确阶段	掌握精确的知识细节进而领悟原理的阶段（认识逐渐清晰、理性）	提防"狭隘"，切忌盲从理论
综合阶段	摆脱知识细节而积极运用原理阶段（自动化的专业本能和自觉，形成了自我特定的科学的行为取向和活动程序）	提防"封闭"，防止思维和活动程式固化僵化，特别从教育哲学上丰富、提升自我

项目组还强调，这三个阶段是一种循序渐进有机发展的过程，并不是一种简单的线性逻辑。他们认为，理想的专业发展路径是——拥有足够的浪漫期，并能进入足够清晰和深邃的精确期，最终进入足够丰富和开放的综合期，形成卓越的专业洞察力和解决问题的能力。由此还设计了对应的专业阅读谱系，划分了五类专业阅读书目。

示例：语文本体知识阅读阶梯试建

类型	主要适应阶段	书目示例
案例型	浪漫期的入门阅读	《唐宋词17讲》、名师课堂实录、文学作品
经验型	浪漫期的拓展阅读	《诗词例话》《听王荣生教授评课》
分析型	精确期的重点阅读	《诗词格律》《语文教学内容重构》

---

① 魏智渊. 教师阅读地图〔M〕. 北京：文化艺术出版社，2011：23-25，37-44，45-47. 表格内容为笔者根据原著内容梳理罗列。

（续表）

| 原理型 | 精确与综合期的深入阅读 | 《语文科课程论基础》 |
| 哲学型 | 综合期的高端阅读 | 哲学大师作品 |

最后这个例子对教师专业阅读的规划设计更为细致深入，既有"结构"方面的明确架构，也有"阶梯"方面的具体要求。

上述例证可以说明一个问题："阅读"要在教师专业成长中真正发挥积极作用，必须从零散状态走向相对科学、完善的体系，尽管这一体系不可能像精密仪器那样能够显现出来，但它如同电脑内存系统，要达到一种相对稳健的持续发展状态，需要有合适的系统组件、升级程序，这样才能"激活系统"。

第二节

我们的主体建构："三维四性阅读"体系

这一部分内容分五个层次展开，对笔者所提出的"三维四性阅读"体系进行了详细阐述。

一、结构上的"三维阅读"

在吸收区域推动教师阅读经验的基础上，我们经过反复调研、磋商、权衡，初步拟定了一个教师专业阅读经典书目系列，分为三大维度，即儿童情怀、专业智慧与人文精神：

儿童情怀，即保有童心童趣，用心读懂儿童，能够以儿童视角把握儿童心理，理解儿童精神世界，做到以学生为本。儿童情怀是基于对儿童心灵的敬畏、憧憬而去面对教育教学工作，而不是把儿童、学生的存在当作自身功利获取的武器与工具，它是教育者应有的一种根本品质。

专业智慧，即教师从事专业活动具有的智慧，具体呈现为课程与教学智慧、教研与科研智慧、管理与育人智慧等多个层面，体现在教育教学的整个过程和各个环节之中。智慧源于知识与技能，但不像知识技能一样可以直接传授，需要在获取知识、经验的过程中经由总结、反思而不断得以开启、丰富和发展。智慧离不开智力与能力，但又高于智力与能力，更讲求教育的机智与艺术，追寻教育教学的合理逻辑。专业智慧的运用，在于以此夯实专业基础，展现专业魅力，唤醒、激励、感染学生，增强教育教学实践的有效性与创造性。

人文精神，其基本内涵包括三个层面：一是人性和人道主义，对人的幸福和尊严的追求；二是理性，包括人类共同信奉的真理性精神，即广义的科学精神；三为超越性，对人生意义的追问与追求。我们认为，人文精神的重心在于尊重人的价值、尊重人作为精神存在的价值。人文精神可谓教育的灵魂，身为教育者，必须秉持人类自我关怀精神，把人的终身发展视为教育的第一要义，真正给学生以人文关怀，重视学生以及自身生命样态，以丰富的人性、理性与超越性保持对生命和生存意义的探索，在教育教学实践中完善心智、净化灵魂、提升境界，让人文精神的光辉照耀自我、照耀学生。

"三维阅读"具体的内容指向与书目示例请看下表（书目包括独立篇目）。

主题维度	内容指向	书目列举
儿童情怀	反映儿童生活与心理世界、有助唤起儿童情怀的纪实、文学、心理经典	黑柳彻子《窗边的小豆豆》 安徒生《安徒生童话》 怀特《夏洛的网》 圣埃克苏佩里《小王子》 艾伦·马绍尔《我能跳过水洼》 爱斯米·科德尔《特别的女生撒哈拉》 林海音《城南旧事》 曹文轩《草房子》 马修斯《与儿童对话》 河合隼雄《孩子的宇宙》 葛安妮、葛碧建《0—12岁——给孩子一个好性格》
专业智慧	有助夯实专业基础、提高专业观察能力及思考理解能力、提升教书育人能力及专业智慧的教育教学经典	苏霍姆林斯基《给教师的建议》 赞可夫《和教师的谈话》 帕尔默《教学勇气——漫步教师心灵》 约翰·I·古德莱得《一个称作学校的地方》 马卡连柯《家庭和儿童教育》 陈鹤琴《家庭教育》 林汉达《教育心理学二十讲》 陶行知《陶行知教育名篇》 叶圣陶《叶圣陶教育名篇》 魏书生《班主任工作漫谈》

（续表）

		《论语》《楚辞》 周国平《守望的距离》 卡耐基《林肯传》 奥威尔《动物农场》 卢梭《忏悔录》 柏拉图《理想国》 亚当·斯密《道德情操论》 弗兰克《活出生命的意义》 古斯塔夫·勒庞《乌合之众》
人文精神	有助培育人文精神、提高人文素养的文学、历史、哲学、科学等层面经典	

上述书目的分类也只是相对而言，并非绝对界定，很多作品带来的启迪往往是多方面的，只是相对有所侧重而已。

这里，以经典作品为核心指向，围绕"儿童情怀""专业智慧""人文精神"三维度规划教师专业阅读，其深意就在于期望中小学教师能够按照体察和理解儿童世界、积累和提升专业智慧、涵养和培育人文精神以至形成丰盈完善的自我价值体系这样一条基本路径，使自己的教育实践更加睿智、精神生活更加完整、心灵世界更加丰富。

"三维阅读"的结构设计，并非通常以知识为中心的设计，而是直指教师教育教学核心素养，以此拉动相关认知的一种设计。它既强调相应素养的平衡与完善，也隐含着相关认知结构的块状组合。作为专业阅读的内容结构，它如同盖楼的底盘结构，应该保持相对的稳固性。

二、阶梯上的"四性阅读"

在"三维阅读"的底盘结构之上，我们进一步着重提出"四性阅读"的阶梯设计。先谈"四性"。"四性"指的是感性、知性、理性和灵性。

先说感性。感性被认为思维运动的第一个形式，是人们凭借感官接受表象、获得感性知识的认知能力。我们平常所说经验，多属感性认识。感性通常还指向性情、情怀，是人性中情感敏锐的一种机能。感性素养较高，一般表现为对人对事比较敏感、能够保持心灵的温润。

再谈知性。何为"知性"，哲学上一直未有权威界定，但有一点则为多数所认同，即它是人们运用概念和范畴进行判断、推理的一种认知能力，是与感性、理性相对且介于二者之间的一种认知层次。

在日常生活中，我们也常听到这样的词语，如"知性女子"，什么是"知性女子"，有这样一些描述：

知性女子，优雅、有气质、有智慧，充满知性的柔美和魅力，感情丰富，清楚自己需要什么。工作中理性，但感情上又极具女人味。不同于小女孩似的单纯，也不同于小女人式的狭隘。知性美是一种淡定的美，成熟的美，介于感性和理性中间。

可见，关于日常所说"知性女子"的"知性"，也大致是介于感性和理性之间的一种状态。

笔者更赞同康德的说法，将"知性"理解为主体对特殊的没有联系的感性对象加以综合处理并连接成为有规律、有一定条理的知识的一种认知能力。

举个例子，公安局要破一个案件，面对手头掌握的一些信息，开始都还只是直观、零碎的感性材料，这时，办案民警就要注意这些信息材料之间存在的关联，尝试从中理出一定的线索或思路，还可能由此提出一些假设，使得对案件的认识由原本的惑乱、零散开始转向条理，从而推动排查进展。公安民警通过这一认知过程获得的认识当然要高于起始只是面对零散信息的"感性"，但是，不到证据确凿、线索明了、真相浮现之际，它所代表的认识距离全然的理性认识、科学结论还有距离。那么，这个过程主要就处于一种"知性"状态。

知性以实践为基础，以通向理性为归宿，由此，它还具有某种主动的品格。例如，公安民警要较快较准地断案破案，面对一定的信息源，只有主动、倾心投入才能获得较为深入的发现和认识。同理，教育教学工作中对一些问题的认识、判断也存在类似的认知过程和思维态势。因此，敢于主动担当和积极探索、具有自觉自省意识——往往被视为一个人具有良好知性素养的表现。

接下来说理性。理性一般被视为利用逻辑、独立形成概念并由此进行分析、比较、综合、计算等方面的能力。理性的重心在于通过合理、完整的逻辑，以及充分、可靠的论据最终形成科学、准确的结论。

理性的目的在于认识事物本质。只有感性还不能获得可靠的知识，知性虽然进了一步，但还不能完全抵达认识事物的全体、本质和内部联系。为此，必须把感性、知性上升为理性才行。

我们说一个人具有良好的理性素养，往往表现为保持独立、冷静、审慎的思考，善于进行科学的探究分析，秉持怀疑和批判精神，坚持扬弃错误、追求真理的品质，等等。

这里补充谈一下工具理性和价值理性之分。通俗地讲，工具理性就是在认识和处理事情时主要从追求效果最大化的角度出发，考虑用什么方法手段达成既定目标更便捷有效，更强调形式的合理性。价值理性体现的则是对价值问题的理性思考，注意力集中在行为所代表的价值取向、规范之上，更强调目的的合理性。

德国哲学家冯·赖特提出了一个概念，即"与合理性构成对照的理性"，他在《科学的形象和理性的形式》一文有以下表述：

一个论证可以是理性的，但它的前提和结论可能是不合理的。一个计划可能是理性的，但执行该计划则是不合理的。

与合理性构成对照的理性，主要与推理的形式正确性，达到目标手段的有效性，以及信念的证实和确证相关联。

关于合理性的判断则是有价值指向的。它们关注正确的生活方式，关注被认为对人有利或有害的事情。当然，合理的也是理性的——但'仅仅理性的'并不总是合理的。①

冯·赖特强调的"与合理性构成对照的理性"，首先表现为正当的价值取向，只有紧扣这一前提而采取的那些形式才能谓之正当。反之，则不免出现为达目的不择手段的取向，这就可以说是"与不合理构成对照的理性"。

例如，我们讲"教学质量"，什么叫"教学质量"？美国教育家卡罗尔将其深刻定义为"对学习任务要素的表达、解释与顺序安排趋向最适合既定学习者的程度"。在这个定义中，学习任务要素的表达解释接近于我们说的教学设计，顺序安排则可理解为常态教学过程，而影响和决定"教学质量"的关键，则在于与"既定学习者"的"适合"程度如何。这里关注的重心是作为人的学习者，是教学之于学生的适切程度。这就是对"教学质量"的一种确当的价值理性，也就是一种"与合理性构成对照的理性"。

为什么要在此强调关于理性的这一划分呢？因为教育教学本身绝不仅仅是个技术活，它更是一种基于人的生存与发展、由此遵循相应规律的事业。它当然需要具体行动中一以贯之的方法、技巧、手段，但也离不开合理的批判建构，需要丰富的智慧与思想、正确的理念与信念的支撑。只重视工具理性而忽略价值理性的教育，往往会走向极端功利。价值理性，实际是人文精神的一种重要体现。所以，只有追求"与合理性构成对照的理性"，既努力做正确的事，又努力正确地做事，教育教学才会充满生机和力量。

工具理性的异化，价值理性的失落，两者关系的疏离，已然成为现代社会多种危机的根源。其中，当然也包括对教育带来的不良影响。由此需要看到的是，中小学教师及其专业阅读所寻求的理性，不能定格和止步于工具理性，只是为了获取、移植、运用一些行动所需要的技术方法，这样的阅读格局肯定是偏狭的，所获取的方法技术

---

① （芬兰）冯·赖特．知识之树〔M〕．陈波，胡洪泽，周祯祥，译．北京：生活·读书·新知三联书店，2003：26-27．着重号为笔者所加。

有时可能还存在问题。所以，还要有正当的价值理性的注入，要有基于专业智慧、职业理想、教育思想、生命意义的规划、审视与建构，才能做得更好走得更远。

最后谈灵性。这里所谈灵性，我们将其定位于两个层面的意涵。

第一层面，它可谓一种高度的"深层直觉"。

直觉指对出现在面前的事物、现象、问题及其关系能够迅速识别，敏锐洞察，直接趋于综合判断。直觉常常能帮助我们在最短时间从整体把握客体、切近本质。影响直觉水平状态的因素，既有来自天赋、自然状态的成分，也有后天锻炼的成分。就"直觉"一词内涵来说，已经包含了"理性积淀"成分。作家余秋雨将"直觉"区划为"浅层直觉"与"深层直觉"，认为导演、评论家的"直觉"水平要高于一般读者、观众，其中的主要区别就是埋藏在他们内心深处的理性积淀不同。其实，对教育教学工作的认识也存在这样的差异。

在面对实际问题时，有时我们能够做出直接反应、决定做什么怎么做，但要你说出为什么这么做时，可能说不出必然道理，这种情态，就是更多地处于一种"浅层直觉"。"浅层直觉"可能准确也可能出错，而"深层直觉"呢，就是既知道该做什么也在潜意识深处知道为什么要这么做，对实际问题有更为快速、准确以及高度自动化的判断、拿捏、选择和认知。这种状态固然和个体本能有关，但和阅历的加深、知识的积累、环境的熏染等有更大关联。它不是凭空来的，更需要后天锻炼才能达成，需要建立在感性、知性、理性等认知状态的基础之上。这种"深层直觉"发展的更高层次，我们将其定义为"灵性"。

灵性可以达到相当透彻、灵活的领悟和运用水准。英国教育家约翰·洛克在其著作《理解能力指导散论》谈"阅读"的章节中对阅读的心智活动及理想取向做出如下分析：

人们认为无所不读的人也是无所不知，但是，事实并不尽然。阅读只提供心智以知识的材料；只有思考才能把我们所阅读的材料变成我们自己的知识。我们是属于沉思一类的人，因而死记硬背收集起来的东西是不够的。我们把这些东西加以咀嚼以后，才能得到力量和营养。

只有依靠我们自己的思考并且审核所读内容的范围、力量和连贯性，我们才会得到裨益。那么，我们的知识依据我们理解并且懂得诸多观念之联系的程度而定。没有这种联系，我们所知道的不过是一些浮在大脑里散漫的东西。

心智本身向后看，苦苦追溯每一个论证的根源以便了解它所依据的基础以及坚实可靠到什么程度……心智最初就应当按照严格的规则钉牢在这种艰苦的任务上，使用和练习会给心智以敏捷，从而那些习惯于此的人，似乎只要看上一眼，就能观察到论证，而且在大多数事例中立刻就知道它的根据所在。我们可以说，具有这种官能的人已经获得读书的要领，并且能够依据线索的引导从众说纷纭的意见和著作中找到真理和确定性。我们应当把初学的青年引向这个治学的门径。用这种方式来考虑我们阅读的内容和得到的裨益，只有在开始的阶段对于任何一个人才是一种障碍和难处。当习俗和练习使人们熟悉这种方法了，这种方法在我们的阅读过程中在大多数情况下不会停顿，也不会受到干扰。一个用这种方法练习的心智，它的激动和见解是出奇地敏捷；而一个习惯于这种反省思考的人只要看一眼就能得到另外一个人需要很长讨论才能在完整而逐步的推论当中得出的结果。①

洛克对阅读心智的理想取向的分析，主要表现为在阅读时能够迅速抓住观点和材料之间的联系、直接准确地做出判断。它提出的这种阅读境态和我们所说的"灵性"基本吻合。正如洛克所强调的那样，要趋于这种境界更离不开长期、艰苦的训练。

第二层面，它是一种高度的自我超越。

每个人，无论他有什么肤色、怎样的文化背景，似乎都或多或少有过这样的思索：宇宙和生命的本质是什么？自身存在的意义又是什么？到底存不存在一种牵引人生的终极力量？如果存在，又该如何探寻？……这是一种最普遍的人性体验，这样一种超越物性、摆脱物性束缚、寻求自由幸福境界的体验与能力，又被视为灵性。相较于感性、知性、理性，它更凸显了作为万物之灵的人的精神特质。

在心理学文献中，最早对灵性做出定义的是美国哲学家威廉·詹姆斯，他认为灵性是人类超越自身的过程："对于人道主义者来说，灵性是与他人相处的自我超越体验。对某些人，它可能是与自然或宇宙（无论怎样描述它们）的和谐或同一的体验。它引导我们进入一个王国，在那儿我们可以体验到与某种大于自身的事物的联合，并由此找到自己最大的安宁。"

灵性的倡导与实践，在世界范围均得到不同程度的回应与体现。

灵性资源一般指向有关人生意义，目的、使命和价值观的认知，由于文化、历史、信仰的差异，其表现形式、类型也不尽同：在西方，很多成年人从自身的文化和信仰中寻找灵性资源；在东方文明中，也有较为丰富的灵性资源，如《老子》《论语》以及一些佛教经典，虽然没有直接呈现"灵性"概念，却包含着各具内涵的生命哲学与灵性资源。

可以看出，对理想境界的追求和创造，在人们的价值追求中居于最高层级。灵性

---

① （英）约翰·洛克.理解能力指导散论〔M〕.吴棠，译.北京：人民教育出版社，2005：42-43.着重号为笔者所加。

作为人类超越自身的过程，必然指向这种追求。以此迁延，教育历练层面的"灵性"，则是教育者超越自身、创造理想境界、追求最高价值的过程。

可以看出，对理想境界的追求和创造，在人们的价值追求中居于最高层级。灵性作为人类超越自身的过程，必然指向这种追求。以此迁延，教育历练层面的"灵性"，则是教育者超越自身、创造理想境界、追求最高价值的过程。

古代教育家柏拉图早就提出"教育是转向灵魂的艺术"，当代哲学家雅斯贝尔斯在《什么是教育》中也提出："教育是人的灵魂的教育，而非理智知识和认识的堆集。通过教育使具有天资的人，自己选择决定成为什么样的人以及自己把握安身立命之本。谁要是把自己单纯地局限于学习和认知上，即使他的学习能力非常强，那他的灵魂也是匮乏而不健全的。如果人要从感性生活转入精神生活，那他就必须学习和获知，但就爱智慧和寻找精神之根而言，所有的学习和知识对他来说却是次要的。"[①]柏拉图和雅斯贝尔斯都强调教育的关键必须导向灵魂的转向或觉醒。他们主要是从学生接受教育的角度来谈的，其实，教师对自我以及所接受的职后教育同样是这样，否则，再好的教育也终究会被异化为名利之类的外在之物，远离人的心灵和灵魂世界的建设。对于教师而言，只有自觉追求精神、价值层面的自我建构与超越，才能在教育教学生活中找到自我存在的意义，找回支撑自我的内部力量与信念。

可以说，教育历练的灵性，更指向对教育生活意义的追问，对教育使命的寻求与超越，它是一种源于自我而又高于自我的稳定、完善的价值信念与终极关怀[②]。借用雅思贝尔斯的话说，它"光照我们一切的经验，指引我们的所作所为，它经常用批判反思的目光注视我们自己以及自己的感觉"。灵性作为最高的自我状态，天然地与主动、内省、觉悟等紧密关联，它主要不是靠传授而习得，更需要"靠自身的悟性去参悟人生与世界"[③]。与参悟必然相伴的一种精神就是沉思：在人类的早期灵性活动中，沉思即被视为一种精神的修炼、思想的深奥。关注并省察当下被视为沉思最重要的概念，由此寻求一种戒除躁动、扎根内心的宁静、沉淀、专注、思索，直到穷极一种思想，获得某种开悟。教育者同样需要通过参悟、沉思在心中伫立起对教育本然价值的追求，唤起对自我的超越，从而在这种无止境的追求与超越中迈向新的高度。

教育的理性与教育科学相对，相对注重"形而下"层面的运作，追求确定、完整

---

① （德）雅斯贝尔斯. 什么是教育〔M〕. 邹进，译. 北京："生活·读书·新知"三联书店，1991：4.

② 终极关怀是人类超越有限、追求无限以达到永恒的一种精神渴望。对生命本源和人生价值的探索构成人生的终极思考。这是万物灵长——人类所独具的哲学智慧。终极关怀首先应该是个人对于生存意义的体验与思考。

③ （德）雅斯贝尔斯. 什么是教育〔M〕. 邹进，译. 北京："生活·读书·新知"三联书店，1991：160. 着重号为笔者所加。

的知识，强调教育规律与原则的遵循。教育的灵性，则更加关乎一种教育人生的哲学乃至信仰，注重"形而上"层面的思考，它需要以丰富的教育情感、坚韧的教育意志、深刻的教育认知为依托，建立在对现实的理性思辨与抽象之上，但又绝非止步于此，而是对此寻求超越，既要寻根问底，更要瞻前顾远。这样一种"形而上"的思考，被当代哲学家周国平先生称为"灵魂的认真"。周先生认为，中国的文化传统和人生哲学更注重实用、注重道德、注重妥善处理人际关系的准则，缺少对人生进行追根究底的探究，因此，从总体看，比较缺乏灵魂的认真，缺乏超越性的追求，缺少形而上的哲学。前面我们谈到，教育和教师不能只有工具理性，更要有价值理性，更要以此强化对教育的神圣感与敬畏感，而教育的灵性，无疑是这种价值理性扎根内心深处、走向至高境界的修炼。这种修炼其实就是一种"灵魂的认真"，可以促使教师形成自身的教育哲学。教师教育哲学的本质，则可理解成教师运用哲学思维观察问题，对自身教育理念、行为、思想与价值观进行省思过滤——形成系统的教育信念的总和。这种哲学光辉与教育信念的进一步发展，就是一种信仰的力量。

　　人之所以是"万物之灵"，最根本的还在于我们有"人文"，有对理想境界的追求，有对精神、价值的高点建构，而形成教育哲学乃至教育之信念信仰，正可谓教育"灵性"之高点建构所在。前面还谈到，人文精神的超越性表现在对人生意义与价值的追问，"灵性"作为一种高度的自我超越，可谓人文精神创造与发展的极致。如果没有这样一种"形而上"的超越性的参悟、沉思，而只是一味强调"形而下"的现实主义，它将使得教育以及置身其中的教育者——丧失宝贵的理想主义与人文精神，甚至走向价值信念的异化。因此，我们不把教师阅读仅仅定格、止步于专业知识的获得与专业背景的扩展，而更指向教育精神与人生境界的升华。

　　在教育"灵性"的两个层面意涵中，第一层面主要指向一种思维方式，第二层面则主要指向一种精神境界。只有相应的思维方式却达不到相应精神境界，或者只趋于这种精神境界而不具备对应的认知思维能力，都将是不完整的。所以，这是一个很高的要求，两者是密不可分的整体。由此，我们来审视一个教育者的灵性素养，首先表现为阅历与积淀深厚，有明敏、灵动、超凡的专业思维，还要有的，就是秉持和弘扬人文精神，有真正属于自我而又超越自我的"精神宇宙"，有鲜明的教育哲学，有献身教育的博大情怀、远大理想、崇高信念与坚定信仰。

　　"四性"之间可以并列并存，但从总体看来，主要呈现为递进式、阶梯式的发展，因而其间还存在必然的过渡状态。

　　在"四性"阐述的基础之上，我们引出"四性阅读"，对其基本特征概括如下：

阅读性质	基本特征
感性阅读	从感觉与感性体验、感性直觉起步，基于第一印象、整体感知的"粗浅阅读"，更注重情感愉悦的获得。 感性阅读比较适合基础知识的学习，侧重于教育情感的培育，以及对教育生命、教育生活的基本体认
知性阅读	对文本素材通过一定的判断、推导、梳理，根据自身已有知识经验主动建构，尝试生成一定的不乏个性色彩的理解分析。 知性阅读比感性阅读相对更进一步，但距离理性阅读还有距离，是教师阅读实现从感性到理性的一个过渡
理性阅读	从理智、综合、系统的分析论证入手，意在从整体逻辑探讨归纳一般原理规则，从中提炼和积聚专业智慧，提升理论素养以及运用理论改进实践的能力。 理性阅读是由零向整的迈进，更具有理论建构意义，侧重对实践的整体规范、合理路径、具体策略做出系统化的反思、探究
灵性阅读	以参悟、沉思等为支架，对教育教学问题做出自动自觉、精准高效的判断处理，对支撑教育教学活动与本体教育生活的原理规则——做出超越本体的上位思考。 灵性阅读是由"形而下"层面向"形而上"层面的超越，它既指向高度自动化的专业能力的达成，更指向精神、价值层面的自我实现与自我超越，追求心灵世界的澄澈与自由、精神境界的升华和圆满

与"四性"相对，"四性阅读"同样可以并存并列，但从总体看，主要呈现的也是递进式、阶梯式的发展。"四性阅读"下的循序渐进，并非一种简单、机械的线性逻辑，而是一种有机发展与螺旋上升。"四性阅读"之间同样存在必然的过渡状态。

对同一部作品的阅读，表现的阅读性质不同，达到的阅读层级往往也有差异。与此同时，多种阅读性质体现于同一作品的阅读，往往可以使我们对作品读得更深入、更透彻。

比如，圣埃克苏佩里所著《小王子》是一部经典童话。童话首先是充满故事性的，当然适合孩子们阅读，这一时段的阅读自然是感性阅读。随着年龄增长，如果重读《小王子》，我们的兴奋点慢慢就不在故事了，开始转向故事背后的寓意，此后的阅读就多了知性、理性意味。《小王子》其实更是葆有童心的作者向读者讲述其对于成人世界的观感以及自己身处其中的孤独，作者心境的背后隐含着一种哲学意蕴，这部哲理童话其实更是写给成年人看的。对其中的思想内涵与哲学意蕴，我们很难凭借抽象概括、理性评述就能全然做出阐释，而只能慢慢用心领悟。为此，则需要灵性阅读的介入。

下面，我们再以亚米契斯《爱的教育》一书阅读为例，对此稍做管窥（以下均为刘月樵译本，中国书籍出版社，2006年6月第1版）。

复述故事感知脉络——侧重感性阅读

针对本书的感性阅读，可以出示这样的问题：谈谈你对书中哪个（组）故事感触最深，选择一个对应的基本点谈出你的有关经历和思考（叙说故事为主）。

下面是烟台牟平文昌小学杨中丽老师的阅读随笔。

读《卡拉布里亚男孩》随感

班里转来新学生，这对于教师来说也算是平常事了吧。怎样向全班同学介绍新同学才能让全班同学更好地接受新同学，让新同学更快地融入新集体，确实考验老师的教育艺术。

在《卡拉布里亚男孩》中，佩尔博尼先生先介绍了孩子家乡，又让每次都得头等奖的学生德罗西代表全班同学致欢迎辞，先生还说："卡拉布里亚的孩子到了都灵，要像在自己家里一样。而一个都灵的孩子来到卡拉布里亚，要如同在自己家里一般。我们的国家奋斗了五十年，三万意大利人失去了生命。你们大家彼此之间应该互相尊重，互相热爱。但你们之中假使有人因为这个同学没有出生在我们省里而伤害他的话，那么，当一面三色旗升起的时候，他就再也不配抬头仰望了。"经过这样一个集体主义和爱国主义教育相融合的"仪式"，班集体新同学和老同学肯定会快速融洽，因为在那当时，就已经有这样温馨的场景："卡拉布里亚男孩归到座位。和他邻席的学生有送他钢笔的，有送他画片的，还有送他瑞典邮票的。"

佩尔博尼先生的确是个充满大爱的教师，对于教育时机的把握、教育方式的选择、教育影响的预设，别有深意，让人敬佩与叹服！

我们班三年级下学期也从威海转来一个男孩，父母离异，跟着母亲来到牟平，插到了我们班。我暑假刚接班的时候，看得出来那个男孩还是有点郁郁寡欢，原因应该是多方面的，但我想"还没有更好地融入这个大集体"肯定是原因之一。有时我在想，如果当时他转过来的时候我就已经是这个班的班主任——我该如何处理。一时间也没有很好的主意，不过老生常谈，向全班同学介绍一下这位新同学，然后对全班同学提出希望"大家要团结友爱，多关心新同学"云云。怎样才能更艺术、更有效？值得我们深思。

这则随笔复述了原作故事，又联系自己面临的问题简单谈出困惑、思考，很明显，这里的阅读主要表现为对原作的整体感知、感性体验。

截取镜头评说案例——侧重知性阅读

全书包含着很多故事，反对这些故事镜头的理解单纯止步于复述感知，作为教育阅读的层次还是不够的。要使这些零星片段趋于整合、清晰，最好的办法就是截取其中比较典型的素材，转向案例分析。案例以叙事为基础，但并非单纯叙事，而是蕴含着问题、困惑和启示的叙事，更突出对叙事本身的推导分析成分。案例分析的重点也不是单纯评述具体的事件、行动，而是对可能隐藏在背后具有普遍性的因素做出推论评价。

一般来说，教育教学方面的案例要有故事性、主题性、真实性的要求。那么，作为虚构的教育小说作品，其中的一些镜头能不能成为案例呢？答案是肯定的，因为教育文艺作品追求和呈现的是一种艺术之"真"，其中的案例往往具有主题鲜明、焦点集中、形象性强等特点，所以，截取其中典型片段进行超越单纯叙事的梳理分析，是很有意义的。

我们试选取《爱的教育》中《慷慨大方的举止》一则故事作为典型镜头，来进行案例评说。

慷慨大方的举止

今天早晨就恰恰有机会认识加罗内。当我走进学校——有些晚了，因为高小一年级的女老师叫住了我，问我什么时候她能来家里看一下——我们的老师还没到，三四个孩子正在折磨可怜的克罗西，即那个长着红头发、一只胳膊折了、母亲卖菜的孩子。他们用尺子戳他，朝他脸上扔果子皮，模仿他的一只胳膊挂在脖子上，把他比作跛子和丑八怪。他孤零零地一个人坐在课桌的尽头，脸色苍白，听着他们的讲话，并用祈求的目光一会儿看看这个，一会儿又望望那个，为的是希望他们能让他好生待着。然而那些人越来越变本加厉地嘲笑他，他开始浑身直打哆嗦，气得面红耳赤。突然间，那个面貌丑陋的弗兰蒂跳到一张课桌上，假装胳膊上挎着两个篮子，模仿嘲弄克罗西的妈妈来到校门口等候儿子的样子，因为她现在生病而没来。许多人开始捧腹大笑。这时，克罗西已经失去理智，抓起一个墨水瓶狠狠地朝弗兰蒂的头上扔去。然而弗兰蒂却敏捷地低下脑袋躲了过去，而墨水瓶却打在刚进教室的老师的胸脯上。

所有的人都跑回自己的座位，个个吓得默不作声。

　　脸色煞白的老师走上讲台，以激怒的声音问道："是谁干的？"

　　没有任何人回答。

　　老师再一次喊叫，声音也提高了："是谁？"

　　这时，加罗内，处于对可怜的克罗西的同情，猛然站起来，斩钉截铁地说："是我！"

　　老师望了望他，又看了看无比惊讶的其他同学，然后以平和的语气说："不是你。"

　　过了片刻，老师又说："肇事者将不会受到处罚。请站起来。"

　　克罗西站起来，哭着道："他们打我，侮辱我。我气昏了头，抓起……"

　　"坐下。"老师说，"那些向他挑衅的人站起来。"

　　四个人耷拉着脑袋站了起来。

　　"你们，"老师说，"欺侮一个没有招惹你们的同学，讥笑一个不幸者，打了一个不能够自卫的弱者。你们犯下了最卑贱、最可耻的一个行为，它足以玷污'人'这个字眼！一群胆小鬼！"

　　说完这些话，老师走到课桌间，他把一只手放到正低着头的加罗内的下巴颏下，又托起他的脸庞，盯着他的眼睛，对他说："你有一个崇高的灵魂。"

　　加罗内趁机在老师耳边低语，我不知道他说了些什么话；而老师则转过身对着四个肇事者，生硬地说："我宽恕了你们。"①

　　针对上述镜头，牟平宁海中心小学潘霞老师做出以下评说：

　　对《慷慨大方的举止》这一故事，读第一遍时，我生气那群取笑他人的学生，气愤班级里怎么会有这样的情况发生。但是当我读到那个加罗内自己站起来替克罗西承担错误时，我似乎看到了这样一群孩子：有着天真无邪的内心，纯洁善良，充满了爱意。同时，也为自己刚才没有一颗宽容的心去看待这群孩子们而感到羞愧。

　　其实，在读的时候，给我们最直接的感受就是加罗内的善良。在关键时刻自愿替克罗西承担罪责，这就是朋友之间的"义"，在这个孩子身上我们看到了难能可贵的品质。也可能有的人会说这是包庇朋友，但这样的包庇我宁愿多发生几起。就像我们有些老师总是鼓励学生之间互相检举，对于打小报告的同学持赞赏态度，因为有了这些同学，我们才能更加准确地了解班级内学生的状况。我不是很赞赏这种行为，想想自己，小时候最讨厌的就是打小报告的同学，因为打小报告，同学之间的感情淡了，互相猜疑，不再信任。班级之间的凝聚力很重要，打小报告的行为很容易导致班级之

① （意大利）亚米契斯.爱的教育〔M〕.刘月樵，译.北京：国际文化出版公司中国书籍出版社，2006：10-11.

内分成派别，有些学生为了讨好老师，不停地向老师输送班级小情况，老师们也乐在其中，自以为这样会对班级情况了如指掌。但是，这种行为一旦泛滥，就会人心惶惶，互相提防，更别提师生之间建立信任了。所以我不提倡也不鼓励这种打小报告的行为。如此看来，我还是想看到班级内学生之间的互相"包庇"，至少可以看到班级的凝聚力。

再来谈谈这个老师，其实我真替他捏了一把汗，生怕他因为一时愤怒而狠狠批评克罗西。走进教室突然被学生砸了墨水瓶，任谁都会生气，所以他的第一反应是一个本能反应，而克罗西因为害怕迟迟不敢站起来。后来这位老师冷静下来，当加罗内承认错误时，他用自己敏锐的观察力知道了肇事者不是他，并没有因此而声嘶力竭地批评他们欺骗老师，而是平和地说不惩罚肇事者。就是这么一个举动，让我佩服这位老师，他用自己敏锐的直觉嗅到了其中可能暗藏的隐情。记得有这样一个经典故事，校园里有个美丽的花坛，每个人都不舍得去摘掉花坛里的花儿。但是，身为校长的苏霍姆林斯基发现有个小女孩采摘了一朵。他并没有冲上去批评她，而是询问原因，才发现原来小女孩是为了让生病的奶奶看一看。所以，老师要有敏锐的职业感，碰到学生的一些所谓"违纪"行为，不要总是急于"批评""教育"，而应该尽可能多做一些调查，之后再进行妥当处理。

不仅如此，我也佩服这位老师的机智，当知道加罗内欺骗时，不是批评他而是用一句"你有一个崇高的灵魂"来赞扬他。我相信，这个孩子在今后的成长中一定会记住这位有宽容之心的老师，他知道有一颗同情心是对的。而这位老师最后说的那句话，更是给我留下深刻印象："欺侮一个没有招惹你们的同学，讥笑一个不幸者，打了一个不能够自卫的弱者。你们犯下了最卑贱、最可耻的一个行为，它足以玷污'人'这个字眼！"这些话说得铿锵有力，让这几个犯了错的孩子惭愧地低下了头。教育适可而止，这或许就是最后老师也没有惩罚那几个欺负同学的学生的原因吧。这样一个"大气"的老师，我相信他的学生也不会小气到哪去的。

针对《慷慨大方的举止》这一镜头，潘老师从加罗内的善良、不倡导打小报告、教师要具有敏锐的职业感以及教育机智角度进行了案例评说，视角具有针对性，评说梳理也较到位。

下面是笔者针对这一镜头进行的案例评说笔记纲要：

如何应对班级中的冲突事件

1.在事件面前要保持克制、冷静，判断和了解事件背景，锻炼和提高自身应急诊断与反应能力，提高自我教育机智水平。

老师望了望他，又看了看无比惊讶的其他同学，然后以平和的语气说："不是你。"

　　大家可以想象，如果面对此情此景，你对着学生大喊大骂反应过激，会是怎么样的结果。尤其是学生年龄段越大，教师在类似情景下如果反应更为激烈，往往得不到学生的同情和支持，有些学生反而会在暗地笑话老师歇斯底里。如果老师不是班主任，把这件事报告班主任或者学校，下面会发生什么也不好说，处理不当还会使得矛盾升级。比如，有的班主任可能不分青红皂白严加追查，要求他们检查反省、赔礼道歉，对肇事者进行严肃处分，这样做未必是好的解决办法。

　　如果我们是这位老师的话，对墨水瓶飞来的行为不妨采取更轻松、机智的处理方法。如果教师说"好家伙，嫌我的墨水少了是不"等幽默诙谐的话语，让学生看不见被激怒的场面，学生的负面行为就得不到强化。在冲突缓和以后，教师再去了解情况，与学生沟通，看看是针对教师本人还是另有原委，这样更容易达成相互理解。如果在现场没有搞清来龙去脉，可以暂时淡化它，课下另行处理。

　　2. 正视和建立必要的妥协机制，在冲突面前留有缓冲余地。在学校管理、班级工作中要有必要、合理的妥协，这种妥协不是无原则的纵容，而是建立在一定前提之下的让步，凡事适可而止，有时取得的效果可能更好一些。

　　第一次妥协。过了片刻，老师又说："肇事者将不会受到处罚。请站起来。"其实老师已经大致对事件的原委背景有所把握，所以允诺不处罚扔墨水瓶到自己身上的同学。

　　第二次妥协。加罗内趁机在老师耳边低语，我不知道他说了些什么话；而老师则转过身对着四个肇事者，生硬地说："我宽恕了你们。"尽管老师怒气尚未完全消退，语气生硬，但还是在严厉的批评后对学生采取宽容举措，其中可能有加罗内的作用，此时此刻当为一种明智的妥协。

　　3. 在事件性质走向明朗的前提下要初步做出相对明确的价值判断，而不是模棱两可似是而非。

　　克罗西站起来，哭着道："他们打我，侮辱我。我气昏了头，抓起……"

　　"坐下。"老师说，"那些向他挑衅的人站起来。"

　　四个人耷拉着脑袋站了起来。

　　"你们，"老师说，"欺侮一个没有招惹你们的同学，讥笑一个不幸者，打了一个不能够自卫的弱者。你们犯下了最卑贱、最可耻的一个行为，它足以玷污'人'这个字眼！一群胆小鬼！"

　　针对事件应该努力做出冷静、迅速的调查判断，在事件性质相对明确的情况下不要采取各打五十大板的办法，而是要有基本的价值判断，初步厘定责任，这样有利于问题的后续处理。如果事件性质一时之间无法明确判断，也不能在学生面前含糊其词，必须明确告示当事方谁应该承担怎样的责任，丝毫逃不掉，不要只抓着自己的理由不放。有些老师在处理类似事件时往往以"一个巴掌拍不响""没有一个好东西"来笼统评判，有时未必妥当。在棘手的事件面前，有的老师为了照顾双方或者多方家长情绪，不愿把自己对事件的判断明示出来，站在中间立场，这样做有时对后续问题的解决未必有利。

4.注重培养有威信、有道德的班级骨干力量。

这时，加罗内，出于对可怜的克罗西的同情，猛然站起来，斩钉截铁地说："是我！"（终于忍无可忍，路见不平拔刀相助。）

加罗内趁机在老师耳边低语，我不知道他说了些什么话；而老师则转过身对着四个肇事者，生硬地说："我宽恕了你们。"（说什么，从上下文看可能是替同学求情，希望老师妥善处理。）

只有像加罗内这样的人在班级中多了，才能树正气倡新风，有的班级为什么一直没有主心骨，没有在学习、道德等层面真正起到带头的学生，值得反思。除了外在原因，还和教师的引导、培养有关。如果在这件事情上那位老师说"加罗内你给我靠边站，不关你的事情"，久而久之，最后的加罗内也会消失。

5.要抓住契机深化教育，尤其是在类似事件下班集体自觉不自觉呈现的"看客"情态更值得警惕。

"他们用尺子戳他，朝他脸上扔果子皮，模仿他的一只胳膊挂在脖子上，把他比作跛子和丑八怪"，"许多人捧腹大笑"，如此等等，其中的很多人其实是跟风起哄，如果教师在这个事情之后就这样"到此为止"，我觉得并不合适。老师应该把这件事情摆出来，让大家反思：为什么你们知道事情是怎么回事，而不上前阻拦，面对已经萌芽和正在发展的冲突为什么不及时报告，甚至还哄堂大笑呢？这是一种怎样的行为？如果换作你是克罗西，你还会为自己作为一名看客而感到心安理得吗？可以就此让学生发表见解，反思遇到类似事件应该怎么处理更有利于同学之间的和谐、更有利于冲突的降格而不是升级。

大家注意，加罗内本来也是旁观者，最后是忍不住站了起来。就像现实社会中——很多人本也是有正义感的，但是看客心态盛行之下，有的有正义感的人如果得不到一定力量、机制的支持，他们往往也会在一定时间内保持沉默。作为一个班级，其实就是社会的缩影，看客心态占据主导，看客就会多起来，这不利于良好班风的养成。所以，这方面的反思引导还是必要的。

这则案例评说针对原镜头，提取了一个主题，即"如何应对班级中的冲突事件"，围绕几个方面，结合相应镜头片段，从教育工作应有的认识、原则、方法上进行了有益探讨。这种评说对更深入地理解相应镜头无疑有其积极意义，它源于叙事但又高于叙事。

从这一例证不难看出，对同一镜头的案例分析，和公安局断案有相似性，它需要对零散、单一素材折射的问题、道理等进行一定的解释、推理，根据自身已有知识经验建构、生成一定的理解分析，使之趋于理性化。与此同时，这种理解分析可以说智者见智、仁者见仁：一方面，必然会在求同存异中有所交集，形成一定共识；另一方面，鉴于解读者经验与认知等方面的差异，往往不乏不同的个性化理解。加之案例本身涉及诸多背景、细节，在原始表述中可能存在空白或残缺，解读者本身未必能够掌握完整、全面的信息，对有些问题的推导，也不免有一定的主观经验作用其中。因此，想通过对单一、零星个案的梳理——全然达成对其背后折射问题的系统、客观、理性的认知怕是不够的。

马克斯·范梅南在《教学机智——教育智慧的意蕴》强调教育学的本质"是在具体情境的实际时机中自然表现出来的"，他讲述了这样一则实例："母亲发现她的7岁儿子约翰一直从她的钱包里拿钱。她十分肯定是约翰拿的钱，而且她觉得偷窃是一种十分不道德的行为。但这些并没有告诉她现在该如何处理这事儿。也许她会查阅一些有关儿童抚养的书，书中可能会给出关于儿童偷窃父母的东西该怎样做的建议。那些建议适合这位母亲和儿子约翰的具体情况吗？约翰觉得他自己是在偷窃吗？从母亲那儿拿钱对这位男孩意味着什么呢？"在摆出连续的疑问之后，马克斯·范梅南给出分析："教育行动所需的知识应该是针对具体的情境而且指向我们所关心的具体孩子。换句话说，教育学对情境非常敏感。在这些日常的教育情境的素描当中，我们需要添加适当的上下文以使得这些情境富有教育意义和可理解性。"[1]

这个实例告诉我们，作为对教育情境的一种描述，案例的学习和解读，应该是很有针对性的，必须考虑情境的具体与复杂，它更需要解读者本身"添加适当的上下文以使得这些情境富有教育意义和可理解性"。这样的一种主动"添加"，当然不是胡乱的添补，而是注重对案例之背景因素、具体细节等进行主动、深入的追问、体察与剖解。案例本身的意义和理解性，其实是非预设的，具有一定的不确定性，而不同的添加与追问，也就必然使得对案例的解读——带有一定的多元性。由此可见，这种截取某一镜头、片段而进行的案例评说，更偏重于知性阅读的体现。

---

[1]（加拿大）马克斯·范梅南.教学机智——教育智慧的意蕴〔M〕.李树英，译.北京：教育科学出版社，2001：63-64.

综合梳理主题探究——侧重理性阅读

《爱的教育》一书中，恩利柯父母对孩子的教育所体现的家庭教育思想是很值得探究的话题，要对这一主题进行研究，单纯复述感知、感性体验肯定不行，依托对书中的一些典型镜头进行案例评说也不够，还必须有超越零碎化的、更为系统理智的分析，这就需要理性阅读的支撑。

请看福山区崇文中学邹亮老师对这一问题的整体归纳。

向恩里科的父母致敬（节选）

当然，教育效果如何，得看父母权威树立的程度，父母权威的树立必须建立在尊重孩子人格的基础上，明智的家长很懂得权威树立的重要性，更懂得权威的树立不是靠压制、强权、主观臆断，而是采用严慈相济的方法。所以，在他们教育孩子的过程中，我发现这么几个共同点：

一是不当面批评，而是采取写信的方式，给孩子的自尊留出空间。

二是不在事发时就提出批评和建议，给孩子一定的时间去反省。

三是让事实说话，不凭猜测，就事论事，一事一议，不留尾巴，不揭伤疤。

四是身教重于言传，自己做出示范后再去要求孩子，更具说服力。

五是建议很合理，批评很严厉，刚柔相济。

培养孩子就如照顾一棵树苗，在其成长过程中，除了要浇水施肥、满足其生长的正常需要，还得修剪。这样，它才可能茁壮成长。"生而养之是责任，养而教之是重任"，恩里科的父母告诉我们：教育责任的承担，更多在家庭；教育方式的选择，立足于尊重；教育机会的把握，起源自用心。

以上对恩里科父母教育孩子的共性，隐含在《爱的教育》之中，这些共性特点，大家在阅读过程中想必都是有所感知、有所认识的。看似不过简单的几点，但要将其准确总结到位，却并非易事，它既需要对全书故事内容、典型镜头了然于胸，更要围绕恩利柯父母的教育对全书内容进行重温、解构、提炼，同时还要有对家庭教育的持续关注与深入理解，才能对此做出比较科学、系统的分析。这个梳理过程是综合性的，它其实是把"《爱的教育》中的家庭教育"作为一个主题来进行带有原理性质的整体探究。这一阅读过程无疑更侧重理性阅读。

把脉心灵深度感悟——多性阅读交融

对《爱的教育》的阅读理解，还可能有多性质的阅读交融作用其中，请看烟台市牟平实验小学徐茂玲老师的阅读感悟。

《爱的教育》人物评点

《爱的教育》一书塑造了一群个性鲜明的学生和家长形象，这些鲜活的人物仿佛就生活在我们身边，让我在他们身上看到了班上孩子和家长的影子。正如世界上没有两片完全相同的树叶一样，班级里也没有完全相同的两个孩子，不同的家庭背景、不同的性格特点造就了个性迥异的学生。

我将《爱的教育》一书中的学生形象简单地梳理出六大类，由他们也让我很自然地联想到了自己教过的形形色色的孩子们。

第一类：品学兼优的优等生，代表人物德罗西。

在《爱的教育》中，作者为我们塑造了德罗西这样一个品学兼优的优秀学生形象。他出身富贵家庭，学习成绩优异，更难得的是他能够和其他贫困家庭的孩子友好相处。他关心同学，体贴同学，同情父亲坐牢的同学，甚至在同学考试有困难时，他也会巧妙地伸出援手。他以自己的优异成绩和出众人品赢得了小伙伴们的信任，也得到了小伙伴家长的喜爱和称赞。

主人公恩里科虽没有班长德罗西学习出色，但是他在父亲、母亲以及姐姐的积极影响下，慢慢成长为一名心地善良、乐于助人、尊重老师、团结同学、热爱学习的优秀生，在学习上勤奋努力，在生活中诚挚友善，观察生活细致敏锐。他秉性纯朴、仁厚、天真、善良，极富同情心和进取心。他非常大方地把自己心爱的玩具送给家境贫困的同学，在老师生病的时候，多次和父母一起去看望。可以说良好的家庭教育，引领了恩里科人格的健康成长。

在德罗西和恩里科身上，我们能够感受到意大利主流社会中的精英对自己孩子的正确引领，可以说是家长的高修养培养出了孩子的高素质。一个班级能够有这样的孩子，真的是老师和学生们共同的福分。

记得我曾经教过一个叫小宇的孩子，他的父母都是公务员，对他的要求极高。在班级他是班长，学习成绩优异，每次大型考试他都是第一名，更难得的是他很有同情心和责任感，深得全班同学爱戴。记得他的妈妈曾花了100多元，购买了15支钢笔奖给班里的同学，这件事给我和同学们留下了极深刻的印象。在小宇的身上，我欣喜地看到了《爱的教育》一书中的德罗西身上那出众的才华和强烈的方向感。

不过有一次，小宇的表现让我对他的优秀打了折扣。记得那天中午音乐老师扣了我们班一位同学的纪律表现分，小宇竟和老师当面理论起来。他振振有词地对那位老师说："老师，你今天没有佩戴值勤牌，就不应该随便扣同学的分。"这一幕正巧被匆匆下楼的我碰见了。我喊住了小宇："小宇，你怎么能这样高声对老师说话呢？难道老师冤枉了我们班的同学吗？"小宇这才住了口。

我认为对于优秀学生而言，需要的是更高标准，特别是在待人处事上，要让他们意识到处处要为同学们做出榜样，更要让他们从小学会眼界高、心胸宽，在独善其身的基础上，培养他们的责任意识和担当意识。

【在此，特附我校小溪老师观点：我恰恰认为小宇是一位颇有正义感的男孩子，面对"强权"毫不退缩坚持正义，是一位真正的男子汉。老师此时不能一味批评小宇，而应首先肯定他的正义感，然后提出合理化建议——对老师有所尊重。】

第二类：受人爱戴的优等生，代表人物是加罗内。

加罗内的父亲是火车司机，家境一般，因为入学迟，所以身材高大。加罗内为人厚道，品行最好。他乐于助人，富有正义感。当加罗内看到内利受到其他同学的欺负时，他挺身而出充当了内利的保护人；当加罗内看到克罗西扔出的墨水瓶打到老师时，他主动替克罗西承担错误；当同学们无心听代课老师讲课时，是加罗内挺身而出帮老师维持课堂秩序。可故事的最后令人万万没有想到的是温柔而高尚的加罗内，却遭遇了丧母之痛。

在我所教过的学生中，还真的从来没有遇到像加罗内这样仗义懂事的好孩子。不过，像加罗内一样具有乐于助人优秀品质的孩子倒是不少。

我教过一个叫小慧的女孩，她的父母在她很小的时候就带她一起参加各种义工活动，所以她经常在班上主动帮助别人。不过因为个性内向，她在班级中号召力不是太强。

记得还有一个名叫小蓬的男孩子，他热情开朗，非常有担当。班级开运动会时，他主动拿着检录册，一个个喊着有比赛项目的同学名字。不到一上午，他的嗓子就有些嘶哑了，但依然热情不减，让我这个老师看在眼里，疼在心头。

但不知为什么，如何像加罗内这样有责任感的孩子越来越少了。这是一个值得思考的问题。

第三类：爱慕虚荣的中等生，代表人物是沃蒂尼。

沃蒂尼同样出身优越，但是却得不到同学们的喜欢。究其原因是他时时处处好炫耀自己，不能与同学友好相处。当看到德罗西受老师的称赞，受同学的喜爱时，他不是反思自己，而是不服气，心怀嫉妒之心，甚至还要在盲童面前，显摆自己的漂亮衣服。

　　我也教过不少类似学生，他们家境优越，或父母做买卖，家里有钱；或父母当官，处处有优越感。记得一个漂亮的小女孩，名叫小徽，家里做很大的买卖。每天上学、放学都有专门的司机接送她。她每季的漂亮衣服都穿得不重样，而且件件高端、大气、上档次，全是大品牌。在班里她的脾气很大，喜欢拉帮结伙，经常通过小恩小惠拉拢其他同学听她的话。当某件事稍不如意时，她就会给同学脸色看，甚至有时扬言要找人修理某某同学，特别像个"女霸王"。她对待学习不用心，成绩不突出，对于学校的校规校纪也完全不放在眼里。后来，这个孩子在中学里，表现也不尽人意。

　　对于这样的孩子，我们教师的说教常常会显得很苍白，因而就特别需要联合家庭力量和社会力量对其进行反复教育。沃蒂尼的爸爸是位绅士，他在配合老师教育儿子方面做得非常好，但是却仍未完全改变儿子的不良习气。这样的孩子或许只有将来在复杂生活的磨炼下，才能慢慢提高自己的修养。

　　第四类：追求上进的贫困生，代表人物是普雷科西。

　　小铁匠普雷科西身体瘦弱，穿着不合适的衣服，脸色苍白，但他贫穷而懂事，学习十分用功。最初常遭受酗酒父亲的打骂，但他忍气吞声，不愿让同学知道。他既有才能又很努力，作文、算术和其他功课都很好，最终超过五十四个同学，获得了学习二等奖的奖章，甚至用自己的坚韧和努力改变了父亲。

　　普雷科西可以说是很多孩子的榜样。曾经有人说，当今社会寒门再难出贵子，但在现实生活中，我们还是经常会看到许多类似普雷科西的孩子。

　　我记得曾经教过一个叫静静的女孩，她的父母都生活在社会底层，靠卖菜维持生计。每天父母起得很早，她的早饭常常是自己做的，双休日父母也要去卖菜，她从来没有时间像其他孩子那样自由自在地玩耍，更没有到任何地方去旅游。但是她任劳任怨，学习上刻苦努力，成绩一直名列前茅。后来，她考取了大专，并通过努力考上本科，攻读完研究生，现在在天津一家国企当质检员，生活得非常幸福。

　　对于像静静和普雷科西这样出身贫寒却天性要强的孩子，需要的是师长的鼓励和欣赏。有了师长的鼓励和他们自身的努力，他们的前途会一片光明。在这些孩子的身上，反复上演着"自古雄才多磨难"的人间传奇。

　　不过，根据经验我认为对于个别出身贫穷的孩子而言，有时容易经不住物质的诱惑。在《爱的教育》中也有类似描写，普雷科西看到恩里科的玩具火车时，非常喜欢。好在恩里科的父亲看在眼里，最后说服儿子把小火车送给了普雷科西。记得我曾教过一个孩子叫小雯，她父亲早逝，母亲一人抚养她，家庭条件不太好。但她学习很要强，成绩优秀。不过有一次，同位带了一支贵重的钢笔不见了，后来有同学揭发是小雯在地上捡到后，偷偷藏了起来，并想据为己有。因此，对于家境贫寒生性要强的孩子，要教育他们自尊自爱，特别要引导他们明白"静以修身，俭以养德"的深刻含义。

《爱的教育》一书中的科雷蒂也可以说是一位追求上进的贫困生。他经常一边抱柴一边复习功课，同时他还要照顾生病的母亲。他的行为深深感染了小主人公恩里科。恩里科在科雷蒂的映照下发现了自身的许多不足之处。

第五类：受人欺负的残疾生，代表人物是克罗西和内利。

克罗西是卖野菜人家的孩子，一张苍白的小脸，一只手臂有残疾，性格懦弱自卑，在学校里常遭同学们的戏弄。辛亏有加罗内、德罗西等同学的鼓励，让他重拾欢颜，在友情的世界中坚强地站了起来。当他被弗兰蒂欺负时，是加罗内挺身而出帮助了他。

内利是一个驼背的孩子，他的母亲也因此对他格外地不放心，上体育课时也要站在学校的操场外面看着。

说到残疾生，不由得让我想到了10年以前教过的小成和小文。这两个孩子因为先天聋哑，所以上课老师讲课他俩基本听不懂，下课和同学交流也有障碍。但是好在这两个孩子比较懂事，班上没有欺负他俩的，他俩的学习成绩也在中等之上，而且难得的是双双考入了大学，现在的小成还在美国留学呢。

我印象深刻的残疾生，倒是有一个名叫小正的女孩，因为家族里有弱智的基因，所以入学时就表现得异常，学校也没有给她入学籍。上课她睡觉，下课她和同学吵架，天天找老师告状。同学们都不喜欢她，有的发现她从垃圾桶里捡别人吃完的西瓜皮吃，有的发现她偷偷地从讲台拿粉笔。考试时，她各门功课一直得个位数，什么作业也不写也不交。她的父亲多年来对孩子的教育不闻不问，却在孩子小学毕业以后，一纸诉状把学校告上了法庭。

对于有残疾的孩子，需要家长正视，也需要教师和同学的关爱。当家长能够正视孩子的残疾时，学校和老师才可能施以正确的态度进行教育，如果连家长都不能够正视孩子的残疾，对这样孩子的教育也就无从谈起。

第六类：品质恶劣的问题生，代表人物是弗兰蒂。

弗兰蒂可以说是问题生中的问题生，他没有同情心，喜欢欺负比他弱小的人，还喜欢偷人东西、喜欢和人打架，讨厌功课，家长和学校都拿他没办法。她把母亲气病，被父亲赶出家门三次，他恨老师和同学。当因为扰乱课堂被老师赶出教室时，他就在外面点鞭炮。他没有同情心，却有很强的报复心，甚至拿着刀子和同学打架，后来被学校开除，被送到了儿童教养院。

对于弗兰蒂这个孩子，其成长背景肯定是非常复杂的。书中没有对此展开描写，但是这背后肯定有深刻的原因。

记得我教过一个叫小佳的孩子，他的父母远在广州打工，他和表哥跟着姥姥姥爷一起生活。因为表哥的父母经济条件比较好，给父母的钱多，所以姥姥无形中就偏向了他的表哥。因为在家庭中不能得到关爱，所以他的心理慢慢扭曲了。表现在班级中就是一点儿小事，他就会和同学动怒。这孩子后来到了职业中专，慢慢和一些小混混走得比较近。我真为他的未来担心。

一位烟台牟平的小学校长曾经说过，在劳教所的很多牟平籍的孩子，是我们义务教育失败的见证。一家只有一个孩子，这个孩子的失败，就意味着一个家庭的希望破灭了。

总之，形形色色的孩子来自家庭，走进校园，走进班级，教师要在教学之外格外关注儿童心灵的成长，这的确是一件不容易的事情，仅仅有爱心肯定是不够的，还需要智慧和理性。《爱的教育》值得我们深入阅读，细细剖析此书会为我们教育者提供宝贵的经验，使我们在教书育人的过程中尽可能少走弯路。

徐老师对《爱的教育》中的学生人物进行了六种分类，而且每一类列出代表人物，对相应人物的活动轨迹、性情特点进行梳理，并进而联系自身从教过程中遇到的类似学生进行比对分析。这种阅读理解，既需要对作品的主要人物、活动脉络、精要内涵有深入全面的把握，更需要有深厚的教育积淀注入其中，其中交织着感性、知性、理性等多重元素，并把研讨主题聚焦于学生的人格成长与心灵世界，由此带来的启发是很深刻的。

笔者认为，阅读《爱的教育》最终还要思考一个问题：这本书到底呈现了怎样的"爱的教育"？仅仅是父母之爱、师生之爱、教育之爱吗？在书中所呈现的"爱的教育"的背后，有没有更为形而上的元素值得思索？

美国心理学家、哲学家弗洛姆在《爱的艺术》一书中把"爱（情）"定位为"对人类生存问题"的一种本质性的追问和回答，认为它是人与人之间合作统一的巨大力量，包括了人类之间所有形式的爱，而不仅仅是性与婚恋之爱。他在书中力图阐述一种思想，即"如果不努力发展自己的全部人格，任何爱的试图都会失败；如果没有爱他人的能力，自己在爱情生活中也永远不会得到满足"，并由此提出爱情的三要素：

爱情是对生命以及我们所爱之物生长的积极的关心。如果缺乏这种积极的关心，那么这只是一种情绪，而不是爱情。

关心和关怀还包括爱情的另一方面，即责任心。今天人们常常把责任心理解为是义务，是外部强加的东西。但是责任心这个词的本来意义是一件完全自觉的行动，是我对另一个生命的表达出来或尚未表达出来的愿望的答复。"有责任"意味着有能力并准备对这些愿望给予回答。

如果爱情没有第三个要素：尊重，那责任心就容易变成控制别人和奴役别人。尊重对方不是惧怕对方。尊重这个词的出处就是有能力实事求是地正视对方和认识他独有的个性。尊重就是要努力地使对方能成长和发展自己，因此尊重绝无剥削之意。①

《爱的艺术》还提出了与通常理解有别的"父爱""母爱"说，认为就其本质而言，母爱是无条件的、给予孩子一种生活上的安全感；父爱则是有条件的，更多体现在社会性方面，代表了人类所创造的由法律、秩序和冲突构成的世界。一个成熟独立的人"既是自己的母亲又是自己的父亲"，在他身上"既具备母爱赋予他的宽容，又体现了父爱教给他的责任"。真正的母爱不应成为孩子成长的障碍，也不应助长孩子的依赖性，应该希望孩子独立并鼓励孩子最终能够离开自己；真正的父爱应该坚持某些原则并对孩子提出要求，应该是宽容、耐心而不是专横粗暴，帮助孩子建立自信，最终让孩子成为自己的主人。

上述观点认为对于审视《爱的教育》中"恩利柯父母的教育之道"，追问书中"爱的教育"背后的上位元素是颇有启发意义的。如果把《爱的教育》的阅读和弗洛姆《爱的艺术》所表述的上述观点联结起来，或许我们的认识还会有所升华，更可能迈向具有哲理意味的参悟，这也将是灵性阅读的必经之路。此外，《爱的教育》全书所呈现的家庭教育思想，更是一种"做的哲学"，强调道德的实践性，拒绝了虚伪、空泛，在这种父母之爱的背后，更宣示了一种人生哲学，即伟大的人乃是生存于正义、劳动与理想之中的人，提倡用博爱的精神、平等的观念实现社会各阶层的融合，这和弗洛姆对于"爱"的解读也有相通之处。

从上述探究可以看出，虽然不同性质的阅读可以映射到同一作品的理解之中，但不同性质的阅读——除了基本特征有别之外，还有其不同的侧重点。下面，我们来分析、总结一下教师专业阅读之"四性阅读"各自的侧重所在。

感性阅读更适于联结叙事化的教育省察，由此引发对教育实践鲜活事件的叙说与思考。

关于"叙事"，最简单的意思就是对故事、事件、现象等的叙述、描叙，通常被视为一种平易近人的表达方式。在文学创作领域，这种描叙可以是真实的，也可能有基于生活原型的虚构成分。其实，"叙事"在文学、符号学、历史学、教育学等领域已经成为一个重要概念，并且发展出专门探讨相关问题的"叙事学""教育叙事学"等专类科目。

叙事研究的基本特征就是以叙事、讲故事的方式表达自己的某种回味或展望、理

---

① （德）艾·弗洛姆. 爱的艺术〔M〕. 李健鸣，译. 北京：商务印书馆，1987：20-22. 着重号为原著所加。

解或诠释。严格、完整意义上的叙事研究，有着不同的层次、深度，我们这里所谈"叙事"，并非那种偏重理论思维与高深层次的叙事研究，而主要是以"故事"样式的具体情景——再现或者勾勒特定生活、反映经验世界、折射心灵成长、浸润真情实感的各类叙事。

法国哲学家、人类学家克洛德·列维·斯特劳斯认为，优秀的心理分析医生如同一个认真对待事实的"科学家"，仅把承受痛苦的人当作要阐述的问题是不够的，将其视为要讲述的故事的历史来倾听同样重要，这意味着要让每个病人都成为一个个"个案"，也让他们都成为一个个老师。

我们认为教师亦然，教师本身既要善于做"叙说故事的人"，也要善于倾听学生、从学生身上吸取教育元素。

众所周知，听故事、读故事、讲故事是儿童早期阅读的主要方式。朱永新教授在其著作《书香，也醉人》中提出儿童阅读选择的中心标尺之一就是"以故事为中心"①：

故事所具有的想象空间和迷人的内容，对孩子理解世界和社会、培养好奇心、训练语言能力以及促进亲子感情等方面，都起着至关重要的作用。

幼儿阅读的书目，在内容上应该以讲故事为主。那些充满趣味、智慧、情感和价值观的故事，几乎能够将阅读的所有重要意义和目的充分实现。

我们可以毫不夸张地说，人的心理成长就是在浸染故事中开始的。

在幼儿故事的选择上，既要注重故事趣味性，也要注重在童书类型与阅读主题上的引导。我们也要记住杜威的提醒：如果不引导好奇心进入理智的水平，那么好奇心便会退化或消散。

以上论述表达的核心观点在于，故事作品对儿童成长具有肇始意义，对其作品的选择，注重"有趣"的同时还须注重主题内涵的引领性。叙事，依托于情节和结构，但情节结构的背后更要有其意义。"道可道，非常道"，好的叙事，既讲究叙事艺术又有比较深刻的意义内涵，但主题内涵更多是隐含其中，鲜有雕琢痕迹，一般不会直接讲述道理或者展开评述。

如同儿童早期阅读起于"叙事"，作为人类的基本表达方式，"叙事"同样可以并适合作为教师早期专业阅读的主要指向。"叙事"是对教育现实生活的回归，可以呈现生动鲜活的细节原貌，更是回味教育教学经历、浸润教育生活情感的首要载体。

---

① 朱永新. 书香，也醉人〔M〕. 深圳：深圳出版发行集团海天出版社，2013：33-34.

事实也确实证明，教师的专业阅读包括专业写作——大多是从感性的侧重情感表达的读叙事、写叙事开始的。比如，要上好一节课，最基本的阅读就是参考有关教学实录、教学片段，还包括一些简要的教学反思，相应实录、片段、反思作为教学流程的记录与描述，实际就是一种叙事，一种追溯性质的叙事。还可以参考教学设计，教学设计则可视为一种预设性质的叙事，有的经典设计则是在经历多轮课堂实践之后的再反思、再沉淀形成的，参考价值更大。再如，班级中学生和任课老师发生冲突了，作为班主任的你怎么办？这时，你读到有关书刊上其他老师谈及的相关经历和陈述，这种相关经历和陈述就是一种最原初的叙事。或者阅读有关的主题班会、班会课设计等，也属叙事范畴的阅读参考。与此同时，你把上课的流程转化成设计、实录、片段整理下来，把处理学生和任课教师冲突的来龙去脉写下并融入点滴思考，或者设计成典型的主题班会课，那么你的作品也会成为一种叙事。

教育叙事类作品，大多是对某一教育教学问题事件历程的直接记录与反顾。此外，还有一些特殊形式，如叙述成长与发展心路历程的自传、传记类叙事等。教师进行这类叙事的主要目的，并非为了检验某种已有理论或构建某种新理论，而是重在以叙述方式表露特定教育教学情感、检点相应教育教学行为，进而从中寻求改良与提高之道。所以说，教师的感性阅读更适于联结叙事化的教育省察，引发对教育实践鲜活事件的叙说与思考。

有鉴于此，叙事抒怀主导形态作品可以构成教师专业阅读的基础。在这一主导形态作品中，大部分文学作品特别是儿童文学作品、教育叙事作品、教育名家传记、较有代表性的基础性教育教学技能书目等相对更较适宜。

知性阅读更适于联结案例化的教育省察，由此引发对教育实践典型案例的观察与分析。

在此所谈案例，主要是一种建立在个案描述与分析基础之上的呈现，是从叙事中分离出来的概念：它本身既有对特定问题现象、事实事件的陈述，还有一定的阐释，意在揭示、探究相关问题、现象或事实、事件背后的隐喻。当然，完整意义的案例分析可以是单一的个案分析，也可以是联并成组、多个个案的综合研究，通常情况下，组合研究建立的前提仍是一对一的个案研究。

比之叙事，案例往往"先叙后议"，而且议论成分明显。进入案例研究范畴的叙事更具典型意义：个中叙事是案例的支撑、依托，其"叙"能在一定程度呈现案例涉及的背景要素、情节事件等；案例则是对相应叙事的剖解提炼，通过"议"的作用由感性趋于理性，探讨其中蕴含的规律认识，引发读者思考。

案例的阅读和研究，更着眼于解决教育教学过程出现的真实问题，使得教师的隐性知识得到呈现和升华，这种呈现和升华是对感性与理性、情境与意义、实践与理论在特定教育情境下相互作用的一种体验与反思，更侧重于一种情境理性与实践智慧，而不是单纯客观的理性认识。

佐藤学先生认为，教师职业具有强烈的"反思性实践家"特征。他和同事通过调查研究发现，有经验的、有创造性的教师具有特殊的"实践性思考方式"，其主要特征表现为"即兴化思考、情境化思考、多元性思考、背景化思考、框架的再构建（反思、省察）"①，而活用案例研究可以促使教师有效地获得这种反思性的"实践性思考方式"。

可见，教师知识的形成更具有经验性和现场性，更多源于教育教学现场及其实践活动。例如，针对同样的一堂课或者一个班级管理中的事件，不同教师有不同演绎，同一教师面对不同情境也可能有不同演绎。但是，不管怎么演绎和处理，都需要教师敏锐地针对具体情境做出恰当回应。因此，教师个体的知识更有内隐性，要促使存在于教师个体中间的隐性知识与智慧得以交流分享，实现从感性体验到理性升华的递进，这就需要有更适当的载体来加以承载、传递，而案例正是其中的一种主要载体。加之案例解读本身具有一定的多元性、不确定性，更能唤起读者的主动性，比较契合知性和知性阅读的主要特征，因此，案例分析主导形态作品可以构成教师知性阅读的核心。

在叙事抒怀主导形态的基础之上，案例分析主导形态作品构成教师专业阅读的第二台阶。譬如，人物评传与文史评论，在分析解读上存在较大空白、多以个案形式呈现的文学与历史作品，较有研讨反思意义的课程与教学案例、课例、班主任与学生德育工作案例等。

有人说，案例只是成长的一条途径，不能过分抬高。这种说法没有什么错，教师成长的任何方式、途径都有其特定意义，都不宜刻意夸大。确实，案例也仅仅是一条途径，但是，确也是大多数教师在成长与发展中——必须切实正视的一条可行之路。其实，教师和医生一样，需要"临床案例"的提炼积累。有的教育工作者认为，教师和医生的最大区别在于：医生对病人在相当程度上不负有具体的管理职责，而教师对学生则恰恰相反。正因如此，教育工作更具复杂性，教师比之医生，更需要对案例资源进行自觉、充分的积累和学习。

比如，前面我们举过的例子，要上好一节课，作为叙事形态的教学实录、教学片段是基础参考，属于感性阅读，如果要对有关课节、片段做出有针对的分析、评价，

---

① （日）佐藤学. 教育方法学〔M〕. 于莉莉，译. 北京：教育科学出版社，2016：173-174.

只阅读这些实录、片段是不够的,这就需要关注一些相关的评价性文字,那种既叙述教学流程也有针对分析的篇目就可以进入到我们的阅读视野中。这时候的阅读思考,自然更进一步。长此以往,不仅有助上课能力的提高,也会有助课堂观摩、评价能力的提高。再如,针对前面所说班级中学生和任课教师冲突的例子,可以将其在叙事基础之上尝试转入案例分析,同时关注书刊上有关案例素材,从而丰富在这一方面的经验认识,起到触类旁通、由此及彼、举一反三之效。这样一种阅读,更能促成一种案例化的教育省察,引发我们对教育实践典型案例的观察与分析。这种过渡形态的知性阅读,可谓一种联结通达感性和理性的中介桥梁。

理性阅读更适于联结学理性的教育省察,由此引发对教育实践突出问题的探究评述,促进对相应问题的整体认知或系统表达。

理性阅读重在"化零为整",侧重整体逻辑建构。一个教师的逻辑思维、逻辑认知能力直接影响其教育教学行为,并且会影响其观察力、思考力等多方面的能力,以及作为这些能力所综合表现出的教研科研能力、教学创造能力的发展。作为教师,应该通过专业阅读等渠道有意识地培养提高自身的整体逻辑能力。其中,理性阅读当然是绕不过去的存在。

还拿前面谈到的例子来看这个问题。要上好一节课,可以选取感性的叙事形态的教学实录、教学片段,可以参考相应的案例点评、课例分析,但要在一节课背后去呈现自己核心的课堂主张和教学理念,单纯靠以上两者的阅读还是不够的,还难以达成系统认知。要建构、丰富和完善自身课堂教学主张及其思想体系,光靠一些节次叠加的课堂打磨并不够,还需要从课程与课堂的整体、常态架构出发——进行全方位、多维度、深层次的总结探讨。这样一种总结探讨所需要的阅读,不能局限于以往单一的教学实录、教案课例的集萃,而要有一些整体探究方向更集约、侧重相应理论规律总结一类的作品的介入。再如,班级中学生和任课教师发生冲突了,作为班主任的你怎么办?叙事化、案例化的阅读和写作,主要指向还囿于个例、个案,要把这种个例、个案抽象出来,分析"如何面对班级学生的冲突"时,仅仅依靠阅读或撰写一两个相应叙事、案例还不足以达到认识的全面升华。这时候,更需要做的是一种专题性研究,更需要一种逻辑化的整体分析,从中抽象提炼具有普遍启迪意义且不乏学理性质的理性认识。

我们不一定非要自己来总结、表达这些学理,但一定要对这些学理从认识上有所厘清,做到心中有数,能够由此落实到实际工作之中,这样才能说是真正的"得道明理"。如果能在"得道明理"、整体认知的同时尝试进行连缀成线的系统表达当然更好不过。

所以说，理性阅读更能促成一种学理性的教育省察，引发大家对有关问题进行学理性的探究评述，从而能够更为系统地表达自我相应观点、见解。

虽然作为个案的叙事或案例本身也需要体现一定的主题，需要教育理论或理念的支撑，但和这种更为系统、显性的综合梳理还是有距离的。因为，只有超越个例、个案，有更多相类素材的支撑，以此形成更大范畴的联结、更为整体化的汇聚，进行更深入的议论总结，才可能迈向更高层次的理性认识。

李镇西老师曾批判过一种刻意追求"深刻"的现象[1]：

一则教育案例或者教育故事，真实而细致地记录了教师转化某一个学生或处理某次突发事件的全过程，叙事流畅，思路清晰，且蕴含智慧，关键是最后获得了成功。可专家非要作者提升到什么"理论"高度，要用什么"理念"来"关照"，或者非要从中提炼几条什么"原则"之类，否则就是停留于"感性"而不够"深刻"。

在我看来，某些典型而单一的叙事、案例是可以在原本基础之上进行深度挖掘的，但是，大多数个例、个案在"上升到理论高度""提炼原则关照理念"层面还是有限度的。所以，想揪住一个故事或案例"纵论天下"、刻意追求理性之深刻也是不现实的。

众所周知，苏霍姆林斯基先后对 3700 个学生做过个案记录，能详尽说出 25 年中对 178 名"最难教的学生"所进行的工作，以及这些学生的成长历程。围绕这一主题，苏霍姆林斯基撰写过很多经典篇章，这些篇章本身既是典型的案例分析，同时进一步通向该主题的原理探究。这种围绕特定主题、具备相当数量的个案积累与研究，层次可想而知。反之，如果只是一两个或者较少数量的记录与研究，成效很难与此比肩。

中国台湾教育学者黄武雄先生认为，健全的理性应该具备三大要素，即抽象化与普遍化的能力、由特殊到普遍的累积体验、足够充分的信息，人们在进行抽象的理性思维、从中找寻普遍性时，"如果没有累积对众多特殊事物的长期体验，所得的普遍性知识，其实只是别人告诉他的一些信息。他人的经验没有经过与自己的经验相互碰撞，相互印证，相互结合，便不能成为自身不可分割的部分"[2]。

黄先生是从儿童道德体验的角度来谈理性的，虽然和我们的探究视角有所不同，但同样具有启发意义：苏霍姆林斯基针对"最难教的学生"的认识，正是建立在黄先生所谈到的"对众多特殊事物的长期体验"的累积之上，而不是简单沿袭某些来自前人或他人的说法，所以他的实践与研究很真实、很经典，具有相当的普遍启发意义，

---

① 李镇西. "深刻"不该是教育的唯一尺度〔N〕.中国教育报，2012–11–20 .

② 黄武雄. 童年与解放〔M〕.北京：首都师范大学出版社，2011：172–174 .

能够构成"自身不可分割的部分"。同理，任何一位中小学教师，要真正获得某一教育教学领域带有"普遍性"的知识或认识，使之成为"自身不可分割的部分"，也必须具备与之相应的"由特殊到普遍的累积体验"，将来自前人和他人的相关经验与自身经验"相互碰撞"，掌握相关的"足够充分的信息"，并且具有"抽象化与普遍化的能力"，而绝对不能满足于已有的一些个案积累、满足于一些并不充分的信息，更不能疏于反复、深入的实践、探究而想当然地提出某种认识或结论，或者只是简单地移植、复制来自前人或他人的信息。由此，也可以看出，想依靠单一、少数个案的阅读与实践通达某种普遍、真切、内化于心的理性认识，确实是远远不够、不切实际的。

虽然对于叙事、案例作品我们也可进行一定程度的理性分析，也会从中有所获、有所悟，但缘于叙事性、案例性作品的内在特点，对此类作品的阅读最适合的方式并非逻辑化、条理化的理性探讨。因此，仅仅驻足这类作品，不免会在一定程度阻碍理性探究能力的提高。不少教师更多地喜欢亲近和展示一些叙事性、案例性文字，而不愿亲近理论探讨性作品，由此，对有关教育教学问题的理解、在教育教学主张的系统建构方面就可能受限。

曾有研究者指出，不少老师包括一些名师热衷于以叙事、案例的形式进行自我经验推介，很少能够系统地总结、查究得失成败的经验、以专业理性进行著书立说。读者往往也被这种带有明显个性局限的叙事、案例话语所鼓动，但回溯到自我教育世界之中，却很难进行与之相类的故事再造、案例实施与智慧复演。原因何在，值得琢磨。

可能源自生活的快节奏和高负荷以及其他诸多原因，时下不少人更喜欢休闲式的感性阅读，而不愿以理性的思维方式审视文字，更不愿亲近过于理性的作品。其实，感性的感知与体验、知性的推导与经验和理性的阐述与探究之间是不能画等号的。要超越既有经验而获取新的思想、方法，止步于感性、经验、非理论的自我满足还远远不够。教师内在知识结构、认知体系的完善，很多时候必须借助一定的理论阅读，寻找学理支撑和依据，促使自身将原本拥有的那些个体、孤立、零散的经验加以统合，转化提炼为具有一定系统性、整体性、前后连贯、既有自我创见又不乏普适意义的认知，形成对有关教育教学问题整体化、逻辑化的探讨与总结。

阅读具有一定的整体逻辑体系的理论作品，特别是相应的经典之作，可以为理解有关教育教学问题提供可资借鉴的理论基础。亲近这些具有引领性的理论作品，既是比较系统地吸收有关理论、思想的过程，也是一种超越经验、挑战自我的重构过程。否则，很难形成自己完善的教育教学风格、主张乃至思想体系。

综上所述，原理阐述主导形态作品构成教师专业阅读的第三台阶。这一主导形态的作品，主要表现为一些整体逻辑主线比较明确、体系比较完整的科学文艺理论、思想史、教育及人文经典、课程与教学论、学科专业知识论、教育科研方法论、教育教学专题研究、文史哲专题研究等。

这里，穿插谈谈感性阅读和理性阅读的矛盾关系。

在心理学领域，理性确实是一种比感性更高级的认知方式，但人们往往有一种误解，以为"感性"与"理性"对照，就成了"非理性"、感情用事，这是对"感性"的误解。有的作品要从中读出滋味，直接以理性切入反而不适，因为它更需要读者与作品产生共鸣，而这种感性共鸣却可能同样构成一种深刻的体会。在教育教学和专业阅读中，如果只是一味强调逻辑理性，容易导致缺乏情趣、干枯乏味，特别是面对丰富鲜活的实践情境，依托纯粹理性有时并不能很好地解决问题。

莫提默·J·艾德勒、查尔斯·范多伦在《如何阅读一本书》中提出"粗浅阅读"之说，基本接近于"感性阅读"。"粗浅阅读"指的是第一次阅读一部（篇）作品时要从头到尾先读完一遍，集中精神阅读能够理解的部分，不要停下来查询或思索不懂的部分，而是略过去继续读下去。这里，并不是说对不懂之处不闻不问，而是把仔细的研究放在第二步、第三步。

书中举了这样一个例子：阅读莎士比亚的戏剧，会获得极大的快乐。但是，如果在阅读过程中一幕一幕地念，一个生字接一个生字地查，这种快乐就会被破坏。所以，"粗浅阅读"不是走马观花、囫囵吞枣，而是指不要破坏、中断读物内在魅力所引起的阅读快感。这个规则除了适用于叙事作品，也适用于论说性作品。[①]

感性阅读可以感知人物与情节，在潜移默化的情感体验中滋养生命，意义不言而喻（消遣娱乐形态的阅读其实与此还有距离）。但是，它的局限在于难以获得对文本意义深刻的理性认识，难以实现高层次阅读目标。日本著名作家小泉八云在《谈阅读》中说道："不论单纯为了个人消遣选取书中的叙事部分读，或者换句话说'为了看故事'，我都不能把这种情况称之为阅读……除非一个人能够对一本书的内容谈出一点独到的见解，那就不能说他真正读过了这本书。"[②] 所以，阅读不能满足于感性，还要在其基础之上有所递进，由知性而趋向理性，如果缺失了理性分析而止步于感性体验，对作品的理解程度往往有限。长此以往，感性体验水平也会受限。无论是文学作品的赏读，还是理论著作的精读，都离不开必要的分析、综合、归纳等理性阅读方式。

灵性阅读更适于联结哲理性的教育省察，由此对教育实践表征背后的思维方式、

① （美）莫提默·J·艾德勒，查尔斯·范多伦. 如何阅读一本书〔M〕. 郝明义，朱衣，译. 北京：商务印书馆，2004：34-35.

② （日）小泉八云. 小泉八云散文选〔M〕. 梦修，译. 天津：百花文艺出版社，1994：176-177.

价值准则、精神取向等做出形而上层面的参悟与沉思。

很多学者曾谈到阅读是一种信仰，也有人认为这一说法过于诗意，其实，这只是一种说法而已，其主要目的在于强调对阅读应有的敬畏与尊重。阅读的更高层次在于对个人的精神价值系统、对个人的哲学与信念的促成发生作用。著名学者王小波曾在《知识分子的不幸》一文谈道："人活在世上，自会形成信念。对我本人来说，学习自然科学、阅读文学作品，看人文科学的书籍乃至旅行、恋爱，无不有助于形成我的信念、构造我的价值观。一种学问、一本书，假如不对我的价值观发生作用（姑不论其大小，我要求它是有作用的），就不值得一学、不值得一看。有一个公开的秘密就是：任何一个知识分子，只要他有了成就，就会形成自己的哲学、自己的信念。"[①] 在王小波看来，这种贯通自我信念与哲学建构的阅读应该是一以贯之的。同样，在价值多元的今天，作为教师，如果没有一种确当的自我哲学与信念建构，也就很难超越现实、超越功利、排除盲从，也就谈不上什么理想与信仰，就可能迷失在丛林之中而无所适从。这无疑需要一种高性质阅读的引领，这种阅读我们将其定义为灵性阅读。

前述已有说明，灵性阅读主要靠的是参悟、沉思等方式，什么意思呢？

举个简单的例子，读《圣经》这样的宗教作品，读《老子》这样的哲学经典，一些阅读者认为要读得精透，需要采取做笔记条分缕析的办法，也确实会由此有所收获甚至可能做出鸿篇巨论。但从根本看来，这样的办法不是读这类作品的最佳方式。这些作品蕴涵的人类生存理念、生命哲理不是靠条分缕析所能理得、悟得的，它更需要读者建立与之对应的人生积淀、生命意识、价值信念等才可能与之形成"信号对接"。这个"信号对接"的过程，更需要的，就是参悟、沉思等元素的融入。没有这些元素的融入，想达成个体觉悟、形成"信号对接"是很困难的，对作品的理解往往会止于表面或者满足于形式上的一些义理分析。

传说，佛祖乔达摩·悉达多在菩提树下静坐七天七夜，以超凡悟性克服了内外种种"魔障"，洞悉、彻悟了佛理，世人尊称他为"佛陀"，也就是"觉者"。从根本说来，佛理是需要"悟"的，而不是做笔记分析来的，如果执着于已通常经验而硬要透过纸面分析出点什么，反而难以证得。灵性阅读的道理与此相似。

"读书破万卷，下笔如有神"，对阅读、写作活动中"顿悟"和"渐悟"的矛盾关系作了十分通俗形象的解读：没有"读书破万卷"的"渐悟"打底，就很难有"下笔如有神"的顿悟。阅读更是这样，没有戒除躁动的安静，没有与之相对的积淀、铺垫，

---

① 王小波. 沉默的大多数〔M〕. 上海：上海三联书店，2008：32–33.

想最终获取灵性的闪动几近天方夜谭。

下面我们来看一则素材，2017年10月20日《中国教育报》所刊发湖北英山实验中学段伟老师《翻书刷屏两相宜》一文节选。

有些书我年轻时读过，可如今，读书的成果只剩下一点，通过他人的述说，我不仅补回来少不更事贪多嚼不烂的遗憾，而且找回了那"巫山一段云"。读马尔克斯大约是在我二十一二岁时，说实话《百年孤独》我没有完全读懂，只觉得文字上和整个氛围上，对我来说如"黄河之水天上来"的震撼。通过一家微信公众号中的"读药"栏目，我对马尔克斯的感觉发生了比较大的变化，对他那种特有的东西，那种你永远只有张大嘴吃惊的东西，有了新的认识。这种阅读体验，仍然清晰如昨。我仿佛也再次站到了马孔多村边的那条清澈的河边，这既是在时间的缝隙中回忆，也是在空间的一隅流连，我终于知道了《百年孤独》的来路。①

段老师初读《百年孤独》时有"懵懂青年"的味道，虽未完全读懂，但又心存震撼。后来，因为接触了一家微信公众号的相应文章，对作者和作品的感觉发生了较大变化，有了新的认识。作者马尔克斯笔下"马孔多村边的那条清澈的河边"，有如穿越时空，让段老师身临其境，以至"终于知道了《百年孤独》的来路"，获得了崭新而深刻的阅读体验。这种阅读体验，已然近于一种顿悟式的灵性，但它更得益于段老师当年对作品的触摸，得益于他长期阅读积累所形成的理解潜能，得益于他所留意的微信公众号文章的触动。这样一种阅读体验、境态的获得，中间有很多微妙因素作用其中。

灵性阅读之灵性往往就是这样，它表现为一种潜意识中突发的不乏创造性的思维飞跃，而这种飞跃又离不开深厚的根基、适宜的情境。

沉思和参悟是一体的，沉思的价值也早就为先人所重视。古罗马天主教思想家奥古斯丁认为，一个人通过沉思能够专心于上帝、超越世俗，因此，国外许多教会学校至今仍然把沉思、冥想当作训练学生的常态方式。在印度，沉思已有两千多年的传统，不管是孩子们在学校里，还是成年人在日常生活中，他们都有沉思的习惯，以求心境之安宁。反观当下的教育生活，我们的老师和学生又有多少沉思的时间和余地呢？或许静坐式的沉思、冥想在一些人看来如同痴呆。这恰恰又是一种误解：其实，针对教育乃至人生诸多问题的寻根溯源，没有这样一种抛却杂念、戒除躁动的沉思，最终恐怕是无法通达开悟的。

---

① 段伟. 翻书刷屏两相宜〔N〕. 中国教育报，2017-10-20.

前面谈过，灵性之意涵，不仅表现为从思维方式上的一种高度、超凡的理性直觉，其另一层面更在于从精神境界实现高度的自我超越，实现阅读主体心灵世界的重构，形成并完善自我价值、信念体系。

以大家熟知的中国传统儒家经典《论语》为例，梁启超先生在《读书指南》中指出，读《论语》固然可以进行"智识方面之研究"，但主要目的并不在此："《论语》之最大价值，在教人以人格的修养。修养人格，绝非徒恃记诵或考证，最要是身体力行，使古人所教变成我所自得。既已如此，则不必贪多务广，果能切实受持一两语，便可以终身受用。至某一两语最合我受用，则全在各人之自行领会，非别人所能参与。别人参与，则已非自得矣。要之，学者苟能将《论语》反复熟读若干次，则必能? 然有见于孔子之全人格，以作自己祈向之准鹄；而其间亦必有若干语句，恰与自己个性相针对，读之别有会心，可以做终身受持之用也。"①

梁先生强调阅读《论语》主要目的在于"人格修养"，而秉持这一目的所采用的方法"绝非徒恃记诵或考证"，重在"切实受持""自行领会""身体力行"。"受持"是佛教用语，意谓"领受在心而持久不忘"，梁先生认为阅读《论语》就像读佛经一样，主要靠的是自己去悟、去思、去躬行内省，而不是满足于口头背记或纸面分析。这里，和我们所说的灵性阅读的取向是一致的。

"现代沉思之父"艾内斯·艾斯华伦在《沉思课》中谈及经典的"灵性阅读"时有以下论述：

经典文献不同于其他作品的地方在于，我们对它的认识越深化，从中得到的收益就越多。但大多数书籍都不是那样的，读推理小说的时候，一旦发现屠夫的舅舅是凶手，阅读的乐趣就完了；即便是优秀的长篇小说也受作者觉悟的限制。但灵性作品的深度是没有止境的，因为其作者都是将意识与书籍无限融合的人——我们能承载多少，就能吸收多少。

尽管如此，我还是想就灵性阅读提醒几句。我们的头脑都太偏重于智力，很容易误解作品的本意。灵性阅读的初衷是启发我们改变，并向我们展示该如何改变。

不管读过多少以灵性为主题的作品，如果没有在日常生活中践行这些教诲，我们终究不能在灵性的道路上前进一步。②

虽然艾内斯·艾斯华伦谈及的"灵性阅读"主要是从心灵修炼的角度谈的，和我

---

① 梁启超. 读书指南〔M〕. 北京：中华书局，2010：39-40. 着重号为笔者所加。
② （印度）艾内斯·爱斯华伦. 沉思课〔M〕. 高天羽，译. 长春：吉林出版集团有限责任公司，2010：200. 着重号为笔者所加。

们所探讨的"灵性阅读"并不尽同,但他所强调的"灵性阅读"之道,却和梁启超先生以上所谈异曲同工,和我们所说的灵性阅读的取向也是一致的。

前面我们以老师上课和处理师生冲突为例对前几种不同阅读性质的侧重点进行了分析。老师们在备课、上课、反思与研究的时候,当然可以围绕一节课的实录、片段、环节等进行叙事化、案例化的记录分析、推演打磨,寻求教学流程、呈现形式、技术策略等层面的改进创造,也可以进而通过对若干个例个案的阅读、实践,促进经验和认识的累进,在汇聚提炼中形成逻辑化的教学思想认识,着眼于课程实施理念、课堂教学主张、教学思想体系的整体建构与不断完善。班主任老师在面对师生冲突、开展其他学生管理与德育工作时,当然可以注重阅读或叙说相应的故事,还可以投身于相关典型案例的评析点拨,更可以对其问题做出专题化的学理探讨、成为在这一方面或其他某一方面有总结有理论的专家。但是,不管是在课堂教学领域还是针对学生管理与德育工作,一个老师如果只专注于打磨自己的教育教学、教书育人的技能艺术,以至最终还能提出一整套的思想认识、理论观点,也不能就此代表他一定具有成熟的教育哲学、厚重的教育思想、坚定的教育信念。因为,当我们把目光一味聚焦于诸多外在形式与物化成果的呈现、展示、钻研之上时,必然会自觉不自觉地放松对自我内在世界的改变与升华。因为,一个真正优秀的有着崇高境界的教师,其阅读素养和教育教学成绩在一定程度确是可以"锻炼""打磨"的,但是,作为教师确立和秉持怎样的精神准则,有着怎样的教育价值关注,能否建立起稳定的教育哲学与教育信念,则很难通过依托自我及其他外力而"锻炼""打磨"成功。一位老师立足于课堂和学生之中,在所有磨炼、修炼所做功夫之外,可能还需要经常对某些更具本源意义的问题做出追问,诸如"我缘何而存在""我所进行的究竟是一种怎样的教育教学""什么样的教书育人才是最合价值的""我的选择和行动标尺究竟何在"……教育教学实践不仅需要我们的身体在场,更需要我们的灵魂在场。只有有了这样一种追问,在这种追问中多有沉思、参悟,才会形成并夯实自己的"核心价值观",建立合宜、稳定的教育哲学与信念,保证教育教学实践方向的正确性。这更是一种超越了逻辑理性的上位思考,没有这样一种持续的沉淀、反省,就很难保持教育者内在世界的清洁、洗练与升华。所以,在教育人生及其阅读当中,需要时刻有这样一种指向灵魂的阅读来浸润我们的心灵世界。

综上所述,灵性阅读更适于联结哲理性的教育省察,由此对教育实践表征背后的思维方式、价值准则、精神取向等做出形而上层面的参悟与沉思。

三、专业阅读作品分类框架

在前述基础之上，我们再来提出"专业阅读作品分类框架"。在这个分类框架中，专业阅读作品主要分为四种主导形态，即以感性阅读为主的叙事抒怀主导形态、以知性阅读为主的案例分析主导形态、以理性阅读为主的原理探究主导形态、以灵性阅读为主的哲理参悟主导形态。

主导形态	主要范畴	阅读性质	书目示例
叙事抒怀主导形态（以叙事为主体支架，主要在于叙写典型故事或样例，表达特定情感或思考）	叙事类教育、历史作品，教育教学设计、片段、实录，教师职业基础指南与专业知识入门类作品等。大部分文学作品特别是儿童文学作品，以及儿童绘本、图像小说、大众科普与美学基础读物等。以儿童、教育、成长等为主题的优秀影视作品也是其中一种特殊形式的阅读素材	感性阅读	亚米契斯《爱的教育》 吴佩瑛等《民国乡村小学生的日记》 杨绛《干校六记》 李镇西《李镇西班级管理日志》 杨茂秀《好老师是自己找的》 托灵·M·芬瑟《学校是一段旅程》 张韫《菜鸟教师的生存法则》 海明威《老人与海》 贝芙莉·克莱瑞《亲爱的汉修先生》 朱光潜《谈美》 《死亡诗社》电影 动画片《借东西的小人阿莉埃蒂》
案例分析主导形态（以案例为主要支架，侧重有针对地分析议论）	具有研讨、反思意义的课程与教学案例、课例、管理与德育工作案例等。在解读上存在较大空间与空白、多以个案形式呈现的科学、文学、历史、政治等方面的作品。具有一定特质的文学、历史、教育、人物评传等	知性阅读	阿莫纳什维利《孩子们，你们好》 吉诺特《老师怎样和学生说话》 郑金洲《课堂教学的50个细节》 丁如许《魅力班会课》 雷思明《给教师的60条法律建议》 龙应台、安德烈《亲爱的安德烈》 G·伽莫夫《从一到无穷大——科学中的事实和臆测》 沈祖棻《宋词赏析》 吴小美《老舍小说19讲》 瞿蜕园《通鉴选》 吕思勉《三国史话》 迈克尔·艾斯默《正义课——从电影故事看美国法律文化》 林语堂《苏东坡传》

（续表）

原理探究主导形态（以原理为内在支架，侧重主题性的整体归纳、综合梳理、系统探究）	整体逻辑主线比较明确、体系比较完整的教育及人文经典、课程与教学论、学科专业知识论、教育科研方法论，思想史，以及科学、文艺、历史等类专题研究作品	理性阅读	怀特海《教育的目的》 弗洛姆《爱的艺术》 阿德勒《儿童的人格教育》 马克斯·范梅南《教学机智——教育智慧的意蕴》 洛林·W·安德森等《布鲁姆教育目标分类学修订版（完整）——分类学视野下的学与教及其测评》 佐藤学《静悄悄的革命》 亨宁·安德森《爱上数学——在游戏中与数学相遇》 王晓春《做一个专业的班主任》 冯卫东《今天怎样做教科研》 王先霈《文学文本细读讲演录》 何天爵《中国人的本色》 蒋廷黻《中国近代史》
哲理参悟主导形态（以哲理为内在支架，侧重点不在归纳演绎以求原理，而是侧重超越逻辑理性、高于抽象原理之上的上位思考）	启迪自我价值建构、质性淳厚、思想内涵深邃的哲学艺术类、生命体验类、心灵修养类、社会科学类作品等	灵性阅读	老子《道德经》 奥勒留《沉思录》 爱默生《生活的准则》 克里希那穆提《唤醒智慧的教育》 稻盛和夫《活法》 梭罗《瓦尔登湖》 纪伯伦《先知·沙与沫》 郑石岩《清心九书》 梁衡《名家佛性散文选》 波爱修斯《哲学的慰藉》 克尔恺郭尔《人生道路诸阶段》 《金刚经》

　　以上几种形态的作品，与"四性阅读"相对应，同样可以并存、存在一定的并列关系，但总体上还存在比较明显的递进式、阶梯式。上述几种主导形态之间，也同样存在必然的过渡状态。

　　判断一部作品的主导形态，需要同时从以下几个方面入手：

　　一看题目，题目本身往往带有一定的主导倾向。

二看目录，目录能够直接反映出一部作品的主体内容、板块组成、结构框架。如果是具体篇目的话则重点看段落层次与子标题，这样可以较快判断出一部作品的整体骨架及其特点。

三看内容，通过对具体内容的阅读考察进一步判断作品主导形态。哪怕翻阅其中的部分章节也会初步有所判断。

以上三者缺一不可，"三看"之后，可以做出综合判断。

越是经典、越是精品，其主导形态特征往往更鲜明、更清晰。

需要注意的是，以上分类框架只是一个相对划分，此外，还要注意以下几种情况：

一些作品可能处于二者过渡形态。如苏霍姆林斯基《给教师的建议》，具体条目基本是先列举现象或实例，然后重点展开剖析，总体看更接近"案例分析——原理探究"过渡形态。

有的作品可能同时体现两种形态。如万玮《班主任兵法》，上编"实践篇"主要讲述一些生动曲折的教育故事，基本属于叙事抒怀主导形态；下编"理论篇"则逐条探究相应兵法与班主任工作的矛盾关系，比较接近原理探究主导形态。

有的作品形态可能趋于多元不一。当下的某些文集、汇编类作品，因为选收作品的主题、体裁、题材等不一，更可能趋于多元不一的多种形态，很难从整体上判断其主导形态。

对文体体式界定不明、存在多形态交叉的作品，在此并未简单、笼统地罗列其中。

比如，通常所说"散文"，其实形态诸多：叙事散文、报告文学可以说是接近叙事抒怀主导形态；古今中外散文的很多篇章还表现为一些政论杂论、科普小品，议论性散文则相对接近原理探究主导形态；一些优秀的哲理散文更较接近哲理参悟主导形态。所以，很难确定"散文"作品的整体归位。

再如诗歌，呈现形态也是多元的：一些脍炙人口的叙事诗具有人物形象鲜明、情节结构明晰之特点，基本可以归位于叙事抒怀主导形态；一些具有明显艺术留白的古典诗歌，如《诗经》中的诸多篇目，其归位比较接近于案例分析主导形态；一些经典性的哲理诗歌，则可向哲理参悟主导形态靠拢。更多的诗歌作品，实际情形还要复杂，对其作品的意象理解、意境分析、意蕴体悟等涉及诸多元素，因此也不宜大面上将其简单归位于哪一形态。凡此种种，还要具体分析。

我们首先要学会对所读作品的基本形态有所判断。有了这种判断，更可对其阅读尺度有所把握。学习和学会这种判断，久而久之，对提高个人阅读书目选取能力、个人书库建设品位等都是有帮助的。

与此同时，对相同或相近形态作品的阅读选择，也要注意几个问题：

首先，要关注内在构成的客观差异。

例如，原理探究主导形态作品，整体上都是以系统的理性分析为支架，重心在于理论建构与反思，但是，这类作品中，既有基于、融合众多案例与丰富教育情境的理论作品，也有案例支撑与情境复现较少、抽象阐述居多的作品，还有基本超脱了案例支撑与教育情境的高度思辨、相当抽象的理论概括与总结。

如河合隼雄《孩子的宇宙》、阿德勒《儿童的人格教育》、维果茨基《思维和言语》三部作品，都是进行儿童研究的，都可界定为原理探究主导形态，但具体风格却有差异：

《孩子的宇宙》每一个章节都有明确的主题，其中都有案例、情境的融入，有比较详细、深入的分析与探究，基本属于笔者刚才说的第一种类型。

《儿童的人格教育》十四个章节中，为了集中阐述的需要，穿插描述了一些相应的情境、案例，但描述都比较简单，全书正文之后附录了 5 个案例及其评论，整体看，基本属于笔者刚才说的第二种类型。

《思维和言语》七个章节，对儿童发展中的思维与言语的矛盾关系进行了阐释，内容涉及维果茨基有关现代心理学诸多高难度问题的研究，表述的抽象性、思辨性、理论性相当强。

之所以会产生这样的差别，原因是多方面的。通过比较，我们略可感知到，对这三种类型的作品，在中小学教师中间，读者数量基本呈现递减之态，这和中小学教师的工作特点、阅读力等都有关联。

这种差异，对类似经典来说，并不存在孰高孰低之分。之所以要明确其差异所在，主要目的在于从中明确哪种类型的经典更适合自身当前的阅读与研究需要。

其二，要区分具体作品的质性之别。

在同一形态或相近形态作品的阅读选择中，更需要注意的是，是对其质量的高下优劣有所区分。

比如，在叙事抒怀主导形态作品中，不乏诸多"不靠谱的心灵鸡汤"。教育界的"心灵鸡汤"大多比较煽情，有很强的感染力和吸引力，甚至喜欢用一些文学性、含义不清的语言描绘教育规律，可谓"穿着糖衣的慢性毒药"。中国教科院储朝晖研究员在《人民教育》撰文《向非专业方式改进教育说"不"》，认为"化解教育雾霾的关键在于每个人提高明辨意识"，认清"心灵鸡汤"的真面目，并对"心灵鸡汤"的主要特征做出以下界定：

一是认为自己所说的是普遍适合的，没有明确界定的概念、对象、问题、时间、人物、事件。

二是缺乏逻辑，经不起实证和推敲，尽管用科学的方法来分析一下很快就能识破其迷雾，但不少人不会使用科学方法去分析，从而导致自己一迷到底。

三是意念先于事实，或者只有意念，没有事实。

四是其意图是想敷衍、麻痹，而不是求真正解决问题。在心灵雾霾的笼罩下，教育就不能改进。①

一些教师撰写的叙事并不完全真实，有的进行了有意加工，有的则根本没有实践，而是单纯地造假臆想，却忽悠了很多人。凡此种种，讲述者往往利用所谓的写作技巧，将一个问题停留在他们想要的位置，而这个位置往往会引导读者把思考停留在单一视角、浅显维度。久而久之，读者认识问题的深度、广度和独立判断力就可能受限。

再如，教学实录、课例本应最大程度接近甚至完全切合真实的教学场景，但是，缘于各种原因，很多见诸报刊的实录、课例，包括不少名师的相应作品，大多也只是尽可能还原、记录真实的教学过程，很大程度还带有一些理想描述，有的实录、课例还可能有一些明显的预设、预演成分。尽管如此，这些实录、课例和前面所谈到的"心灵鸡汤"式的伪叙事还不能画等号，仍有其学习参考的价值。这就要求我们在阅读时能够正视其存在的"重构性"，既能针对其具体描述想象特定的教学现场，把握执教人的教学内容、流程与思路，又要跳出具体情境，从学理角度审视相应实录或课例的课程与教学理念，以及其中的得失利弊，尤其是对一些存在明显预演或者想象虚拟、超越学生实际表达能力的环节，更应保留必要的批判与审视。

与此同时，同样是案例、课例，有的可能已经为多数人认同、在理念思想上有较为明确的引领性，有的则可能存在明显争议、在某些思想认识上带来不少冲击力，有的则可能因为流于粗糙浅薄的个体经验而为人诟病，凡此种种，也是在阅读选择时需要注意的。

又如，一些教育理论作品枯燥无味、文笔艰涩，一些冠以专题研究的理论作品貌似高深，实则整体逻辑体系并不严整、表述佶屈聱牙、内容堆砌重复，加之疏于调研、论证，贴近一线教师的实例、情境支撑较少，更有闭门造车之嫌，如此等等，类似作品自然鲜有读者。

另如，同样是外国经典、名著，往往存在多种版本，其中，有的译著整体翻译水平不高，与作品原生内涵存在较大距离，还可能脱离我们的话语语境。这种情况下也要有所辨别，尽可能优选版本，或者通过多版本信息比对做到心中有数。对存在多种

---

① 储朝晖. 向非专业方式改进教育说"不"〔J〕. 人民教育，2016（09）：36-39.

版本的同一作品的阅读，都要注意针对相应版本的特点、差异而有所辨别、有所选择。

其三，要避免近同形态的单一重复。

针对一些区域、学校、团体组织中小学教师开展的读书征文评选活动，有学者指出教师的理论阅读不够、理论修养欠缺，大多教师比较倾向于叙事类教育书籍的阅读，以至于阅读结构分布失衡。

还有研究者指出，学校在教师阅读方面选择推荐过于单一，选择类似《优秀教师一定要知道的 14 件事》这样的文本，仅仅提供给教师立竿见影解决实际问题的窍门、策略，反映了学校在办学和师训中的焦灼心态。所以，在原有阅读基础之上进一步导入理性阅读，对阅读者来说有其必要。

以上均从一个侧面反映出一个问题，即教师的阅读作品选择——存在近同形态的单一重复现象，而且突出表现为认知层级相对较低的叙事主导形态的单一重复。近同形态的作品，阅读选择过浅、过度、过剩，势必影响教师思维水平与认知能力的提高。

综上所述，我们在阅读作品的选择上必须注意把握几个基本要点：

▲无论哪种形态的作品，都要将更具代表性、更为经典的范本作为首选。

▲要根据作品形态之别及其具体差异，结合自身学习和发展之需做出选择。

▲次品、劣品尤须警惕，如果购买或阅读到类似作品，当作批判思考的对照倒也未尝不可。

▲阅读选择要注意多形态搭配，注意层级递进，避免单一固化。

此外，对当下卖点高、人气旺的作品，也要有所判断：名气和学问有时未必能够画等号，畅销的未必是最好的，毕竟阅读不是读其名气而是读其名堂。有的名人、名师把出书速度和数量当成水准攀升的标志，加之图书出版方利用大众对名人、名师的崇拜心理，基于市场目的进行多种形式的助推，难免造成质量的参差不齐。这种现象的背后，在一些学界前辈看来有悖教研规律，不免助长了浮躁虚夸的学术风气。

四、贯穿教师发展生涯周期的"四业"梯度构架

在刚才的论述中我们谈到，要结合学习和发展之需进行阅读作品的选择，只是强调了一个笼统的大原则。那么，在教师的成长与发展中，到底什么时段有怎样的"学习和发展之需"，进而由此选择怎样的阅读，有没有可供参考的一般路线呢？答案是肯定的。

如果放眼整个教师职业生涯，"三维四性阅读"也有其阶段性的相对侧重。据此，笔者进一步提出贯穿教师发展生涯周期的"四业"梯度构架（职业、事业、专业、志业四梯度）。这个构架，或许可为老师们的专业阅读规划与选择，在前述基础之上提

供更进一步的有益参考。

第一梯度为职业主导梯度，就是获得从业资格、进入教师行业，在教师职业岗位上初步站稳脚跟，能够适应并接受教师职业，对教师职业逐渐有基本的认同。这一梯度主要对应对象是处于入门适应阶段的新教师。

有人说，新教师从事专业阅读毫无意义，也有人说新教师应该"海量阅读"，笔者则不尽以为然：新教师阅读行动越早越好，但必须把握阶段侧重及其尺度。

周作人先生在《儿童的文学》专论中曾谈道："据麦克林托克（美国儿童作家——笔者注）说，儿童的想象如被压迫，他将失了一切的兴趣，变成枯燥的唯物的人；但如被放纵，又将变成梦想家，他的心力都不中用了。所以小学校里的正当的文学教育，有这样三种作用：（1）顺应满足儿童之本能的兴趣与趣味；（2）培养并指导那些趣味；（3）唤起以前没有的新的兴趣与趣味。"[1]

作为新教师，从整个职场生涯来说犹如教师的"童年阶段"，所以，这一阶段的阅读，和少年儿童初始阶段的阅读选择具有一定相似性。有鉴于此，从阅读结构上看，"儿童情怀"维度的阅读在这一阶段应占有更大比重，而阅读性质则应以激发兴趣、顺和青年心理的感性阅读为主，即着眼于教育情感的培育以及对教育生命、教育生活、儿童心理的基础体认（这一阶段的专业写作与表达取向亦然）。根据前面的分析，在这一主导梯度的阅读范畴中，文学作品特别是儿童文学作品、教育叙事作品、优秀教学实录与教学设计、基础性教育教学技能书目等相对更为适宜。

为什么在针对新教师的培训中，有的培训方把课堂故事或关键事件、德育叙事、新教师教育教学及成长叙事、范例等作为重要内容，原因并不难解：其目的就是希望他们从这些叙事中获得成长动力，找到职业自觉。

一些走上专业阅读之路的优秀教师在回顾自己青年期的起步阅读时发现，其中带有"后青春期"特点，偏于感性和抒情，除了教育、文学类书籍之外，各种报刊、流行读物也不加选择地吞入，总体看来，其中不免有些饥不择食、盲目肤浅。"偏于感性和抒情"，切合新教师的起步阅读取向，"不加选择、饥不择食、盲目肤浅"则表明青年期的起步阅读往往存在过于随意的缺点。实事求是地说，在教师的起步阶段，应该尽量保持并倡导基于兴趣的自主阅读，不必担心胃口过偏的问题，因为主动才是学习的原动力。但是，这种基于兴趣的"自主"并不等于单纯追求阅读的大量、时尚或者高端。有鉴于此，新教师的阅读固然应当尽可能广泛涉猎、避免单一贫瘠，但也

---

[1] 周作人.周作人论儿童文学〔M〕.北京：海豚出版社，2012：124.

不宜一味贪多过于"放纵"，特别是过度强调青年教师接触一些超越自身发展阶段需求的、所谓思想性的、高大上的阅读，反而可能使之不能正确对待理想和现实之间的矛盾、冲突，不能积极、合理应对工作中出现的困境，转而滋生焦虑、茫然心态，或者消极、迷惘心理。所以，这一阶段的专业阅读总体上还要服从和服务于适应职业环境、建立职业认同这一重心。

冷玉斌老师在《读书这么好的事》一文中回顾了自己入职时的经历体验，曾有如下表述：

以课堂教学为例，刚刚开始工作时，完全是经验式的，并且很快我沮丧地发现，之前在学校里所学的教学法之类，没有太多的用处。后来，我是如何入的教学之门，或者说，是怎样摸索到教学的真谛？还是读书——就在新世纪到来前夕，读到了于永正老师的《教海漫记》。

那时候真的不会上课，怎么去读一篇课文，怎么带着孩子学习语文，怎么样在课堂上提问，与孩子们展开对话……对于这些今天看来不过是常识的事情，当时真是难倒我了。幸亏那时候，于永正老师的《教海漫记》来到我手边。我读到了于老师的《燕子》《静夜思》教学实录，我反复读，仔细揣摩他的思路、他的智慧；又读到了他对教育教学的理解，他用通俗透亮的话语讲出来，比如"露一手""熏锅屋""开窗户""谁也说不准哪块云会下雨"……回过头去看，这些其实包含了语文教育很多规律性的东西。在读了这些篇章之后，我似乎看到了教学实践中的光亮所在，就朝着它一招一式地学，一字一句练。后来我总称于老师的《教海漫记》是'扶我上战马的书'，正是因为这本书真正让我看见了课堂，并朝着课堂出发了。[①]

于永正老师的《教海漫记》，可以说是一部叙事主导形态作品，重在教育教学技能、艺术方面的引领，对青年教师来说更具参照性、可读性，也适于在工作中模仿运用（当然这种模仿并非刻意地简单套用）。冷老师作为新教师的阅读经历，也充分印证了一点：新教师的当务之急重在提高教书育人技能，从基本的教学手段、育人方式上武装自己，以实践和探究的精神面对真实的任务情境，这样才能较快适应工作岗位，激起对职业生命的触摸与感受，建立并增强职业认同感。经验表明，新教师往往需要提供比较实用的以及符合个别需要的帮助，特别是他们的课堂教学、学校工作中面临的种种疑难问题，以及一些难以应付的局面等。

冷玉斌老师还和同事们组织教师读书会，举办沙龙和专题讲演，以阅读影响了很

① 梁杰.读书那些事〔M〕.南京：江苏凤凰科学技术出版社，2017：4-5.

多青年教师。他们带动青年教师读教育教学类的书，读文史类的书，其中，儿童文学又是重点，像《窗边的小豆豆》《夏洛的网》等，几乎人手一册，他们希望借助对儿童文学的阅读来触摸孩子的心灵。从中也可看出，以儿童文学为主导的"儿童情怀"维度的阅读确实应该作为新教师、青年教师阅读结构的核心组成。

作为新教师的职业主导梯度，一般需要经历5年左右时间，少数成长顺利、发展相对超前的可能时间会稍短一点。

第二梯度为事业主导梯度，就是不仅仅满足于对教师岗位的职业认同，对教育教学工作的事业心、责任感增强，不再止步于"入门入格"，而是开始着眼和转向"升格"，希望在原有基础之上取得更进一步的成绩。事业主导梯度主要指向成熟教师，这一阶段更是教育人生中厚积薄发的年龄。

具有事业心的人能根据主客观条件，克服困难，经过努力达到目标，以此追求成功的振奋和喜悦。进入这一主导梯度的教师可以说是成熟教师了，能够胜任常规性教育教学工作、较为熟练地掌握基本的教学规程，经验变得日渐丰富，在教育教学实例、案例积累方面已经具备一定基础，实践智慧也随之提高，不再停留于新教师层面的感性体验，知性认知能力得到发展，逐渐从感性向理性过渡。

这一阶段处于教师专业发展的中转阶段，它往往会出现一个退缩期，一般表现为教师职业的自我满足感有所下降，对职业的单调重复、封闭烦琐、责任重大等会有更多的感受。因此，这一阶段往往是教师情绪困扰居多的阶段，也是教师群体最可能出现分化取向的阶段：

相当一部分教师通过自我调整和外在帮助进入一个平缓平和的时期，个体与环境取得相对平衡，进入到常规水平上对教育教学的稳定胜任状态，但伴随这种稳定惯常状态，专业发展又可能逐渐缓滞，内心活力渐进消减，形成思维与心理定式。一些人开始感叹"越来越不会教"，自身职业境态慢慢定格于做一名轻车熟路的"教书匠"，有的学校也视这部分教师为教学成熟者，开始逐渐淡化对他们的培训、提高。

少数教师由于不能有效解决相应情绪困惑，教育教学出现诸多问题，甚至不如从教入职的起始阶段，逐渐进入职业衰退乃至倒退状态。

一部分素质相对较好的教师，通过主动学习和深入探究，加之相对较好的发展环境，在业务上不断精进，在保持稳定水平的基础上逐渐向更高层次迈进。

从上述分化可以看出，这一阶段是教师最较容易出现"高原期"的阶段。所谓"高原期"，一般表现为经历了较长时间的磨砺之后，发现自己很多事情都是在重复，工作热情有所下降，成长发展似乎出现停滞状态，一度找不到自我前行的方向和再度提升的突破口。"高原期"在教师职业生涯中可能不止一次出现，极少数优秀教师也可能从未有过"高原期"。所以，要突破这一阶段的"高原期"，需要各种因素的协调。其中，通过有效的专业阅读积聚能量、蓄势待发——仍然是一种不容忽略的重要方式。

这一梯度的阅读，在阅读结构上相对适宜侧重"专业智慧"维度，而且算是"专业智慧"维度的初阶，阅读性质上则以案例分析主导形态的知性阅读为主，特别是那些具有典型借鉴与研讨反思意义的课程与教学案例、课例、学生与德育工作案例等更值得重点关注。

以案例分析形式呈现适宜于熟练期教师阅读的书目，在当下教育教学书目中所占比例相对更大。这类作品既超越相对简浅的感性叙事，又没有过于艰涩抽象的理论和原理阐述，能够在深入浅出中体现一定的教育教学理解乃至教育教学思想，所以阅读受众较多。以课堂教学为例，如果说新教师在职业主导梯度主要应当阅读学习一些出自名师、名家的优秀课堂实录和教案设计，通过借鉴其"如何做"而迅速掌握必要技能的话，进入熟练期之后，在阅读这些优秀课堂实录和教案设计时，就不能再仅仅满足于"如何做"，而应逐渐思考和研究他们"为什么这么做""这么做怎么样"。为此，则有必要开始有意识地阅读相应名师名家的其他文章，特别是涉及相应课目的一些教学案例、专论分析，这样才能更深入地学习领悟其教学建构的理念思想和个性风范，从而为自我教学建构与创造提供有益参考。这一阶段更应侧重于课例研究，在已有课堂实践基础之上转向对具体课堂有针对的分析、评价与反思。

这其中当然也不乏一些特殊形式，比如视频案例。近年，有的学校把视频案例作为校本研修的一种重要形式，以课堂录像、课堂诊断为支撑，形成了比较成熟的模式，诸如：

第一步，执教者确定课题说课研课，同伴参与。

第二步，执教人选班试讲，同伴听课录课。

第三步，同伴评课议课，执教者反观视频做出反思。

第四步，执教者二次讲课，同伴再听再录、再评再议。

最后，执教人整理精品教案，同伴借鉴推广实现资源共享。

这种视频案例式研修既是一种行动研究，也可以说一种是包含了特殊形式的案例阅读与分析。这样一种视频案例的研修，对于新教师迅速上道、走向成熟以及熟练教师强化反思、谋求提升都大有裨益。在这个过程中，如果能和文本形式的案例阅读有机结合，想必效果会更好。也就是说，在这一阶段，要特别注重将此类阅读和自身的课堂反思、课例研究、观课评课活动做到有机结合，如此收效更佳。

没有大量的案例分析主导形态阅读作为铺垫，成熟教师的认知水准是要受限的，难以向更高层次递进。一些热爱阅读和写作的青年教师在走出新教师阶段之后，可能会一度停留在较为低浅的"熟练阶段"，在读写取向上表现出"叙事思维过度"，下面请看一位青年班主任在阅读王晓春老师《做一个聪明的教师》之后的随感。

研究：起于叙事但不止于叙事

王晓春老师《做一个聪明的教师》一书中的很多故事和理论就是以案例分析形式呈现的，我们也可以视其为"问题研究"的一种特定形式。它一般是以一个完整的故事为基础，然后选取角度穿插加以推论分析。

这样一种案例分析往往需要具备两个必备条件：一是有鲜活的来自一线的教育实例和故事；二是作者需要有强烈的研究意识和较高的理论素养。

说来惭愧，我曾以为这样的案例分析并不难。记得 2011 年时写过一篇德育随笔，题目是《当教师遭遇学生批评》，后来通过班主任之友论坛，广东的一位班主任名师问我："可不可以给你的稿子改成案例分析？"我对此并不反对，可心里也颇有些自负：我联系到的教育理论已经有不少了，你还能分析到什么地步？

后来稿子发在《福建教育》上，见到样刊，在我的叙事之后这位老师进行了扩展分析，洋洋千言相较于被自己缩到九百字的叙事，我不禁感到惭愧。从那以后，我对案例分析开始有了新的认识。自认为并不缺生动的教育故事，自身也有研究意识，可因为案例阅读不足、相应的理论认识与素养还不够深厚，所以自己尝试进行案例分析时还是不能做到令自己满意。譬如，最近还未成文的《一句质疑的背后》，所叙故事倒是翔实，分析起来却感觉视界狭窄角度单调。

一位朋友曾劝我：我们的阅读写作不能止步于叙事，还要多接触着意分析的案例，多接触一些理论性文字。嘴上赞同，心里却不以为然。今天重读王晓春老师《做一个聪明的教师》关于"叙事思维"的论述，再想起友人劝诫，我才忽然悟到：一线老师，可以从叙事读起写起，这是我们的优势。但是，绝不应满足于叙事，因为这可能阻碍我们专业水平的提高。

作为主要指向成熟教师的事业主导梯度，在教师职业生涯中往往需要经历一个更长时段的磨炼，在新教师阶段之后，这个时段一般不会少于十年甚至更长。

第三梯度为专业主导梯度，表现为在教育教学行为上，面对复杂情态时能够基于智慧与知识，经过深思熟虑特别是理性分析而做出判断，心智层次更高，可以透过现象切近本质，而不是主要凭靠经验，模仿或者根据他人安排而行动。处于"专业"层次之下的教师劳动更着意于"创格"、具有创造色彩，行动愈发自主自律、成熟理性，对教育教学问题的理解把握也越发趋于整体化的系统认知。这一主导梯度对应的主要

是专家型教师。

斯滕伯格将专家型教师的核心特征归为三点，即丰富的和组织化的专门知识、解决教育教学问题的高效、对教育教学问题的洞察力强。还有教育研究者试图从多个方面揭示专家型教师特点：

（1）认知——更善于通过对教育教学的计划、评估和反思来改进工作，从而产生教育教学的创新。

（2）人格——具有情绪稳定、理智、注重实际、自信心强和批判性强的人格特点。专家型教师能够更好地控制和调节自身情绪，理智处理教育教学中的各种问题，自觉对教育教学进行评估和反思。

（3）工作动机——具有强烈而稳定的内在工作动机，乐于和学生交往，平等对待学生，主观幸福感较强，有较为强烈的成就体验。

美国学者贝蒂·E·斯黛菲等在其主编的《教师的职业生涯周期》一书中认为专家型教师的特征在于不断地谋求专业成长，他们"努力找更好的教学和学习的方法并享受他们自己的学习""专业经验的跨度与深度使得他们能够成为有效的问题解决者"。与此同时，该书还特别强调："对专家型教师来说，尽管其拥有大量的更新途径，但是退缩的危险依然是存在的。专家型教师往往由于当地缺乏合适的专业发展机会而感到受挫。而且，大部分的专业发展主要针对不那么有经验的教师，很少能够满足专家型教师的需要。"[1] 为此，作者提出了一些应对策略以及应予强化的活动形式，诸如"阅读杂志""参加研讨会""同伴间的互动"等。可见，对专家型教师而言，要抵制可能存在的退缩期（或曰高原期）的消极影响，持续精进的阅读是必须的。

这一梯度的阅读指向，不应满足于浅易的教育叙事，也不可仅仅满足于一些个案分析，而更应扩大案例积累，着意于对诸多个例、个案"化零为整"的连缀思考，关注相应现象背后隐藏的教育教学理论，努力将相应思考联结为体系化的整体链条。譬如，在课堂教学方面，不再满足于阅读学习一些名师名课，研究他们"为什么这么做""这么做怎么样"，侧重思考其中的共性规律，梳理总结"有内涵的课堂的核心特征是怎样的"，并可联系自身课堂，围绕自身教育教学风格的塑造开展探究，这就需要借助一定理论书目的阅读，从中寻找理据，逐步形成自身教育教学的理论观点乃至思想体系。这种阅读研修，更要紧密关注较前沿的实践研究成果，关注一些经典性、专题性的研究书目，关注一些既有独特深入视角又有理论积淀、切合教育教学发展需

① （美）贝蒂·E·斯黛菲，迈克尔·P·沃尔夫，苏珊娜·H·帕施，比利·J·恩兹.教师的职业生涯周期〔M〕.杨秀明，赵明玉，译.北京：人民教育出版社，2012：76.

要的专业书目。可见，这一时期应该在理论作品的阅读上适当地多投入精力。

确实，对中小学教师来说，并非都需要把经验上升为理论，对很多人来说没有理论兴趣也很正常，即使学习理论，重点还在于从中有所受益、化入实践，也未必需要自己来表达和创新理论。毕竟，教学思想体系及其理论主张的创生、表达，不是每个人都能做的事情，但是，之于专家型教师而言，根据自身教育教学经验积极发展、完善专业认知，使专业实践形成明晰、系统的表达乃至有所理论创新，却是一项应有的追求。

这一梯度的阅读结构，虽然与事业主导梯度同样侧重"专业智慧"维度，但应该在原有基础上有所进阶，阅读性质上则以原理探究主导形态的理性阅读为主，开始把重心转向具有一定系统性的理论阅读。

这一主导形态的主要阅读范畴，表现为整体逻辑主线比较明确、体系比较完整的作品，特别是相应的教育及人文经典、课程与教学论、学科专业知识论、教育科研方法论，以及各类专题研究性质的作品。

需要警惕的一种现象是，一些比较优秀的教师，当其教学经验、历练进一步成熟之后，在随后取得的成绩面前，可能由此逐渐放松专业阅读。更有甚者，对专业阅读不乏叶公好龙心理，尤其是后续理论学习跟不上，其成长的尺度和高度则不免出现降格。

一位老师曾讲过这样一个事例，他的一位前辈就曾"告诫"他作为教师不需要阅读，因为这位前辈二三十年来基本没有读过什么，照样年年优秀。这样一种"心灵写照"，真实反映出一些中小学校真实的教育生态。类似前辈在专业阅读上的缺失，我们不能完全归咎于其本人，个中原因一言难尽。必须看到的问题是，一旦这样一种来自"前辈的告诫"成为新教师特别是成熟教师的信条之后，想由此达到"术业有专攻"的专家型教师层次，怕是很难。

所以，熟练教师在稳定成型之后，对实际工作具有较高的自动化处理水平，自我监控和调节能力也越来越强，这些能力和条件的具备，一方面为其向专家型教师迈进奠定了基础，另一方面，也可能成为其定格徘徊难以前进的阻力。部分成熟教师的勤勉精进，可以逐渐形成自身独特的教学风格和教学思想，乃至著书立说、传播思想，成为一定领域的领航人，从而向专家型教师进军。

需要正视的是，虽然多数老师通过自身努力和锻炼，实现了从新手向熟手的升级，教育教学也愈发娴熟，但在后续发展中，能否由此真正迈向专家型教师，对大家来说仍具有相当的挑战性。李海林教授曾提出"教师二次成长论"，认为它主要指向工作在 10~15 年的熟练教师的再次成长，其中的一个重要标志就是开始对教育理论持有热情、主要靠"用理论"反思自身经验。个人认为，熟练教师再次成长的理想目标，就是向专家型教师的迈进。促成这一迈进的有效手段可以是多方面的，诸如参加由专家组织的课案研讨、接受专家指导培训、开展课题研究、撰写论文论著、参加校外学术组织等。与此同时，必须强调的是，以教育教学理论为重心的专业阅读无疑是其绕不过去的必经之路。

作为主要指向专家型教师的专业主导梯度，作为熟练教师的再次成长，也需要相当一段时间的磨砺，这个时间在笔者看来，一般不会低于十年，而且是在成熟教师之后的十年，并非入职以来的十年。所谓"十年磨一剑"，在国际象棋、物理、数学、音乐、历史、医学等领域专长的研究都证明过"十年规则"，即任何一个专业活动领域的新手要成为专家至少都需要十年的工作经验。

由于中小学教育教学问题的复杂性，在这一范畴所属领域要成为真正的专家型教师，需要的时间还远不止十年，没有扎实、充分的实践基础和厚实、深入的理论探索，是不可能成为专家型教师的。当下，在中小学领域存在一种急于成名成家的倾向，即要求快快成长、快出成果、快速成名，热衷炒作、打造、速成，结果多是名不副实、名过其实。这样一种违背教师发展规律和成长节奏的浮躁、功利取向，是培养不出真正专家的，反而可能让一些有潜力的种子在乱花迷眼中失去自我。

最高梯度为志业主导梯度，主要表现为视教育教学为毕生志趣与追求，有相当丰富的教育历练，具有"超格"的卓越品质和浓郁的人文精神，能够基于厚重的积累、铺垫形成更为完善、丰富的教育思想，以及鲜明、成熟的教育哲学。针对教育教学问题，不仅具有高度精准的专业评判力与反应力，同时侧重从精神价值层面做出更进一步的上位思索，导向灵性的建构与修炼。这一主导梯度主要对应的是教育家型教师。

"志业"，原本主要是从做学问、从事学术工作方面提出的一个名词。对此，中外学者均有论及。

近代学术大师吴宓先生有言："志业者，为自己而做事，毫无报酬，其事必为吾之所极乐为，能尽用吾之所长，他人为之未必及我。而所以为此者，则由一己坚决之志愿，百折不挠之热诚毅力，纵牺牲极巨，阻难至多，仍必为之无懈。"吴宓先生在此强调"志业"应有的坚定信念、纯洁思想及坚毅品质。

德国哲学家马克斯·韦伯曾提出一个著名命题，即"学术作为一种志业"，认为一个学者只有把学术当成"志业"、把整个人的生命意义寄托在学问上面、全心全意专注自己的学术工作时才有人格可言。这里的"人格"，不是我们平常讲的人格魅力，而是指一个人确定了某一正确目标，其日常生活乃至整个生命都会非常稳定、恒久不断地围绕所选取的价值目标毅然迈进。

　　韦伯的观点与吴宓先生在本质上近同，他更把"志业"视为一种理想，视为一种崇高久远的价值目标乃至一种使命与信仰。

　　"志业"和"专业"的最大区别恐怕在于心灵世界的建设与精神自我的构建之上。职业化和专业化是现代社会行业的主要特征之一，各行各业"专业人士"的涌现导致了知识体系的分化割裂，如此情态之下，"专家"常有，而真正占据精神高点、有思想、有信仰的"学者""大家"却不常有。

　　笔者认为，将"志业"视为教师成长与发展的一种境界追求是完全成立的：作为一名有理想的教师，只有为自己的心志做出一个定位，视教育教学为"志业"，才能树立坚定的理想信念并付诸坚毅行动，真正向教育家型教师靠拢。

　　教育家型教师首先应该有崇高的境界追求。只有有了这样一种追求，才能有对教育的赤诚与执着，有对教育教学和学生成长的敬畏之心，有不拘成规的创造精神和海纳百川的广博胸怀。冯友兰先生曾把人生的最高境界称为"天地境界"，这一境界的人，被视为超越道德与理智层面、超越人生逻辑化的哲学意义上的"圣人"。诚然，大多数教师毕生也很难达到这一境界，但这一境界应该成为教师修炼的方向，特别是教育家型教师，更应有这样一种超越世俗的精神。

　　程红兵老师曾在《南辕北辙：教育家渐行渐远》一文痛心地谈道："教育家身上应该有哲学家的气质，教育家的事业应该是教育哲学的事业，教育哲学的事业应该是思想的事业。教育哲学思想和思维不是一回事，我们有些校长、教师的思维也许真的很发达，这种思维是用在如何应对上级要求，如何应对高考分数提高，如何应对各级各类的评比考核上，但思想却是极为匮乏。面对教育日益深重的危机，人们还是在用一些早已证明问题重重的教条来应对和回答，用空洞无物的时髦话语来回答，却很少有深入的思想。"[1]教育家型教师即使不能成为教育家，也应具备教育家的基本气质，努力建构自己的教育思想和教育哲学。

　　教育家型教师的养成，离不开坚韧的定力修持，更要做到"虚静"与"坐忘"的结合：虚静是一种心境自由，寻求的是宁静淡泊；坐忘是一种精神境界，讲究的是投入忘我。虚静与坐忘的实质是克服功利情结、抛却私心杂念、超越物欲现实，这是教育家型教师的必备品格。

　　成为教育家型教师需要多方面修炼，在这一修炼过程之中，阅读则是逐渐超越自我、实现自我救赎与精神突围的重要通道，其中尤其离不开灵性阅读的支撑。

---

① 程红兵 . 南辕北辙：教育家渐行渐远〔N〕. 中国教育报，2012-04-10 .

笔者在前面举过湖北段伟老师的例子，这里我们再看他在《"书"度年华 行向远方》一文所谈到的步入不惑之年的读经体悟：

没吃三天素，就想上西天？事实真是这样，人群中极少部分最后能够成为觉悟者，并且这些极少的人也是走到生活的末尾才懂得如何生活。

与大多数研修佛家者相同，我涉猎的内容也是最有哲学意味并深入本体世界的般若部，而般若部的翘楚又当推那部简短的影响深远的《般若波罗蜜心经》。600部的般若经可以浓缩为一部5000字的《金刚经》，而《金刚经》可再浓缩为260字的《心经》，最终全入一个"照"字，所谓'破微尘出大千经卷'。每当闲暇信手拈来，展卷开阅，顿觉清新空灵。①

作为一名资深教师，段老师有丰富的阅读经历，对于读经的主要目的，他是这样表白的："我并非想去皈依，而是要通过圆润流畅、典雅质朴的文字试图触摸彼岸，寻找灵魂的家园。"灵性阅读很大程度即在于"寻找灵魂的家园"，作为一种更高层次的阅读追求，理应成为"教育家型教师"的必有之义。

无独有偶，江苏南京溧水区明觉小学杨林老师在《垃圾与经典，去留谁做主》一文中谈到对《庄子》《圣经》这类经典更应爱不释手，他又特别提到了《心经》："尤其值得一说的便是《心经》，才260字左右，反复吟诵，自然会'其义自现'。即便扑向他一开始扑不上，但终究是朝向大地，亲近了泥土，明白了'大地上的事情'，不亦快哉！"②

杨老师为什么认为对《庄子》《圣经》等经典要爱不释手，对《心经》要在反复吟诵中去思与悟，与段老师自然应该有相通之处。我想，那种在反复吟诵中"终究是朝向大地，亲近了泥土，明白了'大地上的事情'，不亦快哉"的参悟，岂不也是一种"寻找灵魂的家园"？

中国台湾傅佩荣先生曾把阅读分为少年期、青年期、中年期、老年期四个阶段，他对"老年期"的阅读是这样描述的："老年期以阅读宗教经典、四书五经为宜。身体老化而智慧成熟，若能勘破生死大事，就不受时空限制，即可上友古人，又可神游人生各种境界，世俗成败得失便也'相与俱化'，何乐不为？"③ 如果说前述三个主导梯度及其对应阶段相当于教师职业生涯的少年期、青年期、中年期的话，那么"志业主导梯度"及其对应阶段则相当于教师职业生涯的"老年期"。这一时期阅读修炼

---

① 段伟."书"度年华 行向远方〔N〕.中国教师报，2017-11-15.

② 梁杰.读书那些事〔M〕.南京：江苏凤凰科学技术出版社，2017：141.

③ 张恒.读书记〔M〕.北京：新星出版社，2010：176-177.

的重心更在于教育心性与灵魂的净化、升华。

如果说教师阅读在前中期更多地适合以准意义的专业阅读为主的话，那么，随着教育教学智慧的丰富完善，着眼于"大专业视角"、突出"人文精神"维度的阅读则很有必要，这样一种阅读，意在进一步提升自身人文素养，让人文精神的培植、滋长，成为丰富教育思想、建构价值信念的源源活水。

综上所述，针对"志业主导梯度"的阅读结构，我们将其侧重放在"人文精神"维度，阅读性质则以哲理参悟主导形态的灵性阅读为主。前面已经谈过，这一形态主要指向那些有助深化人文精神，对人生修养及价值信念建构等具有启迪意义，质性淳厚、思想内涵深邃的哲学艺术类、生命体验类、心灵修养类、宗教禅学类作品。

作为主要指向教育家型教师的志业主导梯度，很大程度不是用时间所能衡量的。教育家型教师的养成，更离不开艰苦的磨砺修炼，离不开崇高的终极归属，它将是教师需要付诸毕生才可能有所切近的远大理想。

"四业"梯度的提出，更在于强调教师在不同发展阶段有不同的特点、关注点及其阅读重心，从总体看，这种重心的转换，主要呈现的也是一种递进式、阶梯式的发展。同样，其循序渐进亦非一种简单、机械的线性逻辑，而是一种有机发展与螺旋上升，四个主导梯度之间也同样存在必然的过渡状态。

五、贯穿教师教育人生的"三维四性阅读体系"

综合以上所有论述，笔者提出下面的框架体系，即贯穿教师教育人生的"三维四性阅读体系"。

贯穿教师教育人生的"三维四性阅读体系"

主导梯度	主要对应阶段	主要发展要求	主要阅读方向
"职业"主导梯度	新教师（"入格"之入门适应阶段）：学科知识、教学知识不完整，主要依托表层加工策略解决教学问题，耗费时力较多	学会正确认识职业理想和职业现实的矛盾关系，尽快进入工作角色，明确教学行为基本规范，学习和发展基础性教育教学技能，培育职业情感与兴趣	主要阅读结构为"儿童情怀"维度；主要阅读性质为感性阅读；主要阅读范畴为叙事抒怀主导形态作品；主要阅读取向在于学习职业技能、培养职业情趣、调节工作节律

（续表）

"事业"主导梯度	熟练教师（"升格"之胜任成型阶段）：拥有更多的教学知识，角色理解逐渐深入，职业情感趋于稳定，解决教育教学问题的策略水平渐进提高。缺陷在于主要靠经验积累行事，对原理规则的学习研究不足，容易故步自封	增强事业心，对工作保持稳定的热忱。掌握更多教育教学技能，形成更为扎实的基本功，增强自我监控和自我调节能力，着眼专业智慧的积累提升	主要阅读结构为"专业智慧"维度（初阶）；主要阅读性质为知性阅读；主要阅读范畴为案例分析主导形态作品；主要阅读取向在于加强个案积累、积淀"临床经验"、提高诊断水平、优化工作品质，实现由感性向理性的过渡
"专业"主导梯度	专家型教师（"创格"之专长发展阶段）：具有高度的专业理性，形成熟练的自动化教学技能，自我监控和自我调节能力较强，注重运用深层加工策略积极解决实际问题，注重问题解决过程中的专业评判	在职业责任感增强的同时，转向高质量的学习反思，对课程与教学、实际教育工作注重有系统的主题化的探究、学习、梳理，努力促成理性与实践高度融合的专业智慧	主要阅读结构为"专业智慧"维度（进阶）；主要阅读性质为理性阅读；主要阅读范畴为原理探究主导形态作品；主要阅读取向在于通过持续进阶的强化学习突破职业倦怠，进一步提升专业水准，形成成熟稳健的专业行为与专业智慧、系统理性的专业认知与专业表达
"志业"主导梯度	教育家型教师（"超格"之超越升华阶段）：具有高度的理性直觉和专业评判力，能够高效灵活地处理实际问题，形成自我完善的教育教学思想以及精神价值体系。具有坚定的教育信念、较高的人格修养、丰富的人文精神	注重终身学习和人格完善，坚定教育理想信念，丰润心灵世界，保持饱满的教育情怀，逐渐提炼形成自我教育思想与教育哲学，避免单纯基于功名的鼓噪	主要阅读结构为"人文精神"维度；主要阅读性质为灵性阅读；主要阅读范畴为哲理思辨主导形态作品；主要阅读取向在于通过对教育与人生的积淀思考、灵性发掘达成专业理性、志趣与信念的圆融，实现个体教育智慧与教育生命的升华

　　必须看到的是，以上所论，分析了教师不同发展阶段所应侧重的阅读方向，但并不代表它是一种界限分明的条块分割。其实，从理想状态来说，各种结构、性质、范畴的阅读都应贯穿于整个教师职业生涯，有的则相当重要。例如，注重价值建构、终

极归属的灵性阅读，虽然我们将其归于最后一个主导梯度，但并不是说前几个阶段这种阅读不需要，可以完全隔离。其实，一个人的灵性在童年、少年时代就有充分体现，如果不加呵护就可能日渐退化。所以，在教师职前阶段、新教师等阶段同样需要灵性阅读，如果一位教师在刚刚起步时就具备良好的灵性根基，其后续发展可能表现出更强的自我调节、自我超越能力，会有更高的素养和觉悟，实现更大的创造与突破。

这种有所侧重、有所聚焦的规划，意在最大程度切合教师的心智与成长节奏，突出针对性和发展性。当然，这几个序列也是相对的，中间同样存在必然的过渡。它们之间的关系，同样体现为各有侧重、逐级递进的循序渐进，但又并非一种机械、简单的线性逻辑，而是一种有机发展与螺旋上升。

反顾前面论述，可以看出，教师专业阅读既要注重阅读结构的多维平衡，也要着眼阅读阶梯的渐进递升。与此同时，基于教师职业发展阶段特点进行有序规划的专业阅读，才可能更有针对意义：

在"三维四性阅读"体系中，如果说"三维"是根基性的结构组合，那么"四性""四业"则类似贯穿其中的阶段、序列，如同向上构筑的阶梯、楼层。沿着这样一种台基与台阶迈进，利于稳扎稳打步步登高。

当然，有的老师能力禀赋要好一些，可能进步较快，但绝大多数人还是要在夯实底盘的同时一步一个台阶、盘旋递进，才可能实现更高层次的发展。

在"三维四性阅读体系"中，任何一种结构、性质以及主导梯度阅读的明显偏失或错位，都可能制约教师专业发展。

需要看到的是，教师的专业阅读和专业发展要渐入佳境，离不开良好的制度环境和文化环境，有了更好的环境氛围，才能为教师静心教学、反思、阅读、研究提供更多的支持与空间，唤醒教师的职业尊严和幸福体验，使之在积极稳妥的愿景规划之下更好地找到自我、实现自我完善和能动发展。

当然，我们这里只是给出了一种设计与论证，在此之外，也有其他关于教师专业阅读结构阶梯的设计与论证，这些建构自然有其差异，但在很多地方不乏共识和交集。

每位教师都有各自不同的状态，而其成长与发展、自我发挥的最佳时期、高峰阶段也会因人而异。所以，刻意追求和宣示尽快成长、尽早成功并不合适。任何一个人心智的成熟不是催化所能达成的，必然需要经历比较漫长的过程，教师的成长与发展程度，与其作为人的心智状态的发展也是基本对应的，即使有的人发展势头猛一些、快一些，也并不能由此代表其心智发展全然超越同一发展段人群。因此，所谓"跨越式"发展并不符合教师成长规律，甚至有拔苗助长之嫌。针对上述教师发展梯度及其专业阅读导向，我们要有这样的认识与把握。

第三节
教师专业阅读存在的非连续性

教师专业阅读要形成一条理想可行的发展路径，必须从教师成长与发展规律出发，从具体情态及其需求出发，才能达到较为理想的境地。我们围绕教师专业阅读的结构与阶梯进行体系设计与论证，本身体现了多维平衡、循序渐进的基本原则，更强调一种整体有序的架构，与零散阅读相对，更有利于促进教师专业发展。

德国著名教育人类学家 O·F·博尔诺夫提出了非连续性教育思想，认为"教育是一种循序渐进的连续性活动"的观点基本揭示了教育过程的本质，但并不全面，还应该存在"非连续性"概念："在人类生命过程中，非连续性成分具有根本性的意义，同时由此必然产生与此相应的教育之非连续性形式。"博尔诺夫把危机、唤醒、号召、告诫和遭遇等视为非连续性的教育形式[①]。

根据这一思想，教师发展和学生发展同样可能具有一定的"非连续性"，也就是说，在强调教师发展应有的连续性、循序渐进的同时，也要看到其中"非连续性"因素的存在。"非连续性"在这里可能包括三个方面的含义：

一是间断性。教师成长固然需要一定的合理的阶梯设计下的科学引导，但在发展过程中，同样会因为一些预想不到的问题或者其他原因出现暂时的"中断""短路"。一路顺风并非发展常态，如何面对可能发生的"中断""短路"，使之转化为新的契机，也是需要正视的问题。

二是跳跃性。间断性是"非连续性"的主要表现，但在间断性之外，也可能有与之相对的跳跃性，即在同一年龄段、发展段出现明显超过群体平均水平的超前发展。法国作家丹齐格曾谈到自己少年时代的阅读状态："我偏爱不属于我那个年龄的事物。早在几年前，我就在父亲的书房里走马观花地浏览过魏尔伦和缪塞的作品。他们是我最早接触到的两位成年作家。每当有人送消遣读物给我时，我并不因此感到高兴。我还记得，那大约是在我十一二岁的时候，有人送给我一本儒勒·凡尔纳的书，我当时

---

① （德）O·F·博尔诺夫.教育人类学〔M〕.李其龙等，译.上海：华东师范大学出版社，1999：50.

无比反感……他们还把我当作一个孩子啊。"[1] 丹齐格的这段回顾，表明当时他对叙事主导的感性阅读的厌倦。其主要原因在于，他在阅读认知上超越众多少年在这一阶段的普遍特征，出现了"超前"式的"跳级"。

教师专业阅读的"非连续性"也可能出现这种"跳跃性"，它的出现往往需要两大要素作为前提：一是阅读背景与积累相当丰富，超出相同年龄段、发展段人群平均水平；二是阅读主体本身的自我唤起与觉醒更为超前，并且在认知、思维上尤其长于理性。当然这种情况下的个案较少、概率很低。

三是自然性。教师发展的终极目的不应是为了发展而发展，不是为了某一特定利益目标而发展。教师发展固然需要有明确具体的目标，但也不能让目标定位过高过急、过于死板。在把准方向的同时还要避免刻意为之，要让自己的追求最大程度克服功利情结，顺乎自然，在自然状态中促进、丰富、提升自我。自然的才是适合的，适合的才是最好的。所以，教师发展的计划性还要与作为生命本体必然存在的自然性、差异性达成最大程度的契合。

依据教师发展"非连续性"观点，教师专业阅读同样可能存在"非连续性"，即在着眼整体搭配、循序渐进的同时，不可能每个人都丝毫不差地按照某一理想规划而如期全面发展、步步登高，除了少数个案偶有"跳跃性"表现外，可能或者必然存在较为普遍的"中断性"。无论发展速度还是发展水平，具体到不同个体必然存在差异。就像同样一种树苗，在一方田地或不同田地里，我们可以对其进行高标准的一视同仁的管理，希望看到它们苗壮成长，但它们所能长成的模样和高度永远不可能等齐划一。尽管很多树的生长态势与高度达不到最佳境态，但只要能够保持生命活力，其成长同样值得肯定。

与此同时，阅读之于教师而言，毕竟还是一件需要保有自主、个性的事情。对任何一位老师而言，只有当其发自内心认识到阅读对其生活与成长息息相关时，他才会真正有兴趣、有恒心去阅读。不同学科、不同年龄、不同发展阶段、不同性情的老师，除了存在一定的共性取向外，也不乏不同的阅读需求，这就要求我们要学会有自己的阅读取舍。一本书一篇文章，对我影响很深、很大，对你来说可能只是匆匆过客。因此，读什么、读多少、怎么读，都和阅读者本身的兴趣、性格、气质、环境、经历等大有关系，很多时候可能还要看机缘，不宜刻意强求。

近年有一部影视剧《甄嬛传》比较流行，《甄嬛传》作者吴雪岚是一位青年语

---

① （法）夏尔·丹齐格.为什么读书〔M〕.阎雪梅，译.桂林：广西师范大学出版社，2012：9-10.

文教师，2013 年第 6 期《未来教育家》杂志对其进行了专访报道。雪岚老师的阅读有一大特点，即偏爱古典文学，比如，喜欢明清小说，认为"三言二拍"这套书的篇章经过筛选以后，"对学生来说都是一些很有趣的故事"。在平时针对学生的测试中，她也偏向出一些古诗文鉴赏方面的题目。她本人不太推崇教育学书籍的阅读，学校每学期都会给大家发一本理论性较强的教育学方面的书籍，雪岚老师很少去研读这些理论，她觉得教师应该尽可能用更多时间陪伴学生，和他们一起成长，在她看来，"陪伴本身就是一种熏陶，一种言传身教，一种身体力行"①。

　　吴雪岚老师的阅读取向和阅读主张，可以印证我们的上述分析。她本人的文学阅读及创作、对学生的阅读引领，个中就有明显的古典文学色彩，所以她对此有所偏爱、不太亲近教育理论阅读也在情理之中。当然，吴老师的一些理念做法，诸如不过分推崇教育理论阅读，也不见得放在其他教师身上就全然妥当：

　　其一，"不过分推崇"本身并不代表排斥教育理论的阅读，既然学校整体推介相应阅读，说明教育理论阅读对教师整体来说有其必要，吴老师本身对此也应该是知晓的。

　　其二，"不过分推崇""很少研读"教育理论，是作为青年教师的吴老师的一种当前状态，未必能够代表她以后对教育理论阅读的认识一成不变。

　　从专业阅读阶梯来看，不是很喜欢教育理论、阅读印记不深，基本切合青年段教师阅读特点。随着年龄的增长、阅历的丰富、素养的提升，加之某些实践研究的需要，一些老师就可能会慢慢认识、体会到教育理论阅读的意义。

　　由此也说明一点，在学校推动阅读的过程中，有时单纯搞一本书、一刀切可能并不合适，即使是共读一本书，也要考虑一些具体差异，在整体共性要求之外要尽量兼顾差异。

　　与此同时，对一些教育理论认识，不是我们读了马上就能消化、理解，更需要与具体教育教学体验相结合，二者需要有一个渐进对接、碰撞、磨合、沟通的过程。有了这个过程，你才能有更实质的理解。当然，在不同阅读个体身上，缘于年龄教龄、思考能力、研究方向和投入程度等因素影响，这个过程必然也是有差异的。

---

① 走出"甄嬛"看雪岚——访《甄嬛传》作者、杭州江南实验学校教师吴雪岚〔J〕.未来教育家，2013（06）：20-22.

第四节

教师专业阅读选择的基本原则

专业阅读重在有具体可行的规划，有合宜恰当的路线，契合自我专业生活。总的来说，教师在针对自我专业阅读选择时应坚持以下基本原则：

一是寻求阅读结构的合理化与平衡性，注重"营养均衡"，不能"偏食"。

看清自我认知结构的缺失并有所完善——通常被认定为教师专业阅读选择的首要依据。前面谈过，一些区域、专家对此进行了解读且多有共识。我们提出"儿童情怀""专业智慧""人文精神"三位一体的三维阅读结构，这一结构设计的轴心不是以知识的完善为中心，而是以教育教学核心素养的养成为中心。我们更主张"大专业"视野之下的阅读，在坚持整体结构多维平衡的同时，在主要发展梯度对应的主要发展阶段，在阅读结构上也适当有所侧重。

当然，任何设计包括我们的设计，虽然都不乏斟酌，但最终也只能作为一种参考，具体到每个个体，还要结合自身情况做出恰当的审视与选择。但是，不管怎样权衡，都要努力保证"营养的相对合理平衡"。

二是找准自我最近发展区，分析确立自己所处的主要发展阶段、梯度，以此确定主要阅读方向。

专业阅读主要靠教师自身来实现，不同发展阶段的教师有不同的阅读需要，具体到不同学段、学科还会有差别。专业阅读方向的选择，很重要的一点就是要充分了解和认识自己，找准最近发展区，认清自身所处发展阶段与层级，由此确定侧重方向，寻找一定发展时段之内最适合自我的阅读，从而"补充当下最需要吸收的营养"。

初入职场的新教师，工作多年的成熟教师，具有相当经验、智慧和一定理论基础的专长教师，在专业阅读选择上是不能混同的。即使三者阅读同一本书，目标定位也应有所差别。教师专业成长及其阅读，选准立足点尤为关键，这样才能循序渐进、螺旋上升。反之，自我定位偏颇，不能充分审视自我，或急于攀附冒进，或满足低端徘徊，都可能与预期目标错位。

三是要注重基于自身教育教学实践研究的迫切需要选择确定相应阅读。

教师在教育教学过程中会不断遭遇层出不穷的问题。针对问题、带着问题去阅读研修、活读活用、以读促研，不失为一种好办法，也是专业阅读选择的一项基本原则。这种按需分配式阅读，可以说是"补充当下最需要吸收营养"的更为具体的体现。

例如，如果你是在班级工作、学生管理方面有困惑的班主任，可以阅读《问题学生诊疗手册》《对教育失败说不——29 个典型案例与点评》一类作品；如果你是亟待提高课堂教学管理素养的老师，可以选读《中学课堂管理》或《小学课堂管理》《有效的课堂管理》之类作品；如果你近阶段正在聚焦课堂细节方面的反思研究，在课堂观察方面希望获得启发，则可以参考阅读《课堂管理的 50 个细节》《课堂观察——顿悟的艺术》等作品；如果你在教科研方面意欲有所为但同时多有困惑，则可阅读《教育科研与教师成长》《今天怎样做教科研》等作品。

这种情况下的阅读，在具备一定阅读基础、储备之后，可以发展成一种聚焦式的主题阅读，即紧扣对应点有选择地跟进学习，扩展阅读书目，注重比对联系，形成一种实践研究的立体格局，可谓"专门、深度的营养调理"。

四是在明确方向的同时应该坚持有坡度的阅读，避免阅读格局和阅读性质的单一固化、低端徘徊，并尽可能把相应的合适的经典性阅读——融入这种有方向、有坡度的阅读之中。

为了提升阅读品质，我们倡导逐渐递进的有坡度的阅读，"三维四性阅读体系"的架构及其侧重，就在总体、宏观层面体现了这种坡度。

专业阅读要求我们找准最近发展区，把准方向有所聚焦，但这种有的放矢的"最近发展"绝不等于局促一隅、"平地踏步走"式的"最易发展"。它并不代表阅读格局和阅读性质的单一固化，恰恰相反，而是更加反对阅读思维的定式。

比如，我们说成熟教师阅读主调可以调整为指向职场活动及其具体情境与细节、有一定水准的案例主导形态作品，主要目的在于通过典型个案的研习积淀教育教学"临床经验与诊断水平"，为通向专家型教师奠基。在这一阶段主攻案例分析主导形态的阅读，从大方向上值得肯定。但是，也要防止一种倾向，就是一味热衷阅读一些读来"解渴"，比较实用的叙事、案例类作品，这种偏狭的阅读，也可能陷入一种低端的"平坡式阅读"。

"按需阅读"时也要警惕滑向"平坡式阅读"。比如，对某教师来说，当前亟待解决课堂上的问题，眼下最重要的也许不是阅读教育理论作品，而是课堂教学本体知识与专业技能类作品。但是，如果这位老师此后仅仅把视线定格于课堂技术打磨，只钟情案例、实录等实践总结类阅读，最终也可能使自己的阅读滑向平坡。再如，对于班主任新手，读一些兵法实战类作品，可以学习借鉴班级工作的某些方法策略，但是，如果只是盯着其中具体的方法手段而沉迷不已、忽视从人的发展角度深加审视的话，对"兵法"的适用性就可能少有鉴别。这也是"平坡式阅读"可能造成的认知偏差。

有鉴于此，在确定某一阶段阅读侧重、把握主要阅读性质的同时，还要坚持有坡度的阅读。要保证这种有坡度的介入，可以从两方面入手：

一是阅读作品的选取不可一味舍难取易，还要选择那些有一定难度深度，对自我阅读理解构成一定挑战的代表性、典范性作品，特别是经典作品。无论着眼总体的"营养平衡"还是着意具体的"营养补给"，都应抓住"最具深厚养分的材质"。

另一方面，还要注意阅读的多性质搭配，适当进行"营养的超前调补"，与一定的高性质阅读有所糅合，以此拉动认知的渐进深入。

以上面谈到的新班主任阅读为例，多选择一些兵法实战类书目作为同期基础阅读、寻求技能策略指导是可以的。如果再选取亚米契斯《爱的教育》、弗洛姆《爱的艺术》这些既有内涵高度又不太艰深的经典读一读，就可能从人的发展视角对班级和学生管理的方法策略有所审察，有更高的引领参照。如果能够同时参考王晓春《做一个聪明的教师》这类以案例分析见长、同时涉及班主任工作原理的作品，就会在理解思考上更进一步。由此，对那种技术主导取向的阅读在一定程度就会有所省思、节制，避免平坡式阅读，效果自然更好。

最后，还要看到的是，在注重整体有序规划的同时，一定程度的自主、随性阅读仍有存在的必要，不能抹杀自我的个性化阅读空间。

以上几点，只是总体性的基本原则，除此之外，在具体考量时可能还要考虑其他一些相关因素、具体细节，在此就不深究了。

补充谈一个很现实的问题。有的老师可能会说，出于各种原因，我在从教以来的青年期乃至更长时间几乎没有专业阅读史，按照"三维四性阅读体系"或者其他体系设计，前面都是空白，现在时光一去不返，但源于一些因素的介入，我又有了自我发展的念头，希望在专业阅读方面有所行动，怎么办？在此，笔者愿意尝试性地给出几点建议：

1. 循序渐进符合人类认知与心智发展的一般规律，这也是任何负责任的专业阅读体系架构的重要原则。任何时候，你哪怕从零开始，愿意从头补课，终会渐进提高，也很可能由此迈上亲近经典的道路。

2. 鉴于中小学教师教育实践的高度情境化及其情境的复杂性、多变性特点，案例分析主导形态的阅读更应构成教师阅读的重心。即使你不去读太多的经典、理论，只要能够抓住案例阅读并有所梳理，就一定会在工作中多有收获。

3. 主题阅读是阅读研修大有所为的必由之路。教师的主题阅读可以紧扣某一教育教学问题、专题而展开，具有高度聚焦的特点，这样一种心无旁骛的学习、研究，可以说是很有效的一种阅读组织方式。如果你想针对某一方面的实践研究有所规划、寻求突破，那么主题阅读是一条可行之路。（对此，我们在第三讲还要详细阐述。）

4. 如果你年岁更大一些，准专业的东西读不进去，做聚焦专业的主题性实践、研究也确实感到力不从心，这是完全可以理解的，尽可量力而行。与此同时，我们认为，人文精神维度的阅读，越是"老教师"越应该多有关注，以求在精神的丰盈上有所弥补与收获。

5. 只要你还愿意阅读，开始有阅读的兴趣，不一定非要达到什么目标，对一切有助教师成长和教师生活的读物哪怕有所浏览，同样可以从思维、精神等多层面获得助益。

以上几点，可根据你的情况有选择地参考。

在本讲最后，附带着简单地谈一个问题：

对中小学教师来说，保证一定数量、质量的专业阅读非常必要，这其中既要着眼多维有序的阶梯结构，也不排除个性化的自主选择。所以，教师专业阅读的最终目的是要"激活系统"，而不是由此刻意追求量度，让书本篇章充斥自我世界，由此变得一味关注自我而较少关注他人、沉醉小我的精神世界而脱离外界人事、满足于精神活动而疏于实际行动。教师既需要通过适当的阅读锻炼自己的思考力，也需要以此联结教育教学行动和自我生活，多让自己"接接地气"。

之于教师阅读，笔者不反对"阅读像呼吸一样自然"的说法，这样一种带有美好理想情结的倡导，着实表明阅读应该成为教师生活的重要组成，但绝不能由此把阅读和专业阅读变成教师生活和世界的主宰乃至全部：教师的脑力需要磨炼，但也需要休整，我们的主要目的是要由此使之变得越来越活，而不是越来越累。

📖 思考与研讨 ✎

1. 蒙田认为"一个构造得宜的头脑胜过一个充满知识的头脑"，"充满知识的头脑"侧重知识容量之多，而"构造得宜的头脑"强调认知结构的合理、优化组合，教师专业阅读也需要"构造得宜的头脑"。下面是著名特级教师吴正宪老师对小学数学教师的阅读建议[①]，阅读后请思考：

（1）吴老师的阅读建议体现出怎样的阅读结构？

（2）本讲谈到的"三维阅读"，你觉得与吴老师的阅读建议有哪些相似之处？

作为小学数学老师，读一点儿杂书是有好处的，博览群书，开阔眼界，这样会丰

---

① 张贵勇. 读书成就名师——12位杰出教师的故事〔M〕. 北京：教育科学出版社，2013:30.

富自己的内心世界和知识储备。另外，专业书要读，不读书一事无成，甚至没法完成教书育人的教学工作。读懂了专业书籍，才能有底气跟专家对话。我还特别建议老师们读一点儿童心理学的书，哪怕是浅显一些的。了解一下心理学知识，知晓与儿童交流的基本原则，这样不至于"好心办坏事"，有助于满足儿童的心理需求，收到"事半而功倍"的教育效果。

2. 下面是日本作家小泉八云《谈阅读》一文的一段话语①，细读后请思考：

（1）你认为这段话说明了什么道理？试从"四性阅读"的视角做出解读。

（2）在你的阅读史中，有没有这样的好书？试列举一二。

一本使我们在十八岁时感到乐趣的书，如果它是一本好书，那么它在我们三十岁时证明依然是一本新书。四十岁时我们会重读它，而且纳闷为什么以前没有看出它有那么美呢？在五十或六十岁时同样的事实会重演。对一部伟大的作品的理解是跟心智成正比地同时发展的。正是已故的一代又一代人所发现的这个不寻常的真理使我们认识到莎士比亚、但丁或歌德的作品的伟大意义。也许在这个问题上歌德能给我们一个最好的例子。他写了大量的散文短篇故事，这些小故事为儿童所爱读，因为对儿童来说，它们具备童话的一切魅力。但他绝不是当作童话来写的，他为有人生经验的人而写。年轻人在读这些故事时发现它们是非常严肃的。中年人在它们短小的篇幅中发现不寻常的深度；老年人在其中找到人生的哲理，生活的智慧。

3. 下面是几位工作十多年的老师在办公室的案头书，从中可以看出他们的阅读有什么共同点？这样一种阅读，可能值得反思的问题是什么？你认为应如何加以改进？

A 老师：《班主任兵法》《遭遇差班：一个班主任艰难而幸福的一年》
　　　　《班主任：我的教育故事》

B 老师：《给青年教师的建议》《感动教师心灵的教育故事》
　　　　《是什么让教师不断进步——教师故事启示录》

C 老师 ：《名师课堂教学细节艺术》及教学参考书

4. 2015 年 1 月 30 日《人民日报》发表李邨南先生文章《教书治学不宜"龙虾三吃"》，下面是其中的两段节选文字②。文中谈到的现象本指向高校，但在中小学领域也存在类似问题，阅读后请思考：

（1）你读过哪些名师讲义、课堂实录类书籍？按照本讲提出的教师阅读作品形态分类，这类"讲义书"的作品形态一般是怎样的，试做列举分析。你认为这类作品的阅读

---

① （日）小泉八云 . 小泉八云散文选〔M〕. 梦修，译 . 天津：百花文艺出版社，1994：185-186 .

② 李邨南 . 教书治学不宜"龙虾三吃"〔N〕. 人民日报，2015-1-30 .

对中小学教师有什么意义？

（2）李邨南先生指出了当下"讲义书"出版存在的问题，那么，我们在购买"讲义书"时应该注意什么问题？你认为对中小学教师而言，怎样的"讲义书"才是好的？

（3）李邨南先生认为"读讲义书，但得到的大多是'耳学'，少了很多扎实厚重的硬知识"，这对教师的专业阅读与成长有什么启发？

每逛书店，总能看到讲堂录、讲稿、名师讲义之类的书，华丽地躺在推荐位置。有些确为学者讲稿，有些附以现场答问记录，还有些把学生作业收录在内。甚至，有些把发表过的文章或个人网文掐头去尾，汇编成册并冠以讲义之名出版。这些"讲义书"大多有一道绚丽无比的腰封，上列各路"大咖"亮闪闪的头衔和推荐语，让人顿感真乃巨著。据出版界朋友说，这是学术书做成畅销书的不二法门。

章太炎曾说，学问有"耳学"和"眼学"。前者大概是用耳朵听来的学问，后者则是自己看书得到的学问。就近代大学制度而论，"期人速悟，而不寻其根柢，专重耳学，遗弃眼学，卒令学者所知，不能出于讲义"。这话并非针对当下讲义书热卖现象而发，却隔山打牛，一发而中。虽用眼睛读讲义书，但得到的大多是"耳学"，少了很多扎实厚重的硬知识。

5. 一位参加工作4年的小学语文教师正着手于语文课堂教学方面的基础性阅读学习，但是，面对眼花缭乱的图书市场和好书介绍，她不知如何是好。在下列书目中，你认为哪些作品可能比较适合她列为当前的重点阅读，请说明理由。对于暂时没有选择的书目，你认为适合哪一发展阶段的老师列为重点阅读，也请谈出看法。

A《商友敬语文教育漫谈》（商友敬老师关于读书、作文和语文教育的一部文集）

B《好课是怎样炼成的（语文卷）》（结合案例品评好课之要素所在，八成为小学语文教例）

C《小学语文课堂教学问题诊断与教学技能应用》（对小学语文课堂教学存在的问题进行诊断，指明问题症结及成因，同时给出解决问题的对策建议）

D《1978—2005语文教育研究大系（理论卷）》（对近30年中小学语文教学的经典性理论研究荟萃）

E《名师教学机智（语文卷）》（名师课堂机智实例分析，多为小学语文课堂实例）

F《语文科课程论基础》（对中小学语文教学课程论、教学论建构的深度理论研究）

G《李吉林与情境教育》（老一辈小语名师李吉林教学思想精华读本）

H《小学语文15课——支玉恒课堂教学实录及点评》（小语名师支玉恒代表性课堂教学实录及点评）

I《这样教写作不难——基于小学生心理特征的写作教学序列与模式》（基于皮亚杰

儿童心理发展阶段理论所构建的小学写作教学序列及教学模式，配套提供相关教学案例和视频）

6.下面两段话出自爱因斯坦《论教育》一文①，爱因斯坦的话本是针对学校教育、青年教育而言的，但是，对青年教师的成长也有启发意义。你认为爱因斯坦所言对青年教师乃至整个教师群体的阅读与成长有何启发？

人们应当防止向青年人鼓吹那种以世俗意义上的成功作为人生的目标。因为一个获得成功的人，从他的同胞那里所取得的，总是无可比拟地超过他对他们所做的贡献。然而，看一个人的价值，应当看他贡献什么，而不应当看他取得什么。

在学校里和在生活中，工作的最重要动机是工作中的乐趣，是工作获得结果时的乐趣，以及对这个结果的社会价值的认识。启发并加强青年人的这些心理力量，我看这该是学校的最重要任务。只有这样的心理基础才能导致一种愉快的愿望，去追求人的最高财产——知识和艺术技能。

7.你对教师成长及其专业阅读的"非连续性"之说是否认同？根据自身观察与体验，谈谈你的看法。

---

① （德）爱因斯坦.爱因斯坦论科学与教育〔M〕.许良英，李宝恒，赵中立，范岱年，译.北京：商务出版社，2016：133.

第三讲

专业阅读的方法要领

在中小学教师专业阅读中，对"读什么"有了比较清晰的把握之后，还要研究"怎么读"的问题，这就是专业阅读的方法要领，也是这一讲探讨的主题。阅读不得法，读法不对头，同样会影响阅读学习的效果。其实，上一讲谈及的"四性阅读"，从大范畴看也包含着阅读方法，而本讲所要探讨的方法要领，更着眼于具体层面。对此，我们将围绕教学参考层面的检索阅读、专业知识补充与教育教学研究层面的主题阅读、课题研究中的文献研读、以教育教学经典为核心的根基阅读、教师专业阅读常用思维方法几个层面展开探讨。

　　培根曾说："读书时不可存心诘难作者，不可尽信书上所言，亦不可只为寻章摘句，而应推敲细思。书有可浅尝者，有可吞食者，少数则须咀嚼消化。换言之，有只需读其部分者，有只需大体涉猎者，少数则须全读，读时须全神贯注，孜孜不倦。书亦可请人代读，取其所作摘要，但只限题材较次或价值不高者，否则书经提炼犹如水经蒸馏、淡而无味矣。"培根所谈阅读方法，大家早已耳熟能详。关于阅读方法，可谓"前人之述备矣"，教师专业阅读自然也需讲究方法，对"前人之述"有所吸收、转化，并从本体规律、相关经验出发——尽可能探讨开发可行的方法体系。本讲就一些具体的方法要领略做探讨。

第一节
教学参考层面的检索阅读

　　在图书报刊资源充盈、互联网信息庞杂以及多终端与远距离搜索得以实现的今天，对承负繁忙工作的中小学教师而言，如何选取有效信息进行阅读学习，确实是需要思考的问题。作为成年人，中小学教师的阅读学习更有"按需学习"的诉求，即更倾向于在自我指导状态下直面现实需求而开展有关阅读行动。

　　为了课堂实践、观察与研究，组织改进常态教学而进行的即时性、跟进性、反思性阅读，在教师中间普遍存在，这其实是教师专业阅读最基本的呈现方式。一谈专业阅读，有人以为就是一种专门行为，要摆出一种姿态，拿出一本著作宣示"我要阅读"。其实不然，我们不应把专业活动条块分割，而应更多地注重整合。围绕课堂和学科教学进行的实践、观察、反思，实际是一种最基本、最核心的专业行为，这种行为品质的提升，离不开专业阅读的支撑，而其首要支撑就是教学参考层面的检索阅读，或可简称"检读"。

　　检读首先表现为一种搜索阅读，一般以检索特定内容为阅读目的，以此寻找材料或解决疑难，又俗称"寻读""猎读"。莫提默·J·艾德勒、查尔斯·范多伦所著《如何阅读一本书》提到"有系统的略读或粗读"，可以说是检读的基本功①：

1. 先看书名页，然后如果有序就先看序。

2. 研究目录页，对这本书的基本架构做概括性的理解。

3. 如果书中附有索引，也要检阅一下。

4. 出版者的介绍。

5. 开始挑几个看来和主题息息相关的篇章来看。

6. 最后一步，把书打开来，东翻翻西翻翻，念个一两段，有时候连续读几页，但不要太多。（随时寻找主要论点的讯号，留意主题的基本脉动。）不要忽略最后的两三页。

通常上述步骤在一个小时内就能完成，在很短时间内基本就能回答"这本书在谈什么"的问题。上述要领不仅针对一本书成立，针对一篇文章、一本期刊等单一素材同样成立。

检读虽然离不开系统快速的略读，但并不代表由此对检索内容一刀切地全盘略读。进行检读一般需要注重以下训练：

首先，掌握常用工具书、网络搜索引擎的种类和使用方法，善于利用图书、报刊、档案、微信平台等资源，对一些重要的序言、目录、后记、索引、文摘等也要重视。

其次，掌握顺查法、逆查法、抽查法、追溯法、分段法等常用检索方法，具备一定的快速阅读能力，基于特定目的和问题进行迅速搜索，专注于切合自身所需、价值较大的内容，越过不需要或次要的内容，从中获取有用信息。

再次，能针对检索信息有所比较、分析、梳理，进行较为准确的概括、组织。

从以上几点不难看出，检读绝不代表一扫而过、囫囵吞枣，在检索过程中，对一些有重要价值的篇目、素材还要进行必要的回读、精读、研读，这样才能提高效益。

个人认为，作为一线教师，从教学参考层面来说，至少应关注三个方面的检索渠道：

一是学科教学领域最基本的通识性工具书以及涉及具体教学专题的书目等。

二是重要的教学报刊。围绕所教学科至少订阅一两份相应教学报刊，不关注、不阅读所教学科最优秀的主流报刊，则难以了解最新教学信息和教研动态。

三是较有代表性、影响力的学科教学网站。对个人经常浏览使用的相关网址可以

---

① （美）莫提默·J·艾德勒, 查尔斯·范多伦. 如何阅读一本书〔M〕. 郝明义, 朱衣, 译. 北京: 商务印书馆, 2013: 30-34 .

建立文件夹加以保存。

下面，重点谈一下中小学教师教学参考层面检索阅读的功能取向。主要讲三个方面。

其一，侧重考证的检读。考证即考查验证，古时也叫"考据"，主要通过训诂、校勘等方式来研究历史、语言等。考证相对侧重事实性、学术性，讲求科学严谨。侧重考证的检读，可以说多多益善，尤其针对一些有较大争议、突出存疑的问题，哪怕锐意穷搜、多方比对也不厌其烦，意在以此全面盘查、逼近乃至还原真相。

《三峡》是我国古代山水名篇，长期以来作为重要篇目选入语文教材，其中"巴东三峡巫峡长，猿鸣三声泪沾裳"的"裳"字课本并未单独注音，很多师生惯于读作"shang"，将其理解为现代汉语的"衣裳（shang）"，有人则提出应读另外一个读音"cháng"，还有老师教学生读作"shāng"，这个字到底该怎么读存在争议。笔者对此进行了检读分析。

在《现代汉语词典》《新华字典》等比较权威、流行的辞书中多标注为两个读音、两种含义：一个就是轻声的"shang"，即衣裳、现在所说的泛意义的衣服；另一个则读作"cháng"，意思是古代男女都能穿的裙式下衣（如唐玄宗时曾作"霓裳羽衣舞"）。

由商务印书馆出版的王力等为原编者、蒋绍愚等为增订者的《古代汉语常用字字典》中对"裳"字收录的读音释义则只有"cháng"一条："古人穿的下衣。《诗经·邶风·绿衣》：'绿衣黄裳。'（衣，上衣。）"随之做了两点补充：一是注明该字条引申义为"泛指衣服"，并列出例句《水经注·江水》"猿鸣三声泪沾裳"句；二是标示"注意"条目，"古代男女都穿'裳'，不是裤子，是裙的一种，但不同于现在的裙子"。

《说文解字》只列"常"字条，另标示"裳，常或从衣"，而"衣"字条则有明确解释："上曰衣，下曰裳。"清段玉裁《说文解字注》则补注"今字裳行而常废矣"。

唐汉《汉字密码》则明确指出，现代汉语"衣裳"与古汉语"衣裳"在读音、表义上都不尽同，有明显差别。

"东方未明，颠倒衣常（同裳）……东方未晞，颠倒常衣。"这是《诗·齐风·东方未明》中的两句诗。是说天还没亮就起床，急急忙忙把上衣下裳穿倒了。现在的"衣裳"是一个词，但在古代却是两个词。《说文（解字）》释为："上曰衣，下曰裳。""衣"，字的本义乃指"上衣"。如《诗·邶风·绿衣》："绿衣黄常。"

"衣"字，从"上衣"又引申为衣服的总称，如《诗·风·七月》："无衣无食。"服装和食品是人们须臾离不开的东西，因此，人们把供给衣食的人称为"衣食父母"。

　　"常"的本义为古人下身的裙装，即"下衣"。《诗·邶风·绿衣》："绿兮衣兮，绿衣黄常。"毛传注曰："上曰衣，下曰常。"在已具羞耻之心的古人看来，可以把"上衣"除去，但"下衣"却不能脱掉，因而从"常"字引申出恒久、经常之意。

　　因"常"字被其引申义所占用，古人又造了一个"裳"字，专指下身的裙装。这是一个将"常"字下部的"巾"，变更字素为"衣"而造出的假借字。当"衣"和"裳"并举时，"衣"指上衣，"裳"为下衣。

　　通过以上梳理，可以看出：

　　"裳"在古汉语本写作"常"，后来才出现"裳"字。

　　古汉语"裳"字可单独成词，"衣裳"则是两个词语，分别特指上衣、下衣，"衣""裳"也有独用而泛指衣服之说。现代汉语"衣裳"是一个词语，只有泛指衣服的意思，"裳"读作轻声的"shang"，不能单独成词，只能和"衣"组合，做"衣"的词缀。

　　需要补充的是，古诗文"衣、裳"连用本为上衣下裳的合用，是并列词组，后来也有并用泛指衣服之意，但仍不能完全视同今天所说的"衣裳"。

　　例如，《陈书·沈众传》"其自奉养甚薄，每于朝会之中，衣裳破裂，或躬提冠屦"中"衣裳"还不能说是凝固成词，"衣、裳、冠、屦"是并列的。据语音学家研究，"衣裳"完全凝固为一词指"衣服"，是近现代大量变古单音词为双音词的结果，此前则一直读"cháng"，为与独用词语"裳cháng"进行区别，只作语素的"裳"改读为"shang"。所以《现代汉语词典》"衣裳"标音为"yī·shang"，"裳"作为语素只读轻声ang而不标调号，其中"衣"是词根语素，"裳"只作为附加语素存在，与"桌子"构词法近似。

　　据此，在古诗文中无论"裳"独自出现还是与"衣"或其他词语并举均本读为"cháng"，而在1985年颁布的《普通话异读词审音表》中，对"裳"字没有收录说明，该字没有"统读"一说，旧音仍被现代汉语规范音所保留。既然如此，在今天的古诗文学习中还应遵照其传统读音。

　　在实际教学中，这种存在疑惑、争议甚至谬误需要考证的问题其实很多，从问题本源看，有探究的需要，尤其对一些似是而非甚至相互矛盾的说辞更需要辨析。有时，限于各种因素——这种探究也未必能下定结论。季羡林先生曾说："要提出新看法，就必须先有新假设。假设一提出，这不就是结论。不管假设多么新，在证实之前，都不能算数。我经常被迫修改自己的假设，个别时候甚至被迫完全放弃。有的假设，自己最初认为是神来之笔，美妙绝伦；一旦证实它站不住脚，必须丢弃。这时往往引起内心的激烈波动，最终也只能忍痛丢弃。"①所以，不管先前考证自以为多么完满，如果面对新的观点素材或找到认识问题的新角度，发现其中存在疏漏乃至谬误，则必须更改乃至放弃。少学欠术粗疏马虎，墨守成规僵硬呆板，都难以做好考证事宜。当然，作为中小学教师，我们可以根据实际需要、精力兴趣有选择地进行一些检读分析，而不必为此一味咬文嚼字，刻意钻牛角尖。

其二，侧重论证的检读。论证是用论据证明论题的真实可靠，论证确实离不开论证前提的真实性、前提与结论的相关性、论证过程的合理性。论证相对侧重观点性，理解性，讲求缜密合理。侧重论证的检读，重在汲取、辨析或援引相应观点认识，或者由此为自我立论寻找可靠论据，更需要做的是对检读呈现的论据素材、观点思考进行多元比较，有所明辨，从而为完善立论提供智力参考。

我们来看一则素材。

一位特级教师执教政治活动课《我爱我师》，出示了汶川地震时的两幅照片，分别配以文字说明。首先出示的是一位母亲在废墟中跪着用身体保护自己三个月大的孩子的图片，让学生感受到母爱的伟大；当学生们的情绪被调动起来时，教师趁热打铁、出示一位老师顶着一张课桌保护身下学生的图片。通过这两幅图片的直观对比，教师引导学生感受师爱的博大无私——爱自己的孩子是品德，爱别人的孩子是美德。

刚上课时，该教师问全班同学：哪位同学长大后愿当教师？全班近五十人仅有十几人举手，而且大多数同学是慢慢举起手，举得也不高，眼神也有些迟疑，有些还觉得不好意思。下课时他又问了这个问题。学生表现与之前大相径庭：全班有四十多名同学举手，而且绝大多数都是迅速地高高举起，表情坚定，一些同学显得很自豪。

有评课者认为该教师的这两次提问颇有深意："这一看似重复的提问，事实上加深了学生的认识，使学生产生了强烈的情感体验，引发了学生内心的激烈冲突：因为刚上课时，学生的认识不够深刻，没有强烈体验，经过一节课的活动探究，同学们对于教师职业特点、教师崇高师德有了更深刻的认识，对教师的崇拜之情也更加强烈。"最后，评课者强调："这节课教师运用的对比方法的确耐人寻味，巧妙利用课程资源，通过精心设计促使学生思考、体验，使认识得到升华。我们也从中感受到思想政治课教学的独特魅力。"

对上述评课意见，笔者不敢苟同，从四个维度对相应问题做出思考评析，其中一个维度是"教师导引性问题的设计"。

---

① 季羡林研究所.季羡林谈读书治学〔M〕.北京：当代中国出版社，2006：54-55.

不难看出，"哪位同学长大后愿意当教师"这一问题设计的本意在于引导学生在活动探究中升华对教师的情感，但是这里混淆了两个概念，即"学生对教师的情感认识"和"学生对教师职业的情感认识"，这是两个既有联系又有所区别的概念，学生是否尊重教师、怎么看教师属于前者，而学生是否想做教师则属于后者。

在苏教版六年级语文下册《天游峰的扫路人》一课教学中，曾有教师下意识引导孩子们认同"做一个扫路人，虽贫穷、艰苦但很快乐、高尚和有意义"，希望大家都愿意去做"扫路人"或"清洁工"。其实，孩子们不想做"一个清贫且快乐的扫路人"，并不意味着他们的道德发生了问题，将无从寻找生活的乐趣和意义，他们只是初步表露了自己尚不成熟的价值取向而已。教育应该而且可以帮助学生辨别、摒弃扭曲的人生意识和人格发展模型，直面人生的苦乐由来，从而造就积极向上的现代道德与价值观。我们尊重赞美清洁工，认识到清洁工的平凡伟大，这是对清洁工应有的正确的情感认识，但这并不代表我们都要去选择做清洁工，而不愿做清洁工也并不代表与清洁工的高尚之间存在必然的对立和矛盾。因为这本就是两个概念，如果因为清洁工的高尚而下意识引导学生都去做清洁工，这样的教育就隐藏着一个很大的问题，什么问题？问题就在于它用简单的道德评判代替了独立价值观的判断。

同理，教师的高尚并非职业天然所具有，而选择的多元则因人而异且为个人之权利。学生的职业理想不愿做教师，并不意味着他们对教师本身没有感情。如果为了昭彰教师的崇高而不断"教化"甚至暗示学生表示"愿意当教师"，这反而是一种虚伪的道德教育。培养学生对教师的理解、热爱和尊重，依靠的前提和基础是对学生正当之生命权利、合理而多元之价值取向的承认与尊重，而不是在学生中间自觉不自觉地进行对教师群体及其个体的崇拜、尊奉。

事实上，很多青少年确实不愿选择当教师，这一点绝非只是现实，可谓"历史的经验"。

苏霍姆林斯基在《给教师的100条建议》中谈到，许多中学毕业生害怕报考师范院校，因为他们感到干这一职业的人没有空闲时间，虽然每年有相当长的假期。在对教师子女的调查中，很少人愿意当教师，因为他们看到教师工作太辛苦，连一分钟空闲的时间都没有。

美国教育专家安奈特·布鲁肖在《给教师的101条建议》中也谈道："事实上，教师是世界上难度最大的职业之一。"

中国当代教育管理学者郑杰在《给教师的100条新建议》中也说了："教师为适应当前社会的迅捷变化，面临许多挑战，如知识结构的变化、观念的更新、教学技术的改进、新型教学手段的尝试、师生间代沟的拉大、日益难以应付的杂事以及快节奏的工作方式等等，都在那么强烈地捶打着教师的身心，为应付这些变化，教师必须付出代价，而付出的代价往往因为无法获得可见的收益，使教师疲惫不堪。"

除了有些人误以为教师职业挺"闲"，实际上很多人看到了为师之难、之累、之忧、之苦，所以"师范"背后的负载很不轻松，因为立志教育而选择读"师范"进而从师的，恐怕不是多数，相反，很多人当初怕是不得已而为之。这不仅仅是当代中国教师的问题，早在 1918 年，陶行知在一次面向师范生的演讲《师范生应有之观念》中就曾发人深省地谈道："诸君亦当自省为何不入他校而入师范学校？岂为师范学校豁免学膳费而来乎？抑为求学之故，无他校可入，不得不入师范学校乎？或迫于父母之命，不得已而入师范学校乎？将负大才能、抱大兴味而后入师范学校乎？假如因免学膳费，因无他校可入，及因父母所迫而入，姑且无论。若因负大才能抱大兴味，其将何以自待？吾见今日师范毕业生，有一部分人不办教育，或办教育而不尽心力者，皆由初未能自省也。"

由此看来，短短一节课之内，让作为未成年人的学生对"是否想当老师"这样一个严肃、重大的问题进行表态，并非合宜之举。[1]

上述论述转引《天游峰的扫路人》课堂实例，意在阐明不能用简单的道德评判代替独立价值观的判断，职业选择和道德理想不能简单画等号。这一素材来自笔者对教育期刊的阅读。

为论证很多青少年不愿选择当教师并非他们的情态价值、道德认识有问题，而是不乏其他渊源背景作用其中，笔者在检索素材时先后查阅苏霍姆林斯基《给教师的100 条建议》、安奈特·布鲁肖《给教师的 101 条建议》、郑杰《给教师的 100 条新建议》以及陶行知《师范生应有之观念》提及的教师职业认识相关表述，应该说，这些素材放在这里还是有较强说服力的。

侧重论证的检索阅读在厘清思想观点、进行案例分析、撰写学术论文等方面往往会发挥较大作用。当然，论证的前提是有其必要，如果所论证的问题早有确切结论，又谈不出有新意、有深意的东西，则相应论证及其检索没有多少意义。

其三，侧重应用的检读。应用，即按照实际需要有借鉴、有选择地参考甚至直接移植运用，以此适应特定需求。应用相对侧重实践性策略性，讲求有效可行。因此，这种情况下的检读，不必刻意求多求全，可在力所能及的范围内就地取材、择优参考，主要目的是从中吸取为我所用的策略、方案等。

---

[1] 上述文字出自笔者已发表文章：孙贞锴. 也看课堂教学的价值取向——以政治活动课《我爱我师》为例〔J〕. 教育研究与评论（中学教育教学），2013（04）：15-18.

侧重应用的检读，在中小学教师中间应该是更普遍、更广泛的一种取向，在课堂设计、命题创制等方面尤为需要。

这里也介绍一个例子。

笔者一个阶段以来，开始关注一些老课文的教学，例如《纪念白求恩》，很多年代很多版本的初中语文教材均有收录。对这样的红色经典课文的教学，如何从特定学段与学情出发，正确把握其文体体式与文本特质，挖掘其核心教学价值，在还原与坚守中绽放其时代光芒——成为笔者思考的重点。

长时间以来，关于这篇课文的教学设计、课堂展示、教学研究类文章并不多，经大致搜索，发现最较典型的有两篇，一是特级教师余映潮的《感知一篇，精读一段，背诵一节》，一是特级教师王君的《向一位古典共产党人致敬》。

余老师的教学设计思想是"目标要明确，思路要清晰，提问要精粹，品读要细腻"，整个流程充分体现其板块式教学格局①。

感知一篇——概括内容要点（对全篇课文的内容有所了解，理解叙议结合的写法）；

精读一段——品析表达手法（精读第二段，理解词语含义、表达作用，理解句式，理解各层意思，理解对比手法，读出作者情感，读出重音）；

背诵一节——感受课文主旨（背诵"我们大家要学习他毫无自私自利之心的精神……一个有益于人民的人"一段话，通过背读感受文章主旨，读出对白求恩的景仰之情）。

王君老师的教学设计与流程分为两大阶段，每一阶段都穿插了一些对应的拓展内容②。

第一阶段 共鸣阶段

一、启发学生读出起始段和末尾段记叙句。目的是初步了解白求恩和他的大概经历。

之后插入拓展内容之一"白求恩日记摘录"：主要展现他一年的工作量和劳动强度。同时附录一封给聂荣臻元帅的信，展现他对工作报酬的态度，也是他对金钱的态度。呈现方式：配乐诵读。

（学生自由发言：从这些文字中，你看到了白求恩的什么品质？）

二、启发学生分别读出每一段的议论句。目的是整理毛泽东的观点，明确为什么

---

① 余映潮. 听余映潮老师讲课〔M〕. 上海：华东师范大学出版社，2006：136-139.

② 王君. 向一位古典共产党人致敬——《纪念白求恩》课堂实录〔J〕. 语文教学通讯（初中刊），2012（32）：17-19.

要学习白求恩，学习他什么。

三、重点推敲琢磨第二自然段。目的是体会毛泽东对白求恩的高度赞美之情，同时也充分体会本文语言特色和论证特色。这是全课核心内容。之后插入拓展内容之二"白求恩逝世前给聂荣臻元帅的遗嘱"，集中展现他的伟大人格。呈现方式：配乐诵读。

（学生自由发言：由这份遗嘱，结合课文内容，一句话评价白求恩。）

四、重点诵读第四自然段毛泽东号召大家学习白求恩精神的名句，并且要求当场背诵。其目的是引导学生深刻理解毛泽东号召学习白求恩精神的精髓所在，掀起情感高潮。

第二阶段　争鸣阶段

一、学生自由质疑。

此时插入拓展内容之三"白求恩给朋友的信"，主要展现他的孤独和苦闷。呈现方式：诵读。

（学生再讨论：你看到了白求恩的孤独和苦闷，此刻又如何评价他？）

二、教师对末段中的"人"画龙点睛，明确白求恩是人不是神。

三、背诵第四自然段名句。教师总结：虽然时过境迁，但白求恩精神永远不会过时，让我们向一位古典共产党人致敬。

个人感觉，余老师的课堂温润醇厚，如同一杯清水，淡而有味；王老师的课洋溢激情，如同一杯牛奶，浓而有度。两位特级教师的课尽管风格不同，但存在明显的共同点：

一是都没有套用所谓"议论文三要素"设计教学内容和教学过程，而是在教学中使用了一些穿插手段，烘托气氛，使学生对白求恩有更为形象深刻的了解，为理解文中议论作铺垫。

二是抓住重点语段进行精读揣摩（特别是第二段），通过对文本言语形式的细致推敲，理解写作意图及字里行间饱含的情感。

三是在结课环节都引导学生背诵经典语段，促成情感升华。

涉及本文的其他一些教学例证，多是围绕论点、论据、论证、分论点等内容展开。实际上，《纪念白求恩》作为议论性文章的初学范文并不合适，很多教材也并未将其列入集中的议论性文章学习单元。此外，关于论点、论据、论证的议论文教学三要素之说，在当前也多有质疑，以这样的模子对所有议论性文章一刀切，怕是对文本特质及其内涵的机械宰割。《语文课程标准》"课程目标与内容"针对初中段议论文教学的要求为"区分观点与材料（道理、事实、数据、图表等），发现观点与材料之间的联系，并通过自己的思考，做出判断"。显而易见，面对新时代少年，如果采用那种本就值得商榷的固定模板组织本文教学，往往味同嚼蜡。

在检读中笔者还注意到，21世纪以来语文界曾有人提出应将这篇老课文删除，认为"毫不利己、专门利人"的提法过时了，对此我未敢苟同。应该看到的是，这样一篇出自领袖之笔、逻辑清晰、文辞练达、情感真切的文章，具有相当的典范性，我们真正需要思考的问题更在于如何去教这篇老课文，到底从中教给学生什么，而不是纠结缠绕于文章的某一提法如何如何。毛主席当年提出"毫不利己、专门利人"，强调的是以公众利益为重，无论对共产党员而言，还是对社会大众和青少年来说，都可谓一种崇高的精神导向。重温本文，也着实可以让我们深切感受——像白求恩这样值得敬仰的古典共产党人的品质风范。

笔者还检索到一段视频《揭秘毛泽东日记中的白求恩》，时长、内容都很合适，正好可为教学之用。检索之后，笔者一方面决定吸取两位名师教学方案中的共性元素，一方面借鉴余老师注重概括要点、王老师通过争鸣质疑深化情感的做法，同时在合适环节插入视频，结合自身常态课教学需要，完善教学方案。下面是笔者自己完善之后的方案流程及其教学意图说明。

（导入铺垫环节）

一、概括归纳：提取主体信息

你就是一名参加悼念活动的共产党员或革命青年，请以"毛主席讲话要点记录"提炼出本文核心信息。

提示：从文中找出每一段重点句、中心句，然后说出它们之间的关系。

这是一篇什么性质主导的文章？说说理由。

A.叙述白求恩感人故事，让大家了解他的事迹。

B.论述白求恩崇高品质，号召全党学习其精神。

——通过快速阅读，整体感知明确文章体式、表达中心。

二、比较分析：品味言语手法

有人认为这篇文章有些地方太空洞，有些地方也不够精练，没有突出白求恩的伟大形象，就做了如下改动。请速读改动版《纪念白求恩》，与原文比较，看一下有什么明显的改动，你认为这些改动是否合适，为什么？（注：改动版主要有两处明显改动：一是在一、三自然段增加了很多描叙白求恩故事的文字，二是将原文二、三段白求恩与其他人的对比文字删除。）

观看视频《揭秘毛泽东日记中的白求恩》并跟进背诵：一个人能力有大小，但只要有这点精神，就是一个高尚的人，一个纯粹的人，一个有道德的人，一个脱离了低级趣味的人，一个有益于人民的人。

——通过比对阅读再次理解文章写作重心，理解文章叙议形式及其矛盾关系，理解对比手法作用，精读理解重点语段，感受白求恩的崇高精神。

三、批判思考：感受主题意蕴

速读以下两则材料，你从中有何感受，分别感受到了一个怎样的白求恩？你认为这些能否改写毛主席对白求恩的评价？为什么？（一则材料是白求恩写给友人马海德的信，一则材料是后世关于对白求恩性情缺点的一些评论。）

——通过还原正视白求恩内心世界、性情缺陷，明确白求恩是人不是神，有苦闷、有缺陷反而显露他更是一个完整的人，正因如此，他舍弃优越条件而不畏艰苦支援中国抗战的精神更值得景仰，更是一个真正的大写的人。此环节研讨之后二次背诵经典语句。

四、模仿练习：言语实践训练

仿照课文第二自然段格式，写自己熟悉的一个人物，论述其一方面优秀品质。要求：

①句段格式与原文高度相似，句子数量与原文相等或基本接近，尽量使用四字格词语。

②议论为主，穿插必要、简明的叙述。

③必须运用对比手法和双重否定句式。

——这一步骤是对课文重点段言语手法的再回顾，延伸为读写结合和课后微型写作练习，另行组织简要讲评。

在这次检读学习中，笔者借鉴两位名师教学思路、方案中的可参考因素，将其吸收转化到自己的教学方案之中，加之自身个性化的教学思考与处理，最后较好地实现了预期效果。

为什么要谈检读的功能呢？因为只有明确侧重才能有的放矢，明确为什么而检索、把握什么火候。当然，除了相对有所侧重以外，很多时候，教学参考层面的检索阅读可能存在多种功能的交错、结合。

不管怎样的功能需求，其最高训练层次都可归结为三点，即快速、集约、正确。下面以鲁迅散文《雪》的检读为例略做说明。

快速，强调的是时效性。

针对《雪》的检读，在教学前后应大体有所计划，前后分几个阶段进行、大致限定多长时间。因为工作量较大，时间有限，教学参考层面的检读，虽然离不开必要的精读研读，但大方向上还是要锻炼提高在较短时间处理较大信息量并能做出准确判断与选择的能力。当然，这种能力的提高，不可能一蹴而就，需要长期的坚持和训练。因此，笔者赞同这样一种说法——检读能力是建立在熟练的阅读能力之上的能力。

集约，就是扣准方向，力求检读最优化。

要达到最优化，一般需要注意几个方向：

典型素材，比较典范、出自名家的。关于《雪》的典范解读、设计、实录反思有哪些。

新颖素材，最新的、较具前沿性代表性的。关于《雪》的新近教研文论、教学展示，特别是有新思维新发现的。针对新素材，不能唯新是崇，也要警惕一些一时流行、走红但可能存在错误的因素。

反面素材，与流行观点、自我预见等相反相对的。关于《雪》的教学教研素材中，哪些观点处理与众不同，其突出的矛盾分歧何在。

上位素材，即上一级范畴素材。在所检内容素材不足的情况下要适当考虑上位素材。假如《雪》的教学教研素材很少，那就可以把检索词范畴放大一下，如"鲁迅散文教学""《野草》解读"等，从中可能会找到一些可资借鉴的内容。

正确，即对检索到的材料信息要有明断、力求可靠。

有的老师备课时为了充实拓展素材，特别面对比较难讲的课文时往往喜欢引用介绍一些自己阅读发现的东西。某教学期刊曾刊发《雪》的一篇获奖课例，其中引用介绍了一份材料，说是鲁迅当时和教育部章士钊打官司打赢了，因而满怀豪情壮志，意思是说《雪》就是在这样的背景下写成的，不少人也随之转引。实际情况如何？鲁迅状告章士钊，同教育部打官司的时间始于 1925 年 8 月，获胜时间则在 1926 年初。《雪》就是 1925 年 1 月，北方下了一场大雪之后写的。因此，在教学参考的检读中对此应有所警惕，特别是在一些重大的公开课教学设计的检索阅读中，对这些转引的二次、三次文献或杜撰的所谓原始资料一定要谨慎对待。

检读及其分析要力求可靠，需要注意两大忌讳：

一曰抽样取证缺少比对。也就是说，在检读时只留意适合自身意图、契合自我见解的素材，忽略多向比对和综合分析，完全以此作为立论或行动根据。

比如，针对张岱《湖心亭看雪》一文解读，有人提出张岱明明知道船上有几个人却为什么写成"舟中人两三粒而已"，作者目的就是要表现自己"心不在人"的孤高情怀，由此明知故错将其写成不确定的"两三粒"。类似的"创新"解读及其素材虽然不多，但因为标新立异，转而成为一些喜于以此谋求"教学创新"的同行的首要依据。

其实，相应素材的解读取向很值得商榷。以"两三粒"而不以确定的"两粒""三粒"来描述，从上下文看并不难解："舟中人两三粒"不是一个孤立存在的概念，与"长堤一痕、湖心亭一点、与余舟一芥"是浑然一体的，作者以想像中的居高临下视角，极言雪中景物之小，从而突出背景之大，渲染天地苍茫、万物微渺之感。前面的长堤、湖心亭、"余舟"相对于"舟中人"是从大到小的顺序排列的，只不过前面数字都是单一的，因为前三者相对"舟中人"还是痕迹稍微明显一些。到"舟中人"这儿变成复数，一是确实不止一人，二是舟中两人在想象的俯瞰之下相对前三者更显模糊，用"两三粒"的约数恰恰能更好地突出这种微渺之感。反之，如果用"舟中人两粒而已"则与居高俯瞰的视觉感不相切合：如此高远广阔，竟能像显微镜一样把"舟中两人"精准扫描，岂不是与上下文的意境截然相反？

所以，断定张岱叙写此番景象时意在表现自己"心不在人"的孤高情怀而明知故错、刻意把"舟中人"写成不确定的"两三粒"的推断，不免和上下文情境、逻辑相悖。对这类标新立异的解读素材，如果只是为了迎合自己的特定目的而偏听偏信，是不足取的。所以，在检读时还是要尽量多向参考，在比对、梳理中做出更完善的思考分析。先假设立论然后搜集素材加以印证，这种做法在一定范围有其可行性，但一定要避免一个不好的倾向，就是检索素材时凡有利自我立论者收容，与己相悖者则忽略屏蔽甚至有所"改造"，这样很可能走向先入为主、妄下结论的误区。

二曰自足自满静止不前。所谓自足自满静止不前，是指对已进行的检读研究感到尽善尽美，不需要再去做新的观察和研究了。其实，在检读之后，还要考虑可能存在的局限甚至错误，不可断定已有分析全然圆满。在后续的阅读学习中，如有新的发现，则该修正就修正，该补充就补充，该推翻就推翻。

比如，前面谈及的《纪念白求恩》教学设计，笔者发现这两年在语文期刊出现了几篇有创意的获奖实录，发现《中国教育报》所刊程翔老师的《剖析写作特点 感受文章思想性——〈纪念白求恩〉的课堂教学设计》，又在两本读书期刊发现陶短房所撰《重新认识白求恩》、聂力所撰《聂荣臻的铁血柔肠》两文（前面是直接评述白求恩而且视角较新、认识较全面的一篇文章；后面一篇出自聂帅女儿回忆录，其中大篇幅谈及对白求恩的回忆）。通过后续阅读、比对研究，从中吸收可资借鉴的新元素，对原有教学方案做出进一步充实完善。

满足于一时之得，不跟进检读，对自己前期所得不进行反顾修缮，怕是不合适的，尤其是在自己前期检读所得可能有所偏误、疏漏的情况下，这种跟进更有其必要。

教学参考层面的检读可以发展为一种教学课题的小专题阅读。你不可能等着全都读完、读透再去上课，而有些课题又有深入研究的价值，那么，在一个阶段之内，就可以重点选择一个教学课题进行深入的阅读研究。比如对《雪》一文的小专题阅读，还可以找出《野草》及其介绍、《野草》阅读、《雪》文本解读文章、文章疑难句探究、与本文创作相关的鲁迅信息梳理、该文教学设计和实录选辑（包括网络视频）、个人及备课组同仁前后教学本文的原始备课比较，等等。可以将这些资料编排目录并整理复印，如果有兴致的话，还可以整理一份综合性教研总结。对每个教学课题都这样检读，既不现实也无必要，所以，一个学年之内，只做这么一两次就会有不小的提高。

综上所述，教学参考层面的检读一般可分为以下几步：

大致确定检索的主要类属，盘点手头能够检索的工具载体及其主次，预估先期检索阅读的时间消费标准。

围绕课题或问题开始搜阅素材资源。

针对搜阅的素材资源进行梳理分析，形成自我观点认识或行动方案。

通过实践验证、冷却反思等对已形成的观点方案做出修补，在后续动态检读中渐进完善。

前三步主要是前期工程，最后一步可视为后续工程。

为了对检读信息进行管理，可以制作一些工具来进行随时随地的积累，形式可根据实际灵活设计、不拘一格。例如，下面是笔者设计的一种检读表格（检读书目中一般标注出版年月和出版来源，"检索信息要点"之下对每条要点标注相应出处页码，一张表格一般对应一张 A4 纸）：

检读目的			
检读书目 1		作者	
内容概要			
检索信息要点			自我评述
备　注			

不可否认，现在数字阅读已成为一种阅读生态，成为教师阅读的一种重要来源，其中不乏一些有价值的信息。在检读中，也可利用相应信息进行知识管理，服务于教育教学。

比如 App "印象笔记"就是很好的知识管理工具，微信、媒体文章均可收录其中，既可对不同内容分类保存，还可建立目录索引。在印象笔记中，可利用一个页面建立总目录，然后链接到各类分目录，各类分目录可以再链接到具体内容。打开印象笔记，就进入了一个四通八达的电子专业阅读资料库。而且，可以随时增加或更新内容，还可在手机和平板电脑上同步阅读。

从检索目的上看，检读又可以分为专题检索和日常检索两个方面：专题检索，即方向已定，围绕既定需要、方向进行检索；日常检索，即没有什么具体研究问题或行动取向，只是在日常阅读中随机遴选、搜集、保存素材。我们前面谈到的教学参考层面的检读主要涉及第一方面。其实，两者同样重要、各有其用：后者是前者基础，养成有意积累、关注教学材料的习惯才能有的放矢；前者是后者的升华，光满足于教学材料的先期"零存"不行，还要根据需要有所"整取"。

除了教学层面，在学生德育和班主任工作、学校管理工作中，遇到一些有待解决的困惑难题，也可进行相应检读，道理是相近的。

最后，需要特别强调的一点是：思考、研究、行动比检索更重要。

不管什么方式的检读，其作用主要还是一种借鉴、查询与参考，检索是辅助及载体，本身不能代替思考。所以，必须在检索的同时有自己的思考判断，在检索之外有自己的建构，如此检读才有意义。

李镇西老师在《把好书化作自己的灵魂》一文曾谈道："我不反对读具体课文教法的参考书，特别是年轻老师，但读这些参考书最忌讳依赖。特别是和教材配套的'教师用书'里，连每一道作业题的答案都写出来了。如果长期依赖它教师就会养成不动脑子研究的习惯，这样专业素养必然退化。所以正确的态度是，既要参考，又不能被这些资料牵着鼻子走。怎么才能做到这样呢？我的做法是，对于同一篇课文备课时，看不同的资料，了解不同的观点，然后自己做比较和判断。这最能锻炼教师的思考与研究能力。我长期订阅《中学语文教学》《中学语文教学参考》《语文教学通讯》和《语文学习》，每期杂志到了，我都要做资料索引。这样，无论我给哪篇课文备课，所有有关这篇课文的资料便汇聚于我的眼前，供我研判，最后通过比较研究这些参考资料所得到的观点，便是自己的'灵魂'。"[1]

李老师的认识与经验告诉我们：在教育教学中，通过适当检读进行跟进学习是完全必要的。与此同时，不能被资料牵着鼻子走，关键还要"有自己的比较和判断"，以此在检读之后形成"自己的灵魂"，印证了"思索比检索更重要"的道理。

除了教学参考层面的检读，在要求相对高一些的课题研究、专业写作中更需讲究检读，中小学教科研类书目对此多有论及，这里不再赘述。需要指出的是，在中小学教科研活动中，存在一种"畸形的检索过度症"，即非检索不能研、非引用不能研，把检读、引介素材当成研究重头戏：材料少，痛苦；材料多，也痛苦。单纯按图索骥，尚不免遗漏，所以就疏于读、行而一味找材料。殊不知，研究更须读、学、行结合，从中发现问题深入探索，而不可单纯悬问题以觅素材。

---

① 梁杰. 读书那些事——给教师的阅读建议〔M〕. 南京：江苏凤凰科学技术出版社，2017：63.

第二节

专业知识补充与教育教学研究层面的主题阅读[1]

2012 年 4 月 26 日《中国教育报》刊发中国人民大学附属中学历史特级教师李晓风文章《专业知识水平决定教学的高度》，文章强调专业阅读是历史学科教师提高专业素养的关键途径，培养青年教师的根本在于通过定向的专业阅读提高专业知识[2]：

从教以来，我用了许多时间和精力来从事专业性的阅读和某些方面的学术思考，并以此作为基础从事教学研究。事实证明，对历史理论问题的思考和相对丰富的历史学科专业知识能够极大地促进教学研究的深入。

优秀历史教师的专业知识水准应该在很大程度上超越历史教师平均的专业知识的水平，应该具有追踪历史学科学术动态的能力，应该具有一定的学术研究的兴趣和能力。因为只有这样，才能保证他的课具有独创性，能够起到启迪学生智慧和发展学生才识的作用；能够保证授课是逻辑清晰严谨、能够吸引学生和得到普遍的好评。

许多年来，我接触和指导了许多青年教师，我发现，大部分青年教师成长过程中的最大问题，就是在大学毕业以后，就中断了系统的专业学习和知识更新，随着教学年头的增长，知识日益陈旧，知识面日益狭窄，只剩下与中学教材相关的知识。这种情况严重地制约了中学历史教学的水平，制约了素质教育目标的落实。比较理想的培养青年教师的方式，是促进他们有计划地进行一些专业知识的学习和研究。比如与该教师的任教课程相对应，制订出相应学年的读书计划。

中学教学确实与学术研究关系不密切，一般来说，教师能够了解学术发展的动态已经很不错了，遗憾的是这样的教师也不很多，更不用说自己从事有独创性的研究。出现这种状况有其客观原因，但它不利于教师知识的更新，容易使教师的历史知识流于陈旧肤浅，从长远看会影响教师的教学能力和教学水平。这种状况也使得教育教学研究难以深入。教师的教研不能涉及对教学内容的系统和深入的思考，而只限于一些

---

① 本部分主体内容已发表，见：孙贞锴. 基于专业·聚焦专业·超越专业——中小学教师主题阅读方略例谈〔J〕. 中小学教师培训，2019（04）：21-25.
② 李晓风. 专业知识水平决定教学的高度. 中国教育报〔N〕，2012-04-26.

教学技巧和教学经验的陈述。

李老师所谈之核心要义，意在强调一个优秀的学科教师应该具备较高的学科专业知识水准，而这种专业知识水准的形成和发展主要依托于两个方面：

其一，对所教学科本体专业知识的学习研究。比如教授历史学科，需要尽量补充、学习历史学科本身的专业知识，掌握历史研究的一些重要信息、学术动态。

其二，对所教学科的课程与教学的学习研究。比如教授历史学科，对历史课程标准、历史教材与教法进行研究总结等。

这两个概念是有区别的，现实中，大多数老师比较关注后者，而对前者不够重视。这种状况必然制约、束缚对学科课程与教学的研究，从而难以形成有深度、有高度、系统化的思考与建构。

现实教学中，让中小学教师专门回头系统补学、研究第一方面的学科专业知识，可以说不大现实：一是学科专业知识体系往往比较复杂，二是在繁杂的一线工作中时间、精力等都有所不逮。

比如，有专业研究者提出，一个语文教师，最起码应该具备以下几个系列的语言文学专业知识：

语言学系列，包括语言学概论、现代汉语、古代汉语等知识；

文学系列，包括古典文学、现代文学、当代文学、外国文学等知识；

写作学系列，包括写作理论、常用文体知识、修辞学知识等；

文学理论系列，包括文学概论、古代文论、马列主义文论、美学基础、阅读理论等。

以上几个系列的专业知识及其作品构成语文教师专业知识网络的核心部分。

如果把"语文"的概念再扩一扩，具体项目再展开一点，需要读的、学的更多，加上还要学习公共的教育学、心理学，学习研究学科课程与教学，从时间和精力上是很难达到的。

教师专业阅读要基于工作常态，但这种阅读需要又绝不仅仅止步于工作常态，一些内容还需要在课外、业余进行自修，但这种"课外""业余"的阅读也应尺度合适。如果超常态、反常态地拼命恶补，恐怕既不可行也不可取。但是，不学习、不关注也不行，怎么办？李晓风老师在上文提出比较理想的方式是"有计划地进行一些专业知识的学习和研究"，并尽量"与该教师的任教课程相对应"，实际上是把两个方面的专业指向进行整合。换言之，一定要根据实际需要，有选择地开展跟进式的专业知识补习，并将其与教学实施、教学研究层面联结交融。笔者认为，这种整合、交融的最佳方式，就是进行有定向、有坡度的主题阅读：

所谓有定向，就是有明确细致的聚焦点，这个聚焦点不是大而空的话题，而是切切实实的具体的专业问题。

所谓有坡度，就是同一主题定向之下阅读内容的选择搭配讲究难易结合、形态组合，而不是一味舍难取易，不是一味阅读一种层次类型的书目，还要选择那些有一定难度深度、对自我阅读理解构成一定挑战的代表性、典范性书目，有一定的高性质阅读的介入，以此拉动阅读认知的渐进深入。

下面我们来看一个例子。

对于初中段标点符号的使用，笔者当时执教的教材是在八年级上册出现，但是，标点符号在日常书面表达中不分年级。教材所收就是国家颁布的《标点符号用法》，但这个"用法"的说明只是一个大框架，在实际语言运用中具体情况比较复杂，而在日常考测中，往往也会遇到一些特殊情况。初中段在标点符号学习上应该掌握哪些要点，运用上常会出现哪些问题？这一点还需细究。

笔者当时手头有三本小册子：针对小学语文的《趣味学标点》，针对中学生的《常用标点符号用法例释》，还有语言文字学家刘一玲女士的《标点符号用法90题》。从认知层次上看，最后一本更具有阅读难度和代表意义。笔者腾出一些时间，以《标点符号用法90题》为核心，有侧重地速读三本小册子，然后上网搜索了一些资料，先把一些自身不够明白、似是而非的问题搞清楚，然后针对教材不足，结合初中段学生学习和测评的需要，以学生作文中标点符号运用出现的偏误、某些出版物的错误标点为例证，对此做了一番梳理，着手编写《初中段常用标点符号补充讲习20条》。2012年国家颁布新版标点符号用法，后来我又买到由语文出版社出版、教育部语言文字信息管理司组编的针对新规范的《〈标点符号用法〉解读》，然后结合新规范对原有内容进行修订。一番功夫下来，确实很有趣味。这样的阅读研究，可以自然而然把专业知识补充与教学研究两个层面的主题阅读结合起来。

再举一例，由语文教学的对联问题引发的主题阅读。

在新课改大背景下，多年来，语文对联试题频频出现在很多省市中考试题中，一度成为一个热点。此中原因不外乎两点：一是从传承文化的角度考虑，对联是特有的传统文化形式；二是从语言运用角度考虑，对联言简义丰、整齐匀称，富有节奏和美感。但是，考察一些版本的初高中语文教材，对此都只是以附录形式加以轻点。所见教材讲对联最突出的一条知识就是"平仄相协"：简单地说，平声就是现代汉语的一声二声，仄声就是三声四声，古代平仄还要复杂。在这个条目下有一项统一表述，就是"上联末字必仄，下联末字必平"。实际情况究竟如何？应该说这只是从古到今为大多数人多数情况下遵循的基本法则，但把它定为"必须法则"并不严谨。原因在于：

第一，古代也有一些相反情况，即上联尾字为平声，下联尾字为仄声。

　　　　　肝脑涂地，兆民赖保育之恩；（兆民，百姓。）

　　　　　功名贯天，百代仰烝尝之盛。（烝尝，祭祀。）

　　　　　　　　　　　　　　——曹雪芹《石头记》贾家宗祠联

　　现在贴的一些对联在前后语义关联上也有这种情况。

　　第二，也有上下联尾字都是平声或仄声的情况。

　　除了一些巧对、趣对之外，现在这样的对联也多了起来。2010 年重庆市中考语文题中出现了一副对联，上、下联尾字全是平声。

　　　　　三千年历史文脉尽现其中，

　　　　　八万里山河新貌彰显眼前。

　　如今这种上下联尾字同声的对联很多，尤以过年过节时所贴居多，你能一口咬定它不是对联吗？2013 年过春节时，一位学生对我说，贴对联时发现好几副就是这种情况，还问我这种情况和课本所说不符，应该怎么贴？你能说存在于民间生活的这种为数甚众的"俗联"———一定不算对联吗？

　　这里边就产生了一个问题，即"仄起平收"的规则到底如何定位。

　　中国楹联界出台修订的《联律通则》第 5 条指出："（对联）上联收于仄声，下联收于平声。"与此同时，第十二条指出："巧对、趣对、借对（或借音或借义）、摘句对、集句对等允许不受典型对式的严格限制。"这一通则既强调"仄起平收"的一般规则，也指出了特殊情况，通则最后还提到"本通则作为楹联创作、评审、鉴赏在格律方面的依据"。据业内人士介绍，在创作评奖中基本以"仄起平收"规则来审核，应该说是一个专业领域的认定，而对日常生活的俗联撰写、张贴规则基本没有涉及。

　　为此，笔者根据个人藏书，有选择地规划了一个对应的阅读书单：

　　刘光贤、尤玉树、张世东编《学对联》，主要针对中、小学生的通俗读物；

　　唐子畏著《给大中学生讲对联》，针对大、中学生学对联的系统的专业性很强的理论读本；

　　尹贤著《对联写作指导》，针对大众初学对联、学习对联写作的普及读物；

　　罗维扬编著《非常语文》"联语第七"部分，概要性探讨"对联与语文教学及其评价""对联的规则""对联的编撰与创作"等精要问题；

　　章熊著《中学生言语技能训练》，供语文教师参考的教学用书，重在一些语言训练理论的探讨，以此编织比较适合中学生或具有中等文化水平者操作的练习，第一章"言语运作的基本技能"第五部分"整齐与变化：声律和对称的艺术（上）——对称、声律"，从言语训练视角对中学生对联学习进行了探讨。

　　这个系列紧扣对联主题，在专业指向上包括对联的语言知识及其教学探讨两大方面，阅读书目难易搭配，专业性和通俗性相结合，体现了一种坡度。经过反复考察、比对论证，笔者整理了一份面向学生的比较详细的学习材料《对联初探》，内容涵盖对联规则评判（主要是单句联）、贴对联处理口诀、日常考试如何应对对联等方面，在一定程度弥补了教材不足。

通过上述主题阅读与研究，我又做出以下总结梳理：

首先，在明确主要规则、基本规则的同时，对特殊情况、其他情况采取回避忽略、干脆不讲的姿态是不对的，因为这些情况本身客观存在，同时融入现实生活。因此，就教材编撰和实际教学来看不乏缺陷。

其次，考试命题的选料要慎重。重庆市中考题中选择的对联，不合乎一般规则，加之教材也未提及特殊规则，所以考试命题的相关选料应按照基本规则选料，不应"流俗"，不应超出课本范畴。

再次，命题考查的方向与形式还须审视。如果说把对联视为一种值得欣赏的传统文化形式，在新时代的言语和课程环境下，对中学生还像古人那样考查对联写作是不现实的。反之，如果过度从宽，其意义也不是太大。所以，采取让学生对对联的方式进行考查，需要对答题规范有适当界定。此外，完全可以考虑采取其他形式进行考查，而不必总拘泥于对对联这一方式。

此外，不管什么形式的考查，对联在考试中分值不可能太大，而近年不少地区中考对对联的考查也呈现萎缩趋势，原因耐人寻味。那么，作为对联所承载的语文知识在课程与教学中究竟应处于什么地位，对其必要的知识在初中段应如何体现，这些问题还需要做出深究。

可见，针对教学专业问题的思考探究要有层次，一个重要方式就是进行这种整合性的主题阅读。

下面请看笔者对专业知识补充与教育教学研究层面主题阅读程序要领的简要归结。

1. 结网（选点）：明确实践研究主题及其关键词，"网扣"力求细、小。

2. 撒网（确定铺展面）：检读与主题相关的书目篇章后确定核心阅读书目，即需要精读的重点书目，不宜过多过滥。此外，还可确定一定数量的参考伴读书目（同步进行的参考略读，起到比对作用）、拓展延伸书目（下一步可以和可能做的深度研读探究）。网不要一时拉得太大、太长、太深，可结合实际逐渐铺展。

3. 收网（摘取精华）：罗列相关书目篇章观点事实，进行综合分析、梳理评述。在这个过程中，发现与议题相关的重要素材资料可随时补充引介。

4. 补网（融入和提出己见）：结合已有教育教学实践和个人思考初步得出研读探究结论。

主题阅读被视为一种系统性很强的高层次阅读，相比检索阅读，其聚焦性更强。检索阅读有速读猎取之需，也有精读慢取之需，但总的趋势要求是提高时效、以快制胜。主题阅读虽然也有按需阅读的体现，需要检索阅读的介入，但更强调和突出研究性，而不可满足于抱定方向翻检材料。

这样一种聚焦专业、注重整合的主题阅读对中小学教师来说是最有效的，因为中小学教师阅读的主要取向——还在于有效吸收汲取相应知识、技术、智慧，从而促进成长。当然，它并不局限于学科教学，在班主任工作和学生德育等层面同样有其意义。比如，班级出现学生与任课教师闹别扭的问题，班主任老师在调研解决相应问题的同时可以研究个案，开展主题阅读，接触更多案例素材，从中加以总结梳理。一边阅读研修、一边尝试处理实际问题，几个轮回下来，在某一两个方面的专业智慧就可能达到较高层次。

大范围的主题阅读并不局限于学科专业与教育教学层面，针对人文阅读等方面也可进行，阅读目的有时也不尽在非要研究出点什么，对有关知识内容多一些深入了解、理解也可成为目的。

比如，笔者自 2011 年起聚焦南明历史，先是通读著名史学家顾诚先生扛鼎之作《南明史》《明末农民战争史》，其后略读谢国桢《南明史略》、南炳文《南明史》、青年作者心有方鸣《南明开史》，在这一过程中，又翻检清代夏燮《明通鉴》中关于晚明、明末的一些记载评述，从而对南明这段历史多有了解，对一些历史人物的活动及其评价也有更进一步的思考。后来又通读美国司徒琳教授《南明史：1644—1662》，作为西方汉学家，司徒琳教授严密客观、别具一格的论述更令人耳目一新。

这种情况下的主题阅读虽然划出了一个相对范围，但范围内的一些书目往往藏着许多环扣，会引出一些其他重要书目，从而引发"连环套效应"。比如，读黄仁宇《万历十五年》时，因为涉及晚明历史以及万历帝、张居正、海瑞、李贽等重要人物，为解决困惑加深理解，笔者又选读日本学者沟口雄三《中国的思想》一书涉及晚明思想评价的内容、施亮《异端思想的背后——中国古代文化思想史札记》第一章关于李贽的评述、夏燮《明通鉴》关于万历一朝的相关记述，回读刘志琴《大明首辅张居正》，略读郦波《大明名臣：海瑞》，这种"连环套"式"拔出萝卜带出泥"的阅读不乏一种求索的兴味蕴涵其中，既可对聚焦的原点、重心深化理解，又可了解吸收一些新知识、获得一些新思考，见证"读无止境"的道理。需要注意的是，这些扩展开来的阅读只是主题之下衍生的一种辅助性拓展阅读，不宜平均、过度用力，更不要把手伸得太长、片面贪多，从而与既定主题、中心渐行渐远。所以，还是要紧紧围绕聚焦方向量力而行、有选择地渐进铺展，避免由此过多分心而陷入杂乱无章的误区。

第三节

课题研究中的文献研读方略述要

课题研究是中小学教育科研的重要层面，教师从事课题研究，同样离不开专业阅读。下面是海阳市邢晓波老师在从事课题研究方面的相关经验介绍。

由于对写作情有独钟，多年来，我一直把作文教学作为自己的重点研究方向之一。作文教学历来众说纷纭、莫衷一是，我却是"明知山有虎，偏向虎山行"，开始了大量的文献研究。

在进行《中小学"生命化本真"作文教学研究》课题研究时，我采取了"顺藤摸瓜"的方法进行文献资料搜集。我准备了一个专门的课题研究笔记本，在阅读文献资料的过程中，文中提到了有关作文教学的哪本书或哪篇文章，我便在本子上记录下来，再将资料所附的参考文献目录记录下来，列出一份作文教学研究文献目录，再想办法去找到这些文章和书籍，建立起自己的作文教学文献资料库。

我先后研读了赵春凤《赵春凤与主体作文教学》、管建刚《我的作文教学革命》、王寿山《中学主体作文教学研究》、张云鹰《开放式习作教学》、丁有宽《丁有宽与读写导练》、于漪《于漪老师教作文》等特级教师主持的作文教学研究课题的研究成果。通过学习目前最新的同类课题研究成果，明确了自己的课题研究方向与思路，提高和丰富了自己对课题研究内容的认识，也使自己的课题研究站在一个比较高的起点上。这些专著犹如一股清风，让我对作文教学本质与规律的认识更较深入，对作文专题研究的方向与思路更加清晰。

从邢老师的经验表述可以看出：在课题研究中，文献研究是其中的一个重要环节和重要方法。有效进行文献研读，本身就是一个很好的学习过程，有利于开拓研究视野，增进知识积累，充实论据素材，避免重复劳动。

一、文献分类分布

文献是记录知识、传达信息的载体。从载体形态可以分为文字主导型文献、非文字主导型文献，主要分布途径有公开发布的书刊、网络媒体等，还有半公开、非公开性质的档案材料，以及通过个人交往接触到的材料（如通过与专家学者互动访谈所整理信息、教学中的学生作品等）。

根据对原始信息的加工程度，中小学课题研究的文献可大体分为两类，即第一手文献和第二手及以上的文献。

第一手文献，指由亲历者所提供的各种形式的原始素材。

除此之外与课题研究关涉的其他文献，则可视为第二手及以上文献，一般经过了非亲历者以外的中间人修改、转写、制作等，或者存在对第一手文献的剪辑、摘录、综述或介绍等。

就课题研究的文献阅读而言，从源头上一般要明确三点：

首先，要形成相对稳固的文献来源，有一个大范畴的准备。比如，一位有志进行中学数学课题研究的老师，坚持订阅《课程·教材·教法》和扬州大学《初中数学教与学》期刊，对中学数学教学领域教研动态就可以有基本的了解，有利于对有关研究背景、重要理论依据形成基础认知。从事课题研究，如果没有基础的文献阅读铺垫，靠临阵磨枪突击检索，是很难保证研究品质的。在前面讲述教学参考层面的检读时，我建议关注一些较为重要、常用的检索渠道，道理与此近似。

其二，在拥有基础性稳固文献的基础之上进行紧扣主题的"顺藤摸瓜"式阅读。具体到你所研究的课题时，除了通过基础的文献阅读有所准备之外，还要在其基础之上筛选出一些切近研究主题的对口文献。在一些专业期刊文献中，往往还会提到或明确列出相应参考文献，这样就可把"同类项""近似项"合并记录，提高搜寻检读效率。刚才举过邢晓波老师例子，他在进行"生命化本真"作文教学研究时，就运用了这种"顺藤摸瓜"式主题阅读，只不过其研究主题、文献阅读切口相对大些，有关作文教学书目篇章均有关注。对多数老师来说，进行课题研究及其文献阅读的主题、切口、视线还是适当紧缩、放小一些更好。

其三，应用电子图书馆或网络适当扩展文献范围。例如，通过"万方数据""中国知网"等专业网站可以找到一些重要文献的具体来源，而更多的成果文论可以到各类教育网站选择查阅。

二、研读功用取向

文献研究的前提是要阅读文献，但是阅读文献不等于文献研究。文献研究所需要的阅读主要是一种研究性的分析阅读和主题阅读，它是根据明确的目的指向，通过搜集、整理和分析文献资料而进行的研读、探究与加工。

文献研究有两种可能：一种是研究本身的主要目的就在于文献。比如，某些课题主要就是通过文献研究来完成，从文献资料中获得新论据，找到新视角，发现新问题，提出新的观点认识，从而"以旧翻新"。另外一种情况是，研究的主要目的不是文献，而是利用文献做研究，文献研究在整个课题研究中是一种辅助手段，可谓"借鸡生蛋"。

就中小学教师课题研究而言，大多属于后者。

三、研读重点环节

简单地说，要注意两大环节。

首先，要有明确的检索目的。根据目的明确检索范围、方向、工具及途径等，面对信息的海洋，既要防止"望洋兴叹"无从入手，也要防止不假思索为其淹没。要尽可能研读和利用第一手文献，同时注意关注一些近年呈现的最新文献以及比较权威的文献（转载引用率较高、发表出版级别较高、作者影响力较大等）。

其二，对搜集到的文献按照一定顺序阅读，重要资料需要细读，在此基础上进行去粗取精、去伪存真、由表及里的加工，最好以摘录、卡片、笔记等方式做一些梳理。

笔者曾对课题研究的文献资料按照几个层级进行阅读分析和研究梳理：

初中语文学习自主提问策略研究

【背景性资料】关于在教学中激发和引导学生自主提问的通识资料。

【针对性资料】直切主题、针锋相对的资料，直接关乎初中语文教学学生自主提问策略的案例论著等。

【边缘性资料】不专门针对本议题但对此有参考价值的其他文本资料。

对所搜集到的典型资料一般要进行较大力气的整理、有系统的编排，最好复印成册或编辑专题文件夹。

四、研读参考规程

确定了重点阅读研究的文献之后，就要进行具体的阅读和分析、研究。如何展开这些工作呢？下面的规程步骤可供参考。

第一步，描述结构。在阅读之后对文献的内容和形式进行描述，建立整体把握。

第二步，盘点内容。这是文献研读的核心。

概括说来，主要有五个点：

谁——作者、文献生产者。

对谁——针对读者群、接受对象范畴。

说了什么——文献提供了怎样的信息、相关信息评价。

缘何而说——文献生产的目的意图何在。

怎么说的——从什么角度运用什么样的方法、逻辑、文体、语体等来说的。

这五方面不是一般的资料阅读，而是把文献当成一种信息集合进行有针对性的研究梳理，在梳理中我们只需解释文献，不要增加自己的观点评价。

第三步，解读评述。这一步就是作为研读者要说的话，针对文献"说的如何""有何价值"进行评述，以此揭示文献内涵所在。评述不求面面俱到，而要基于明确恰当的聚焦点，抓住要旨，对文献做出客观、辩证、慎重的评价批判。行文表达要尽量中性平和，避免使用带有强烈主观情感色彩的言辞。

说得如何：哪些地方详哪些地方略，哪些地方一目了然哪些地方留下空白，整体逻辑如何，缺陷何在，等等。

有何价值：初步评估文献对自我实践研究的价值点，特别要总结其中具有代表意义的核心观点、值得借鉴的研究视角或方法等。

第四步，利用文献。在研读之后，确定文献对课题研究的参考价值，确定利用相应文献要做什么事情，如组织学习研讨、用于课堂实践、融入论文撰写参考等。

课题研究的文献研读首先是针对单一文献的，在此基础之上还要进行文献的综合研读，结合主题进行综合分析、归纳整理。个人认为，中小学教师范畴的多数课题研究，一般不需要撰写大篇幅中规中矩、学术总结式的文献综述，在掌握上述规程要领基础之上结合实际做出提纲挈领、含蕴精要的梳理即可。

示例：初中物理学案导学策略研究

（先述后评结构）

一、检读举要（侧重述）

①赵加琛、张成菊，2009 年中国轻工业出版社《学案教学设计》第六章《学案教学的教学模式》、第七章《学案教学的教学管理》

……（概要，摘录）

②顾润生，2012 年第 20 期《当代教育科学》文《对学案导学的批判思考》

……（概要，摘录）

③2012 年第 6 期《物理教师》汤建国《初中物理"学案导学"中的问题与思考》

……（摘录，盘点）

④2015 年第 8 期《中学物理教学参考》张文《基于学案导学的高中物理教学研究》

……（摘录，盘点）

二、综合评议：观察与思考（侧重评）

一方面对以上观点进行比较分析，同时，可以审慎地提出自己的相关看法。

（除了这种布局，还可夹述夹议、以评带述或以述引评，根据具体的文献和议题来选择、安排格局。）

就课题研究的文献阅读来说，既不乏按需而取的检索阅读意味，更带有着力深究的专题阅读色彩，可以说要求更高。必须强调的是，中小学教师从事课题研究，对文献的学习研究，重在把握精髓取其精华，绝不能以此代替、遮蔽具体的实践探究。

第四节
以教育教学经典为核心的根基阅读

宋朝大儒程子曾这样评说儒家经典《大学》："大学，孔氏之遗书，而初学入德之门也。于今可见古人为学次第者，独赖此篇之存，而论、孟次之。学者必由是而学焉，则庶乎其不差矣。"这段话的大致意思是：《大学》是孔子留传下来的书，是初学者进修德行的入门书，到如今还能看出古人做学问的先后次序，全靠这本书的存在，至于《论语》《孟子》研读顺序应在其后。学习的人必须从这本书学起，那就差不多不会有错了。

在程子看来，儒学进修必先从《大学》入手，然后才是《论语》《孟子》，这些可谓"入门书""看家书"。

夏曾佑、陈寅恪两位著名历史学者在晚年说中国古书不过几十种，金克木先生认为："显然他们是看出了古书间的关系，发现了其中的头绪、结构、系统，也可以说是找到了密码本。只就书籍而言，总有些书是绝大部分的书的基础，离了这些书，其他书就无所依。"这里强调的是，有些书具有不可替代的"基础"效用[1]。

在中小学教师阅读中，一定也应该有这样一些书目：能够奠定教师的精神走向及教学根基，在影响和促成其专业思维方式上起到基础支撑或根本依托作用，其中蕴含着理解和把握教育教学问题起到根本性、基础性的要素。对此，笔者称之为"根基书目"，而相应阅读则称为"根基阅读"。

"根基书目"既包括已经过历史检验、俨然占据经典之位的书目，也包括虽在某

---

① 张恒. 读书记〔M〕. 北京：新星出版社，2010：143-144.

些领域刚刚出笼还称不上经典、但不乏代表性的书目。比如中小学班主任工作，限于其研究历史不是很长，经典之作很少，但某些探讨相应工作、具有一定代表性和前沿性的优秀书目，却可能在一定时期发挥重要的参考、参照作用。

我们认为，教育教学经典构成中小学教师根基阅读的首选。选择这类书目进行反复揣摩，是老师们锻炼阅读理性、提升专业思维水平和反思能力的一个最基本、最重要的平台。针对教育教学经典的根基阅读，主要应采取一种带有钻研性质的理解性、探究性阅读，凭借逻辑和已有经验与之对话，抓住核心，深化理解。它不以个人喜好为转移，强调的是在自觉、严格、艰苦、深入的阅读训练中锻炼教师深刻的理解力、洞察力和反应力。这种阅读性质实际就是前面提到的"理性阅读"。

对经典的这种理性阅读，也可以叫作"分析阅读"。莫提默·J·艾德勒、查尔斯·范多伦《如何阅读一本书》对相关要领做了详细介绍①。

一、分析阅读的第一阶段：找出一本书在谈些什么的规则

（1）依照书本的种类与主题来分类。

（2）使用最简短的文字说明整本书在谈些什么。

（3）将主要部分按顺序与关联性列举出来。将全书的大纲列举出来，并将各个部分的大纲也列出来。

（4）确定作者想要解决的问题。

二、分析阅读的第二阶段：诠释一本书的内容规则

（5）诠释作者的关键字，与他达成共识。

（6）由最重要的句子中，抓住作者的重要主旨。

（7）知道作者的论述是什么，从内容中找出相关的句子，再重新架构出来。

（8）确定作者已经解决了哪些问题，还有哪些是没解决的，再判断哪些是作者知道其没解决的问题。

三、分析阅读的第三阶段：像是沟通知识一样地评论一本书的规则

▲智慧礼节的一般规则

（9）除非你已经完成大纲架构，也能诠释整本书了，否则不要轻易批评。（在你说出"我读懂了"之前，不要说你同意、不同意或暂缓评论。）

（10）不要逞强好胜，非辩到底不可。

（11）在说出评论之前，你要能证明自己区别得出真正的知识与个人观点的不同。

---

① 莫提默·J·艾德勒，查尔斯·范多伦，如何阅读一本书〔M〕.郝明义，朱衣，译.北京：商务印书馆，2004：144–145．

▲批评观点的特别标准

（12）证明作者的知识不足。

（13）证明作者的知识错误。

（14）证明作者不合逻辑。

（15）证明作者的分析与理由是不完整的。

注意：关于最后这四点，前三点是表示不同意见的准则，如果你无法提出相关的佐证，就必须同意作者的说法或至少一部分说法。你只能因为最后一点理由，对这本书暂缓评论。

作者指出，这些阅读规程是一个理想化的标准。一些人为什么读得未必比我们多，但水平要高出我们，因为他们读得很精，他们精通自己所读的书，甚至精通程度接近作者。所以，以理想严格的规程来仔细阅读一本书，而不是浮面地阅读大量的书，是一个好读者能达到的理想境界。

《如何阅读一本书》的分析阅读要领对我们进行根基阅读是很有启发性的。下面主要以佐藤学《静悄悄的革命》（教育科学出版社，2014 年 11 月第 1 版，李季湄教授译本）一书阅读为例，同时穿插其他阅读例证，进一步探讨针对教育教学经典的根基阅读的一些具体可行的方法。

先简单介绍一下《静悄悄的革命》一书。《静悄悄的革命》可以说是一本比较经典的"大家小书"，作者佐藤学先生根据对 20 世纪末 21 世纪初日本乃至东亚地区课程与教学的观察反思，从学校中教学、教研、课程等领域司空见惯、至为突出的相关现象问题入手，提出了学校变革的可行之路。因为本书描述的教育教学问题及其涉及的历史、文化背景与我国中小学实际情态有很大的近似性，所以，对我们而言，确是一本富有启迪意义的好书。全书共分四章：

第一章"教室里的风景——向创造性学习迈进"主要侧重探讨"课堂"，指出将学生从"学生、教师、教材、学习环境"统一体中割裂，片面突出学生"自主性"所造成的"主体性神话"是导致教学中形式主义的根源，提出应在教师有效引导之下学生自立、合作地开展学习活动。而理想课堂则应在"润泽的教室"中进行，大家相互信赖尊重，倾听比发言更重要，教师必须善于倾听并引导学生学会倾听。

第二章"改变教学——学校改变"主要侧重探讨"教研"，提出学校教学变革的核心在于改变存在于教师之间互不干涉、各自为政的教师文化，不断开展校内教研活动，让教师敞开教室的大门，构建相互公开教学、促进学习的合作关系，并把这种开放向社区和家长延伸。校内教研活动应坚持"应对学生的教学"（让每个学生得到尊重、敞开心扉、差异得到关注）、"创造以听为中心的教室"（课堂学习以师生、生生之间相互倾听的和谐关系为基础）、"教师持有自己明确的课题的教学研究"（教师结合自身实际明确自身教研课题）三项基本原则。

第三章"设计课程"主要侧重探讨"课程"，重点对学校课程设计进行若干审视，特别针对日本国内的综合学习及其合作学习，对一些教师将综合学习与学科学习对立、将综合学习单纯活动化体验化、把学科学习一味知识化技能化的取向提出批评，指出学校课程建设同样需要良性的合作与对话机制。

第四章"学校改革的挑战——中小学的实践"主要侧重探讨学校之"改革"，指出改革之根本在于培育相互学习、共同成长的关系，学校改革及其文化创造离不开建设从领导到师生到家长等全方位、多维度的对话文化与倾听文化，创建真正的"学习共同体"。

下面进行方法探讨。

首先是在起始阶段的细读中大量摘录、反复揣摩、主动应用。

教师专业阅读不能总停留在名句摘抄水平，但是，在教育教学经典阅读中进行大量摘录并多多揣摩是完全必要的。这种摘抄能够锻炼人的专注能力，而且能够对书中精华要点形成更深印象，同时便于日后检读。在摘抄揣摩的基础之上，如能有意识地对摘录语句在交流、写作等场合加以运用则效果更好。

引经据典的前提是对文本细读，对重要内容有所积累。随看随记、用笔勾画有关语句不是不可以，但不宜随即摘录，最好先把全部内容认真读完回头再加细读，然后专事摘录，这样更便于把握重点、有所取舍。摘录一般还要注意以下几点：

1. 摘录应有所选择。当选重要之处，或精辟论述，或名言警句，或重要素材，等等。

2. 摘录宜有所备注。应注明详细来源，以备检索利用。包括作者、书名或篇名、出版社或发表载体、日期、页码等。

3. 摘录要注意分类。通过分类可以梳理内在眉目和作者认识轨迹。对一些文集类书目更要注意分类梳理。

4. 摘录可加注随感。每抄录一点，如能多少写点随感，虽然零散，但也是一种点滴积累。

下面是一位老师阅读《静悄悄的革命》第一章"教室里的风景——向创造性学习迈进"，围绕前三部分所谈及的"主体性神话"所做摘录。"▲"后面是原汁原味摘抄原文，"☆"则是加注的感想、思考或者补充说明。"P"后数字代表所在页码。

《静悄悄的革命》第一章 "主体性神话" 专题摘录 ①

▲忽略教室的多样性和在其中发生的事情的固有性，仅一般性地议论教学是非常空洞而没有什么意义的。（P9）

☆"一般性地议论"，就是抽象地谈。没有抽象的学生，也没有抽象的教学。

▲所谓"主体性"神话却是将学生与教师的互动、与教材以及学习环境等割裂开来，让教育成为仅仅针对学生的需要、愿望、态度等学生自身的性格取向来进行的神话，成为把学习理想化为只由学生内部的"主体性"来实现的神话。（P12）

☆"主体性"神话是在将教学中的"自学自习"理想化后，将"自我实现"或"自我决定"等理想化之后产生出来的，即让"自学自习""自我实现"或"自我决定"均体现独立自学之理想。但是，在教材、学生、教师等同时介入的教学过程中，单将其理想化是不行的。（P13）

▲学生自立、自律的学习必须在与教师的互动中，在与教材、教室中的学生以及学习环境的关系中来加以认识。学习只有在与教师、教材、学生、环境的相互关系中，才能够得以生成、发展，儿童的"主体性"不是和这一切毫无关系而独自起作用的，学生的需要、愿望、态度等也不是在这些关系相互作用之前就存在的。（P13）

☆"主体性神话"的本质是片面夸大学生自主性，没有从教师、教材、学生、环境等教学过程多重因素的矛盾关系审视学生"主体地位"。

▲在追求虚假主体性的教师的意识深处，有着与学习的活动或内容无关的、想轻松方便地控制教室、维持秩序的欲望。（P18）

☆教师在教学中决不能满足于学生的表面自主，而要激发、引导学生进行有思维含量的学习，如此才能真正凸显学生主体性。

▲教师应当摆脱那种在授课中只想达到快乐目的而迁就学生的想法。允许进度慢一点，允许学生发言模糊一点。解决这个问题的切实可行的开端是教师应意识到，自己站在教室里是在和学生一起"共度愉快的时光"。如果这样认识的话，教师就可以从单方面地要求学生发言的想法中跳出来，而转变为在组织、引出学生发言之前，仔细地倾听和欣赏每一个学生的声音。应当追求的不是"发言热闹的教室"，而是"用心地相互倾听的教室"。只有在"用心地相互倾听的教室"里，才能通过发言让各种思考和情感相互交流，否则交流是不可能发生的。（P18）

☆课堂满足于表面的繁荣、顺畅，必然导致对倾听的忽视，导致思维品质的降格。

---

① 以下涉及《静悄悄的革命》一书引文均出自：佐藤学.静悄悄的革命〔M〕.李季湄，译.北京：教育科学出版社，2014.

课堂的快乐，不是外观上的热热闹闹，而是思考的乐趣、付诸脑力的艰苦。

▲在"润泽的教室"里，教室和学生都不受"主体性"神话的束缚，大家安心地、轻松自如地构筑着人与人之间的关系，构筑着一种基本的信赖关系，在这种关系中，即使耸耸肩膀，拿不出自己的意见来，每个人的存在也能够得到大家自觉的尊重，得到承认。"润泽"这个词表示的是湿润程度，也可以说它是表示了那种安心的、无拘无束的、轻柔滋润肌肤的感觉。"润泽的教室"给人的感觉是教室里的每个人的呼吸和其节律都是那么地柔和。（P20）

☆"润泽"的学习氛围需要每个人的认真参与，没有恐惧，没有人为制造的喧嚣，无论师生，言者与听者都是轻松愉悦的，但绝不是松懈懒惰的（尤指思维）。

▲在教室里的交流中，倾听远比发言更加重要。然而，大多数教师却仍然以学生的"发言"为中心来了解他们的想法，而并不认真仔细地对待"倾听"。（P21）

▲如果我们希望在课堂上更好地培养学生的言语表现力的话，那么与其鼓励他们发言，不如培养其倾听能力。这看起来好像离得远些，其实却是一条捷径。在教室里，倾听的能力培养起来之后，课堂的言语表现才会变得丰富起来，而不是相反。（P21）

☆倾听能力不仅在于"听"，更在于一种专注的跟踪与思考。培养学生倾听能力，教师首先要学会和善于倾听。很多时候老师埋怨学生听讲不认真、发言不积极，自己却不愿倾听学生心声。这心声可能是一个动作，也可能是一个表情，甚至只是一个眼神。这些小小的差异都需要密切关注。

▲正因为动态的学习过程就是小小的差异相互反响激荡的过程，因此学习中需要十分谦虚和密切的关注。自古以来就认为"慎学、善思、明察"在学习中有着决定性的作用。古今的一切文献中，言及学习都追求这一"慎学"本质。而"自主性""主体性"或"努力""欲求"等并不是学习的本质。（P22）

☆学习的本质是审慎的思考探究，而不是外在的主动积极。

▲以"被动的能动性——应对"为中心的教师的活动该是怎样的呢？其第一要义是，在课堂上以慎重的、礼貌的、倾听的姿态面对每一个学生，倾听他们有声的和无声的语言。（P23）

▲在学习能够丰富地展开的教室里，教师在向学生讲话时，不仅能意识到自己的言语，选择合适的言语，还能同时有意识地专注地倾听学生的言语，其"讲述"的行为同时也就是"倾听"的行为。（P23）

▲能生动地促进学生学习的教师在对学生群体讲话时，能做到与一个一个的学生展开对话，而不是以群体为对象进行谈话。因为在教室里的是一个一个的学生，而不是铁板一块的学生群体。而且，教师边与每个学生谈话，边倾耳静听每个学生尚未说

出的话语，在对话的过程中，竭力以自己的身体语言和情感去与学生的身体动作和起伏的情感共振。能在有这样的教师的教室里学习的学生是非常幸福的。（P23）

☆这里的"每一个""一个一个"并不是教师在一堂课中的客观实现，很多时候表现为一种学生主观感受，即很多学生个体感受到老师对他的关注。倾听也不一定表现为学生言说教师旁听，而是教师以语言、身体语言、情感态度等多种形式对学生表示出的关切。

以不同符号区分标注原文与自我随感，更便于重读重温。从以上内容可以看出，未必每条摘录都要加注随感，也可多条合并、综合起来加注随感。摘抄和随感宜同步进行，也就是在摘抄之际趁热打铁写下随感，以免回头时有所遗忘。这里只是按照页码顺序进行的摘录，分类性还不够强。在通读之后的重读中，如果需要对一些重要内容进行分类摘录，很可能要打破单一篇章语段的格局，进行更大范围的串联、筛选、统整。

当然，在起始阶段也可只作摘抄不加随感，即使加注随感，也重在"轻点"，不必贪多，确有感触见解的可以随机写一点，随感也不一定非要是成形的、深刻的"点击"，一时半会儿没什么想法也不必刻意去写，不必苛求理解的一步到位，以后重温时如有更进一步的认识，可对先前未加注随感的摘抄补写感触，对先前已经加注、感觉需要补充的也可另行填补。

其次，在阶段循环中进行反复回读、温故知新，特别要抓住一些关键要素、核心概念——深化对其中内容精华的理解把握，而且要尽可能和自身教育教学观察、体验、反思等形成紧密联系。

叔本华主张对重要书籍进行"回读"："一则因再读时更能了解其所述各种事情之间的联系，知道其末尾，才能彻底理解其开端；再则因为读第二次时，在各处都会有与读第一次时不同的情调和心境，因此，所得的印象也就不同，犹如在不同的照明中看一件东西一般。"[1]

根基书目的内涵更较丰富，针对有些内容的理解难免存在一定难度或障碍，对此，更要增加"反刍"的频数和时间，才能真正有所消化。所以，对其阅读仅仅满足于两次怕是不够，还要尽可能进行多轮次回环往复才行。当然，有时循环期可以稍微拉长一些，比如间隔一年半载或者再长些，以勾起记忆深化思考。对其中一些重要篇章的回读来说，循环期应适当收缩拉短，这样便于从多个侧面进行思考咀嚼。无论短期循

---

[1] 张恒. 读书记〔M〕. 北京：新星出版社，2010：37.

环还是较长周期循环的回读，都应注意对思考所获认识及时做出梳理，以保证思考的连贯性。

在回读过程中我们必须抓住要害，这个要害首先就是其中的关键要素、核心概念，因为它们能够使我们从中寻找到更有实质意义的关联脉络，可谓"根基之根基"。有些具有根基性的要素概念，意义往往会超越书目本身，成为人们理解探索相应问题、具有源头性质的依托凭借。如维果茨基针对儿童心理发展所提出的"最近发展区"概念，马斯洛在其需要层次理论中提出的"高峰体验"说，皮亚杰在其认知发展阶段论中提出的图式、同化、顺应、平衡等概念，如此等等，在相当程度上已为后世广泛认同。

对于根基性的要素概念，既要有还原性的理解，明确概念要素提出的语境背景，还要尽可能结合自身实践体验或观察思考，做出有一定针对意义的过滤、反思，这样才能更较深透地理解相应概念要素的内涵所在。否则，一方面对原生信息疏于剖解，一方面又不能与自己的实践研究形成较为切近的沟通，对其概念要素的"理解"，往往就可能止步于人云亦云的外显状态，停留于一知半解的字面意思，难以达成较为准确的认知。

从寻找学习研讨的交集看，《静悄悄的革命》一书所呈现的"主体性神话""以学为中心的教学""润泽的教室""学习共同体"等要素的学习理解对我们来说更有意义，这些地方关涉的中日双方话语背景和教学诉求非常接近，相应要素可谓把握全书精髓的"根基概念"。特别是第一章，以"主体性神话"为发端，引出诸多概念要义，对学校课堂教学进行了理性的观察思考，可谓全书根基。下面我们就以"主体性神话"这一关键要素、核心概念的理解为例，对此略做探讨。

"主体性神话"的本质，佐藤学先生明确指出，它是"将学生与教师的互动、与教材以及学习环境等割裂开来，让教育成为仅仅针对学生的需要、愿望、态度等学生自身的性格取向来进行的神话，成为把学习理想化为只由学生内部的'主体性'来实现的神话"，其主要表征为片面、过分夸大学生主体地位。在我们 21 世纪初所进行的新课改理论构建中，"以学生为主体"即为其核心理念之一。课改之初，在自上而下的推动中，针对以往教师过度主导课堂的弊端，有研究者随之提出"以学定教"的倡导，由此被一些人简单理解为"根据学生需要组织和评价教学活动"，教学中一度出现刻意突出、过分夸大学生"自主"的现象（如自主学习、自主提问等）。在课堂之上一切看学生几乎成了一节好课的主要标志，由此又束缚了教师的创造性。类似倡导之下，学生的"自主"往往浮在表层，并没有获得思维与认知上的提升。凸显、关注学生的学本身没有问题，但是，由一个极端自觉不自觉地滑向另一极端，则难免成为"课改浮躁症"的表现。

可见，关于"主体性神话"，绝非日本教育改革单单呈现的怪象，对此，佐藤学先生早有观察：教学中的主体神话形成于大正时代的自由教育，在二战后的新教育运动中得到了进一步的扩展。在中国、日本、韩国、新加坡、中国台湾、中国香港等旧儒教圈的国家或地区，可以说是其学习观的特征，把"学习即生活"理想化的倾向也是这些国家和地区的特征。具有讽刺意味的是，这几个地方在把主体性绝对化的同时，其教学的状况又是世界各国中，被大一统教学形象最为顽固地支配着的地方。一边受到一些固有教育情态的牢牢控制而烙印深重，一边又简单张扬所谓新理念优势，对新元素的注入缺乏清醒认识、理性反思，这样一种未免自相矛盾的方式，恐怕只能在实践中陷入邯郸学步的尴尬境态。

上面所做梳理，主要是对"主体性神话"的概要性还原理解，明确其核心要义及语境背景，这还只是基础性工作。要让这一概念与我们的教育实践与言说有所沟通、形成对接，还要尽可能结合实践体验、观察思考，做出有针对的过滤、反思，这样才能与文本进行深度对话。我们来看烟台格迈纳尔中学张绍燕老师就此所做阅读分析。

由"主体性假象"引发的思考

佐藤学先生提出，教学是由"学生""教师""教材""学习环境"四个要素构成，而过分凸显"以学生为主体"的现状本质上割裂了学生与其他三者的关系，将学生的主体性绝对化了。其中，重点批判了三类"主体性假象"：

为首的就是手势教学。手势教学不但把教室里的师生对话与日常对话割裂开来，而且把学生的那些踌躇不定、模糊不清的思考给排除压制掉，而在真正的学习中这种模糊的思维有时却是最有价值的。

反思自己的课堂，也不乏那种虽主动举手发言但表达不清晰、没有条理的学生，也有虽未主动举手、被老师点名发言却字字在理的学生，是我常说的"会的举手""听懂的同学举手"——这种对学生思维的简单分类，造成了自身课堂上的"主体性假象"。现在的我，在课堂提问时，总会有意找那些理解上迟缓、不会主动举手的学生，让他们慢慢呈现自己的思维过程。我发现，当我一点一点理顺他们的思路时，全班同学脸上都会露出"释然"的轻松和开心的表情。

继而佐藤学引领我们进入他的"润泽的教室"，"倾听彼此"，以"应对"为视角，组织以应对为中心的教学活动。就学生而言，应对具体包括：对于具体表现教学内容的教材的应对；对主导组织课堂学习的教师言语的应对，以及对其他学生言语的应对；对自身的感情、印象或思考中的犹豫的应对。就教师而言，第一要义是在课堂上以慎重的、礼貌的、倾听的姿态面对每一个学生，倾听他们有声的和无声的语言，做到与学生个体展开对话，而不是以群体为对象进行谈话。佐藤学认为教师需要全身心地对每个学生敞开，与每个学生的思考或情感相呼应，而在学生表现出"漫不经心，麻木不仁"时，教师应反思自己的"讲话方式""倾听方式"或"身体姿态"等与学生的交往方式是否有问题。佐藤学把教师的倾听和应对行为形象比喻成棒球投球练习，鼓励教师把学生投过来的球准确地接住，与那些倾心投球的学生想法产生共振，让学生产生投球的快感，指导教师不要只注意自己教学的进度，而要去想准确地"接住"每个学生的发言，避免授课过程中学生"投球"纷纷落地的情况。

对照书中要义，反思我自己的课堂，有时过于注重课堂进度的按计划实施，忽视主动、能动地倾听学生，缺乏做好"接球"的心理准备，反之，却经常暗自抱怨学生的"不配合""反应不热烈"。佐藤学的分析鞭辟入里，点到了我的教学症结所在。现在的我，上课之前有意识地把"倾听""应对"这些字眼在脑中过滤一遍，课堂上更加关注学生的"学"、学的真实情态，而不是一心放在自己的备课计划上，或者想着"下一步该怎么办"，而是根据学情来酌情应对，在必要情况下，不怕适当地牺牲进度，也要努力接住、接稳学生的"投球"。一个阶段下来，感觉自己和学生的心情以及课堂氛围都温润了很多，因为我对学生的发言多了份欣赏的情感，眼中的学生面貌也大为改观。

再者，以学生为主体，以应对和倾听为方式的教学活动中，教师需要开展多样化的师生互动，让学习活动更为丰富，让学生的经验更深刻。佐藤学提出教师在教学中要特别注意倾听来自学生思路各异的"异向交往"的话语。为此，学生不能只在座位周边几个人的小范围内交往，而要做到能竖起耳朵倾听教室另一角的学生说话，与远处的学生发生相互交流。为此，教师的活动应大致归于应对每个学生的"服装裁剪"与让各种学生的看法相互碰撞激荡、回响共鸣的"交响乐团"两类。

这一方向我做得还很不够，以往不但缺乏针对学生异向思维的敏感度，也欠缺给予异向思维的学生以发言、申辩机会的热情主动，更缺乏相应引导能力。很多时候，针对异向思维性质出现的苗头，都被当作离经叛道的"畸形"而加以生硬打压、阻抑。读了《静悄悄的革命》之后，我对课堂上的异向言语有了一定的理性把握，虽不能全部做到即时处理，但对发出异向言语的学生倒是多了几分耐心与尊重。最近的一次，是课后与一位课上给出异向言语的女生握手，因为在课上我引导全体学生一同探究其思路的根源与合理性，最终顺利过渡到正轨，虽比原设计多花了时间精力，但也因此把新旧知识的衔接与过渡做到了更为成功的理顺。相信这次经历，无论对于该生本人，或者我自己，甚至班级其他同学——都会是值得回味的一幕。

佐藤学的关注点是课堂，重点放在课堂上的师生倾听与应对。现实教学中，针对课后作业批改、习题批改，教师也需面对学生的多向思维和异向思维。对此环节，显然教师的思考和应对要比课堂上时间更充裕，也有更多斟酌的空间。相对而言，由此实现对学生个体的倾听目标更容易一些。为此，作为教师，一方面我们要以佐藤学的倾听和应对理念为指引，尽力提高自身课堂技能；另一方面，还要勤于课后反思，结合学生作业、练习呈现的问题做出反思，争取在作业中给予学生更多个性化的应对，通过批改环节实现对自我课堂不足的感知与弥补。

不难看出，张老师主要围绕三点对"主体性神话"进行了阅读分析，她一方面从原著出发解读其本源意涵，一方面又结合自身教学经历体验进行反观印证，对自身相应工作的不足进行了直面与解剖，从而使得对"主体性神话"的理解和自身教育实践与言说达成沟通对接，这样的理解、解读自然更进一步，有利于阅读者本身对概念要素的深度把握。这里的教学经历体验，可以是亲历的实践反顾，也可以是相应的观察思考，可以是正向的，也可以是反向的，或可综合比对，形式灵活不一，但内容取向则是一致的：都是源自自我、较为深刻典型、契合概念要素、同时能够予人启迪的相关教学过程、事件或经验，都是一种基于专业维度的省思与检讨。

张老师最后还在作者观点思考的基础上进行了有益补充，提出了更进一步、切合实际的思考建议，即认为我们不仅要关注"课堂上的师生倾听与应对"，还要尽可能在课堂之外的作业、习题批改等环节关顾教师"对学生个体的倾听"，从而把对"主体性神话"这一概念要素的思考分析有所拓展。这样的理解自然更为深入，更有利于相应概念要素逐步转化、内化为相应的自我认知，并进而与自身的专业行动有所融合。

对经典的反刍与啃读，应当视为一种充满自我挑战的深刻对话。有的人往往会有一种轻率的阅读态度：草草浏览、囫囵吞枣之下，对其中一些内容只是一知半解，转而开始抱怨"内容太深""理论太强""偏离一线"，以此为自己态度的浮躁和理解力的欠缺打掩护。长此以往，就可能满足于一些快餐阅读或低端阅读，对经典书目愈发"敬而远之"。

需要说明的是，通过"回读"促进概念理解，并不是指发现相应概念、停留某一语段之际而中断阅读的冥思苦想，这种"回读"进行的时机——至少应该是在读完相应的一个完整章节之后甚至全部读完之后才更为合适。

在阅读过程中可能源于认知基础、文化差异、内容体系的复杂等因素，对有的根基书目的一些地方、个别概念说辞确实会有一种感觉，就是虽然也卖力钻研、反复琢磨了，但确实还是"读不大懂""不大清楚"。其实，对此更需要的是有所明辨、明确重点、有所取舍。反之，如果刻意为了"搞懂"而做无用功，或者不加分析地抱着一知半解简单迎合作者，都是不妥的。

　　比如，《静悄悄的革命》一书共有六章，其中第三章"设计课程"部分，佐藤学先生表述的课程建设理念虽然对我们的课程建构包括综合实践活动开展有一定的学习、借鉴意义，但和我们的课程范式、包括我国提出的"综合实践课程"都有明显差别，不宜与我们的语境进行单向比对。与此同时，译者推出的 2014 新版本针对本章第 16 部分，和 2003 年长春出版社推出的旧版也有明显差异，旧版提到的"以学校为基础的课程"，新版翻译为"校本课程"，两者其实还是有差别的。新版的翻译处理可能是更多考虑到我国近年所兴起的校本课程热，所以把原本翻译进行了改动。实际上，细读之后，可以发现：佐藤学谈及的内容，绝不是我们当下所说的校本课程。如果被一些看起来一样的名词所惑而不考虑特定话语背景差异，由此产生的思考和探究则可能出现偏差。综合以上因素，对《静悄悄的革命》一书的阅读学习，第三章可以不列为重点，回读时也不必在一些细枝末节上大费脑筋。

　　再举个例子。读帕尔默的《教学勇气》，因为文化背景等方面的差异，有些内容开始读起来可能有距离感，但是，通过回读咀嚼不难发现，全书精华在于对一些关键性质的教育征象和核心概念进行了富有特质的深入解剖，比如"恐惧文化""教师的自身认同与自我完整""学习共同体"等，只要结合原著语境和教育现实，对这些关键要素、核心概念有深入理解，就可以说把握了全书精髓，因为这些概念要素背后折射的问题在很大程度更具普适意义。

　　其实，只要是无关大局的地方尽可放下，不要因为这些阅读障碍的存在而止步不前，或者企图一步到位而耗费时力。有些一时半会弄不明白的地方，重读时就可能有所理解。

　　再次，要不断归纳、概括、总结、梳理书目的整体内在结构、主要观点主张、有关思维方法。

　　阅读书目的脉络结构和基本结论，在阅读中必须归拢清楚。还有作品本身研究问题、思考问题的立场以及思维方法等，也应加以归纳。

　　一般来说，对有明显线性逻辑的作品来说，把握其脉络的难度相对不大，因为有明显线性逻辑的经典性根基书目多以原理探究形态为主，本身结构层次比较明晰。比如《我们怎样思维》一书，在杜威的整个理论大厦中是一部具有根基性的作品，对于深刻认识和改造教学具有重要的启发意义。此书从章节目录上即一目了然，分别为"思维训练的问题""逻辑的探讨""思维的训练"，每一部分分为若干章，每一章讲述对应的几个问题，都列得一清二楚，可以由此看出作者的论证架构。但是，不能说我们在回读中熟知总纲目录就代表了对全书主要观点及其论证过程的熟知，因为这其中每个章节细节都有值得精心研究的重要信息。回读研究也不能只选择其中部分章节而舍弃其他，而针对具体部分、章节、问题之下的行文脉络、观点思维、前后关系的归拢，还有很多工作要做。这就需要一点一点地"啃读"，然后再逐渐合拢，才可能对书目整体和内部脉络规律做出精要归纳，从而将其"吃透"。

要透视、把准经典书目血脉，可以通过列提纲的方式进行整理概括。比之《我们怎样思维》，《静悄悄的革命》一书的理论阐释要少很多，整体线性逻辑要弱，但各章节之间还是存在较为明显的逻辑关联的。前面我介绍《静悄悄的革命》一书时对全书四章进行的分列陈述，其实就是一个提纲。提纲可以再细化，比如，针对本书第二章"改变教学——学校改变"的六部分具体内容可以再列提纲，下面是第一、二部分提纲：

一、为了让学生从内部开始变化

教育研究者和实践者更需要从实践和现实中学习，改变一所学校的根本在于不断开展校内教研活动，敞开教室大门进行相互评论。

学校改革至少需要三年，即第一年建立教师间公开授课的校内教研体制；第二年，提高研讨会质量，以授课方式和教研活动为中心，重建学校内部组织机构；第三年，以师生有目共睹的转变为依据，确定新的授课方式和课程设置。改革不能操之过急，否则对师生均无好处。

所有教师都必须参加公开课的教研活动、着眼建构一种相互促进学习的"合作性同事"关系是学校改革的第一步。

二、相互开放教室——改革的第一步

教师超越自我，构筑和同为实践者的同事们的团结合作关系是所有学校改革的首要前提。必须开展更为轻松愉快、简便易行的教研活动，但研讨的次数必须保证，只有通过反复的案例研究才能取长补短。应该把时间花在事后的充分研讨之上，在研讨评论时对授课人评头论足一味指责伤害他人的方式必须改变，而应把焦点放在授课的"乐趣"（哪里有意思）和"困难"（哪里比较困难）所在，实现有益的分享交流。

剩下的几部分依此类推，也就是说，通过再细化，把具体部分的内容观点等再行概括，从而把书读薄，形成含蕴精要的"压缩饼干"。

还可以设计一种相对繁复一些的提纲，将需要厘清的基本信息列出清单，以备查阅参考。如对《静悄悄的革命》第一章"教室里的风景——向创造性学习迈进"，可围绕以下层面进行总纲梳理。

▲内容概要……

▲关键概念

①"主体性"神话……

② "被动的能动性"……

③ "润泽的教室"……

④ "以学为中心的教学"……

⑤ "异向交往"……

▲典型案例：从"蒲公英"的学习开始

……

▲观点辑要……

▲初步思考……

当然，还可以采取很多方式，比如近些年流行的思维导图，在此不做赘述。

上述提纲如同"条块分列"，便于对具体章节层次内容的把握、重温，相当于在目录之下对相关内容进行了有所展开但又高度概括、浓缩提炼的笔记。

当然，提纲还不能仅仅满足于"条块分列"，有时还需要打破这种只限于对应章节的"条块壁垒"，需要打破壁垒的前后贯穿与勾连。《静悄悄的革命》虽然整体有一定的线性逻辑，如果具体到章节内部和章节之间来看，其具体条目之间的逻辑层次就显得弱一些：有些内容在前后章节、章节内具体条目之间多有贯穿甚至有所重复，如对学生虚假主体的分析、关于精简学校组织的表述、学习共同体建构等，这种贯穿重复本身有时可能会弱化全书整体逻辑。但是，书中的这些重复并非简单机械的重复，更带有作者对相应主题内容的渐进强调、强化、补充意味。所以，这种情况下除了整体把握全书提纲之外，最好针对这些打破全书章节条目、或显或隐的主题内容再进行一些整合归纳，如此收获往往更大。下面是笔者对《静悄悄的革命》一书所呈现的观课思想的归纳整理。

佐藤学观课思想纲要

细读《静悄悄的革命》一书，发现佐藤学先生的观课思想在每一个章节都有体现或渗透（具体内容页码分布及其摘录在此从略），前后梳理，可大致归结为以下几点：

▲要点归纳一 听评课活动必须建立在平等、合作的基础之上进行，教师彼此之间"敞开大门"，互助学习，学校的改变才可能发生。教师害怕暴露缺陷、互不干涉、尘封自闭的心理文化是其中的极大障碍。

我的思考：应该看到，除了教师本身因素之外，当前来自某些教育行政层面的政策导向与评价制度，也是造成佐藤学先生所说的这种负向心理与畸形文化的原因。一个真正追求成长的教师，必须对此应保有警惕，防止被畸形文化渐进同化甚至全然丧失自我。

▲要点归纳二　听评课不是一两次的孤立活动，参与主体也并非一小部分所谓骨干教师，它应该指向常态化的以校为本的最广泛范围的教研活动，其主要方式是案例研究，想要从中取长补短，必须保证案例研讨的数量和质量。除此之外，也应注重以年级或者学科为单位的非正式教研活动。

我的思考：听评课应该成为一种常态化的工作、训练，除了学校整体、学科组、年级组的教研活动之外，也要倡导教师之间自发的非正式教研活动，其实这种活动在我们中间是广泛存在的。没有充分的活动基础，教师相应的教研意识与素养难以得到切实提高。苏霍姆林斯基也说过，听评课应该针对所有教师进行，包括老教师和骨干教师。很多学校把听评课定位为抓青年教师或者检查督促个别所谓落后教师的手段，这是有欠缺的。案例研究其实是中小学教师最基本最有效的研究方法，没有基于丰富案例的积累、提炼，教师教学素养的提高必然滞后，而案例研究成果的获得、优化、推广更有赖于团队效应和良性互动。

▲要点归纳三　听评课活动的侧重应该放在事后针对教学过程的充分深入的反省研讨之上，针对实际案例进行相互切磋，而不是耗费大量时间精力的事先准备或者事前研讨，应该开展更为简便可行的教研活动。

我的思考：佐藤学先生主张开展足量的指向所有教师的听评课活动，这必然牵涉较多时间、精力，那么怎么组织？先生给出了实实在在的建议：事后重于事前。也就是关键要落实在听课之后的研讨环节。我们很多听评课往往虎头蛇尾，满足于上一节漂亮的课、然后说几句漂亮话了事，或者课上完了后面的研讨不了了之，其实这样往往没有多少意义。

▲要点归纳四　听评课的话语姿态需要改进，通常有两种不好的方式：一是防御性姿态，对别人谈及自我缺点有抵触心理；一种是单纯喜欢评头论足、一味挑刺的方式。研讨目的绝不是对授课情况单纯进行好坏的界定评价，而应把焦点放在个中"乐趣"和"困难"之上，通过讨论这节课哪些地方有意思、哪里有困难、学生的相应表现等达到研讨目的。作为观课者，要遵守观摩的礼节规范，对授课人予以充分尊重。

我的思考：有的人在这个问题上的态度是矛盾的，在别人听自己的课时希望人家多赞美，而在听别人课时却喜欢多挑刺多谈缺点。还有这样一种不好的心态，就是去听别人课时，往往不是抱着互动交流来的，而是通过挑刺达到否定、贬斥对方的目的，过后往往表示出"不过如此"的态度。无论是防御姿态还是另类"进攻姿态"，都决定了你在听评课中不会真正有所收获。佐藤学的观点与华东师大崔允漷教授的听评课观点十分接近，崔教授主张对讲课人要多体谅，研讨言说要有充分的专业理据。除此之外，我认为还有一种专门唱赞歌的听评课，看似研讨很长时间，其实都是一个腔调，回避问题，这当然也是不好的。其实，适当地以商榷口吻把问题摆出来，提出一些有针对的意见建议，大多数授课人还是愿意虚心接受的。

▲补充分析（两点）

佐藤学在全书反复提及"倾听""对话""学习共同体"，这是学校文化重建的关键所在。也就说，不能孤立看待听评课活动的组织开展，只有建立在充分的"倾听""对话"精神基础之上，建设真正的"学习共同体"，听评课活动的真正意义才会凸显。这一点是背景要素，也是终极目的。

佐藤学关于"虚假主体"的论述，虽然表面和听评课活动没有多少直接联系，但从中不啻提醒我们：听评课的主要指向是什么，是教师的表现还是学生的学习获得？是考察外在的形式、氛围还是审视课堂的内涵意蕴？我们多年来在这方面有所错位甚至本末倒置，以至允许、默认乃至倡导牺牲大量常态课预演公开课、优质课的行为，这种做法侵犯了学生利益，违背听评课的本真诉求，这样的课本身没有多少研究价值。

对一些线性逻辑相对不明显但内容丰富、内涵厚重的经典书目也需要做这样的工作，而且整理挖掘的余地、空间往往很大。

如苏霍姆林斯基《给教师的建议》一书，具体条目的表述多是有案例有分析，而且分析细致入微，直切教育学心理学的基本原理，加之诸多条目之间在一些方向上存在密切关系，整体形成互联互补，由此更增进了书目潜在的学理探究色彩。如果只满足于粗枝大叶的整体感知和一鳞半爪的具体感受，还是远远不够的。针对百条建议，如果能够从中提取框架，打通条目之间内在通道，围绕阅读教学、自尊心与后进生教育、智育与课堂脑力劳动指导、学生思维活动特点与思维能力培养、听评课、教师发展与教师素养等主题尝试进行归并整合、概括提炼，从中窥察苏霍姆林斯基思考研究相应问题的立场、思维、方法等。这样一种主题化、体系化的统整，无疑是一种更高层次的锻炼。

再如《论语》一书，其实是比较松散的语录体，可以说基本没有什么明显的逻辑体系。如果做研究性阅读的话，也可以做一些类似的联并梳理、归结整合工作，可能还会取得一些有意义的发现。

杨伯峻先生《论语译注》其后附有《论语词典》，对书中词语出现频率进行了统计排列，其中"学"字64次。在这64次中，笔者又有新的发现，其中"好""学"并提共有16次，占据1/4，直接涉及孔子本人的15次，孔门弟子子夏1次，请看相应的主题摘录。

《论语》中的"好学"

子曰:"君子食无求饱,居无求安,敏于事而慎于言,就有道而正焉,可谓好学也。"(《学而篇第一》)

子贡问曰:"孔文子何以谓之'文'也?"子曰:"敏而好学,不耻下问,是以谓之'文'也。"(《公冶长篇第五》)

子曰:"十室之邑,必有忠信如丘者,不如丘之好学也。"(《公冶长篇第五》)

哀公问:"弟子孰为好学?"孔子对曰:"有颜回者好学,不迁怒,不贰过,不幸短命死矣,今也则亡,未闻好学者也。"《雍也篇第六》

子曰:"笃信好学,守死善道。危邦不入,乱邦不居。天下有道则见,无道则隐。邦有道,贫且贱焉,耻也;邦无道,富且贵焉,耻也。"(《泰伯篇第八》)

季康子问:"弟子孰为好学?"孔子对曰:"有颜回者好学,不幸短命死矣,今也则亡。"《先进篇第十一》

子曰:"由也!汝闻六言六蔽乎?"对曰:"未也。""居!吾语汝。好仁不好学,其蔽也愚;好知不好学,其蔽也荡;好信不好学,其蔽也贼;好直不好学,其蔽也绞;好勇不好学,其蔽也乱;好刚不好学,其蔽也狂。"(《阳货篇第十七》)

子夏曰:"日知其所亡,月无忘其所能,可谓好学也已矣。"(《子张篇第十九》)

"好学"在今天通常理解为"爱好学习(问)",但在诞生于两千多年前的儒家经典《论语》之中——其含义怕是绝不仅仅在于今人所理解的"学习"二字,即使是"学习",内容指向也不是单一的科学文化知识,更包括了道德学问的修养与践行。在孔子为代表的儒家先贤眼中,"好学"其实更表现为德学并重、智德合一,其教育理念带有强烈的实践理性特征,融才智获取与品性培育、内在涵养与外向气度于一体:"学"不是单纯闷在纸面的"学","习"也不是单纯的温习、复习,而更在于实习、践行。是否"好学",关键还在于行动上是否有坚定的秉持与笃行、自省与精进。孔子把"不迁怒""不贰过"的颜回视为"好学"之典范,其评价向度概源于此。

对"好学"的理解,还不能止步于以上几处摘录,《论语》另外的诸多话语、话题可与此形成较好的印证与互补,需要注意联系思考。

子夏曰:"贤贤易色;事父母,能竭其力;事君,能致其身;与朋友交,言而有信。虽曰未学,吾必谓之学矣。"(《学而篇第一》)

子曰:"君子不重则不威,学则不固。主忠信。无友不如己者,过则勿惮改。"(《学而篇第一》)

……

《论语》之"好学"，看似一个简单的字眼，却从中烛照出以儒家为主轴的中国古代传统教育的基本精神，值得深深回味。

上面我只是进行了一个简单归理，如若细究当然还要潜入原典进行更多比对、串联、统整，参考阅读更多的一些相关书目，才能形成更系统的认知分析。当然，这种整理挖掘绝非刻意标示自我阅读发现的乱挖掘、乱整理，必须从原典内涵出发，实事求是，谨慎梳理，绝不可超脱书目本身进行先入为主的添油加酱、"赋予内涵"。

根基阅读更应该是一种"意义阅读"，关键要把握经典的整体核心及其具体细部之间的联系，在这种联系中寻找和获得意义，而不是仅仅了解和感知书目本身的个别观点、某一说辞。如果满足于摘录记住几句所谓经典名言，获得几个耳熟能详的概念命题，把经典所具有的丰富内涵口号化，这种阅读无疑是琐碎、肤浅的，很难达成准确、深入的理解。

第四，当回读达到一定程度，可以联结其他有关书目相关内容，通过参照阅读，形成比较联系，丰富和深化对某些重要观点、概念、主题的理解，进而完善或修正自我认知结构。

比如，佐藤学在全书每个章节都涉及对虚假、片面的"自主性""主体性"的批判，这是由全书"主体性神话"的根基概念和基调所衍生、派生出的思考，如同主根生发出的侧根，构成对全书核心思想的支撑。在第三章，作者谈到了尊重学生兴趣不等于简单还以学生"自主"的观点：

尊重每个学生的"兴趣"和"爱好"是很重要的，但这并不是为了还原到"自主性""自我解决"上去。而是要在教师的帮助下，把学生组织到其个人无法进行的、合作的学习活动中去，在"学生的自主性、主体性"这些美丽辞藻的背后，隐藏着教师无责任心的一面，要说这是一种欺骗也不为过。[①]

对此，笔者联系阅读了苏霍姆林斯基、巴班斯基、杜威的有关论述。

如果你所追求的只是那种表面的、显而易见的刺激，以引起学生对学习和上课的兴趣，那你就永远不能培养起学生对脑力劳动的真正的热爱。你应当努力使学生自己去发现兴趣的源泉，让他们在这个发现过程中体验到自己的劳动和成就。——这件事本身就是兴趣的最重要的源泉之一。离开了脑力劳动，就既谈不上学生的兴趣，也谈不上他们的注意力。[②]

——苏霍姆林斯基《给教师的建议》

---

① （日）佐藤学.如何阅读一本书〔M〕.李季湄，译.北京：教育科学出版社，2014：104.着重号为笔者所加。
② （苏联）苏霍姆林斯基.给教师的建议〔M〕.杜殿坤，编译.北京：教育科学出版社，1984：57.着重号为笔者所加。

在兴趣所含有的基本因素之中，应当强调的不是单纯激起热情的一面，而是增长知识的一面，这表现在认识的喜悦上。这一点对于在每一个具体场合里选择运用趣味性、使人感到惊讶、不同凡响等因素的最佳办法是异常重要的，因为一堂课上之所以必须有趣味性，并非为了引起笑声或耗费精力，趣味性应该使课堂上掌握所学材料的认识活动积极化。正如心理学家所强调的，趣味性的情景应该引起由于弄清楚所钻研的问题的基本概念而不是一些非本质的细枝末节所带来的喜悦心情。激情应该引导学生去研究问题，而不是诱使他们把问题撂在一边。真正的求知热情和消遣心情的区别就表现在这里。①

——巴班斯基《论教学过程最优化》

通过联读可以看到：佐藤学论"兴趣"，侧重点在于教师不能打着尊重学生兴趣名义任由学生"自主"，学生"兴趣"的激发也必须在教师基于责任的引导之下进行。苏霍姆林斯基和巴班斯基论"兴趣"，有一个共识，就是激发学生兴趣不能只满足于单纯的外在刺激，更要引导学生去思考、去研究，激起他们求知、探究的热情。通过这种联系比较，我们对佐藤学的有关论述会有更好的理解，对教学中的兴趣问题也会形成更加完善的认识。

杜威对兴趣问题也有专门论述，在他看来，一种兴趣只是暂时、外在的，这时人对感到有趣的对象只是暂时感到兴奋愉悦，但它并不能发展人的经验、促进人的持续活动。另一种是真正的兴趣，人们所从事的活动进入到一个持续过程中，知道活动之所由来及导向何处，此时感到有趣的对象未必具备娱乐性质，而是日渐与人的经验建立联系，这种联系使得对象开始变得有趣。在从事相应活动时，即使复杂，人也会十分投入，不会随着时间的拉长而消退。杜威强调的核心观点在于，促进经验生长与发展的兴趣才是真正的兴趣，反之，无助经验发展的兴趣只能说是一时之兴。请看杜威意味深长的一段表述：

真正的兴趣只是意味着人已经投身于其中的、或发觉自己已身在其中的某一行动过程，因而他与那个过程成功地进行中所包括的任何对象和技巧是融为一体的。这个过程包括的时间过长或短，视情况而定，特别是有关人员的经验和成熟程度而定。指望一个幼小儿童从事的活动像年龄较大的儿童所从事的活动那样复杂，或者指望年龄较大的儿童所从事的活动像成人所从事的活动那样复杂，这是可笑的。但是，持续一段时间的活动的延伸也是必要的。即使是对用匙子敲碟子感兴趣的婴儿也不是只与短

---

① （苏联）巴班斯基. 论教学过程最优化〔M〕. 吴文侃，等译. 北京：教育科学出版社，2001：114. 着重号为笔者所加。

暂的反应和兴趣相关。敲击与随之而来的声音有关，因此是有趣的，发出声音不是孤立地有趣而是作为敲击的结果有趣。这样短时间的活动形成直接兴趣，一时冲动的游戏活动一般都是属这一类型。因为（重复一下前面已经说过的）在这种情况下，不需将后面的和正在进行中的活动记在心上以保持前面的活动继续进行，并指导完成活动的态度、顺序和先后。但是，行动愈复杂，活动所需的时间就愈长；时间愈长，完成或实现的阶段就愈推迟；推退的时间愈久，对目的兴趣和对有趣的各步骤的兴趣之间发生冲突的机会就愈大。

——杜威《学校与社会·明日之学校》①

通过进一步阅读杜威对兴趣的论述，我们可以更深刻地认识教育教学的兴趣原则，进而理解佐藤学强调培养、尊重学生兴趣必须强化教师的责任与引导的重要性。

再如，佐藤学在书中还提出要让学校成为"学习共同体"，将创建"学习共同体"作为学校改革的哲学。在这样的学校里，不仅学生相互学习、成长，教师也相互学习、提高，教育行政人员、家长和市民也参与学习共谋发展。在佐藤学看来，学习共同体应该是"交响乐般的学习共同体"，音色、音阶不同的乐器虽然存在差异，但都将和谐地发出音响。帕尔默在《教学勇气——漫步教师心灵》也提出"共同体"之说，认为真正的共同体凸现的是"活生生的主体的力量"，"绝对不是线性的、静态的、分等级的，而是圆形的、互动的、动态的"，运作理想的共同体应该通过公开、群体的论争而不是竞争来推进，这种论争尽管"有时是喧闹的，但永远都是群体共享的"②。他还强调，基于课堂的教学共同体既不应以教师为中心，也不是以学生为中心，而是"以主体为中心"，应该是"一个能同时体验严谨和参与的学习型共同体"，师生同样得到尊重，可以互相发表见解，而且都要为他们所说和所做的一切负责。

可以看出，佐藤学和帕尔默关于"共同体"的观点主张有明显共通之处，佐藤学更是把共同体建构的范畴扩展到学生家长和社会人士，他们的观点思考，对学校教育教学共同体的建构都具有重要启发意义。

通过类似参照阅读、比较联系，可以深化对所读书目一些重要观点、概念、主题的理解，从而完善或修正自我认知结构。

与此同时，在整个阅读过程中，通过批注方式与文本深入对话，往往被视为发现

---

① （美）约翰·杜威.学校与社会·明日之学校〔M〕.赵祥麟，任钟印，吴志宏，译.北京：人民教育出版社，2005：183-185．着重号为笔者所加。

② （美）帕克·帕尔默.教学勇气——漫步教师心灵〔M〕.吴国珍，余巍等，译，上海：华东师范大学出版社，2005：103-104．

问题、深化思考、读写联通的有效手段。

批注主要强调针对原作内容情节、观点思维、重要概念、关键词句、写作手法等进行品赏、评注等。中国古代史学和文学批评多有采用"批注"的传统,"批"侧重对作品的"圈点""评析","注"则侧重对有关内容的"解释""补注",形式上还有"眉批""旁(侧)批""尾批"等类型。当下的阅读批注,大多侧重前一层面。

我们通常所说"阅读批注",多是阅读过程中一些零散、即时的感触体会,严格意义的"阅读批注",更应着眼于对原典反复揣摩、翻烂读透之后的深度对话、品评分析,以此努力把握原作语境语态、切近其意义视域,即使表露观点感情,也要紧紧围绕原作内容展开。尤其面对经典,如果不从严谨姿态入手,而是惯于随意发挥,实可谓本末倒置。所以,做好批注并非易事。

佐藤学先生在《静悄悄的革命》一书第一章第三节提出了一个概念,叫作"被动的能动性——应对",并强调在那些还没有推翻"主体性"神话的教室里,要开始为改革做准备的话,必须把"被动的能动性——应对"作为师生活动的基础。这个概念出现在本书第三节"以'应对'为中心的学习和教学——超越'主体性'神话",它由从佐藤学先生关于"润泽的教室"的构想引发开来,相对全书来说是一个必须攻克的理解难点。

1. 润泽的教室①

20 年前,在我刚开始访问和观察教室的时候,有一个词语是自己完全没有弄明白的,那就是"润泽的教室"。当时用此来形容教室,然而在对教室中洋溢着的那份美好产生感动的同时,我却对很多东西根本没法说清楚。当时的我,对"润泽的教室"这个词语,虽然知道是指一种氛围、一种心情,但对其所包含的精髓、它的意义,我是基本不理解的。

但是,通过后来参观、记录了若干教室的状况之后,我对这种"润泽的教室"的意味开始渐渐地能够理解了。可以说,与之相对而为另一个极端的教室,是由那些缺少人情味的硬邦邦、干巴巴的关系构成的教室。

在"润泽的教室"里,教室和学生都不受"主体性"神话的束缚,大家安心地、轻松自如地构筑着人与人之间的关系,构筑着一种基本的信赖关系。在这种关系中,即使耸耸肩膀,拿不出自己的意见来,每个人的存在也能够得到大家自觉的尊重,得到承认。"润泽"这个词表示的是湿润程度,也可以说它是表示了那种安心的、无拘

---

①(日)佐藤学.如何阅读一本书〔M〕.李季湄,译.北京:教育科学出版社,2014:19-24.文中夹注为笔者所加。

无束的、轻柔滋润肌肤的感觉。"润泽的教室"给人的感觉是教室里的每个人的呼吸和其节律都是那么的柔和。

"润泽的教室"一说还比较好理解，后文由此引出"被动的能动性——应对"之说，下面是原作第 2、3、4 部分。为了促进理解，笔者在整体回读时先尝试对这几部分进行了夹批。

2. 作为"被动的能动性"的主体性

"润泽的教室"是主体性神话的对立面。"主体性"是植根于去掉了"被动性"的单方面的"能动性"。而与此相对的"润泽的教室"则是以"被动性"为基础的，在那种教室里的活动，是以可被称作"被动的能动性"的应对为基础而开展起来的。"主体地学习"这一口号之所以总带着一点遥不可及的缥缈感，是因为这一口号忘记了在人能动地活动的前提中，就有与人或物的"应对"这样的"被动性"。

【夹注】在佐藤学看来，人的"能动性"本身包含着与"应对"相应的"被动性"。两者是一体的，抽去必要的、应有的"被动性"而孤立、片面地谈"主动性""能动性"的所谓"主体地学习"，并不是真正的有意义的学习。本章前两节对所谓"主体性神话"已有表述分析。

实际上，仅仅是精力充沛、干劲十足，却对周围的人或环境状况缺乏应对能力的人，往往是显得滑稽可笑或者四处碰壁的。例如寒暄问候就很能说明问题，要让寒暄令对方听起来心情愉快，就需要传递出能与对方呼应的话语；如果只是单方面地、不考虑对方状况地打招呼的话，那带给对方的只可能是快快不快。交流并不是突然发出信息然后得到应答，而是在发出信息之前就准备好了与对方的"应对"。打电话时的"喂，喂"，写信时开场白的寒暄等，都可视为是发话人在谋求与对方应对的话语。"早上好"的问候、打电话的"喂，喂"、信中的季节寒暄等等，这些行为与其说是在打招呼，倒不如说是在边打招呼、边听取对方无声的语言。

【夹注】我们必须具备对周围的人和环境的应对能力，而不是仅仅以自我为中心。应对本身还应该包含着一种对对方的尊重和倾听。

这一事例说明了在教室里的交流中，倾听远比发言更加重要。然而，大多数教师却仍然以学生的"发言"为中心来了解他们的想法，而并不认真仔细地对待"倾听"。于是，比起擅长发言的学生来，那些在学习上不多言语，然而善于倾听的学生尽管应该被评为优秀，但在这些学生的通知书上却常常被写上"更加积极地发言吧"。其实，对那些不多思考就草率发言的学生，倒是该写上"更加注意仔细倾听吧"。再进一步说，如果我们希望在课堂上更好地培养学生的言语表现力的话，那么与其鼓励他们发言，倒不如培养其倾听能力。这看起来好像离得远些，其实却是一条捷径。在教室里，倾听的能力培养起来之后，课堂的言语表现才会变得丰富起来，而不是相反。

【夹注】长期以来，课堂重"讲"不重"听"：对教师来说，讲得好未必就代表教得好；对学生来说，"发言"的本质也是"讲"，积极发言未必等于认真思考，未必代表一定学得好。课堂之上，学生之间、师生之间更要学会互相倾听，才能实现真正的思维碰撞。听作为接受外部信息的过程，不仅体现为注意力，同时需要经过大脑的理解梳理，才能转化为有效应对和辨认的能力。所以，"听"更是一种理解的方式、对话的姿态，相应训练不可或缺。

3. "应对"的活动

"被动的能动性"正是我所追求的教和学的形态。教也好，学也好，都应该以"应对"的应答性活动为中心来组织的。因此，从这种"被动的能动性"，或者"应对"的视角，我们来重新审视一下学生的学和教师的教之间的结构。

对于学习这一能动性的活动来说，"应对"这种被动的应答也是其基础的基础。比如说，阅读语文课文，通过阅读行为，学生被唤起了怎样的印象？对于这一被动的"应对"给以怎样的密切注意或表现出何种敏感，可以说决定了整个阅读。再比如解决数学问题，读了教材上的问题后，学生形成了怎样的问题印象？他是将之作为怎样的问题来认知的？这些是决定性的。

对于具体表现教学内容的教材的"被动的能动性——应对"是很重要的。然而不仅如此，对主导地组织课堂学习的教师的言语的"被动的能动性——应对"，以及对其他学生的言语的"被动的能动性——应对"，对自己自身的感情、印象或思考中的犹豫的"被动的能动性——应对"，都在学习中有决定性的重要意义。

【夹注】在佐藤学看来，"应对"是学生学习的基础，学生必先学会"应对"，包括对教材、教师、同学、自我的多维"应对"，通过相应交流，才能使学习更有效。这种"应对"，本身固然有其考虑多重矛盾关系的被动性、规定性，但又需要学习者积极发挥自我主观能动性，所以叫作"被动的能动性"。

应对教师的言语、教室里同学的言语会在我们心中唤起一些东西，让这种被唤起来的东西结晶为自己的言语，让自己的这些言语和教材中的内容、和其他同学的言语相互碰撞，在学习发展的动态过程中，这种"个体和个体的相互碰撞"不断地产生出来。正因为动态的学习过程就是小小的差异相互反响激荡的过程，因此学习中需要十分谦虚和密切的关注。自古以来就认为"慎学、善思、明察"在学习中有着决定性的作用。古今的一切文献中，言及学习都追求这一"慎学"本质。而"自主性""主体性"或"努力""欲求"等并不是学习的本质。

【夹注】由应对所唤起的东西结晶成的自我言语，从根本上说，应是一种思维的唤起与梳理，学生应让自己的言语和来自教材、同学等不同层面的言语进行碰撞。有深度的思维碰撞，其学习效果远胜于不加思考的主动发言。这种更多指向"个体和个体的相互碰撞"的学习过程，更须具备谦虚谨慎的品质、善思明察的精神，这才是学习的本质。所以，更多指向外在表现的主动、努力等说辞并不是学习的本质。

4. 以"应对"为中心的教学

"被动的能动性——应对"不仅在学生的学习中是中心，在教师的教学中也是中心。然而，大多数教师却没有能理解这一点。因此，教师在说"在我的教室里，学生的发表能力和表现能力很欠缺"这类事时，完全像是在说别人的事似的。出现这样的课堂状况，其实应当归因于教师没有以"被动的能动性——应对"为中心而展开教学。最好仔细去看看课间休息时的学生，哪个学生的表现是"发表能力和表现能力很欠缺"呢？

那么，以"被动的能动性——应对"为中心的教师的活动该是怎样的呢？其第一要义是，在课堂上以慎重的、礼貌的、倾听的姿态面对每一个学生，倾听他们有声的和无声的语言。我在许多的教室里观摩过教学，在上课一开始教师向学生讲话阶段，仅仅只需感受教师的身体和语言，就能大致知道其教学的成败。在学习能够丰富地展开的教室里，教师在向学生讲话时，不仅能意识到自己的言语，选择合适的言语，还能同时有意识地专注地倾听学生的言语，其"讲述"的行为同时也就是"倾听"的行为。

【夹注】教师在教学中也应做好"应对"，其中很重要的一点就是与学生的交流，包括言语、身体语言以及情感等多方面的交流。在组织教学的同时，更应注重倾听学生，让学生感受到教师不仅是在"讲课"，还有对他们的"倾听"。

能生动地促进学生学习的教师在对学生群体讲话时，能做到与一个一个的学生展开对话，而不是以群体为对象进行谈话。因为在教室里的是一个一个的学生，而不是铁板一块的学生群体。而且，教师边与每个学生谈话，边倾耳静听每个学生尚未说出的话语，在对话的过程中，竭力以自己的身体语言和情感去与学生的身体动作和起伏的情感共振。能在有这样的教师的教室里学习的学生是非常幸福的。

【夹注】佐藤学先生强调教师与学生的交流应该着眼于一个一个地展开对话，而不是满足于单纯指向学生群体的对话。课堂之上的师生对话不光是语言上的交流，更重要的是在身体动作以及情感等方面——实现与学生个体的共振共鸣。完全做到这一点很难，但是，作为教师，必须深刻理解这里所强调的认真倾听学生、关注学生个体的教学精神，并结合实际最大程度落到实处。

然而，有不少的教师对学生身体所传达的信息漫不经心，麻木不仁。当学生不听讲时，大多数教师是责备学生的"听讲态度"，而极少有教师反省自己的"讲话方式"，极少有教师认为以自己的"倾听方式"或"身体姿态"为轴心所构成的与学生的交往方式有问题。也可以说，教师的全身心还没有对每个学生敞开，没有能够与每个学生的思考或情感相呼应、相互应答。

【夹注】学生"听讲"状态不佳，教师不应简单地抱怨学生，更要反思自我，反思自身是否做到了对学生的"应对"，是否注重了对学生的倾听，有没有全身心关注学生、与学生进行交流。

在那些还没有推翻"主体性"神话的教室里，要开始为改革做准备的话，必须设定"被动的能动性——应对"为教师与学生活动的基础。

在夹注之后，笔者通过对全书和第一章的反复回读，对"被动的能动性——应对"之说又进行了总的批注：

也看"被动的能动性——应对"

佐藤学先生认为，对于学习等能动活动，首先就包含了与人与物的"应对"，而"应对"本身即有其"被动性"。所以，他提出了"被动的能动性——应对"之说。

作为"被动的能动性"的"应对"——建立的首要前提就是必要的"被动性"："润泽的教室"应以"被动性"为基础，而这种"被动性"又以"与人或物的'应对'"为基础，也就是说，必须考虑学习活动中与教材（物）、与他人与自我（物）等多重矛盾关系的存在，而不是仅仅简单地外在地呈现自我。

与此同时，在教学过程中既然必须观照这种"被动"，就自然而然需要在此基础之上激发主观能动性，即学生以及教师应该依据自身生活经验，对课堂中生发的各种"关系"进行有差异的能动反应，特别是要学会并善于倾听。从建构主义心理学视角来看，这种能动性，利于师生对知识及其价值进行主动的而有意义的建构，从而内化为自我成长的一部分。

在笔者看来，佐藤学先生是将学生的学习置于人、事、物之间"关系"的联动中来考量的。

回顾本章第一节，佐藤学先生先从语源上介绍了"主体"一词在欧美的意涵："在欧美，'主体（subject）'这一概念是作为'家臣、从属'的意义来考虑的，这样一来也许就明了了。神、自然、国家、真理、民众的意志等，由于成为超越自身的从属者，而被认为获得了'主体性'。学习的'主体性'要求的'谦虚'正是源于这样的'主体＝从属'的思想根基。"这句话看起来比较费解，只有细细琢磨，才能有所领悟。

从哲学上看，"主体"的通常意思是"对客体有认识和实践能力的人"，马克思主义哲学则认为，认识过程是主体在改造客体的实践中能动地反映客体的过程。结合相关理解，我们能够感觉到，佐藤学先生关于欧美"主体"意涵的引介，所强调的意思应该在于："主体"独立性的存在只是相对而言的，它并非脱离特定关系而抽象、孤立地存在，而是置身于特定的从属关系之中的，这种从属关系是必须正视的一种矛盾关系。因此，严格意义的"主体"也一定会在这样的关系之中——受制于个中矛盾规则，对自身保持必要的节制和约束，同时，据此努力做出正确的认识与举动，从而积极稳妥地发挥自我力量。"主体"的存在，必须正视所必然面对的"从属"这一前提、这一背景。这样一种认识和行为取向，可谓对那种忽略特定矛盾关系的单纯自我的"超越"。所以，从这个意义上说"主体＝从属"，"主体性"的获得，在于"成为超越自身的从属者"。

随后，先生指出在日本"主体性"完全没有"主体＝从属"的思想方法，而是倾向于"从一切从属关系或者制约中获得自由，完全根据自己内在的思想而行动"。在他看来，这样的"主体性"几近于"我行我素"，因为丧失了其应有的从属关系而成为悬在半空中的"主体"。

第二节则对"产生主体性假象的温床——教学中的形式主义"进行了批判，指出我们不应追求外在热闹的课堂，而应追求用心倾听的课堂。

佐藤学先生更认同"主体性"本身应有的从属关系，认为基于这一关系之下的学习主体必须保持谦虚谨慎作风，而不是率意地无视矛盾、张扬自我。所以，他的思想观点，一方面强调主体的存在要以考虑多重矛盾的"被动性"为基础，同时又呈露着这种"从属"不等于完全受制被动、而要寻求"能动性"的痕迹，意在以此促成二者的有机融合。他进而把这种"被动的能动性"由学生扩展到教师层面，强调它不仅仅是学生学习所需，也是教师教学所需，从而建构了更为辩证、完善的教学思想。

通过反复回读，笔者基本攻克了"被动的能动性——应对"这一理解难关，而攻克这一难关的一种重要方式就是紧扣原作，以批注方式走进文本、诠释文本，以此深化思考、化解困惑。上述穿插于字里行间的夹注以及总的批注，本身又体现了一种读写结合的双向联通。没有这样的咀嚼梳理，批注往往会流于一些碎片化的心得随想，甚至会止步于模棱两可的一知半解。

还要注意的是，在深入阅读深化理解的过程中，要保持一定的批判思维，通过必要的批判阅读形成对书目内容内涵更为辩证、理性的理解与把握。

提到批判思维和批判阅读，有人马上将其理解为质疑批评，这是一种误解，批判阅读的首要前提是与文本深度对话，对其主题思想、观点内容、结构层次、意图根据、推理解释等做出深入理解，然后才是在此基础之上对文本信息、立论、论据、论证等进行必要的质疑、反思、考问、重构等，尽可能做出客观公允的思考与评判。所谓"尽信书不如无书"，首先必须对所读"烂熟于心"，然后再予审视，如此才谈得上批判性的思维姿态。

从批判阅读的视角看，针对教育教学经典的根基阅读，应该注意几个方面的审视：

首先是差异性和适用性。就是要考虑其内容观点产生的话语环境、文化背景、文本语境，不能不加分析地盲从迷信、简单迎合甚至机械分析、生搬硬套，而是要有基于现实的独立、冷静、辩证的思考和认识。

前面，针对《静悄悄的革命》第三章"设计课程"部分特别是新译本翻译的"校本课程建设"一文，我谈到中日课程范式存在的差异，不能把书中和新译本提出的"综合学习""校本课程"与我国中小学开展的学科综合学习、校本课程建构简单地相提并论，特别是第16条"校本课程建设"一文，佐藤学所谈重心其实还是围绕学校内部的公开教学而展开，强调真正的学校课程建设成果的取得离不开以公开教学为纽带的教研范式，这部分内容和国内的"校本课程建设"基本不在一条轨道，倒是有些接近我们所说的"校本教研（研修）"。所以，个人认为本文标题旧译"以学校为基础的课程建设"与正文内容更匹配，可能更切合原作宗旨。如果不考虑审视其中存在的差异性及其适用性，把相关论述奉为指导我们进行学科综合学习、校本课程建设的导航，甚至挖空心思地去琢磨探究，不免是会走偏的。

再看一例，蓬莱师范学校李丽群老师读《静悄悄的革命》针对"主体性神话"有关描述所生发的思考：

也看"闹哄哄"的课堂

佐藤学先生在关于"主体性神话"的描述中，谈到日本小学教室里的特征是发言过剩、"闹哄哄"，而到了初高中则是沉默不语、"静悄悄"，佐藤学先生认为造成这一现象的一个很重要的原因在于——学校教学中的形式主义泛滥，长期以来追求"虚假主体性"。这一点很容易引起大家共鸣，很多老师会边看边点头："没错，就是这样的，小学课堂闹哄哄，初高中鸦雀无声。"说实话，我亦深有同感。在深表赞同、深受启发的同时，也有一点疑问和困惑：所谓"闹哄哄"的课堂，是否一无是处？能否一概而论？

"闹哄哄"要表达的是一种热闹状态，主要表现为学生都想回答问题的心理。小学年龄段的孩子大都有极强的表现欲，希望得到老师的认可，而且思维处于具体形象思维阶段，他们的课堂回答大都是直接与感性经验相联系的，他们对问题的思考时间是相对短暂的，不像高年级的同学进入抽象逻辑思维阶段，对一个问题的思考更需要一定的时间。所以，基于小学生心理特点和思维特点，"闹哄哄"有其可以理解的一面。

佐藤学先生说，不应追求"发言热闹的教室"，而是"用心的相互倾听"的教室，先生的意思是不能满足于课堂的外在气象，更要注重引导学生专心思考、有效倾听，读到这里，我不由在想，我们是否可以把"热闹"理解为一种积极，"发言热闹"与"用心倾听"二者是否可以在教学中寻求兼容？毕竟，没有教师不希望看到自己的学生踊跃发言的。所以，引导学生"用心发言"和"用心倾听"应该同样重要，如此，才能实现课堂之上有声与无声的相得益彰。

李丽群老师针对佐藤学先生提出的"小学闹哄哄，中学静悄悄"现象，在深表认同的同时，从小学生和中学生的思维特点、心理表征出发，认为"闹哄哄"在幼小学段有其值得理解的一面。同时，不应完全把"热闹发言"与"用心倾听"完全对立起来，课堂教学的理想状态，最好能够实现二者的有机结合（从教学策略上来说这里需要斟酌和研究的具体问题还有很多）。

应该说，李老师的思考非常深入也十分中肯：佐藤学在原作中提出的"小学闹哄哄，中学静悄悄"是从课堂教学虚假主体的角度来分析的，有其立论范畴与所指，在其现象的背后，可能还有其他值得研究的原因。因此，不能全然认定只要课堂之上出现"闹哄哄"或者"静悄悄"就一定是"虚假主体性"。如果看不到佐藤学所指现象的立论范畴及其适用性，看不到"小学闹哄哄""中学静悄悄"背后可能存在的差异性（鉴于立论所指等原因，这一点佐藤学先生在论述中未有涉及），在评说有关课堂现象时简单拿着佐藤学先生的话语去"套"、去"扣帽"的话，对相应问题的判断、分析就可能显得武断。

其次是合理性和偏差性。这一层面主要审视的是原作内容观点在什么程度范畴具备多大的合理意义、有没有可能存在的偏差甚至错误。对此若能有细致深入的盘点梳理，则更有利于促进对所读书目内涵精髓的理解与吸收。

阿德勒的《自卑与超越》被誉为"心理学先驱的巅峰之作""人类个体心理学最卓越的作品"。在第二章"心灵和肉体"中作者有这样的表述："据德国一位社会学家统计：父母的职业与犯罪相关，其孩子犯罪率很高，比如法官、警察或狱警的孩子。教师的孩子学习却常常并不优秀，这有足够的事实可以证明。医生的孩子往往产生很多精神问题。牧师的孩子有很多会变为堕落分子。"[1] 对阿德勒所引用并默认的这一立论及其论据，一些老师对其合理性提出质疑。

年平初常红：这个没有科学的调查数据，不可信吧！我身边的同事孩子学习一般都很好，甚至很优秀，一直很差的还没有。不知道这种观点是在哪个国家调查出来的，不能以偏概全。

---

[1]（奥地利）阿德勒. 自卑与超越〔M〕. 李青霞，译. 沈阳：沈阳出版社，2012：23.

莱阳李申松：我也认同初老师的观点，或许是时代不同的缘故。我们这儿医生、教师的孩子，有许多学习是很棒的。这里作者所说有些绝对化了。

牟平初常红：应该说职业病对教育子女有影响。

莱阳李申松：不过当下的教师很容易对成绩和排名过敏，尤其是对自己的孩子。

牟平初常红：过敏和比较，一直都存在，尤其是小学阶段的孩子，有个妈妈当老师，是有压力的，影响童年的幸福指数。我自己感觉不如中学老师处理起孩子的学习问题更客观些。

福山吕景辉：个人认为这里的引用及论述有先入为主之嫌。某著名德国社会学家，究竟是谁？为什么不说出来？这种行文表达不够严肃，信息并不确切，似有隐晦，令人费解。论据究竟出自谁人，不明之下甚至会让读者心生杜撰之嫌。类似表述当为学术写作之忌讳。

不难看出，阿德勒所转引的这一立论及其根据，数据和事实来源并不明确，甚至只是一个单方面的比较含糊的说法，因而证据效力未必经得起推敲，但在话语表达上却又未免绝对化、有不容置疑之态。即使在当时确实得到过这样的调查统计结论，也不能由此断言相应结论一成不变，这样的转引和表述受到质疑是难免的，将其视为一种表述上的偏误也未尝不可，这种偏误势必会多少损害立论的合理性。作为读者，在此有所审视质疑，绝不是对经典吹毛求疵，而是独立阅读、批判省思之必要。

再次是历史性及局限性。越是历史的，越可能成为经典，但不管经典如何超越历史，它终究还会有其特定的历史烙印，也必不可免多多少少会有其局限。因此，经典的历史性一方面是超越历史的，这也是很多人看到和强调的一面，一方面它又是受制于历史的、不可能全然超脱其特定的历史环境与背景，在有其非凡意义的同时也可能显现其局限性。

《要相信孩子》是苏霍姆林斯基在帕夫雷什中学任校长期间的经验总结，也称得上一本"大家小书"。正如译者所言，"本书涉及教育学、心理学方面的许多原理，但却不是单纯的理论性阐述，而是紧密联系实际地通过一个个动人的故事把读者引入特定的环境，使人在不知不觉中受到了教育和启示。"本书作品形态同属"案例分析—原理探究"过渡形态，可以作为成熟教师针对学生德育、班主任工作等方面的教育经典类根基书目。但是，书中也有个别地方存在明显的历史局限。第九篇文章《共青团员的道德准则》表现了帕夫雷什中学对共青团员崇高道德准则的贯彻，然而当时一些做法未免显得极端。缘于特定历史政治背景，这种局限在当时难以认识，作为读者，对此要有所认识。

以上几方面，可以说是在根基阅读中保持批判思维的基本考察方向。当然，这种审视绝不是要刻意挑刺，更不可进行无中生有的生硬指摘，而是要在反复、深入阅读的基础之上做出实事求是的思考评判。

补充一点，在根基阅读中要正确看待相应的导读作品。

对经典书目，针对其内容意义多会出现一些导读、解读类作品。阅读这类作品，可以比较便捷地了解原著的某些思想体系，适当减轻阅读负担，特别是针对有些年代相对久远、阅读难度较大或体系不够明晰的经典，如果一开始就读原文，可能多有迷茫，这时选择有一定代表性的导读作品作为开启原典大门的钥匙是可以的。比如说《学记》，被认为我国乃至世界最早的教育专著，但因文言语体障碍及其他因素影响，对中小学教师来说直接阅读原典不太现实。为此，可以选读人民教育出版社高时良先生所撰《学记研究》、齐鲁书社李绪坤先生所著《〈学记〉解读》，这两本书是目前针对原典较具代表性的优秀解读书目。

与此同时，必须指出的是，接受导读、解读信息不能代替对原著的阅读分析。因为相应作品的质量本身参差不齐，加之带有作者本身的理解架构，甚至不乏偏误之处。所以，过分依赖导读、解读类信息，可能会对阅读主体形成认知干扰。因此，在起始阶段将其作为一种便捷获取原作信息的手段是可以的，但作为阅读者本身，最终还须走进原著，在触摸原著中进行有深度的分析与对话。

一些老师在专业成长与发展上经历了几个阶段的嬗变和提升，而其中每一阶段进步的原因，往往缘于精读过一些根基书目。精选精读教育教学经典类根基书目，是最基本、最切要的专业阅读训练，有了这个基础，就可以逐渐扩展到学科教学以及其他层面的根基阅读。

进入教师专业阅读视野的根基书目，必须结合教师实际进行优选，不能盲目地一刀切，更不可出于个人喜好而盲目推介。比如，许多小学向刚参加工作的青年教师推荐苏霍姆林斯基《给教师的建议》，但事实证明，大部分青年教师在起步时期，并不太适合阅读此书。前面我已说过，从作品形态看，本书更接近"案例分析——原理探究"过渡形态，对新教师以及没有阅读基础的教师来说，明显具有难度。同时从学段上来说，也不太适合直接列为小学教师的初始阅读。作为小学教师，或许先从叙事色彩较浓的阿莫纳什维利《孩子们，你们好》、以谈话形式娓娓道来的赞可夫《和教师的谈话》这样的经典入手会更好一些。即使组织新教师阅读《给教师的建议》这类经典，也须适当降低要求，针对其对应发展阶段的特点需求做出适切引导。

根基书目既有共性交集又有个体差异，很多经典从理论上来说，应该成为老师们共同的阅读选择，而具体到相应个体，除了观照共性选择之外，还需根据实际寻找适合自我发展需求、属于自己的根基书目。教师阅读在其必然的共性取向之外，其复杂性还表现为某一书目对某位教师可能作用较大，对另外一人却少有作用，其中原因，还在于每个个体的生命密码、智力背景、兴味需求等又不尽相同。所以，这里除了考虑特定学段、教龄段、发展段等方面的有关需要和接受能力之外，还要考虑两点：

一是自身具体的实践研究需要。比如，有人认为学科教育史阅读对教师没有大用，但有的数学老师投身数学教育史及其经典阅读——并将其认识很好地运用于数学教学，你能说没用吗？笔者主持学校共青团工作前后，曾在很长一段时间关注中学学生会建设、学生自主管理问题，陶行知先生《学生自治问题之研究》是这方面难得的经典之作，也就成为我对应学习研究的根基书目。只要研究探索这一专题，陶先生的这篇论著就不该放过，但对于不研究不关注这一问题，对此没有兴趣或需要的同仁来说，它也就不会纳入其根基阅读视野。

二是自身的性格构成。人都是有个性的，即使处于相近的发展阶段或困惑处境，不同个性、性情的教师在根基书目的选择上也可能有所差异。

比如说，为了汲取课堂教学思想、建构形成自身教学风格，学习名师名家教学思想及其经典课堂是必须的。比如，教育部组编的"教育家成长丛书"就是这方面较好的范本，其中的《钱梦龙与导读艺术》《李吉林与情境教育》《魏书生与民主教育》等书目呈现了老一辈教育名家的教学历程、教学思想与教学风范，此外还有诸多新生代名师名家，相应领域书目并不算少，但何去何从还要考虑自身情况：不同名师名家的课堂各有千秋，有的可能更适宜切近自身个性需求，有的则可能不太适合。如果不加选择、不分重点地平均用力全盘吸收，怕是不切实际，此时，选择集中学习一两位名师名家教学思想及其经典课堂，确定这一领域阅读研习的根基书目，就要多从自身性情和教学个性出发予以斟酌。

不过，需要指出的是，一些名师的教学文集虽然也有其教学思想的反映，可能收入一些典范课例，但这类书目整体逻辑相对较弱，个性化内容过多，如果选择这类书目作为名家教学思想及其经典课堂层面的根基阅读，可能会在认知上造成一些偏差。

说到底，每一个人都应该去寻找去思索——究竟哪些书目能够深入自我骨髓，奠定自我精神与职业根基，从而促成更专业的思维方式。这种寻找和思索，本身也是一种自我锻炼和超越：锻炼的是自身选择、评判能力，超越的是"昨天的自我"，从而愈发促进底蕴之厚实、思想之提升。

第五节

专业阅读常用思维方法举要

阅读的思维方法，是指人们在阅读过程及其思维活动中为实现特定目的所采取的方法路径，是阅读思维方式具体集中的体现。专业阅读的思维品质对阅读质量高低有很大影响，思维方法跟不上或者不对头，效果往往也会打折。在此，选取几种常用的专业阅读思维方法略做介绍，以期为大家阅读研修提供有益参考。

一、比较辨析

所谓比较辨析，顾名思义，就是通过比较有所辨析，它离不开比较联系，但又不是单纯的比较联系，重在以此对存在矛盾、困惑、茫然之处有所梳理与判断，从中发现矛盾、揭示矛盾、挖出隐藏在内部的东西。

针对单一书目的阅读，比较辨析方式一般有两种：一种是"内部比较辨析"，即比较辨析范围限于内部；一种是"外部比较辨析"，即比较辨析范围通联外部。两者是相对而言的，在一些重要问题的理解思考上，两种方式常常可能交织作用其中。

例如，叶黎明教授《写作教学新论》是一部难得的写作教学论专著，多有精辟之论，但在个别细微之处也不免瑕疵。如书中对散文有多处论述，典型的有两处：

散文、传记乃至一些历史著作中，也往往会有细节的虚构。（P179）

尽管我们很难对"散文"下一个确切的定义，但是，关于散文的基本特征，是没有异议的，那就是"散文就是非虚构的简短写作"，它排斥虚构。因此，在课堂上教学生用虚构来对付散文写作，是不妥当的。（P260）①

显而易见，前后表述存在矛盾，散文到底可不可以虚构，未有定论。即使允许虚构，怎样才算合宜，也不得而知。

在这种情况下，就需要联结其他文本有关论述、进行通向外部的比较辨析，以对问题有所澄清。比如，古耜《散文大厦的三条基石》针对散文的相关问题就有更深刻、更具学理意义的论述，可以对此做出较好的对照和弥补。

---

① 叶黎明. 写作教学新论〔M〕. 上海：上海教育出版社，2012：179、260.

虚构是一部分文学作品的重要特征与基本手段，但却不是一切文学作品的必要条件和身份证明。无论中国抑或国外，也无论古代抑或现代，纪实或曰非虚构都是文学表现的合法存在与有机元素。在某些文学体裁——如传记文学、报告文学、新闻小说中，艺术形象的本真原则，更是背负着至关重要、不可或缺的核心意义。具体到散文而言，它对客观真实的执着强调，一方面是文学传统在起作用——纵观中国散文发展演进之脉络，史传文学是其最重要的源头，后者对前者潜移默化，影响深远，其中最直接最明显的血缘性遗产，就是班固评价《史记》时所指出的"其文直，其事核，不虚美，不隐恶"的"实录"品格。另一方面则出于文体本身的伦理要求。试想，一个以自我为重心、为支点，旨在敞开主体世界的文学样式，如果丧失了心灵镜像与社会景观的真实性，它将怎样安身立命？又将如何展开同历史与现实的有效对话？由此可见，那种将文学的虚构特征夸大化、绝对化，进而反证散文作为文学作品可以放开和仰仗虚构的说法，实际上是站不住脚的。

我们所推崇和强调的散文的真实，是一种基本内容或曰整体书写的真实，它并不完全否定和绝对排斥散文家在取材大致真实的基础上，从讲究艺术效果出发，对某些局部事实进行合理的发挥、取舍、整合，乃至有限的虚构。关于这点，散文史上的成功经验告诉我们，在作家那里，场景、时序可以适当调整，但情感褒贬不能弄虚作假；细节、氛围可以适当点染，但情节关系不能随意捏造。请看多年之后冰心对于名篇《小橘灯》的一点说明："'我的朋友'是个虚构的人物，因为我只取了这个故事的中间一小段，所以我只'在一个春节前一天的下午'去看了这位朋友，而在'当夜，我就离开了那山村'。我可以'不闻不问'这故事的前因后果，而只用简朴的，便于儿童接受的文字，来描述在这一个和当时重庆政治环境、气候，同样黑暗阴沉的下午到黑夜的一件偶然遇到的事，而一切黑暗阴沉只为了烘托那一盏小小的'朦胧的橘红的光。'"（《中学现代散文分析》）这段表述明确告诉读者的，正是作家秉持的散文虚构的条件、理由、原则，以及它的局部性和陪衬性。

近年来，散文领域虚构而成的篇章屡见不鲜，几成常态。这些作品粗粗看来，倒也差强人意，其中有的甚至不乏精彩或感人之处，只是其虚构的情况一旦被披露和证实，其结果不但是读者有遭受欺骗的感觉，而且通篇作品的社会和艺术价值都要大打折扣。这说明，虚构带给散文作品的负面影响迄今不容忽视。对此，我们必须予以足够的警惕，而不宜盲目倡导和草率认同。[1]

---

[1] 中国作家协会创作研究部. 多维视角下的散文〔M〕. 上海：作家出版社，2014：179-183.

比较辨析的方向主要表现为"求同存异"，即重点考察相应素材之间的相同与不同，在寻找共识的同时也要正视差异，对"存异"之处的主要辨析目的并非由此有所判别，更在以此促进理解认识上的深度把握。

比如，佐藤学《静悄悄的革命》、戴维·伯姆《论对话》、保罗·弗莱雷《被压迫者的教育学》作为经典书目都论及"对话"问题，认识上存在交集是必然的，三者不约而同地隐含着一点共识，即对话得以推进的前提在于对话主体之间形成良性关系。与此同时，三者话语背景和论述指向又存在差异：

佐藤学论对话紧扣学校教育及其课堂教学，强调有效教学对话的前提是有效倾听，学校与课堂亟须"倾听文化"的重建；

戴维·伯姆论对话是围绕人际交流与沟通视域展开，强调对话过程既是一种参与又是一种共享，应该既能诱导出大家的想法又能让大家保持一定清醒，而不是一方试图控制对话、让别人都接受己见；

保罗·弗莱雷论对话则带有强烈的思想启蒙色彩，将对话关系与反对话关系作为对立体进行分析，认为对话是解放的手段，而反对话则是压迫手段，其分析俨然超越单纯的教育范畴，更具深远的文化意义。

当代教育学者李冲锋在其专著《语文教学范式》中针对两位语文名师钱梦龙和蔡澄清"语文导学"思想的异同，采取了组合式虚拟学术对话，很好地体现了比较辨析的阅读思维。

钱梦龙：何谓"主导"？"主"，表明教师在教学过程中的领导作用并不因为确认学生的主体地位而被削弱或被取消；"导"则规定教师的领导作用只能通过因势利导来实现。这里有一种辩证的关系：学生的主体地位制约着教师只能"主导"而不能"主宰"；而教师的"善导"，又促进着学生的"善学"，从而真正成为认识和发展的主体，并要求教师进一步提高"导"的质量，最后形成教学相长、师生共进的良性循环。

蔡澄清：作为教学活动是认识活动，而认识活动的主体是人，教师主"教"，学生主"学"，两个积极性都必须发挥，这是必然的，如果只强调一个，就不合适。我认为强调"双主体"比只强调一个主体更科学，更有利于教和学双边活动的展开，从而也更有利于搞好教学，更有利于教学质量的提高。这个"双主体说"，同钱梦龙先生的"教师主导，学生主体"的说法并不矛盾，因为"主导"正是教师"主体"地位的体现，二者本质上是一致的。

李冲锋：对师生在教学中地位和作用的认识是教学的基本理论前提。这个问题的认识情况直接影响和制约了课堂教学的进行。钱梦龙老师"教师主导，学生主体"和蔡澄清老师"双主体"的认识，在本质上可以说是一致的，既强调教师在教学中的主动作用，又突出学生在学习中的主动作用，虽然两人的认识角度略有不同。钱梦龙老师主要是从"教学生学"即学生学习这一视角审视学生地位与教师作用的，而蔡澄清老师是从教师与学生在教学中分别如何发挥作用的角度来审视的。角度虽然不同，结果却是殊途同归。教师发挥主导作用，学生在教师的指导下完成学习，发展自己。[1]

可以说，这是一种特殊的有摘录、有批注的组合型笔记：在引用两位名师论述后，李老师叠加了自我对两者的辩证思考、综合评析，形成貌似三人的虚拟对话。做好这种笔记的关键即在于——必须对相关主题论述进行恰如其分的比较辨析、精准解读。

可见，比较辨析既要瞄准其中近同的属性、焦点、话语等而有所比对，还要考虑到各方观点重心及其论述视界、话语背景可能存在的差异。

尤其针对根基书目的阅读，当有了一定积累、对相应书目回读到一定程度、认识有所递升之际，如果能够围绕一些重要问题进行带有一定主题探究色彩的比较辨析，可以说是阅读学习的更高层次（在前面关于教育教学经典的根基阅读中，所举相关例证对此已有体现）。

比较辨析的另一方向是"异中求真"，即在正视相近或同类素材所存在差异的同时，对其中涉及的问题矛盾等形成自己的沉淀思考，以至在认识和行为导向上做出更理智的判断与选择。

比如，针对上课学生学习的紧张程度，国内外有关方面的表达有以下较有代表性的观点主张：

1. 蔡林森《每节课教师讲几分钟岂能硬性规定》

所谓"堂堂清"，就是要学生在课堂上像考试那样紧张地学习，当堂能理解、记忆知识，当堂完成作业，力争不把问题留到课后。所谓"日日清"，就是指今日事今日毕。当天学的知识，该背的都会背，该运用的都做对，做错了的都更正。"周周清"就是普查本周所学知识，一一过关。"月月清"就是指月月调查学习质量，查漏补缺。"四清"之间关系密切，相互促进："堂堂清"是"日日清""周周清""月月清"的基础；抓"日日清""周周清""月月清"就能促进学生课堂上紧张学习，提高效率，达到"堂堂清"。总之，我们扎扎实实抓好"四清"，让学生打好了基础。学生学习能力强了，在课堂上就能学得更好、更活，课堂教学改革就会比较顺利。[2]

2. 苏霍姆林斯基《给教师的建议》之《逐步养成儿童从事紧张的创造性脑力劳动的习惯》

---

[1] 李冲锋. 语文教学范式研究〔M〕. 北京：华龄出版社，2006.121-122.
[2] 蔡林森. 每节课教师讲几分钟岂能硬性规定〔N〕. 中国教育报，2007-11-20.

有些教师认为，能在课堂上造成一种使儿童"经常处于智力紧张状态的气氛"，就是自己的成功……所谓"在课堂上不浪费1分钟""没有一时一刻不在进行积极的脑力劳动"，可能在教育人这件精雕细刻的工作中，再没有比这种做法更为有害的了。教师在工作中抱定这样的宗旨，那就简直意味着要把儿童的精力全部榨出来。在上完这种"高效率的"课以后，儿童回到家里已经疲惫不堪了。他很容易激动和发怒。本该让他好好地休息，可是还有许多家庭作业等待着他。儿童只要朝那装着课本和练习本的书包望上一眼，就感到厌恶。[①]

3. 马克斯·范梅南《教学机智——教育智慧的意蕴》

消极的紧张是那种不能深化自我感觉而是简单地损耗孩子智谋的紧张感。消极的焦虑、困难或紧张伤害着孩子，而不是加强、增加、巩固孩子的成长与成熟。[②]

4. 巴班斯基《论教学过程最优化》

课堂情绪应当保持较高的紧张状态，同时也不能超过一定限度，否则就会显出过度兴奋、装腔作势等现象。

促进学生课堂活动积极化必须搞得合理，因为采用多变形式把课堂搞得太紧，在一堂课上不断激发学生发挥主动性和使用精力，往往使这种精力和积极性在一节课急剧衰落下来，任凭其他教师花尽力气来鼓励也无济于事。[③]

上述各种观点主张侧重何在，哪些比较相近，哪些存有分歧，它们产生的教育话语背景和具体情态有何差别，哪些认识更贴近课堂本质和学生身心发展规律，我们通过比较辨析，结合观察与体悟，想必会有更为深切的理解判断，形成更具理性的认识，从而更好地审视与改进教学实践。

针对上述比较辨析，笔者还曾结合相关阅读、思考写下以下文字：

美国学者玛扎诺等人在其所著的《有效课堂——提高学生成绩的实用策略》一书中，提出了九项"有效课堂"的教学策略，其中列举了大量精确的数据，由这些例证可以得出的结论是：没有一种策略是对所有人同样效果的。在这九点中，"鉴别相似性和相异性""总结和笔记""家庭作业和练习"等几项，在中国似乎是尽人皆知的常识性要求，在美国却要由学者郑重其事进行实证研究，经过实证之后因其确实可以提升学生成绩而为社会所接受。这说明了什么？对我们的教育教学实践研究又有什么启发？

---

① （苏联）苏霍姆林斯基.给教师的建议〔M〕.杜殿坤，编译.北京：教育科学出版社，2009：176–177 .
② （加拿大）马克斯·范梅南.教学机智——教育智慧的意蕴〔M〕.李树英，译.北京：教育科学出版社，2001：255 .
③ （苏联）巴班斯基.论教学过程最优化〔M〕.吴文侃，等译.北京：教育科学出版社，2001：135 .

固然，我们提出的一些东西，有时确实与特定国情不无渊源，有特定的话语背景和教育情态，不能简单、片面地陟罚臧否妄论是非。但是，不得不承认的是，我们很多时候在教学理论认识上非常缺乏科学验证，往往喜欢在缺乏系统研究、疏于躬身调研的前提下——基于某种权力、意志而想当然地盲目地提出一些口号或者术语，抑或急匆匆地把实践中的某一经验做法"包装"、推广开来，结果呢？一方面，这些口号、做法经不起历史的检验、考验，有名无实，缺失内涵支撑；另一方面，在实际推广、倡导过程中，很多学校、教师要么学不来，要么走了样，甚至学了不如不学。所以，面对这样一种局况，对一些教改经验、口号的出笼必须慎之又慎。与其过早推出自己不成熟的东西，不如静下心来学一点真正可资借鉴的成熟的教育教学理论成果。

教师阅读最可怕的是接受秉持一种封闭单一的论调并自以为法宝，因为看不到更科学明智的见解而故步自封，甚至对其有所抵触，这是很值得警惕的不良倾向。

再如，语文"对话教学"大家都在谈，一些文论对此似是而非，王荣生教授在《语文课程标准的对话理论》中通过对众多论述的比较辨析指出，这些论述混淆了"阅读对话理论"和"教学对话理论"两个命题，从而对问题予以澄清。

由此还要注意的是，在纷繁的比较中我们常会发现一些趋近"共识"的元素，这些"共识"其实还存在两种可能：一种是经过学理探讨、实践验证而趋成的比较正确的结论；另外一种可能，则不排除是面对某种错误认知、流行认识、权威导向所表现出的集体失误或判断滞后。

上述几种取向还可能存在交错融汇，只是根据研究思考的需要而相对有所侧重。在针对教育教学的检索阅读和学习研修中，这种思维方法其实很常用。比如，在设计一个课题、文本的教学时，在对课题、文本做出自我分析的基础上，可以选取几个典型的名师教例进行比对，再和一般教例比较，从中有所辨析，在求同存异中有所借鉴，进而形成并完善自我设计。

通过以上分析不难看出，比较辨析需要有一双"法眼"，找准聚焦点，确立比较明确的范畴方向，不能乱比较、牵强附会地辨析、粗枝大叶地简单比对，唯如此，才可能获得更为科学理性的认识。

比较辨析之下，还可能形成一种"串联生发"效应，即在丰富的主题阅读基础之上，以往各式各样的阅读经验和新的阅读形成互相碰撞，在脑海之中交叉连串，从而形成全新的感悟体会。请看中国台湾语文教师廖玉蕙在阅读蒋勋《孤独六讲》时联想古今中外关于"孤独"的诗文而生发的感慨。

李白《独坐敬亭山》："众鸟高飞尽，孤云独去闲。相看两不厌，只有敬亭山。"似写山中独坐、远离尘嚣、悠然往返的情怀，也可隐约见出李白孤高的寂寞与对俗世的厌倦,这是不是也是一种所谓的"孤独"?强调只能和寂然独立的敬亭山相看两不厌,也许正暗示着无法在世间找到和谐的人际,彻底否定长久愉悦相处的可能。而苏轼《卜算子》:"缺月挂疏桐,漏断人初静。谁见幽人独往来,缥缈孤鸿影。惊起却回头,有恨无人省。拣尽寒枝不肯栖,寂寞沙洲冷。"又是另一种孤独样貌的呈现。苏东坡为了抱负,为了原则,不肯屈就不肯苟合世俗,而饱尝人生千般的荒冷寂寞,遗世而独立,孤高而悲怆。孤单、寂寞、寒冷,全在笔端流露。

赫胥黎曾说:"越伟大,越有独创精神的人越喜欢孤独。"纪伯伦说:"孤独是忧愁的伴侣,也是精神活动的密友。"歌德更进一步阐述:"人可以在社会中学习,然而灵感却只有在孤独的时候才会涌现出来。"证诸前述两位中国最伟大的诗人李白和苏轼的作品与际遇,果然是有几分道理![1]

廖老师对李白、苏轼作品中的孤独情怀进行了比较辨析,同时又以近代外国名家名言对其做出印证,进而形成大跨度的互文对读、交叉感应,这种建立在丰厚主题阅读基础之上、串联生发的感悟思考,有比有辨,却又非比非辨,可视为"比较辨析"一种灵活通达的特殊呈现。

二、勾连聚焦

勾连,即涉及、牵连。聚焦,即视线、注意力等集中于一点或某处。所谓专业阅读的"勾连聚焦",就是根据某一实践研究方向或具体着眼点,将存在明显牵涉的素材加以统合,促成新的思考与发现。

下面先来看一个例子。

笔者在十年前曾和一位校长闲聊,谈到对流行的"推门听课"的一些意见,随后开始留意搜索有关这一话题的一些文章。从严格意义讲,"推门听课"并不可取,不是一种科学有效的听课方式。有趣的是,在阅读过程中笔者发现了两则与众不同的素材,并将其分别定义为"民国版推门听课"和"美国版推门听课"。

"民国版推门听课"

"推门听课"这种提法及其宣传至多是中国大陆近三四十年内的事情,其实,这种"推门听课"早在民国时期的"视学"中就已存在。

从金克木先生所撰《化尘残影(五则)》一文"视学"的叙述中可略知一二。尽管是对旧时代的回忆,我们却也能够从中多少感到"推门听课"本身对教师及其教学

①廖玉蕙. 写给语文老师的书:如何教出精彩的语文课〔M〕.北京:中国青年出版社,2010:115-116.

产生的心理影响。

将近60年前，一位朋友受聘去当县立初级中学的教务主任。承他不弃，约我去教国文以免饿死街头。

糊里糊涂教到学期中间，忽有一天课堂的靠学生后面另一扇门开了，进来三个人。一个是很少光顾的校长，一是矮胖子，两人后面跟着我那位朋友。我当时正向学生提问，照例找的是我估计好没学会的学生。他站在那里疙疙瘩瘩回答不好。我让他站着想，又叫起另一个程度差的学生，当然不会比前一个好。有的学生已回头去观望来客了，我还未注意，又想问第三个。忽然惊醒，有参观的人，不能再展示坏学生。赶忙叫他们都坐下，我自己来解答，不料我没说几句，那三位不速之客已经不辞而别了。

后来我那朋友笑着告诉我，他和校长陪同来的是县教育局的视学员。他听课后给我的批评是四个字：不会教书。

我一听，猛然觉得一只饭碗掉下来打碎了。

朋友仍然笑着叫我不要在意，县里的人都是熟朋友，不会有什么的。可是我仍然有点忐忑不安。

又过些时，我把这事差不多忘了，没想到旧戏重演。有一次我上课一多半，远处那扇门又开了，又进来三个人。原班人马只换了一个，矮胖子变成穿西服的高瘦子。当时我正在讲朱自清或是别的名家的一篇短文，大概是选的补充课文。我既未提问，也没有讲解难字难句段落大意，只是在自问自答。问，这段文为什么要这么讲？换个讲法行不行？为什么接下去一段又那样讲？能不能改头换面颠来倒去？这个词，这个句子，若不用，换个什么？比原来的好还是不好？为什么？作者这样写，这样挑选词句，是有用意的。用意是引起读的人想到他没说的什么。若是改了，不但文章不好，用意也不是缺了就是错了。所以学文章一要探讨作者用词用句用意，二要想到同样意思自己还能怎么作，拿来比较。这样不但容易懂得人家也容易提高自己。我边讲边举例滔滔不绝。学生都不看书，只望着我，也不管有没有外人，我忽然想起，又来了客人，莫非又是来视察我的吧？连忙打断，改讲课文。不幸客人一听我讲的告一段落，转身出门。随后不久下课铃就响了。

果然不错，后来教务主任朋友对我说，那是省里的视学员来检查学校教学。我一听，扑通一声，心中的饭碗顿时成为碎片。

朋友问："你猜他给你的评语是什么？"说着大笑起来。我没法回答，想，该不会立即革职吧？

"这位省视学听你讲课居然迷上了。一直听下去顾不得走，听完出门就下课了。还有一个班也不去听了。中午县里大家陪他吃饭时，他还发挥一遍，说是从省里出来到过几个县，这次才听到了新鲜课。这样讲书才能吸引学生，连他都觉得闻所未闻。他对你这堂课赞不绝口，说是没想到能这样讲文章。"

"你是开玩笑吧？"我不相信。

"哪里的话？那位视学员还想问你是什么大学毕业的。我只说是我的朋友，给蒙混过去了。你的名字也没告诉他，所以在座的县视学员也不知道说的是你。"

"后来呢？"

"后来上菜，就没有人提这和吃饭无关的事了。"

"对我来说，这可正是和吃饭有关的大事啊。"我这样想，但没说出口。

我到底是会教书还是不会教书呢？ [1]

"美国版推门听课"

在美国教师麦考特所著《教书匠》一书中，呈现了一个可谓"美国版推门听课"的典型实例，我们可以从中管窥当事人的心理感应。当麦考特发现学生伪造的假条富有文采，正给学生上着"世上第一堂研究假条的课"时，校长和区教育局局长闯进了他的视线，一位学生提醒他"校长在门口"。请看故事过程的生动描述：

我的心猛地一沉。

校长陪着斯塔滕岛区教育局局长马丁·沃尔夫森走进教室……他们沿过道走来走去，凝视学生的文章。为了看得更仔细些，他们拿起了一些，局长让校长看了其中的一篇。局长皱了皱眉头，嗷了嗷嘴。校长嗷了嗷嘴。全班同学都知道这些是不可忽视的重要人物。为了表示忠诚和团结，他们强忍着不向我要出入证。

在他们离开教室的路上，校长冲我皱了皱眉头，小声说局长无论如何都要在下节课见我，即便他们不得不找人代课。我知道，我知道，我又做错什么了。愚蠢酿成大乱，可我甚至不知道为什么。我的档案里将会有一条不良记录。你尽力了。你抓住时机，尝试了整个世界历史上从来没人做过的事。你让你的学生们充满激情地忙着写假条。但是现在报应来了，教书匠。沿着楼道到校长办公室去吧。

校长坐在办公桌旁。局长在屋子中间站立的姿势让我想起了忏悔的高中生。

啊，迈……迈……

迈考特。

进来，进来，就一分钟。我只是想告诉你，那节课、那个计划———不论你到底

① 商友敬. 过去的教师〔M〕. 北京：教育科学出版社，2007：33-35.

在那儿做什么——都是一流的，一流的！年轻人，那正是我们所需要的，那种脚踏实地的教学。那些孩子的写作达到了大学水平。

他转身面对校长说：那个孩子为犹大写了个假条，很有才气。但是我有一两条保留意见。我不知道为恶人和罪犯写假条是否正当或明智，但转念一想，律师干的就是那个，是不是？根据我在你班上所见到的情况，你可能会在这儿培养一些有前途的未来律师。因此，我只是想和你握握手，告诉你：如果你的档案里出现一封证明你的教学充满活力并富有想象力的信件，请不要感到吃惊。谢谢你。也许你应该将他们的注意力转移到历史上年代较为久远的人物身上，为阿尔·卡彭写假条有点冒险。再次谢谢你。

天哪！来自斯塔滕岛区教育局局长的高度赞扬！我是应该沿着楼道跳舞，还是应该高兴得飞起来？如果我放声高歌，这个世界会反对吗？

我决定放声高歌。第二天，我对班上学生说我知道一首他们喜欢的歌，一首绕口令似的歌。①

……（此后的麦考特，在教学上更加注重针对学生特点改进课程，逐渐形成了自己独特的教学风格。）

在长期观察中，我们可以看到这样一种征象：很多老师，一听别人要来听自己的课，常常表现得不很欢迎甚至有抵触情绪，如果面对"推门听课"就不用说了。总的归结为一点，害怕、不愿意别人来听课。对这种现象，不少人由此断定老师平常上课有问题，或对领导、同事态度有问题，一定是这样吗？

帕尔默在《教学勇气——漫步教师心灵》中谈到了一种现象叫作"教学恐惧"，他是这样描述的：

我虽然教了30多年学，至今却仍感到恐惧无处不在。走进教室，恐惧在那里；我问个问题，而我的学生像石头一样保持沉默——恐惧在那里；每当我感到似乎失控，诸如给难题难住，出现非理性冲突，或上课时因为我自己不得要领而把学生弄糊涂，恐惧又在那里。当一节上得糟糕的课出现一个顺利结局时，在它结束很长时间内我还恐惧——恐惧我不仅是一个水平低的教师，还是一个糟糕的人。

据我的经验，学生也是害怕的：害怕失败，害怕不懂，害怕被拖进他蛮想回避的问题中，害怕暴露他们的无知或者他们的偏见受到挑战，害怕在同学面前显得自己愚蠢。②

---

① （美）弗兰克·麦考特.安琪拉的灰烬3：教书匠〔M〕.张敏，译.海口：南海出版公司，2008：78-79.

② （美）帕克·帕尔默.教学勇气——漫步教师心灵〔M〕.吴国珍，余巍，等译.上海：华东师范大学出版社，2005：38.

　　最后他特别指出，当学生的恐惧和教师的恐惧混在一起时，恐惧就以几何级数递增，这样教学就瘫痪了。

　　帕尔默谈到的这种感受，实际上很多老师——包括像他一样有着长时间教龄和丰富教学经验的老教师，都多少会有这一感受。帕尔默讲的是自身上课的体悟，所谈及的课堂现场除了自己和学生，还没有外来听课者。没有外来听课者出现的课堂之上，有30多年教学经历的老教师尚有如此感受，那么，如果上课人并非老教师，教学经验也谈不上成熟老到，面对众多外来听课者的话，又会处在一种什么状态？按照前面一些人的通常逻辑，可以肯定，没有几个人会合格，帕尔默到我们这里更是如此。为什么？他在没有人来听评课、守着自己的学生而且有30多年教龄的情况下——尚且有"怕"的心理，如果一下子有很多人扎进他的课堂，他是不是更"怕"了呢？

　　反观比对上述"民国版推门听课"和"美国版推门听课"两个经典案例——我们可以发现什么？

　　在金克木老先生的"民国版推门听课"故事中，作者当年是刚刚工作的"代课教师"，为了保饭碗，对外来的"推门听课"自然怀有一种"恐惧"。那么，现在对于很多老师来说，工作相对稳定，"饭碗"也不成问题，教学经验日渐丰富，为什么面对外来听课仍然时常有一种帕尔默所说的"教学恐惧"呢？

　　所以，对于类似"推门"之下教师的某些反应，还需要从教师专业心理的角度加以窥察，才能形成更为科学的认识。

　　从麦考特所描述的"美国版推门听课"中更可看出，面对"推门"式听课，教师本身必然具有紧张感，而在获得及时、恰当的评价反馈特别是受到鼓励、肯定时，其自我效能感增强，"积极心理支持"凸显之下，教学状态和师生关系亦得以改善。故事中的教育局局长评价麦考特时的言辞是商讨式的，可谓别有意蕴、富有民主气息，绝非武断的拔高或贬斥，更不是居上临下、似懂非懂、不着边际的"指点"。这就启示教育管理者：要想使听评课切实发挥提高课堂效率、促进教师发展的目的，必须对其实施目的、价值定位与实践取向做出必要的审视与改进。

　　在此例中，笔者以"推门听课"为聚焦点，将两则基于这一"聚焦"而能产生"勾连"的叙事素材统合到这一焦点之下，并联系帕尔默"教学恐惧"之说，从教师专业心理维度尝试做出解读分析（其实，关于帕尔默的素材也算"勾连"其中）。如此"勾连聚焦"式阅读思考，确实有些别开生面。

　　勾连聚焦，虽然也有联系比较的成分，但其主要目的与侧重不在比对分析，而是勾连因素之间基于某一指向的交融，从中促成新的思考与发现。这里聚焦的话题或方向，可能是通过各种形式在头脑中已有一定的先期概念，之后在阅读中发现相应素材，从而达成统合，即聚焦在先勾连随后，主要表现为有意注意之下的"勾连聚焦"；也可能是在头脑中开始没有什么先期印记，而是通过阅读发现相应素材之间存在牵扯关系，随之生成或发现一个可以使之达成统合的具体方向与着眼点，这一种大致是先勾连后聚焦，可以说是一种起于无意注意、转向有意注意的"勾连聚焦"。当然，这只是一个相对说法，很多情况下的"勾连聚焦"很难说有什么明确的先后之分。其中的很多思考梳理，往往源于阅读及教育教学实践感悟之下的随机生成，显性的、先行的既定成分一般较少。

下面再举一例。

吴非老师《不跪着教书》中有一篇文章《永不凋谢的玫瑰》：

苏霍姆林斯基是苏联著名教育家，乌克兰巴甫雷什乡村中学的校长，早已过世了。他记下了这样一则真事。校园的花房里开出了一朵硕大的玫瑰花，全校师生都非常惊讶，每天都有许多同学来看。这天早晨，苏霍姆林斯基在校园里散步，看到幼儿园的一个4岁女孩在花房里摘下了那朵玫瑰花，抓在手中，从容地往外走。

苏霍姆林斯基很想知道这个小女孩为什么摘花，他弯下腰，亲切地问："孩子，你摘这朵花是送给谁的？能告诉我吗？"小女孩害羞地说："奶奶病得很重，我告诉她学校里有这样一朵大玫瑰花，奶奶有点不信，我现在摘下来送给她看，看过我就把花送回来。"听了孩子的天真的回答，苏霍姆林斯基的心颤动了，他揽着小女孩，在花房里又摘下了两朵大玫瑰花，对孩子说："这一朵是奖给你的，你是一个懂得爱的孩子；这一朵是送给妈妈的，感谢她养育了你这样好的孩子。"

这个故事长久地激励着我。为了爱的教育，为了我们的学生能像人一样地站立在这个世界上，我幻想着生活中能有这样的美好。

5年前，我偶然想到，如果用这个故事的前半段出一道材料作文题，让学生续写，他们会想象出什么样的故事？

结果让我大失所望。几百个高中学生，文章的中心内容都是写教育家如何教育小女孩不能损害公物，写了教育家对儿童缺乏良好的道德教育而忧心忡忡，甚至写了教育家对小女孩作出的处罚……那些不遗余力从道德高度教训4岁小女孩的全过程，让我从心底厌恶。

这件事曾强烈地刺激了我，使我想到，传统的道德说教如此深入人心，让学生耳熟能详，在他们的文章中，似乎只有道德规则（虽然他的内心未必会认为这有多重要），他们可以板着面孔说出一番大道理，他们缺乏对人性美与人情美的感悟，缺乏同情与怜悯之心——在他们的心中，似乎所有的花都已经凋谢了。

又是几年过去了，我认识到，与其叹息，不如把我想说的说出来。我再也不指望有梦，有美丽的幻想，在应试教育已经坐稳了江山的时候，我也不再指望有谁能给我惊喜，我想我只有更多地讲述这样的故事，让我们的孩子能具备美好的人性，能像一个人那样活着，心中有一朵永不凋谢的玫瑰。[①]

吴老师截取苏霍姆林斯基的故事作为材料作文，让学生续写，针对学生续写的普遍取向感叹"传统的道德说教如此深入人心"，学生"缺乏对人性美与人情美的感悟"，"缺乏同情与怜悯之心"。这样的阅读，使笔者触动很大，难以忘怀，不禁心想：自己教着的初中学生对此又会如何？

碰巧的是，笔者在阅读侯登强校长《做一个有故事的教师》时也发现了一则与苏霍姆林斯基故事相类似的素材《玉兰花开》。

《玉兰花开》故事缘起部分

玉兰花开了，在校园的一角。晶莹别透的花瓣散发着迷人的花香。拿着相机去到跟前，静静地欣赏，顿时被她的美深深打动。

白玉兰花是开在我记忆深处的花，记得师范的时候，在我负责的卫生区里有几株白玉兰。春来花满树枝，每每这个时候，我总会小心翼翼地把它脚下打扫得干干净净。总喜欢站在树下，看她，几近入迷。仰望那花朵，被她的圣洁震撼，在阳光里，朵朵白得让人怜爱不止。

一张张地拍下，有的若飘飞的云朵，有的似对饮的酒杯，有的更像依偎的恋人。我摆弄着手里的相机，多想从最神奇的视角留下春天里这最美的身影。回去，坐在办公室里，欣赏着自己的杰作，不时地招呼同事过来一起看……

然而，第二天早上再去那里的时候，一切都变了。不见了花的影子，花枝上只有被损伤的痕迹，伤口裸露在晨风里。我知道，一定是某个孩子爬上去，折走了这些可爱的花儿。[②]

后文故事大致经过是：侯校长在课上向学生展示学校玉兰花课件，当孩子们感叹之后，他话锋一转，说校园的白玉兰已遭受破坏，然后让孩子们以《白玉兰，你去了哪里》为题写一篇文章，可以是童话，也可写诗歌。下课时一个孩子因为想闻一闻白玉兰的花香而不小心碰下一朵花，被其他孩子"举报"后，侯校长没有大声训斥，而是让孩子说出情况，说出自己当时的想法，孩子说自己当时很害怕，侯校长让孩子把上树碰花之后的心情写成一篇文章、第二天在班级诵读，孩子很高兴地接受了这样

---

① 吴非. 不跪着教书〔M〕. 上海：华东师范大学出版社，2004：3-4.

② 侯登强. 做一个有故事的教师〔M〕. 上海：华东师范大学出版社，2013：161.

的"惩罚"。

笔者不由在想：如果用这个故事缘起部分出一道材料作文题，让学生以文中老师的口吻续写，他们会想象出怎样的故事？结果会和吴非老师当年的试验相近吗？

随后，则在当时执教的初二四班、五班布置了这份特殊的续写作业，除给出材料、要求通过合理想象加以续写之外——未做任何提示，也未提及苏霍姆林斯基的故事。对97人按时上交的文章统计结果如下：

故事发展与结局与苏霍姆林斯基故事相仿、主题意义相近，叙说摘花孩子为了亲人或老师而感动校长的，四班26人，五班24人。其中1人叙说通过监控查到摘花者竟是自己在校的儿子，当晚进家后儿子给自己送花，自己追问花儿来历，儿子说是从学校树上采摘的，看着儿子一脸童真不好意思说什么，与儿子讲起自己的上学生活。

与第一部分原因不同、另有他因而理解孩子的，两个班级各1人。其中一位写到校长发现是有学生把玉兰花尝试移种到校园的另一块土地上，给它们安了新家（听来有点离谱）。另一位写到探查摄像头原来是晚上刮来的一阵大风把玉兰花折断了，为此校长因为误会孩子们而向他们道歉。

续写一方面抒发个人感慨，一方面写到个人默默悉心照料树和花，既未探查谁摘花，也未发动全校师生进行"护花行动"，后来玉兰花重新盛开的，两个班级各有3人。

续写主要是面对残花感叹不已、抒发感慨而未去探查谁摘花的，两个班级各9人。

续写未去具体追查谁人摘花——而是以学校名义采取保护措施并通过开会等形式对师生进行爱护校园一草一木教育的，四班3人，五班9人。

续写中查明摘花者着重对对方进行严肃批评教育的，四班3人，五班4人。

两个班级另有1人则在续写中写校长通过寻物启事寻找丢失的玉兰花，摘花学生主动认错，校长表扬其认错勇气并赠送亲手所拍玉兰花照，寄语"希望这朵花儿成为你的美好回忆"。

另有四班2人文章走题，偏离续写要求。

尽管只是两个班级近百名学生参与，但其续写取向和吴非老师当年学生所写已有明显差别，中心内容写校长如何教育孩子不能损害公物、不遗余力从道德高度教训孩子的文章比例很低，有的写校长批评学生也多是较为温和、注意方式，半数以上学生的文章表现出教育的人情味、对美好人性的呵护。这从一个侧面说明：尽管应试教育依然强势，但它没有也不可能把孩子们的心变成一块冰冷的石头，因为时代的变化、思维和视野的开拓，以及其他因素的作用，都使得今天孩子的认识、理念较之从前有了大的迈进。应该说，这是一种值得欣慰的进步。

这里笔者把吴非老师基于苏霍姆林斯基素材的试验和自身基于候登强校长素材的

试验加以勾连，以此聚焦其背后折射的学生心灵世界，确实不乏有意义的观察与发现。

可见，勾连聚焦不是刻意地强拉硬扯，相应素材必须能够形成互相应和或比衬关系，确能聚合于某一指向之中，才可能生发有意义的思考分析。否则，强扭的瓜不甜，即使形式上有所连合，也不会有什么真正的启示或收获。

三、关联贯通

关联，就是关顾不同事物之间可能存在的具体联系。贯通，就是把表面看上去没有联系或联系不紧密的事物联系在一起，打通它们之间的联系。在专业阅读中对不同思维取向的材料要考虑个中可能生发的联系，而针对同一材料，也要考虑材料本体取向与其他取向之间可能存在的联系。

《布鲁姆教育目标分类学（修订版）完整版：分类学视野下的学与教及其测评》把学生对所学知识不能与其他知识和自身生活实际有效关联的情形称之为"惰性知识问题"，即学生看起来似乎习得大量知识，实则不会融会贯通，不能以有用的方式把它系统地组织起来。同样，不能融会贯通的阅读，在本质上也可谓一种"惰性阅读"，教师专业阅读必须从这种"惰性阅读"中走脱，多一些"联通思考"，才能到达"思维的中央地带"。

以《诗经》为例，在孔子时代，它的阅读学习，除了文学熏染之外，还有一个重要目的，就是功用性。子曰："不学诗，无以言。"当时诗经的熟习是贵族教育的重要内容，还被应用于一些公关活动，孔子在这方面更是卖力，请看下面片段。

子夏问曰："'巧笑倩兮，美目盼兮，素以为绚兮'。何谓也？"

子曰："绘事后素。"

曰："礼后乎？"

子曰："起予者商也，始可与言诗已矣。"

"巧笑倩兮，美目盼兮，素以为绚兮"的前两句是《诗经·硕人》中的句子，本意是说卫庄公妻子庄姜"笑得真好看，长着一双美丽的大眼睛，看上去水汪汪的，脸上可以用素粉来打扮"。子夏问这句话的意思，孔子说："绘画先要有白色的底子，然后再画画。"子夏又问："那么，是不是说礼也是后起的事呢。"孔子因此大加赞赏："商（子夏之名），你真是能启发我的人，现在可以同你讨论《诗经》了。"那么，礼在什么之后，子夏和孔子都没有说，应该是二者心知肚明。

子夏说的礼，指对行为起约束作用的外在形式——礼节仪式。这里说的是礼节在某种东西之后，而这种道德因素像白底子一样，礼呢，如同在这个基础之上的绘画。因此，与外在之"礼"相对的，应该是人的内在情操。也就是说，孔子认为，外表的礼节仪式同内在情操应是统一的，如同绘画一样，质地洁白之后略加装饰即可。否则，质地不好再怎么浓妆艳抹、有再多的华丽形式也上不了档次。

我们看一下，诗句的主要取向本是讲一个女子的姣好，到了子夏这儿，却转移到了对"礼"、对社会文明的理解，而孔子对此大加称道，他实际上是教育弟子读经要从本无训诲意味的描写中联通人生的道理。当时这样的解读很普遍，其体现的阅读思维方法就是关联贯通。国学大师梁启超在《读书指南》中指出："凡此之类，并不必问诗之本事与其本意。通吾之所感于作者之所感，引而申之，触类而长之，此亦锻炼德性增益才智之一法。古人所恒用，而今后尚可袭用者也。"①

民国著名学者胡怀琛先生在《怎样读古书》中介绍过一种读法叫作"各人各读法"，指出对同一书目不同背景需求的人可能会有不同阅读取向，并以《诗经》为例做了探讨。

所谓各人各读法，就是对于同一部书而各人的读法不同。譬如《诗经》罢，《诗经》只是《诗经》，他的本身是不改变的，但是读《诗经》的人不止一种，那么读法也不能一样。《诗经》的本身虽然是诗歌，但是研究社会学的人也要读，研究政治学的人也要读，研究文字学的人也要读，研究植物学的人也要拿他供参考。如《周南》中的《汉广》第一章云：南有乔木，不可休息。汉有游女，不可求思。汉之广矣，不可泳思。江之永矣，不可方思。在研究文法的人读起来，是鉴赏他情感的温柔及艺术的优美，旁的事情都不管了。在研究文学的人读起来，就要注意于"不可求思"的"思"字是一个助词。在研究语言学的人读起来，就当注意于"不可方思"的"方"字。"方"是舟属，在《庄子》中称为"方舟"，云"方舟而济于河"。到后世就并两字而为一字，作"舫"。我们可以知道"方""方舟""舫"就是一物。而"方"字见于《周南》，"方舟"见于《庄子》，可知他是南方的语言。在研究社会学的人读起来，就当注意于这篇诗是男女恋爱的诗，而和古代的婚姻问题有很大的关系。在研究政治学的人看起来，就当从这篇诗去考察周初的礼教，和南方风俗的关系是怎样。这不过是一个大概的情形，此外如研究植物学的人，对于"乔木"的"乔"字，也有可以供参考的地方。研究地理学的人，对于"汉"字"江"字，都有可以供参考的时候。这样说，这首诗所包含的方面就很多了。但是各人都要读，而各人是各人的读法。这一篇诗是如此，三百篇诗都是如此；一部《诗经》是如此，一切的书都是如此。②

---

① 梁启超. 读书指南〔M〕. 北京：中华书局，2010：126-127.
② 胡怀琛. 怎样读古书〔M〕. 北京：中华书局，2012：34-35.

胡怀琛先生随后谈道："研究一种专门学的人，往往有许多的好材料是在毫不相干的书里寻出来。"先生在这里所探讨的读法，其实就是一种关联贯通的阅读思维方法，其核心表现就是看似毫无关系，却可能于有意无意之中发现联系，对进行"专业（门）"活动与研究的人来说，这种方法值得重视。

我们在对一些非教育类作品进行阅读时，可能也会从中联系生发教育教学方面的思考，这也是胡先生所谈"各人各读法"的一种体现，也体现出"关联贯通"的阅读思维方法。请看莱阳文峰学校李申松老师阅读百家讲坛李清泉所著《英雄项羽》所进行的思考《理想的教育在哪里》。

理想的教育在哪里——我读《英雄项羽》

日常读书，比较随意，故而所读之书有些杂乱，但由于受职业的影响，阅读时自觉不自觉地习惯将书中内容与当下教育联系起来加以思考。读李清泉所著《英雄项羽》一书时，也是如此。

爷爷项燕英勇赴死的时候，项羽只有十岁。叔父项梁承担起了对项羽的抚养和教育责任。

在叔父帮助下，项羽先后学过文化、剑术和兵法。学文化，项羽坐不住，没几天就把老师给打跑了；学剑术，项羽还是耐不下性子，没学几天就认为学剑术只能抵挡一两个人而已，又不学了；学兵法，项羽依然浮躁，学了个一知半解，也不学了。

项梁让项羽学习各种本领，在我看来，跟现在家长们让孩子上各种各样的辅导班、特长班差不多，都是想让孩子多学点知识和本领，将来能有所用。只不过，项梁意在让项羽担负起报家仇国恨的重任，而现在的家长，大多只是想让自己的孩子将来能过上更富有的生活。

记得克里希那穆提《唤醒智慧的教育》中说过："正确的教育在于如实地了解孩子，而不是把我们认为'他应该怎样'的理想强加到他身上。把孩子纳入理想的框架，就是在鼓励他去遵从……理想是一个真实的障碍，它阻碍了我们了解孩子，也阻碍了孩子了解他自己。"

读着这些文字，我心里冒出这样一个问题——理想的教育在哪？在克里希那穆提看来，我们不应该把我们认为的"他应该怎样"的理想强加到孩子身上。

可是，项梁教育项羽也好，现在的家长养育孩子也罢，都是把"他应该怎样"的理想强加到"他"身上。不过，在我看来，两者的"强加"，有些不一样。

放寒假前，学校召开专门会议，传达上级会议精神，禁止在职老师进行有偿家教，禁止班主任暗示、鼓动班里学生参加各种补习班。因为平时学生课业压力大，几乎与社会、自然、自我隔绝，几乎把阅读与写作拉入黑名单，与以往的兴趣爱好也是愈发陌生，所以身为班主任的我，从不做暗示、鼓动学生参加各种补习班的事。放假前，我还跟学生说，利用假期多读读书写点东西，可没想到学生们异口同声地说："老师，我爸爸（妈妈）给我报了三四个班，假期又泡汤了，我们真可怜呀！"听了学生回答，我心里泛起一阵酸酸的感觉，真正体会到了学生的假期真的很"假"。

寒假的"假"，绝大多数情况下是家长"强迫"出来的，而且这种"强迫"颇有爱的味道：其他孩子都上辅导班，我们不上的话，就会落下功课；你看谁谁家的哥哥（姐姐）多好，人家当初书念得很棒，现在又干什么好工作，挣多少多少钱；爸爸妈妈工作忙、整天起早贪黑累死累活，没时间陪你也辅导不了你，但可不想让你将来过我们这样的生活……这样的"强加"之下，我们无法从家长的各种"理由"中找到孩子本然的影子——他们只是父母想象中的存在，而不是自我的真实存在。孩子们失去了自主选择的机会与权利。

当孩子没有了自我的时候，他们就会在简单、直接的快感中，用金币购买"英雄"，在虚拟空间中进行各种角色扮演，这样一来，"王者荣耀"就会日渐成为孩子们的"亡者毒药"。

项梁调教项羽，也有很大的"强迫"性，也想让项羽长成项梁想要的样子，而且在父为子纲的社会里，这种"强迫"与当下社会家长对孩子的"强迫"相比，一定会有过之而无不及。但问题是，项羽为什么会成为"英雄项羽"呢？

这要从项羽的家仇国恨说起。公元前225年，大败李信所率领的秦军后，项羽的爷爷项燕一夜间成了整个楚国的大英雄。楚国人路遇项羽，会纷纷投以敬佩的目光；再加上项羽本来就气宇轩昂，相貌非凡，所以大家交口夸赞项羽将来必定会像爷爷项燕一样，成为楚国抵御秦军的希望。可是，公元前224年，项燕被秦国名将王翦率军打败，最终自尽身亡。

在短短两年时间里，项羽从楚国贵族一下子沦落为亡国之民。大概是因为大喜大悲方能大彻大悟，所以《史记·项羽本纪》中记载了这样一个故事："秦始皇帝游会稽，渡浙江，梁（项梁）与籍（项羽）俱观。籍曰：'彼可取而代也'。"项梁也因这件事认为项羽胸中豪情万丈，很不一般。

正因为有了落差巨大的人生经历，所以项羽被"逼着"学习，与当下的学生被家长"逼着"学习，有着根本上的不同：项羽虽然"被学习"，但他心里一直有着较强的家仇国恨。用时尚一点的话来说，就是项羽在内心一直与当时的社会进行深度对话；而当下学生成长的动力之源，我们却鲜能觅及，学生对自己的未来，也大多很迷茫。

所以个人以为，我们当下的教育，应该放下成人自以为是、先入为主的成见，从儿童视角出发，引导学生在与社会、自然和自我的对话沟通中，还学生以完整、真实的生活体验，而学生只有在各种关系的经纬交错中，才能逐渐找到自我，成长自我。这是我认为的"理想的教育在哪里"的第一个答案。

项羽本是英雄，可为什么偏偏又会功败垂成，最终成为悲剧式英雄呢？我认为，主要有两点原因：

一是在项羽心目中，"义重于生，舍生可也"。在兵败垓下、突围至乌江之后，他觉得自己已无颜见江东父老，所以虽有"王（wàng）江东"的机会，他依然选择了自刎而死。也正是因为这一刻，成就了项羽千古义士的美名。

二是项梁对项羽的教育，始终未成功弥补他性格上"固执"的短板。《南怀瑾谈性格与人生》一书中，就以刘邦和项羽为例，专门论及过成功和失败者的性格："有些人的性格，喜欢接受别人更好的意见；不过，能立刻改变，马上收回自己的意见，改用别人更好意见的人太少。刘邦是这少数人中的一个。而项羽对于自己的主意，就绝对不会改变，绝对不接受别人的意见。"因为项羽的"固执"，听不进别人的意见建议，所以他失去了韩信。不仅如此，项羽的暴躁，还让他在杀了韩王成之后，彻底凉透了张良的心，导致张良也跟韩信一样，投奔刘邦了。失去韩、张双杰，在李清泉等解读者看来，是"痛失"，但项羽本人却未必能感觉得到。

正因如此，个人以为，我们在教育学生的过程中，不但要扬学生之长，还要注重补学生之短。补学生之短的最好办法，就是在学生犯错的过程中引导他们不断地进行反省，也就是《论语》中曾子所说的"吾日三省吾身"。只有这样，学生才能"苟日新，日日新，又日新"。这是培养学生自我成长意识，唤醒学生生命内在自觉的必由之路。

《英雄项羽》本是评述项羽的历史著作，李老师在此将其作为一个典型的案例样本，围绕项羽何以成为英雄、为什么又会成为悲剧式英雄两个方面，从教育视角加以审视探究，同步联系当下教育，从比较联系中反思这一典型样本得失成败对当今学生教育的启发。这里的关联贯通及其分析还是很有道理的。

下面再看一个例子。

某省级期刊曾刊登一篇文章，谈及语文教学的探究问题，并举例说明——作者教《祥林嫂》时，围绕"祥林嫂是否具有反抗性格以及如何评价她的挣扎"组织学生进行讨论探究。部分学生提出与众不同的结论，认为祥林嫂的反抗具有反封建礼教的战斗色彩：祥林嫂是在鲁镇准备祝福大典之际向"我"提问三个问题，然后在当晚突然死去的。她所提出的三个问题预示着她将以自己的生命和决心忍受地狱的酷刑，换取和死去的丈夫儿子见最后一面的机会。祥林嫂无视统治中国几千年的封建礼教的说教，无视神权世界的最后审判，不偏不早死在"祝福"之际，给鲁镇和鲁四老爷带来了不祥、不安，这也是一种反抗。因此祥林嫂的死包含着热烈的追求和不屈的反抗。

这位老师对学生的解读评述道："超出想象，让你抑制不住激动。产生了令人惊喜的教学效果。"其实，部分学生的这种解读严重偏离文本原初内涵，是一种先入为主的误读，就是先创造结论、然后把文本细节向自己的这个预设上演绎靠拢，这是文本解读的大忌，更容易造成多元无界、错位异化的解读。如果教师不对其正确引导，反以为是很光荣的事，那就需要警醒了。

笔者阅读马克思恩格斯选集《1844年经济学哲学手稿》节选时发现了马克思的一段话："不要像国民经济学家那样，当他想说什么的时候，总是置身于一种虚构的原始状态。这样的原始状态什么问题也说明不了。国民经济学家只是使问题堕入五里雾中。他把应当加以推论的东西即两个事物之间的例如分工和交换之间的必然关系，假定为事实、事件。神学家也是这样用原罪来说明恶的起源，就是说，他把他应当加以说明的东西假定为一种具有历史形式的事实。"① 马克思的意思是说，某些论者不是从事实本体出发进行推导分析，而是倒过头来——让已有事实为自己假定的结论服务，如此造成的结果看上去头头是道，实则背道而驰。马克思所抨击的国民经济学家的逻辑，与上述文本解读的逻辑在本质上如出一辙。

笔者将马克思评述经济学家的逻辑分析和前述语文文本解读的逻辑联系起来，也体现了关联贯通的思维方法，既掌握了有力的理论论据，又开拓了研究视界。

关联贯通，要有联通的纽带桥梁（往往是相关素材或者研究主题），联通的尺度要合适，要明确从哪个方向上它能够产生对应的意义和价值，而不可借此无度发挥乱弹琴。像前面提到的《诗经》解读，如果在文学作品分析中这样无限制地关联贯通，肯定是不合适的。因为基于赏析的文学解读和基于功用的作品解读根本不在一个维度上，不能混为一谈。

胡怀琛先生在肯定带有明显关联贯通色彩的"各人各读法"的同时，还强调了"各书各读法"，也就是在阅读时先要明确所读书目内在属性，不能对此无视而基于自身某种需要或特定立场，单纯用自己所习惯的某一套路、思维去进行机械的甚至方枘圆凿的分析。阅读也要"适体"，也要"量体裁衣"。比如，清代学者戴震误把屈原的文学作品《天问》当成天文著作加以剖解，不免传为笑柄。再如，今人解读寓言故事《愚公移山》，说愚公太傻怎样搬家才省力，读朱自清《背影》说父亲违反交通规则，凡此种种，其实都是"悖体阅读"。不管读什么都能和教育扯上关系，也未必合适。

---

① 中共中央马克思恩格斯列宁斯大林著作编译局．马克思恩格斯选集（第一卷）〔M〕．北京：人民出版社，1995：
40．着重号为笔者所加。

凡此种种，失当、刻意的关联贯通之下，就不免产生误读。"文革"中，为什么会曲解诸多文学、哲学经典，其中的一个原因就在于解读者自身无视特定要素，在关联贯通上出现了方法论的根本错位：一切为时势服务，盲目关联，结论在先，强拉硬扯乱弹琴，难免留下历史笑话。

四、顺势迁移

"迁移"的意思是离开原来所在地而另换地点或由于自然力作用从一地移向另一地，在心理学中，它指一种学习对另一种学习的影响，指在一种情境中获得的知识技能或态度——对另一种情境下知识技能的获得或态度形成所产生的影响。顺势迁移，就是顺着某种情势自然而然发生的迁移，它在专业阅读中表现为一种就近的"移动思考"。

曾经看过一篇教育随笔，题目是《闲话学生的"闲话"》，大致讲的是教师如何面对来自学生的闲言碎语，怎样认识和看待相应问题。类似问题在一些网帖中也很常见，例如下面一则材料：

网友 A 提问

我是一位班主任，班上学生有时很爱说老师闲话。我带的是初一年级班级，学生也都是十一二岁的孩子。开始是一个年轻的男老师教班上数学，后来因为他的事务比较重就不教了，来了另外一个年轻的女老师教。可能因为这个女老师是刚来的，也没什么认识的人和教学经验，这个男老师经常照顾她，并且还告诉学生这个女老师是他徒弟。刚开始学生们还没什么，可后来久而久之就传出了一些闲话。

网友 B 回应

哇，这种问题确实头大，可希望老师你也不要太操心哦，小孩子青春期喜欢关注身边的人和事，难免会多嘴多舌。但这个问题呢，老师你只能适当点拨学生，让他们多把精力集中在学习上。至于闲话传到两位老师耳朵里应该也没什么大碍，都是老师和成年人，小孩子的话只可听听，当然不能去在意。

学生背后说闲话，不仅会指向教师，还会针对同学、针对校园所见所闻。

笔者随之还想到一个问题，即教师如何面对来自同事闲话：在单位中，面对大家教育教学表现，往往也会有些闲言碎语，或者捕风捉影的传闻及各式说辞，"谁人背后不论人"，面对这些"闲话"甚至"反调"，又该有怎样的认识？这其实是一个对教师心态塑造、职场情绪调节很有意义的话题。这个转移生成的话题，和原点话题之间既有情境上的联近相似之处，又有新的变化，对其思考一方面需要参照联系所读素材原点话题的相关认识（如闲言碎语产生的原因，怎样处理面对等），一方面又要从新情境出发，有针对地加以分析（教师说教师闲话和学生说教师闲话还有差异）。有鉴于此，笔者针对这个问题做出系统思考，写下《正视反调》一文。这样一种"移动思考"，其实就是一种就近的顺势迁移，通过这样一种思维训练，我们可以对有关问题的分析形成一种纵深格局。

再举一例。苏霍姆林斯基在《怎样按季节安排学生的学习》一文中提出按照季节合理安排学生学习活动是关系学生身体发育、增强健康和全面发展的重要问题之一，他指出："一年分为几个季节，每个季节人的机体活动能力都不相同。例如，众所周知，机体的防护力到春天就减弱，到秋天则增强。考虑这种周期性的波动，对学校来说特别重要，因为我们打交道的对象，是正在成长发育的身体，是形成中的大脑，而外部环境对人的大脑有非常大的影响。春天的学习和脑力劳动，特别是在低年级，应完全不像秋天那样安排。"针对具体季节的学习活动安排，他还给出具体建议、进行了有针对的分析：

我建议低年级学生全年的脑力劳动安排如下：大约到第三学季中期（即2月底），应基本上结束语法和算术方面最重要理论概念的学习。在正是春天的第四学季，脑力劳动应主要包括能发展、加深和系统整理早先获得知识的一类学习。我还想建议，春天应加强培养下一学年能顺利学习所必需的能力。春天，似乎是专门用来进行最费力的观察的时节。春天，还应为下一学年头两个学季要学习的理论性结论积累实例。上面谈到的知识与技能比例失调问题，正是由于春天跟秋天一样灌输复杂的理论概念而引起的。

在中年级和高年级，应利用一切可能在春天最大限度地减轻脑力劳动。不能不估计到，由于维他命储存耗尽，在少年的机体内尤其如此，以致春天视力最容易减弱，并发生眼病，而眼睛在脑力劳动中却有特别重要的作用。不能像许多学校的教学实践中往往存在的情况那样，把阅读大部头文艺作品，把为了复习而重读许多页历史课本和文学课本的任务放到第四学季。尤其不可采取机械的复习方式，使复习与初学教材毫无区别。春天应给学生带来——形象地说——教学法的更新。你在第四学季的备课，应使已有的知识引入积极活动状态成为你教学法的主导思想。不必因此而让学生按教师的问题概括各部分教材时，不断地啃书本。通过综述性的讲解概括教学大纲的一系列问题，能促使知识积极活动起来。考虑到高年级学生的疲劳程度，教师应善于采取一些措施，以减轻他们的复习负担。

我在许多年内总是给八九年级的学生布置如下夏季作业：阅读下一年将要学习的文艺作品。这就大大减轻了他们的脑力劳动，解除了过重负担，使第四学季不至于过

度紧张。^①

　　一年分为几个季节，每个季节人的机体活动能力都不相同。例如，众所周知，机体的防护力到春天就减弱，到秋天则增强。考虑这种周期性波动，对学校来说特别重要，因为我们打交道的对象，是正在成长发育的身体，是形成中的大脑，而外部环境对人的大脑有非常大的影响。春天的学习和脑力劳动，特别是在低年级，应和秋天的安排有所不同。苏霍姆林斯基表达的核心观点在于，必须依据学生在不同季节的机体活动能力、不同季节段外部环境对儿童脑力劳动的影响科学合理安排学生学习和课业活动，并且要根据年级高低做出有针对的优化，从而避免学生负担过重。

　　由苏霍姆林斯基"怎样按季节安排学生的学习"，笔者想到了一个议题，即"怎样按季节安排教师的学习研修"：季节作为一种周期性波动，对学校来说特别重要，它不但影响到学生同时也影响到教师。一方面，教师的教学活动必须最大程度契合学生的学习活动；另一方面，作为教育教学活动的另一主体，作为成年人，教师在不同季节的机体活动能力、不同季节段外部环境对教师脑力劳动的影响又会如何，针对不同学段、不同年龄和教龄段教师，此中又存在哪些共性取向和具体差异，如此等等，这些问题，无疑是思考"怎样按季节安排教师的学习研修"这一议题需要斟酌的要素。

　　苏霍姆林斯基《谈谈教师的健康和充实的精神生活问题》一文针对教师休息，还有这样一段表述："正确的休息，特别是在夏天和冬天，能发展并增强神经系统的补偿能力，有助于养成沉着、平稳和使感情爆发服从于理智控制的能力。许多在学校工作了三四十年以上的有经验的教师叙述说，使他们养成沉着和自制力的因素中，特别有效的一个因素是和自然界的长时间接触，在这种接触中，能使体力的紧张与思想、观察相结合。"^② 这里是从季节角度分析教师的合理作息，特别强调夏天和冬天教师进行必要休息、亲近自然的益处。现在很多地方主张教师暑期进行集中充电、研修甚至安排较大量度的研修学习任务，有的学校要求教师暑期进行集中的理论阅读或者规定读几本书、写几篇读后感，以致有老师抱怨"放假如同没放"，在这种充电热的背后恐怕还有一些值得反思的地方。其实，从夏天和冬天对教师作息的季节影响看，在所属时段进行怎样的阅读学习，也是需要斟酌的。

　　无独有偶，中国台湾傅佩荣先生提出了应该按照季节合理选择阅读书目、规划读

---

① （苏联）苏霍姆林斯基. 给教师的建议〔M〕. 周蕖，王义高，刘启娴，董友，张德广，译. 武汉：长江文艺出版社，2014：83-85. 着重号为笔者所加。
② （苏联）苏霍姆林斯基. 给教师的建议〔M〕. 周蕖，王义高，刘启娴，董友，张德广，译. 武汉：长江文艺出版社，2014：11. 着重号为笔者所加。

书的观点，他认为读书方法要配合季节进行调整，"方法的应用在于'选择'合宜的书籍"。针对一年四季的阅读，他以具体做法为例做了说明。

春季以肯定生命、启发希望、确定方向为主，因此我读《论语》和《泰戈尔诗集》。孔子的"人生向善论"使我充满乐观奋斗的信心。泰戈尔的诗描写"宇宙""孩子天使""爱"，亲切温婉，足以解消一切疑虑。

夏季酷热，我选择《庄子》与梭罗的《湖滨散记》。庄子的寓言常有醍醐灌顶、恍然开怀、寒意逼人的作用，可以消暑。梭罗在瓦尔登湖畔度过两年两个月，他笔下的一只公鸡也有帝王般的尊荣，充分显示大自然的奥妙。

秋季既肃杀之气，又有淡淡哀愁。《老子》的"天地不仁，以万物为刍狗"一语，惊醒了人类自我中心的妄念。房龙的《宽容》则细述西方历史，指出"懒惰、无知、自私自利"是造成不宽容的三大因素，正适合秋日省思。

冬季太冷，何不翻阅《孟子》？"我善养吾浩然之气"一段念通的话，内心真力充塞、圆满具足，道德勇气油然而生。然后，尼采的《查拉图斯特拉如是说》谈到"精神三变"，以"超人"为目标而冲决网罗，气魄之宏伟足以鼓励吾人自我超越。

我所谓的方法是指"选择"时的思考架构而言。具体要念什么书，大家不妨各行其是；至于念书的成效，能不配合季节来考虑吗？①

傅先生的经验启迪我们，最好按照季节特点对自身阅读做出合理规划与选择，在最合适的时节读最合适的书目，在这个大前提的架构之下针对具体个体还可以灵活选择灵活安排。

由傅先生提出的"配合季节规划读书"，笔者随即想到了一个话题，即"怎样配合季节有效规划教师的阅读"：如果教师的阅读学习，能够结合季节特点，考虑季节影响等因素围绕阅读主题题材、作品形态、阅读性质等方面做出更合宜的统筹安排，是不是更好一些？

苏霍姆林斯基"怎样按季节安排学生的学习"以及傅佩荣"配合季节规划读书"这两个话题，侧重虽然不尽同，但不乏共性，就是从季节安排的角度审视人的学习活动。从传统文化视角来看，人的学习活动也应努力做到"天人合一"，既要考虑具体环境对活动主体的影响，也要观照活动主体的活动能力与活动规律。可见，所谓"顺其自然"，并非通常很多人所理解的不假思虑、顺然为之，而是根据天理、人理而有所通达，寻求二者动态、理性的平衡与协调。

---

① 张恒. 读书记〔M〕. 北京：新星出版社，2010：176-177.

　　针对前一话题，笔者把思维触角"移动"到"怎样按季节安排教师的学习研修"之上，针对后一话题，笔者又把思维触角"移动"到"怎样配合季节有效规划教师的阅读"之上，进而综合两者尝试做出深入思考，这其实是一种认知上的顺势迁移。这样一种就近移动、置换角度的思维活动，既拓宽了思维视野，同时也能形成一些有意义的探讨分析。

　　顺势迁移的关键在于自身在阅读中要擦亮眼睛，不满足于原地踏步走，要从问题或话题情境中敏锐地把准最切近、最适切的"迁移点"，从"原位"（本源话题）和"移位"（移动话题）的"近邻关系"出发实现新的有效的"移动思考"。如果顺势之下的"移位"错位或偏离太远，这种思考就无法构成基于"原位"的有效延展，也就无法有针对地深入探讨。比如，由学生说教师闲话，想到课堂之上学生说闲话，这个点看似也较切近（均为"说闲话"），但和学生说教师闲话、教师说同事闲话性质不同，它属于课堂教学范畴的问题，这显然不属于我们所说的"顺势迁移"。

五、以旧翻新

　　以旧翻新，就是从故有、旧有阅读素材中形成新的挖掘、阐发，这种"翻新"不是喜新厌旧，更不是彻底的革故鼎新、破旧立新，因为这里的"旧"不是陈旧落后，而多是经过历史检验、为大众所认可的认识，所以这里的"新""旧"关系在于：旧，是新的基础与依托；新，则是旧的创造与发展。旧元素不会因为新元素的呈现而被淘汰，新元素也只是旧元素的一种延伸、生成与拓展，而并非以此全面颠覆和取代旧元素。

　　我们来看一个例子，对《学记》"善问""善待问"的解读[①]。

　　古典教育名著《学记》提出了著名的"善问""善待问"之说："善学者，师逸而功倍，又从而庸之。不善学者，师勤而功半，又从而怨之。善问者如攻坚木，先其易者，后其节目，及其久也，相说以解。不善问者反此。善待问者如撞钟，叩之以小者则小鸣，叩之以大者则大鸣，待其从容，然后尽其声。不善答问者反此。此皆进学之道也。"

　　这段论述大意如下：

　　在学生善于学习的情况下，老师不必花很大力气，教学效果反而会加倍提高，学生跟随老师学习又会把学习成就的取得归功于老师的教学得法。反之，在学生不善学习的情况下，老师虽然很勤苦卖力，结果却收效甚微，学生跟随老师学习到头来还会

---

① 以下关于"善问""善待问"的解读出自笔者已出版专著，见：孙贞锴. 妙在这一问——让思维动起来的语文问题导学艺术〔M〕. 重庆：西南师范大学出版社，2016：18-19.

埋怨老师教导无方。善于提出问题的人，就像木工砍伐坚硬的木头一样，先从容易下手的部位着手，然后再砍那些关节部分，等到一定时间，功夫到了，关节部分就会迎刃而解。不善提出问题的，恰恰与此相反。善于应对问题的人就如同撞钟一样，用很小的力气敲击，钟声就会很弱，用大一些的力气来敲打，钟声就会变大。撞钟不能连续不断，对待它要从容不迫，这样才能发出最为洪亮的声音。教学中不善于应对问题的，与此恰恰相反。这些都是增进学问的方法。

这里从正反两方面讲"进学之道"的重要，先后谈到"善学""善问"和"善待问"："善学"意在讲究学习方法、提高学习效率，而"善问"和"善待问"主要探讨教学问题的提出、设计和应对策略。这里的"善学""不善学"，主要强调的并非学习者本身的素质，而是教师从中的引导作用。为此，《学记》中提出密不可分的两点，即"善问"和"善待问"：

"善问"相对侧重导学问题的提出，强调设问要先易后难、由浅入深，在合理的序列阶梯中螺旋上升，才能达到提问的最优化。"善待问"相对侧重导学问题的应对，作者以钟来比喻"问题"，"撞钟"比喻"应对问题的情态方式"，撞钟要讲究合适的节奏频率，需要从容舒缓的停顿、等待，如此之后才能洪亮之至、极尽悠扬。教学中对待问题就像撞钟一样，要根据问题的内容、性质及其不同需求，采取不同方式方法，特别是对一些复杂的问题，需要足够的心理准备，花费较多的时间精力，用力不到的话就难以得到有效解决。对问题的引导，不能急躁求快，需要从容等待、恰当疏导，否则就会欲速不达，对重难点难以突破，无法进入最佳境界。

那么，需要谁"善问""善待问"呢？从《学记》本身以及传统教学观看，当然更强调教师在"导学"中的两"善"。与此同时，结合现代教学论及其课程精神看，它也需要落脚于教师引导下的学生的"善问""善待问"。这样，才能既强调教师主导性，同时也不排斥学生在学习过程中的主动性，从而体现师生交互关系。无论教师还是学生，都需要"善问""善待问"。教师围绕"善问"和"善待问"的引导，也必然带动学生在问题学习中走向"善问"和"善待问"，因为这是走向"善学"的必由之路，如此才能"把提问的权利还给学生"：

学生"善问"强调层面是能够提出自己的疑难问题，学会提问题的一些技巧方法，进而提出有价值的问题，提高质疑问难、思考表达的水平。学生通过问，旧的矛盾解决了，新的矛盾又来了，如此循环往复，思维与认知水平才能渐次提高，

学生"善待问"强调层面是在教师引导下推进自我思考，有条不紊地分析和解决问题，同时学习和老师、同学进行有效互动，对老师、同学提出的问题能认真倾听、积极参与、通过深入思考负责任地表达己见。

在此，笔者根据《学记》原著，融合现代教学视角和当代课程精神，对原著提出的"善问""善待问"从问题导学角度进行解读，提出教师的"善问""善待问"和学生的"善问""善待问"两者各有侧重密不可分，构成问题导学重心所在。后来在语文教学中，笔者又结合实践案例，提出初中语文教师"善问""善待问"，学生语文学习"善问""善待问"的具体参考策略。这种对原著的解读和运用，本身在一定程度就有"以旧翻新"的意味，既有努力还原原著意涵的阐释，又有着眼新的课程与教学理念的意义创生。这种"新生"意义，虽然原著未必有所彰显，但结合新的动态是可以成立的，能够构成对原著主体内涵的一种有益、积极的补充与拓展。

下面再看莱州彭慧老师从综合实践活动课程教学视角对陶行知先生《儿童科学教育》一文有关内容的解读。

陶行知之《儿童科学教育》读后

1932年5月13日，在当时的杭州师范学校，陶行知先生做了题为《儿童科学教育》的精彩演讲。陶行知先生从"建设科学的中国"的高度，从中国教育现实和小学教师现状出发，提出了小学教师应承担的科学教育责任，指出了儿童科学教育的切入方式，同时借助大量生动鲜活的教育事实，就儿童科学教育过程中的教学指导、师资利用、资源开发、价值引导等诸多具体问题做了详细阐述。我认为，《儿童科学教育》作为一份重要的教育文献，其价值不仅停留在对于当时中国科学教育的开拓性高位引领之上，其承载着生活教育经典思想的精彩论述，对目前中小学综合实践活动课程实施中存在的基本认识问题和实施过程中需要应对的诸多现实问题也富有指导性。

一、"玩把戏说"

【现实困惑】不少刚接触综合实践活动这门课程的教师经常这样诉苦：综合实践活动课程是一门综合性、开放性非常强的新课程，涉及领域宽泛，可谓包罗万象，但没有现成的教材教参，作为农村教师，尤其是老教师或者多年来一直专于单科教学的教师来实施难度太大。他们认为，面对的最大困难就是知识匮乏、无法应对，所以不是"不想教"的态度问题，而是真的"怕教不了"的能力问题。

【经典语录】科学并不是很难的东西，高深的科学，固然很难研究，但是浅显的科学，我们日常玩着的，人人都会做。我们提倡科学，就是要提倡玩把戏，提倡玩科学的把戏。每个教师都变成小孩子，加入小孩子队里玩把戏。

【我的思考】针对由综合实践活动课程的"高新论"与教师的"低能论"两者之间的反差所引发的认识层面的"恐高畏难症"，我建议通过陶行知先生早已开出的"玩把戏说"这副良药来进行医治。依照陶行知先生观点，面对综合实践活动课程，教师应转变课程理念，降低认识重心，改变教学范式，不要将自己视为活动主宰，不要坚守于自我中心地位不动摇。作为一门新设课程，综合实践活动与其他分科课程最大也是本质的区别在于：它是师生合作开发与实施的经验课程，以学生自主探究和体验为主要形态；其间，教师仅仅是活动设计和实施的参与者、活动与评价的指导者，并不需要包办替代式或者学科式的"教"。所以它对教师而言，无论是年长还是年轻，无论是城市还是乡村，都是必须正视的新事物，都需要从头开始，都需要在学中"教"，在"教"中学。如果我们也如陶行知先生所倡导的"玩把戏""加入小孩子队里玩把戏"的方式切入综合实践活动，综合实践活动课程定能成功融入课程计划——不仅仅是走进学生生活天地，也会轻松走进教师的教学生活世界。

二、"生活博物说"

【现实困惑】听到不少教师抱怨开展综合实践活动"条件"有限，"一无配套设施，二无必要的经费，即便是学生情趣高涨、教师积极引导，也无济于事"。也有教师认为，没有规定的教材教参，在师生有限的视野中，根本没那么丰富的综合实践活动课程资源，导致综合实践活动课程实施滥头无序、耗时低效。于是提出，必须给教师提供充足的物质保障和教材参考，以此作为课程教学的基本依托和师生开展活动的原点。

【经典语录】原来大家误会得很，以为施行科学教育，一定要大大地花一笔钱；不知有些科学不十分花钱，有些科学简直一钱都不要花。有钱便做有钱的布置，无钱便做无钱的事业。如果以宇宙为学校，则我们不必在教室中求知识，四处都可以找知识，四处都有相当的材料。而所得者，都是很真切的知识。

【我的思考】与其他国家课程相比较，综合实践活动课程的确仅有《纲要》而无统一教材，且《纲要》也仅提供了指导性理念而非固定化模式，这对惯于以课堂和教材为中心的传统教学生活而言，的确是前所未遇的挑战；对于一直以来依赖于规定性教材开展教学活动的教师而言，的确会感觉不适。陶行知先生的"生活博物说"给了我们很好的回应——生活才是教育的原点开展：综合实践活动要善于因地取材，"可以利用现成的东西，玩我们科学的把戏"；开展综合实践活动还要慧眼识"材"，"如果推而广之，学校之外，也可给你去干，那是兴趣更浓了"，综合实践活动课程便会拥有丰富广阔的空间。所以，我们应立足学校现状、生活现实和区域优势，引导学生探索性、创造性地从身边自然世界和社会生活中开发活动资源，发掘研究课题，将其有效地"校本化""师本化"，这正是综合实践活动课程的生命所在、生动所在、意义所在。

三、"多方借力说"

【现实困惑】在综合实践活动课程实施过程中，有的老师深有感触：能够胜任活动的指导者也不容易！他们认为，综合实践活动课程强调尊重学生兴趣、爱好和意愿，倡导由学生从日常生活中发现问题、自主选择和确立活动的内容目标和学习方式。面对兴趣广泛、思维活泼、学习方式多样的学生，往往深感力不从心、疲于应对，指导越来越显被动，指导的宽度、力度和效度反而随活动开展而递减。

【经典语录】既是愿意和小孩子一起玩了，但是没有玩的本领那怎么办呢？不要紧，有法可想，我们可以找老师，请他教去。我们的先生很多，不要自己顾虑的。社会各处都可求获一种技能。七十二行，行行都可做我们的教师。

【我的思考】其实，陶行知先生提出的"找老师，请他教去"策略，就是综合实践活动课程所倡导的团体指导与协同教学。也就是说，综合实践活动指导权不能控制在某一范围的一位或几位教师手中，这样做也不现实，因为个人能量始终是有限的。教师并非无所不知、无所不能的全人。综合实践活动课程的实施，一方面要求教师不断提高专业素养，同时也应充分发挥并整合教师团队力量，重视引入学生家长、社会上有专长的"志愿者"的智慧，学会多方借力、共同指导。

四、"价值导引说"

【现实困惑】综合实践活动课程的实施，的确显现出一定的积极成效，但也不可否认在某些领域存在缺失。这从学生外在的一些行为细节中便可略见一斑：有的学生在文化遗存考察现场乱涂乱画，在考察途中乱丢果皮、饮料瓶；为了凸显自己小组活动成果，有的学生在活动过程中搞不正当竞争；有的学生为顺利开展小课题研究或者刻意追求活动成果，置乡规民约和社会公德于脑外，采取不妥方式，造成不良影响。

【经典语录】把活的东西弄死，太嫌残忍，增长儿童残酷的心理，这点很紧要。我们须知科学是一种工具，犹如一柄锋利的刀，刀可以杀人，也可切菜。科学是要谋大众幸福，解除大众苦痛。我们教小孩子科学，不要叫小孩子做少数富人的奴隶，要做大众的天使。不是徒供少数人的利用和享受，当使社会普遍的民众多受其实惠。应当用科学养生，不当用科学来杀生。这是提倡科学教育最紧要的一点。

【我的思考】我认为，综合实践活动内涵是丰富的，包括多资源开发、多学科整合、多活动联动、多主体参与、多价值追求。此处的"综合"是全方位、多领域的综合，不仅仅体现在课程性质的综合、课程内容的综合、支持资源的综合、学习方式的综合上，也应充分体现在育人效应的综合上。综合实践活动实施过程中存在的不同程度的情感、态度、价值观导引的忽视或缺失的表现，与陶行知先生所指出的为了搞科学研究而荼毒生命之举在性质上同属一类，是对课程教学价值观的窄化和矮化。陶行知先生在倡导科学教育时没有忽略生命意识和生态价值观的渗透，而是将其作为了"最紧要的一点"，我们在实施综合实践活动课程过程中也绝对不能忽视价值观的导引。必须明确，综合实践活动既不是为了教给学生知识、训练学生技能，也不是单纯让学生学会如何学习、如何探究，更为重要的是让他们学会如何生活，引导他们形成良好的行为习惯，养成健康的生活方式、积极向上的生活态度，达成对自然、社会、他人、自我的理解，最终提升其生命质量，促进其生命成长。

诺贝尔奖获得者、瑞典学者 H·阿尔文曾经说：人类要在 21 世纪生存下去，必须回首 2500 年前，从孔子那里汲取智慧。我认为，当今中小学综合实践活动课程的有效实施，应从陶行知先生《儿童科学教育》中获取方向、获取动力、获取灵感。

《儿童科学教育》是陶行知先生针对当时儿童科学教育进行的演讲，当时尚无综合实践活动课程一说，彭老师在阅读中发现该文献对当下综合实践活动课程实施富有指导意义，他结合原文阅读，将其内涵精髓概括为"玩把戏说""生活博物说""多方借力说""价值导引说"四点，然后针对每一点摆出现实困惑、联系经典语录、提出思考建议，针对特定现实从新的视角对陶先生这一经典文献进行了富有专业性的创新解读。这一范例充分体现了"以旧翻新"的专业阅读思维方法。

教师专业阅读的"以旧翻新"，可以是在新动态新背景之下从旧素材生发的新观点、新思维，也可以是围绕新角度、新视界对旧素材做出的新解读，形式不拘一格，以此对一些故旧、传统元素赋予新内涵。这种"翻新"应该有更严肃的态度、更严谨的思考，而绝不可满足于一时之兴、一己之见的自圆其说，更不应该是那种哗众取宠、迎合时势、博得眼球的包装式的"观点出新"。

六、批判质疑

不能发现问题、四平八稳的阅读往往质量平平，印象也不深。在专业阅读中我们必然会形成自己的观点理解，多多少少说出与别人、与文本不同的话语，这其实就是一种原初的批判。

必须明确的是，批判不是单纯的否定，否定只可能是批判的一种表现形式，批判的本质更在于对话。对话理论的权威伽达默尔把它定义为一种"视域共享"，就是把"我的视域"与"你的视域"交汇到一个问题上，看看我们看到的东西有什么不同。既然有了不同，那就有了差异，有了批判。当然，这种批判是相互的，对事物和问题的认识就是在这种相互批判中提高和发展的。因为批判的合理存在，我们在阅读和生活中才有了更丰富、更广阔的视域。

批判往往需要质疑，但这种情况下的质疑绝不是简单地提出问题，在提出问题的同时更需要对相应问题进行缜密思考、努力探寻，这才是批判质疑的重心所在。

就专业阅读的批判质疑来说，通常大致有三种方式。

否定性批判质疑：就文本提出的事实或观点、认识与行为取向直接质疑并做出比较明确的否定。这一种大家非常熟悉。

《班主任兵法》"指鹿为马"一节讲述了一件事，一位叫灵灵的学生的 80 元钱被盗，而有学生反映，一个叫旦旦的学生翻过灵灵的书包，后来看见旦旦买过船模，老师最后为了照顾旦旦的面子，采取别的手法让旦旦给了灵灵 80 元钱。为此，魏智渊老师做出明确的否定性批判质疑，认为如此手法不得当、不专业、治标不治本。

一个专业化程度很高的老师会如何处理此事？他当然也会有一个合乎程序的破案的过程，因为此事要破案不难，旦旦买船模的钱从哪里来，很容易查到。这只是一小步，进而他会在不伤害旦旦的前提下进行更深入的调查，因为他需要知道，旦旦的偷窃是一个什么性质的问题，是属于心理问题吗？那么问题的源头在哪里？是偶然把持不住吗？那如何让他既获得教训又不留下心理阴影？是经常有小偷小摸的行为吗？那应该采取哪些行为来进行控制？或许这种调查就会涉及家访以及与旦旦的交流。[①]

商榷性批判质疑：就文本的事实或观点、认识与行为取向等做出商榷，提出自身不同看法，而其话语姿态一般比较平和审慎，往往留有一定余地。

请看烟台格迈纳尔中学姜萍萍老师在阅读特级教师张大文所著《中学语文教学体系新探》之后撰写的一则笔记。

对语感训练的落实莫过于文体沟通的质疑

张大文老师的《中学语文教学体系新探》是一本很实用的教师用书，其中系统的语文知识和独到的教材解读都让我们眼前一亮，读后获益匪浅。受其深钻细究精神的影响，我也对书中重要观点逐字逐句琢磨起来。细细探究之后，发现对作者的一个观点不敢苟同，即作者在自序中所言，"语感教学……必须多角度，多层次地进行训练，而能落实这种训练并使之条理化、系统化的，莫过于文体沟通了"。

通观全书，作者将语感的训练和文体的沟通分列为两个章节，像"语感训练的落实莫过于文体的沟通"这样的观点，是为了让整本书的各部分联系更紧密，还是作者就是认为二者有"莫过于"的必然联系，我们不得而知。但从文中呈现的文字看来，这个观点是值得商榷的。

我们来看语感训练部分。这一部分有七个小节，分别是落实准备工作、积累词语义项、明确词句指向、排除错误干扰、辨析句子意义、概括段落大意、贯通篇章结构。其中涉及的训练有构建知识网络、辨析字形字音、分析词性与感情色彩等。毋庸置疑，

---

① 魏智渊. 教师阅读地图：新教育实验教师专业阅读项目用书〔M〕. 文化艺术出版社，2011：12.

这些都是语感训练的有效途径，可是这里可有文体沟通的直接参与？怕是连个影子也找不到。当然，如果说这些是在为文体沟通做准备，也不是说不通的。若真是这样，那么二者的逻辑关系就该倒过来，这样表述：落实文体沟通，莫过于训练学生具备良好的语感。

事实也真的是这样的。以文体沟通部分的第一节"记叙文向议论文的沟通"为例，作者认为："我们要从记叙文的构思着眼，通过对有关情节的立论，编写议论文的提纲。首要任务是要在完整的故事情节中透视到不同的层次和侧面，从总体上掌握课文的主题思想。"要进行此项文体沟通的训练，没有良好的语感打底，又怎么沟通呢？

至此，我更愿意相信那个"语感训练的落实莫过于文体的沟通"的观点，其实只是作者的笔下误。因为在本书 86 页，作者就明确指出"文体沟通是语感训练的继续与深化"。这也就等于告诉我们，语感训练的落实自有其法门，那只是起"继续与深化"作用的文体沟通，是不能上升到"莫过于"的重要地位的。那么，在语感训练的落实中，能起到"莫过于"这样重要地位的，究竟是什么呢？

个人认为，从事一线教学的语文教师，无论是总结自己的学习经验，还是观察学生的成长过程，都可以得出这样的结论：语感的获得是从大量阅读起步，反映在文质兼美的习作中。这期间，若能得到教师有益的引领，更能促进其成长。而那个颇具难度的文体沟通，应该是在已经具备了良好语感的基础上进行的。当然，文体沟通也可以促进语感训练，但是却不是落实其训练的必要过程，更无法论及"莫过于"的重要地位了。

姜老师认为张大文老师"语感训练的落实莫过于文体的沟通"这一观点"值得商榷"，根据后文具体论述与这一观点立论存在的矛盾认为这很可能是作者的笔下误。与此同时，姜老师又结合教学实践对语感训练的主要方向提出了自己的观察思考，前前后后的分析表达，可以说审慎而中肯。

补充性批判质疑：就文本提出的事实或观点、认识与行为取向做出补充，肯定或部分肯定原有观点事实，在其前提和基础之上对原有表述评述不到位、不全面、有遗漏的地方另做补充评述，以为完善。

下面请看原人民文学出版社总编辑屠岸先生针对笔者一篇文章所涉文学常识的补充分析。

"绝唱"不是"绝句"①

《咬文嚼字》2010年第8期孙贞锴文指出《南国早报》2009年12月21日一文有误，这是对的，苏轼在写那首《水调歌头》时，确实还没有"东坡居士"这个号。但孙文忽略了另外一个错，请看《南国早报》的原文：苏轼"在一个中秋之夜，他喝醉了，写下了'明月几时有？把酒问青天'，'我欲乘风归去，又恐琼楼玉宇，高处不胜寒'的千古绝句"，把《水调歌头》称作"千古绝句"，这是站不住的。

"绝句"是个专门名词，指古诗中近体诗的一种体裁。一首绝句由四句组成，有一定的韵式和平仄安排要求。每句五字的叫五言绝句，简称五绝；每句七字的叫七言绝句，简称七绝。苏轼的《水调歌头》是词，又名长短句。词有多种词牌，"水调歌头"是其中的一种，它怎么可以与"绝句"混同呢？作者想说的，可能是"绝唱"，而不是"绝句"。"绝唱"指诗文创作的最高造诣，成语"千古绝唱"即此意。苏轼的《水调歌头》，被称为"千古绝唱"是适宜的。可惜，错了一个字，变成"千古绝句"，便张冠李戴了，贵刊编辑也疏忽了吧？

屠岸先生肯定了笔者论述中的正确观点，同时结合有关文学知识对笔者论述做出补充，进一步矫正相应表述存在的偏差。

批判质疑的前提是对文本及其问题有深入把握，这样才能找准批判质疑的方向，至于所采取何等方式，还要具体问题具体分析：

▲如果原文存在明显的事实性、知识性等方面偏误，研究者本身掌握了充分可靠的证据、认为有澄清的必要，那么可以考虑采取否定性批判质疑方式陈述相应思考。

▲如果原文对某一问题虽然做出一定思考，但在认识问题的视角上有所欠缺或遗漏，或者对相关问题的一些细节未有涉及、涉及很少，甚至有所忽略、回避，而你的阅读发现恰恰基于上述节点，那么，一般可以采取补充性批判质疑方式进行。

▲对原文之观点问题虽然存有不同看法且具备一定理据，但考虑到可能存在的争议及其他因素——只是想表明一己之见，提出一种意见，这种情态下，一般选取商榷性批判质疑方式比较合适。这种方式下的言辞、思考往往更为辩证。

尽信书则不如无书，再好的作品也不免偏误或疏漏，对所读作品征引数据、陈述事实的精确翔实程度加以考核，对所表达的观点思考进行探究辨析，这样的阅读往往会留下更深印象。其中，需要注意的是，如果涉及具体的观点取向、带有更大的主观评判意味时，一定要谨慎运用否定性批判质疑方式。这时候，更不能把批判质疑搞成

---

① 屠岸."绝唱"不是"绝句"〔J〕.咬文嚼字，2011（05）：26.

简单的非此即彼的二元对立。一些报刊针对某些教育教学问题列出某些专家学者针锋相对的互唱反调，纵然吸引了眼球，制造了纷争效应，但也容易造成单极思维。笔者认为，这种做法对教育教学实践与研究来说未必是一种好的导向。

慎用、少用否定性批判质疑，绝不代表要由此含混其词模棱两可，相反，在表述上更求严谨。

莫提默·J·艾德勒、查尔斯·范多伦《如何阅读一本书》指出，读者要对"知识上的不同"与"观点上的不同"做出区分，在提出不同意见时一定要找到理论基础："一本书不可能所有的内容都是知识不足或知识有误。一本书也不可能全部都不合理。而要做出这样评论的读者，除了要能精确地指认作者的问题之外，还要能进一步证明自己的论点才行。他要为自己所说的话提出理由来。"① 也就是说，批判质疑必须有的放矢，绝不能为批判而批判，为质疑而质疑。我们认识和研究问题都应尽量从容客观，不管采取哪种方式与他人讨论，都不可采取简单的敌对立场。反过来说，如果作品出自自我，也大可不必由此抵触质疑、反对意见，而要虚心听取，反思自我表述是否存在偏误，由此做出必要的修订、改进。

当然，三种方式的界定只是相对而言，很多情况下可能还有多种方式的交错，无法完全区分界定就是哪一种。再看笔者阅读《万历十五年》时撰写的一则笔记。

别让"同情"遮蔽"实情"

黄仁宇先生的《万历十五年》被誉为一部经典力作，对万历皇帝的分析提供了新视角，让读者感受到"皇帝"背后的复杂，诚如美国司徒琳教授在《南明史》中所言，"此书对万历皇帝做了异乎寻常的同情刻画，不过并没完全回避万历帝所引起的问题"。

此书对万历朝所呈现或隐含的危机是有所认识、解剖的，读者对此多有感知。与此同时，在"道德胜于技术"、伦理压倒法治的立论下，此书确实把对万历帝的同情过度放大，甚至会让一些对相应历史不甚了解的读者形成误解，以为万历帝本想大有所为而被束缚了手脚。然而，事实并非如此，兹略举一二为证。

首先，黄先生认为，为什么万历没有坚持废长立幼，"也许有一条理由可以解释"，即"本朝不是以法律治天下臣民，而是以'四书'中的伦理作为主宰"。黄先生还认为立长不立幼只是传统习惯而不是强制法规，并以朱棣"清君侧"夺得侄儿皇权、根本不考虑其二哥三哥优先继承权而自行登基作为例证。对此，必须指出的是，万历帝

---

① （美）莫提默·J·艾德勒，（美）查尔斯·范多伦.如何阅读一本书〔M〕.郝明义，朱衣，译.北京：商务印书馆，2004：138.

意欲废长立幼的目的不是举贤任能，不是他在立储上要有什么创新，而是出于一己偏爱：因为宠爱颇合己意的郑贵妃，故欲立其子朱常洵。

立长不立幼确实只是传统习惯而不是强制法规，而且皇帝如果坚持变更，也确实会找出种种借口与办法达到目的，史上确有先例，但书中列举朱棣之例则不足为据。朱棣"清君侧"只是一个招幌，目的就是篡权，怎么可能考虑他前面的兄弟呢？尽管有前朝和本朝反例在先，但嫡长子继承制仍有其历史惯性。朱棣靖难时多次濒临危机，在次子朱高煦力战之下方转危为安，朝廷议定立储时，一些大臣提出拥立高煦为太子，朱棣虽一度难以决断，最终还是以世子高炽仁贤、乃太祖所立、高煦过失太多为由否决。永乐二年，终立高炽为皇太子，封为藩王的高煦久有夺嫡之心，最终还是以失败告终。所以，黄先生的说法未免牵强，倒过来说，如果万历顺利实现废长立幼、废后换储，难道就是"以法律治天下臣民"吗？

其次，黄先生认为"假如我们的帝国真正能够实行法治，而继承皇位这个问题又由一个具有独立性的法庭来做出判决，那么皇帝委托律师根据成文法和不成文法来做辩护，他是很有胜诉可能的"。同时，黄先生认为，当时的文官已形成一股强大力量，皇帝无法彰显其个人意志，当"明白了自己立常洵的计划不能成功，就心灰意懒，对这个操纵实际的官僚集团日渐疏远，采取了长期怠工的消极对抗"。这一说法在笔者看来，有以今论古之嫌，即拿着后来人的认识（法治为先）来评判历史，甚至回避了当时的背景及其复杂因素。

我们在今天看到了历史的发展，但是不能由此简单地检验当年（明朝）原初的历史规划与走向。张居正也好，申行时也罢，李贽等等也罢，当年对于他们来说，对于那个时代的人们来说，却是要在充满不确定的未来勾勒中去描绘其面对的情景。所以，站在今天读史观史，应该对古人所处的特定环境、遭遇有一定的理解。历史是一个浑厚的流程，一个构想包括一个已然成为后世看得清楚的公论可能在当年受制于各种因素根本就难以认清，更遑论推进落实了。因此，我们不能在后世的公论与历史发展的走向、结局之间画一条直线并由此论定因果关系。

从某种意义上看，黄先生的这本书是在借助和截取特定史料表达其政治观点的一部著作，带有"借史还魂"的意味。实际的历史却是——万历帝虽三十年不上朝、沉浸于享乐，但一直牢牢操持权柄，然弄权有术治国无方，终其一朝"灾异叠见，史不胜纪，而修省之诏亦时时屡下"，与此相对的却是"漫无良策"（《明通鉴》），除了下诏、做反省的表面文章之外鲜有其他应对要略。更有甚者，万历帝亲手破坏张居正变法成果，以疯狂的掠夺破坏国家机器的运转，激起各地民变、反矿监抗税运动，群臣屡谏而终无收敛，直接导致明朝后期危机的严重加剧。如果说因为立太子未能如愿、遭受文官阻挠而"消极怠工"之根源在于没有"法治"的话，我想说的是，假设穿越了历史隧道，摆在万历面前的是厉行法治的话，他所意欲释放的任性岂不会受到更大约束？

在万历一朝，更有大批官员因上疏言事而被贬黜。对一些臣子的劝谏之言，万历动辄摆出的借口就是"讪君卖直""沽名钓誉"，黄先生认为万历此说有其道理。作为一种见解未尝不可。但是，笔者在读明史相关记述时，不禁在想：难道沽名钓誉之徒，都被万历遇上了？一个典型的反例是，在张居正去世后，万历对执掌东厂、牵头弹劾冯保与张居正，其后专横跋扈、屡遭大臣弹劾的太监张鲸却不予问罪着力保护，对弹劾张鲸的李沂则予以廷杖且永不叙用。虽然万历朝也曾表彰过海瑞这样的忠贞之士，安抚过一些上书直谏的臣子，但总体看，万历纳少拒多，其频频坚拒乃至严惩诸多臣下的背后——主要目的还在于强化一己集权、排除异端思想。

反观万历皇帝的所作所为，且不说没有什么新元素的创造，即使面对旧有体制，也可以说是破坏着其中的良性因素。

如此等等，足以证明，黄先生从一隅窥察万历帝，对其"表示出异乎寻常的同情"固有可能成立乃至可以成立的因素，但个中认识仍有值得商榷之处，作为读者，尚须保持批判的认识与思考。

在此，笔者针对《万历十五年》对万历帝"表示出的异乎寻常的同情"，在一定程度认同其提供了分析研究的新视角，同时对其中一些论点及其论据提出否定（万历缘何未能坚持废长立幼），又补充本书未能提及的重要史实，从而提醒读者不要因为读了一本视角新颖的《万历十五年》就误以为万历确实非常值得同情。之所以可能产生这样的阅读错觉，和书中一些观点认识的影响是分不开的。所以，在部分肯定其合理性的同时，还要保持必要的商榷姿态。以上批判质疑，其实有着上述多种方式的交融。问题的根本不在于选择何等方式，而在于努力做到有理有据、尺度得当、恰如其分。

需要补充的是，有人可能会因秉持"多建设少批判"的原则而对批判质疑有所抵触。其实，真正的批判质疑，第一步需要的是看出问题、看准问题，这本身也是一种建设，一种批判性建设。当然，如果能结合实际把这种批判质疑向前推进，提出富有建设性的思考、建议、方案等，无疑是一种更理想的情态。但是，它又需要具备很高的素养与能力，离不开更广阔的智力背景、更深厚的阅读积淀、更丰富的社会体验、更资深的实践历练。所以，我更愿意把专业阅读中的"多建设少批判"理解为一种严肃、审慎的态度：既不可把盲目率意的挑刺视同批判质疑，也无须抵触必要的理性的批判质疑，更不可以此陷入回避批判、坐井观天的自我封闭之态。

七、知性推理

前面我们已经谈到，知性是一种介于感性和理性之间的认知状态，就思维方式来说，主要表现为推理。

日本知名的文化达人茂吕美耶有一个说法，叫作"历史是知性推理的游戏"，他认为许多知名事件，交织其中的人物角色、来龙去脉，大家耳熟能详，却找不到埋在深处的真相，结果却早已凝冻，但其过程、因素却隐藏着无数种可能，"借助知识存档，凭着知性推理，我们可以以一千种方式与古人相遇"①。

有一本书叫作《三国的谎言》，由一位笔名"三十从军"的历史爱好者撰写，全书围绕三国历史种种谜团做出探究解释，其解读思维除了批判质疑之外，主要就是知性推理。比如，在庞统问题上，作者指出《三国志·蜀书》虽为庞统立传，读后却令人存疑：

第一，庞统明明是东吴周瑜的手下（南郡太守），后来为什么在刘备占据荆州后不随东吴返归江东而成了刘备的幕僚？

第二，卧龙凤雏名声相当，甚至诸葛亮自称远不及凤雏，为什么刘备开始对庞统不予重用还极力排挤？

第三，东吴鲁肃为什么要极力找出一些理由向刘备推荐庞统？

第四，为什么庞统极力敦促刘备占据西川？

第五，作为文官、军师的庞统最后为什么中箭死在前线？②

作者在不完整的材料面前，依据孙刘当时的关系演变做出一种推理：孙权为控制和影响刘备，把小妹嫁给了他，并派遣庞统卧底，刘备开始不予重用就是对他心怀忌惮，后来迫于东吴压力，在势单力薄的情势下才起用他。庞统进入刘备系统高层之后，敦促刘备入川其实就是孙权授意，目的就是让刘备早早离开荆州、不要赖着不走。与此同时，东吴还表示愿意助一臂之力，刘备之所以同意庞统意见，一个是占据西川本就是隆中对策的规划，二是在客观上也需要通过联络东吴取得他们一定程度的帮助。庞统为什么要刘备不择手段、火线占据西川呢？其主要目的是希望刘备占据西川之后控制不了局面，孙权伺机发难夺取西川，因为夺取西川本来就是周瑜给孙权提出的建议。没想到的是他们低估了刘备，刘备没有采取庞统的激进政策，而是采取了比较稳妥的措施。眼见西川在手，江东和庞统已没有多少价值，刘备早就想除掉这个卧底，

① （日）茂吕美耶. 战国日本Ⅱ：败者的美学〔M〕. 桂林：广西师范大学出版社，2015：前言.
② 三十从军. 三国的谎言〔M〕. 北京：人民日报出版社，2013：66–73.

就把庞统派上最后的战场。酣战之际，一阵冷箭射来，庞统光荣牺牲，刘备痛哭流涕，还给庞父封了官。最后，最窝火的就是孙权了，赔了小妹损了爱将，双方矛盾进一步激化。

笔者曾查阅《三国志·庞统传》注解，发现其中记载了这样一条信息，说刘备有一次问庞统："你是周瑜的部下，我到吴国时听说这个人秘密告诉孙权把我扣留下来，请问有没有这回事？你现在跟着我干，请不要隐瞒。"庞统说："确有此事。"刘备开始感慨："当时我处境危难，不得不求孙权，现在看差点遭了周瑜暗算。天下有智谋的人所见略同，诸葛亮当时就坚决反对我前往，我呢，当时觉得孙权北边正防备着曹操，也需要我来作为他的帮手，所以就毫无顾虑地去了。现在看这是一步险棋，不是万全之策。"大家可以想象，刘备此时说这话时对庞统和他的老主子孙权、周瑜是什么心态，而庞统又会有怎样的心理反应。所以，"三十从军"的推理从逻辑上不无道理。书中与此相类的推想还有很多，有意思的很。

再如，马谡的结局在《三国志》记载中不乏疑点：

《三国志·诸葛亮传》称"戮谡以谢众"，这里与世传说法相同，说马谡是因街亭之败而为诸葛亮所杀。

而《三国志·马谡传》则称"谡下狱物故"，根据史料考证"物故"就是死亡的意思（包括死因），至今日本仍有"物故"一词，特指去世，也是古汉语遗留的痕迹。这里说的意思应该是马谡被投进监狱、死于狱中。

《三国志·向朗传》则记叙："朗素与马谡善，谡逃亡，朗知情不举，亮恨之，免官还成都。"此处说的则是马谡畏罪潜逃。

也就是说，针对马谡结局，仅《三国志》就有三种说法，即处死、下狱而死以及逃亡。

当代作家马伯庸认为这三个说法也许是同一件事在不同阶段的发展：马谡可能是先企图逃亡，结果被抓，然后被判死刑并死在狱中。总之，马谡非但没有主动自首，反而绕过诸葛企图逃亡。即使有向朗袒护，最后还是被抓住。接下来就是诸葛亮"戮谡以谢众"。虽说"谢众"，但未必意味着公开处决，考虑到马谡身份，诸葛亮也许采用了"狱中赐死"这类相对温和的做法，然后将死亡结果公布于众。马伯庸还提出另外一种可能：马谡首先被公开判处死刑，但"判罪"和"行刑"两步之间还有一段时间间隔，就在这段间隔之间，马谡因为疾病或其他原因而"物故"，因此在法律程序和公文上他是"被戮"，而实际死因则是"物故"。无论病死还是赐死，都算"物故"。

据此，马伯庸创作了演义故事《街亭》。①

当然，类似推理再有道理，最终也只能说是猜测，而不能由此敲定这就是历史真相。

知性推理在某些文学作品的解读中也有运用空间，下面以《诗经》中《静女》一诗为例，感受一下运用知性推理所能进行的趣味解读。

静女

《诗经》

静女其姝（shū）①，俟（sì）我于城隅（yú）②。
爱③而不见（xiàn），搔首踟（chí）蹰（chú）④。
静女其娈（luán）⑤，贻我彤管⑥。
彤管有炜⑦，说（yuè）怿（yì）女（rǔ）美⑧。
自牧归（kuì）荑（tí）⑨，洵（xún）⑩美且异。
匪（fēi）女（rǔ）之为美，美人之贻。

---

①静女其姝（shū）：静，娴静文雅。姝，美丽。其，形容词词头，下面"静女其娈"用法与此相同。

②城隅（yú）：一说城上角楼，一说为城边角落。

③爱：通"薆（ài）"，隐藏。

④踟蹰（chí chú）：犹豫迟疑的样子。

⑤娈（luán）：美好。

⑥贻（yí）我彤管：贻，赠送。彤，红色。彤管，可能是奏乐的竹管，也可能是某种花草。

⑦炜（wěi）：光彩鲜明。

⑧说怿（yuè yì）：喜爱。说，通"悦"，和"怿"一样，都是喜爱的意思。女（rǔ）：通"汝"，你的。

⑨牧：野外放牧的地方。归荑（kuì tí）：归，通"馈"，赠送。荑，初生的茅草。

⑩洵（xún）：通"恂"，确实。

自现代以来，很多人喜欢以新诗形式翻译《诗经》，译诗一般要符合原意体现

---

① 马伯庸. 三国配角演义〔M〕. 南京：江苏文艺出版社，2013：83-84.

韵律，若能再传出原作的风味情调就更好了。下面提供两则出自现代著名学者的译诗，我们可对照原文和译文读一读、品一品。

原诗	著名学者程俊英译文 [①]	著名学者余冠英译文 [②]
静女其姝，	善良姑娘真美丽，	幽静的姑娘撩人爱，
俟我于城隅。	等我城墙角楼里。	约我城角楼上来。
爱而不见，	故意藏着不露面，	暗里躲着逗人找，
搔首踟蹰。	来回着急抓头皮。	害我抓耳又挠腮。
静女其娈，	善良姑娘真漂亮，	幽静的姑娘长得俏，
贻我彤管。	送我红管情意长。	送我一把红管草。
彤管有炜，	细看红管光闪闪，	我爱你红草颜色鲜，
说怿女美。	我爱红管为姑娘。	我爱你红草颜色好。
自牧归荑，	郊外送茅表她爱，	牧场嫩草为我采，
洵美且异。	嫩茅确实美得怪。	我爱草儿美得怪。
匪女之为美，	不是嫩茅有多美，	不是你草儿美得怪，
美人之贻。	只是美人送得来。	打从美人手里来。

再看笔者译文。

原诗	孙贞锴译文
静女其姝，	那个姑娘文静又漂亮，
俟我于城隅。	与我相约城角一方。
爱而不见，	她藏身何处不动声响，
搔首踟蹰。	我抓耳挠腮四处彷徨。
静女其娈，	那个姑娘文静又漂亮，
贻我彤管。	送我红管我心飞扬。
彤管有炜，	红管啊红管闪闪发光，
说怿女美。	你光鲜可人更令我魂牵梦想……
自牧归荑，	牧野送我嫩草也芳香，

---

① 称俊英，蒋见元. 诗经选译〔M〕. 成都：巴蜀书社，1990：59-60.

② 余冠英. 诗经选译〔M〕. 北京：人民文学出版社，1958：23-24.

洵美且异。	着实美艳非比寻常。
匪女之为美，	并非小草你多么靓，
美人之贻。	只因美人所赐我才心扉荡漾！

《静女》描写了三个片段，特别是男主人公的心理，细腻而又含蓄，真实而又迷离。有趣的是，经过反复咀嚼，笔者认为，这首诗歌至少可以有三种解读，对它进行不同解读，也会产生不同的故事和情趣。读者不妨根据下面三个维度，在把握原文基本意思的基础上通过想象联想，适当丰富充实情节，以第一人称口吻快速编排一个小故事，然后比较思考：这三种解读在表现人物形象及其心理活动、叙事时间顺序以及情节铺排等方面有什么差异。

第一维度　将来时：悬想——单相思，暗恋已久梦幻一时
诗中三幕都是暗恋女子的青年男子的悬想，一个美丽的梦幻而已……

第二维度　现在时：嬉戏——逗你玩，故弄玄虚惊喜不断
女子约好与男子见面，故意虚晃一招，男子正纳闷时，女子现身，男子惊喜连连……

第三维度　过去时：回忆——莫迟疑，睹物思情好事多磨
男子美滋滋地来到与女子约会的地点。可是等啊等姑娘一直未出现。他不由想起往昔与女孩的幸福场景……唉，恋爱尚未成功，小伙还须努力……

为什么这首诗歌能够运用知性推理进行趣味解读而且相应解读能够自圆其说呢？因为文本本身存在较大的意象空白，如果文本叙事十分周详，知性推理空间就会变得狭窄甚至没有可能。

知性推理在教育教学类阅读研讨中也有体现，对一些问题的认识、判断也存在类似的认知过程和思维态势。请看下面一则事例。

七年级下学期，我班一位女同学特别喜欢玩手机，那时和八年级两个女同学要好，晚上就寝前到她们寝室去玩了一会儿，结果当天晚上我班那个女同学就把八年级那俩女同学的手机都"顺"来了。第二天，还公然带到教室里来充电，其他同学没在意。

随后丢失手机的同学怀疑是我班那个同学所为，于是课间到她课桌里一搜，还真在她的垃圾袋中发现了一部手机和耳麦。八年级两个女同学责怪她胆子大，逼迫她交出另一部手机。我班那女生死活不承认，还理直气壮找我论理，班上同学也愤愤不平，都认为不是我班同学所为，是别人栽赃。

我单独跟八年级的两个女生承诺：给我一天时间，保证将两部手机归还她们，并要求她们不要再将此事声张。

利用班会课，我让全班同学用纸条写下看见谁到插座处充电的，结果没一人说看见，于是我当堂否定了被怀疑的那个女同学作案的嫌疑，说是有同学给我提供了新的

线索，事后将做严肃处理，不过这件事的处理老师会秘密进行。那个被怀疑的同学一下子就放松了，以为老师真的找到了新的替罪羊。

然后，我悄悄地把那个被怀疑的同学叫到办公室，说道：人的一生难免犯点错误，只要改正了就是好同学，老师小时候也犯过类似错误。这件事真相是清楚的，别人在你那儿找到了赃物，之所以老师要这么做，完全是在同学面前保全你的面子。并且老师在八年级同学那儿是打了包票的，你不把手机交出来，老师是要赔那同学的。还有，你交出了另一部手机，老师是不会告诉你家长的。

她迟疑了一会儿，用感激和信任的目光看了我一眼，然后回寝室拿出了另一部手机，并保证以后不再犯了。这位同学直到现在还在班上学习，很听话的。

下面是烟台市"三人行"教师读书会部分成员针对此例所进行的讨论。

刘培青：根据已有理论总结和观察分析，学生偷窃原因一般有满足需求、捣蛋、恶作剧、引起关注、报复心理、缺乏物权观念等方面。个人认为，这位同学是为了满足自身需求而盗窃别人手机。有的学生家庭条件不是很好，父母对其管教过于严苛，过度控制零用钱数额等，这类学生想要的玩具、学习用品等经常得不到满足，当看到同学拥有漂亮玩具或高档物品时，就想据为己有，补偿自己得不到这些东西的缺憾。有的学生，由于父母忙于生计，无暇照顾自己，在心理上感觉不到父母的爱，就会通过偷窃来填补失去父母关心和疼爱的空虚。从小学到初中都有可能出现这类事情，虽然失窃物品有所不同，但相应的偷窃心理则比较接近。

丛雯：从本案例拿走别人手机女生的年纪和表现来看，基本可以排除捣蛋、报复两种可能，很可能就是为了满足个人物质需求。

邹亮：人之初性本善，其实我并不太相信这句话。我倒觉得人的本性是懒的，继而可能催生出恶。在无人监督时，人性中恶的东西就容易冒出来。所以你看作恶者，要么是夜里，要么是无人时或人少时。当然，就这个案例中的女孩来说，可能就是为了满足个人物质欲求。往前追溯，她应该不是第一次。

陈海霞：我想可能是出于喜欢，满足自己玩手机的需求。本身自己就特别喜欢玩手机，看到别人的手机玩上瘾，便"顺"来了。

秦桂芹：案例中的女生胆也太大了，明目张胆充电，而不是藏匿起来。班上有这么一位大胆的小偷，班主任老师该如何做呢？要不要告知家长？立刻告知还是平息一段时间之后？

程荣珍：老师已承诺不告诉家长。

刘永祥：应该告知家长，与家长一起帮孩子树立正确观念。

秦桂芹：有的家长你告知他，反而起不到好作用。

邹亮：若是你拿不到足够证据，可能家长还会质问老师"凭什么诬陷我的孩子"。每个孩子心底对"偷"都有一番理解，但来自社会、家庭的影响，没有谁会认为是件美事，都知道"偷是一件丢人的事"。

丛雯：所以要注意方式，不仅仅是告知，而是要沟通。

李申松：大多孩子对沟通也会认为是告状。

陈海霞：作为班主任，我们还是应努力激发孩子善良的一面，慢慢引导。在处理这一类问题上，我们更要小心翼翼。

刘培青：孩子的胆量很大，各种原因都有可能，需要教师去调查，这位老师在处理上是用了一些策略，但个人认为，他根本没调查清楚事情原因，所以这种处理恐怕也只能奏一时之效。

王丽珠：找准问题症结，才是解决问题的根本。

秦桂芹：策略是要用的，关键还得需要了解学生动机，最终提出有针对性的建议。否则，以后还会出现，所谓按下葫芦起来瓢。

刘培青：这位教师在策略上是有想法的，巧妙地把偷盗问题解决了，但是他对于学生的思想教育是远远不够的。事情解决以后应该好好跟他谈谈，问明偷盗原因，告诉他这样做是不对的，如果有这样的想法应该如何克服，这才是长远的教育方式。

丛雯：如果事实上原因涉及父母，不管是物质还是精神上和父母有关，这样就有必要和家长沟通。

陈海霞：不管采用什么方式，我们都要保护好每一个孩子。

秦桂芹：赞同，但家长也得和老师一起守信。家长和老师要"串通一气"统一战线。其实那两个被偷孩子的做法也应给予指导的，她们擅自乱翻怀疑对象的包也是不应该的，会把事态激化，老师也该引导帮助她们妥善处理问题。

邹亮：我在学校破获的两起盗窃案件都是借助监控。无端的怀疑和推测，往往解决不了问题。

孙贞锴：最近网上有一段视频，就是一个女生偷东西被老师发现，老师把监控公布给大家看，结果女生第二天自杀了。这个例子告诉我们，在调用证据时也必须考虑学生心理，学生是未成年人，她为什么会偷盗，偷盗的事实被发现之后如何疏导他们正确认识问题，都需要谨慎处理才更妥当。不能说有监控、找监控、一切拿监控说话就万事大吉，需要考虑的细节还有很多。

针对前述事例，大家对女生偷窃的原因进行了初步探究，这种探究，一方面出自经验判断，一方面还带有很大的假设成分。通过讨论可以看出，针对学生工作中的一些问题，在事实真相不明朗的情况下我们可以多做一些假设、在一定程度范畴运用知性推理探究原因寻找对策，但决不能由此纵容主观经验的无限张扬，甚至将假设推理当成事实。必须明确的是：对事实的调查研究和对问题的妥善解决，还要考虑诸多细节，还有很多工作要做，而不能想当然地一口咬定，或者满足于处理过程表面文章的顺和。也就是说，对相应问题，最终还须从知性推理走向理性分析、科学评判才行。

教育工作的知性推理，主要是面对一些证据、事实不完整的案例事件，可以根据已有信息做出一定假设、推理，以推动对问题的思考。但是，切不可以此进行单一的主观设定或推定，同时必须在假设推论中及时跟进调查，掌握更为完整可靠的信息与证据，从而导向对问题的深入认识和妥善处理。因此，在案例主导形态的教育阅读及其研讨中，我们一般不可妄下结论，更要多有斟酌。

知性被哲学家康德视为主体对特殊的没有联系的感性对象加以综合处理并连接成为有规律、有一定条理知识的一种认知能力，在此，笔者认为它的存在还有两个前提要素：

其一，揭示问题的已有材料不够充分、不够完整，或者说法不一、相互矛盾，没有形成明显的链条和统一的内在逻辑。如果是一堆充分的而且能够明显解开真相的材料摆在这里，即使看上去比较零散，我们也会得出最后的可靠结论。

其二，认知主体本身对已有材料的认知、分析、挖掘和系统解读能力存在欠缺或者处理不够严谨的情况下，也可能采取这种手段。这也是为什么有些历史研究者对某些历史问题推论失当的一个原因。

这样的推理当中可能有一些真实依据，更有一些假设成分，有合理的，也可能有不靠谱的，合理成分中甚至有接近真相或者就是真相的成分。警察断案在面临证据不足时为什么会做出一些假设，而有些假设推理随着材料证据的不断充实，最后可能成为真相。伴随证据素材的充实、主体判断能力的渐进，这种推理就可能发展为更高一级的理性分析。因此，知性推理对锻炼想象能力、推理判断能力、逻辑分析能力是有帮助的，可以为促进理性分析能力积累基础。电视剧《神探狄仁杰》中每面临一些案件，在素材零散、远离真相时，狄仁杰总会问元芳"你怎么看"，元芳略说一二，狄大人只是微微一笑。经过一段时间，最后总是狄仁杰判断最准，元芳就会跟上一句"大人真乃神人也"。其实，狄仁杰并非神人，而是他的知性推理和理性分析的经验能力超乎寻常，以至达到了一种灵性的程度。

采取这种思维方法，针对一些事件真相描述简单或者存在空白、悬疑的历史文本，以及存在较大艺术留白的文学作品的阅读时，做出一些相应思考分析，还是有一定意义的。但是，这种推理并不意味着不遵守严谨、合理的原则要求，如果不加分析地乱用，就会造成不严谨的学风。为什么现在有些戏说历史、篡改历史的所谓"历史剧"常常为人诟病，为什么一些流俗的、疏于严密考证的历史著作"不值钱"，其中原因与此不无关系。

再如，一些语文教师在解读文本时，在不具备充分理据情况下单方面对文本某些地方做出臆断甚至定论，也是不可取的。比如，有些人对杨绛散文名篇《老王》的解读，就不乏离谱之处，甚至还不乏自以为是的单方面定论。原文谈到有位"老先生"经常照顾老王买卖，有解读者认定就是钱钟书，在原文中作者对此并未写明，只能说有这种可能。杨绛在《丙午年纪事》《干校六记》中多次谈及"老先生"说辞，这个说辞其实是对"文革"中受到关押的老知识分子的一种带有幽默、自嘲的称呼而已，涉及的绝对不是一个人，更不是用以特指钱先生。退一步讲，探究这个问题就教学来说也没有多少意义。

关于文本解读，绝不能把可能性和合理性等同而论：可能性包含着合理性，但不全然等于合理性，尤其是针对一些主体情思意蕴深厚的散文作品的解读与教学，更是如此。前面谈及的这种解读，就是把知性推理等同理性认定，其不良倾向值得警惕。正如哲学家斯宾诺莎所言："如果我们对想象与理智没有加以区别，我们便会以为愈易于想象的东西愈为明晰，并且以为我们想象的东西就是我们所理解的东西。因此我们把本来是在后面的放在前面，把本来是在前的东西放在后面，把研究的正当次序颠倒，以致不能获得任何正确的结论。"[1] 康德更是十分深刻地谈道："既然这种逻辑真正说来只是对经验性使用加以评判的一种法规，那么如果我们承认它是一种普遍地和无限制地使用的工具，并胆敢单凭纯粹知性去对一般对象综合地下判断、提看法和做裁决，那就是对它的误用。"[2] 因为这样就有陷入凭空玄想、肆意妄言的危险。

当然，从更大范围看，教师专业阅读方法可以各随所愿各取所需，更多的可行之法，也完全可以自行探讨总结。任何方法要领也不是死板固定的章法，只是一种参考、一种依据，关键是要用得扎实，用得灵活，用得有效，以此促进理解思考，促进智慧的提升。为方法而方法，在阅读中只想着机械套用某些方法而终不能有所吸收转化，这样的"经院式"阅读只会把自己变成"两脚书橱"，怕是没有多少意义的。

① （荷兰）斯宾诺莎. 知性改进论〔M〕. 北京：商务印书馆，1960：58.
② （德）康德. 康德三大批判合集（上）〔M〕. 邓晓芒，译. 北京：人民出版社，2009：54.

📖 **思考与研讨** ✏️

1.语文特级教师顾德希建议语文老师在专业阅读中重视工具书、多备一些工具书，你在教学中有检索、查阅工具书的习惯吗？在这方面你有什么看法或者经验、困惑？试举例说明。

2.请针对学期内的一个教学课题（即具体的教学、学习内容），将其设为阅读主题，搜集相关的典型教学设计、教学实录或片段、教学解读或反思等，然后进行梳理分析，实现检索阅读和主题阅读的一体化，从中借鉴形成自己的教学解读与教学设计，并说明有所取舍的理由。

3.佐藤学先生在《静悄悄的革命》中提出，校内教研活动的原则之一就是"教师持有自己明确的课题的教学研究""每个教师都要带着自己的课题致力于教学研究"。"课题"不一定非要是经过有关部门立项的项目，只要针对实际问题、具有研究价值者，皆可视为"课题"。不管怎样的课题，都需要研读一些资料、文献：你是否有正在致力研究的课题？如果有，请针对具体研究内容，按照本讲所提"课题研究中的文献研读方略"开展一次研读行动，然后总结研读所得。

4.请细读阿德勒《儿童的人格教育》第十四章"对父母的教育"全文（可参阅彭正梅、彭莉莉译本，上海人民出版社2011年版，140-146），参考回顾本讲"以教育经典为核心的根基阅读"要点，尝试完成以下任务：

（1）做摘抄型笔记：从本章文字中择其精要，完成一定数量的摘抄辑录。

（2）做提纲型笔记：用一两段话概括提炼本章所要表达的内涵主题。

（3）做批注型笔记：有重点地选取原著有关内容观点，进行批注品评，力求既把握原著之本原精髓，又能适当联系实际有所阐发、深化理解。

（4）本章主题词为"对父母的教育"，怎样理解和定位这一关键词？这种"教育"针对的是哪些"父母"，又是一种什么意义的"教育"？作者说这种探讨是从教师角度出发的，那么，在阿德勒看来，教师在面对学生家长开展工作时最需要的素养是什么？请结合你在育人工作中的相关经历、案例，印证作者观点，并就如何有效与学生家长特别是"问题学生"家长进行沟通做出探讨。

（5）针对本章主题，你还能联系到哪些书目篇章的阅读？试进行一次主题阅读，列出主要书目及其阅读体会，并进行对比分析。

（6）本章阅读是《儿童的人格教育》全书最后一章，可谓全书的注脚，请以此为端点，通读精读全书，然后站在全书整体立论的前提之下——对本章内容做出审视。

（7）完成上述工作之后，围绕"对父母的教育"这一主题，撰写一篇完整的读后感。

（8）通过本次训练，你对本讲谈到的"根基阅读"又有怎样的认识？从教以来，在你的阅读经历中，有没有对自己产生深刻影响的"根基阅读"？

对父母的教育 [①]

当今，虽然父母和教师都对教育工作有所贡献，父母纠正学校教育的不足，教师则矫治家庭教育的缺陷，但在现代社会和经济条件下，大城市孩子的教育责任主要是由教师承担。父母对新的观念没有教师敏感，因为教师的职业兴趣就是孩子的教育。个体心理学把孩子为明天做好准备的希望主要寄托在学校和教师的改变上，尽管家长的合作也是必不可少的。

教师在自己的教育工作中必然会与家长发生冲突。这是因为教师纠正性的教育工作就是以家长教育的某种失败为前提的。在这种意义上，教师的教育就是对家长的指控，而且家长大多也这样认为。教师在这种情况下该如何处理与家长的关系呢？

下面就来探讨这个问题。这种探讨当然是从教师的角度出发来进行的，因为教师需要把与家长打交道视为一种心理问题。如果家长看到这种探讨，请不要生气，这里没有冒犯的意思，这种探讨只适用那种不够明智的家长，这种家长已经形成了一种教师不得不面对的大众现象。

许多教师认为，和问题儿童的父母打交道与问题儿童本人打交道更加困难。这种事实表明，教师要运用一定的策略来和这些家长打交道。教师必须总有这样一个概念，即家长并不需要为孩子所表现出来的所有毛病负责。毕竟，他们不是富有技巧的专业教育者，通常也只有按照传统来指导和管理孩子。当他们因为孩子的问题而被召唤到学校时，他们常感到像是被指控的罪犯。这种情绪也反映他们心里的内疚，因而需要教师富有策略地对待它。教师应该尽力把家长的这种情绪转变为友好、坦率，使自己成为他们的一个帮助者，使他们理解自己的善意。

我们绝不应该责备家长，即使这样做有充足理由。如果我们能和父母达成一种协议，改变他们的态度，使他们能按照我们的方法来行事，那么我们会获得更多的教育成就。直接指出他们过去行为中的错误，这于事无补。我们所要做的就是尽力使他们采取新的方法。居高临下地告诉他这儿做错了，那儿也做错了，只会冒犯他们，使他们不愿意和我们合作。通常，孩子变坏并非一朝一夕形成的，而是有一个历史过程。家长通常也会认为他们对孩子的教育中忽视了什么，但千万不要让他们感到我们也这

---

① （奥地利）阿尔弗雷德·阿德勒．儿童的人格教育〔M〕．彭正梅，彭莉莉，译．上海：上海人民出版社，2011：140-146．

么认为；我们绝不应该绝对而教条地和他们谈话。即使是向他们提建议，也不应该用权威的口吻，而是尝试用"可能""也许"或"你也许可以这样尝试一下"，等等。即使我们知道他们错在哪儿、如何纠正，我们也不要贸然提出，让他们觉得我们似乎在强迫他们。这并不是说每个教师都懂得这些策略，也不是说它们一下子就可以掌握的。有趣的是，富兰克林曾在自己的自传中表达了同样的思想。他写道：

一个公谊会教派的朋友曾好心地告诉我，我被普遍认为是为人骄傲，这种骄傲经常表现在谈话之中，表现在讨论问题的时候不仅满足于自己正确，而且还有点咄咄逼人和飞扬跋扈。他还举出数例来证明我的骄傲。于是，我决定尽力改正这种毛病或愚蠢品性，当然我的毛病并不止这一个。于是，我便在自己的道德清单上加上了谦卑一条，我指的是广义上的谦卑。

我不敢吹嘘自己真的已经具有了谦卑的美德，但我已经有了谦卑的样子。我给自己定下规矩，绝不直接对抗别人的观点，也绝不直接肯定自己的看法。我们甚至逼迫自己认可我们圈子的古老信条，在表达一个确定的观点时避免适用"肯定""当然""我认可"或"毫无疑问"等字眼，而是要使用"我认为""我的理解是""我想事情可能是这样"或"目前在我看来"。当有人提出一个我们认为是错误的观点时，我不是直接与他对抗，避免当场指出他们观点中的荒谬之处，而是回答说，"他的观点在有些情况下有起合理之处，不过，在我看来，目前的情况似乎有点不同"，等等。我很快就发现我这种变化的益处。我和他人的对话更加愉快了。我以这种谦卑方式提出的观点，也更容易让别人接受，反对的意见也少了；即使自己错了，也不会太羞愧；如果自己碰巧正确，我也更容易说服别人放弃自己的错误观点，而站到我这一边。

我刚开始采取这种谦卑的为人方式时，不得不压抑自己的自然倾向。不过，习惯成自然。或许这也是为什么50年来无人听到我说一句教条式的话语的原因。我早年提议建立新制度或改造旧制度时曾对民众产生重大影响；后来我成为议员时，也曾对议会产生很大影响，均受益于这种谦卑习惯（当然更得益于我的正直）。实际上，我是一个拙劣演说者，更不擅长雄辩，我在遣词造句时，也颇感犹豫，表达也不是很准确，不过，我的观点一般还是得到了认同。

实际上，骄傲是人的自然情感中最难制服的。尽管我们掩盖它，和它搏斗，打倒它，阻止它，克制它，它却总是不肯灭亡，并随时会抬头露面，发荣滋长；我们会在历史中经常看到它。甚至即使我们认为自己完全克服了骄傲，我们也有可能因为自己现在的谦卑而骄傲。

当然，这些话并不适合所有的生活情境。我们既不能做此期望，也不能做此要求。不过，富兰克林的话还是向我们表明，这种咄咄逼人、力图置人于死地的做法是多么的不合时宜，是多么的无效。生活中没有适合所有情境的基本规律。每个规则一旦超出自身的限度，就会突然无效。确实，生活中有些情境是需要措辞激烈的。不过，如果我们考虑到教师和已经体会到羞辱并将因为自己的问题孩子而进一步感受羞辱的忧心忡忡的家长之间的情况，如果我们考虑到没有家长的合作我们将什么也办不到，那么，显然为了帮助这个孩子，我们必然要采取富兰克林的方法。

在这种情况下，去证明谁正确或显示自己的优越，就并不重要了，重要的是找出一个帮助孩子的有效方法，当然，这会遇到很多困难。许多家长听不进任何建议。他们会感到吃惊、愤怒、不耐烦，甚至会表现出敌意，因为教师把他们和他们的孩子置于这样一种令人不快的境地。这种家长有时会无视自己孩子的毛病，闭眼现实。但他们现在却要被迫睁开自己的眼睛。自然，整个情形并不令人愉快，因此，可以想象，当教师仓促或太过急切地和家长谈论孩子的问题时，他们自然没有可能赢得家长的支持。许多家长走得更远。他们对教师大发脾气，显示出一副不容接近的样子。这时，最好向家长表明，教师的教育成功取决于他们的协助；最好使他们情绪安静，能够友好地与教师谈话。我们不要忘记，家长太受传统的、陈旧的教育方法所局限，自然很难一下子解脱出来。

例如，如果一个家长已经习惯了用严厉的言词和表情来摧毁孩子的自信，那么，他自然很难在 10 年之后突然改变成一种友好、仁爱的态度和方式。值得注意的是，即使这位父亲突然改换了一种态度，他的孩子开始也并不认为这种变化是真实的和真诚的。他会认为这是一种权宜之计，他要很长时间才会相信父亲的这种态度转变。这种情况对知识分子也不例外。有一位中学校长曾不断地指责和批评他的儿子，几乎使儿子濒于崩溃。这位校长在和我们的谈话中也意识到这点；他回家以后，对自己的孩子发布了一通刻薄的教育演说。不过，由于孩子太懒散，他又丧失了耐心，发起火来。一旦孩子做出父亲不喜欢的举动，父亲就会对他发火，并尖刻地加以批评。如果对一个自认为是教育者的校长都尚且可能发生这样的事情，那么对于那些从小就浸染在应该用皮鞭去惩罚孩子所犯的每个错误的教条中的普通家长，不难想象其改变之难了。和孩子家长谈话时，教师应该运用一切圆滑和富有技巧的手段和辞令。

我们不要忘记，伴随皮鞭的儿童在底层社会是非常普遍的。因此，来自这些阶层的孩子在学校接受矫治谈话之后，还有家长的皮鞭在家里等他。一想到我们的教育努力经常因家长的皮鞭而付之东流时，我们就会感到悲哀。在这种情况下，孩子经常要为自己的同一个错误受到两次惩罚，而我们认为，一次就足够了。

我们知道，这种双重惩罚会带来可怕的后果。假如一个孩子必须把自己不佳的成绩单带回给父母，他就会担心鞭打，害怕把成绩单给父母看，同时也担心学校的惩罚，于是，便逃学或伪造家长签字。我们可不要小看这些事情。我们要联系他的环境来考虑孩子的问题。我们要自问：如果我们一意孤行，会发生什么事情？会带孩子的行为造成什么影响？我们能确信我们的所为会对孩子产生积极有益的影响吗？孩子能承受加之于其上的负担吗？他能够富有建设性地学习到什么吗？

我们知道，孩子和成人对困难的反应差异巨大。对孩子进行教育，我们要认真、谨慎，在我们重塑他们的生活模式之前，我们要理性地探讨其可能的结果。只有那些对孩子的教育和再教育进行过深思熟虑和客观判断的人，才能更为明确地把握自己教育努力的效果。实践和勇气是教育工作者的基本要素，就像令一个不可动摇的信念也是其基本要素一样，即不管出现什么情况，总能找到挽救儿童的办法。首先，我们要遵循一个古老而有见地的法则，即越早越好。那些习惯把人视为一个整体，并把它的毛病视为其整体的一个部分的人，将比那些习惯根据机械的、僵死的模式来对待孩子的毛病的人更能理解和认识孩子，例如，后者在孩子没有做家庭作业的时候，总是会立即给家长写信给予告知。

我们正在进入一个对儿童的教育不断有新观念、新方法和新理解的时代。科学正在破除陈旧的教育习俗和传统。这些新知识把教师的责任置于一个更重要的地位，同时也使他们更加理解儿童的问题，赋予他们更多的能力去帮助孩子。重要的是要记住，单个的行为如果脱离了整体的人格就没有意义，我们只有联系整个人格，才能对它加以研究。

5.本讲所列举的"教师专业阅读思维方法"，你对哪些比较感兴趣？有哪些是你在阅读中已经用到或者经常用到的？试举例说明。你有没有另行关注或自行总结的其他思维方法？

专业阅读的成果体现

　　本讲重点探讨专业阅读"读之果"，通过什么方式体现读的收获与效果。专业阅读不能一读了之，不能"只进不出""食而不化"，还要有所输出，有所转化。这种输出与转化，除了表现为阅读过程中的摘抄辑录、概括归纳、评点批注等工作之外，更离不开方向明确、有所侧重的读写结合、读用结合等工作，以此探索阅读和写作、阅读和实践等有机结合的渠道、路径，这就是专业阅读的成果体现。我们认为，其成果体现有直接体现和间接体现的相对区划，本讲分别以"整理阅读笔记""融入专业实践"对应两个层面展开探讨。

教师专业阅读仅仅止步于读是不够的，还要通过合适的方式路径把自己的阅读思考与发现转化为专业素养。这就涉及专业阅读的成果体现。成果体现一般可分为两种：一种是直接体现，即把阅读及其思考的印记变成文字，整理撰写阅读笔记；一种是间接体现，也就是将阅读所思所得融合到专业实践之中。这两种成果的体现是互补的，都有其不可替代的意义。

第一节
成果的直接体现：整理阅读笔记

"笔记"其实是一种很宽泛的说法，并无严整规范。前面一讲已经提到，在专业阅读过程中要注意做摘录、列提纲、写批注，其实这些都是阅读笔记的表现方式。俗话说"好脑子不如烂笔头"，在阅读中养成撰写笔记的习惯，开始或许只是一种方法手段，久而久之，则可做进一步的整理提炼，将所做笔记上升到有价值的成果。

在此我们谈及的作为成果体现的"阅读笔记"，主要包括三种类型，即"随笔""感悟"和"书评"。

下面，请看围绕《静悄悄的革命》一书所写三篇文章的提纲，思考其中存在的差别。

A. 善于倾听才能更好作答——读《静悄悄的革命》有感

【引】引出《静悄悄的革命》一书及其作者，感佩作者二十年如一日的观课精神。

【议】谈到自己对书中课堂须用心"倾听"的观点感受最深，就此发表议论。

【联】穿插自身上课案例，印证学生学会倾听与教师注重倾听的重要性。

【结】总结收束，强调只有注重倾听才能建立"以学为中心的课堂"，自身也将在这方面做出努力。

B. 我们究竟需要怎样的"革命"——《静悄悄的革命》读后

【前奏】从介绍本书引出佐藤学关于"静悄悄的革命"是什么意义的革命的论述，

突出强调学校变革的根本是一种"教育文化的变革"。

【主干】用三个小标题引出三部分分析，三位一体。

1. 润泽的教室：从超越主体性神话到以学为中心 ——主要围绕全书第一章内容观点进行解读阐发。

2. 公开教学与教学共同体：学校变革的必由之路——围绕第二章和第四章所突出强调的开放教学、对话精神、学习与教学共同体建构对书中呈现的学校改革、文化建设的主要方向做出解读剖析。

3. 什么样的课程才是好的：学校课程的建构与变革——基于第三章"课程设计"对全书呈现的学校课程建设思想进行解读阐释。

【收束】紧扣"革命"字眼，指出作为读者从中所能受到的核心启迪，简要综述本书之于中小学校和教师意义所在。

C. 一本发人深省的"大家小书"——《静悄悄的革命》评介

【起】引出《静悄悄的革命》一书，介绍其当代影响力。

【承】强调本书核心观点，即学校革命的中心课题是实现学生从"勉强"（被动）到"学习"（主动）的转换，学习、教学、课程的创造呼唤学校教育文化的变革。

【转】评介其人其著主要特点：虽为大学名教授、教育理论权威，却长期深入一线；全书有丰富的案例支撑，贴近一线教师；诸多观点令人耳目一新，所谈问题与当下中国中小学状态较为切近。

【合】总结评估本书对于当代我国中小学校及其教师的阅读价值。

其中第二、三部分为文章评述核心内容。

比对三篇文章提纲，不乏共通之处，都表达出对所读的理解与认识，个中差别也不难看出：

A. 文重在从书中的某一两个点出发，抒发阅读感受，谈出所思所想，对此多以"阅读随笔"相称。

B. 文尝试站在全书整理逻辑高度展现书中核心观点体系，更着眼全局，着力整体把握。这种笔记我们称之为"阅读感悟"。

C. 文重在概括评述这本书的影响、观点、特点、意义等，对读者有所推介或引导。此类笔记一般称为"书评"。

一、随笔

"阅读随笔"强调择取并紧扣一些小的触点呈现随之而生的感想，不求全面深透，重在促进积累，以更好地理解所读作品，它一般有三个特点：

一是"随"。主要表现为阅读中随时随地甚至不乏随性的记录、思考，自由程度较高。

二是"小"。主要表现为触发点较小，思考不求面面俱到，也不苛求高深，但也不失理趣。此外，从规模上看一般较小，多是中短篇幅，当然也可以形成多点连缀的较长篇幅。

三是"散"。主要表现为比较松散、零散，多为单点、单片式呈现，散落于所读作品的篇章句段等细部。

前两讲所引介的某些例证，有的就属于这种随笔。下面，我们再来看一篇出自一位青年教师的阅读随笔，从中探讨阅读随笔写作应该把握的基本原则。

把孩子当作孩子，把孩子当作老师——读《要相信孩子》

苏霍姆林斯基的《要相信孩子》一书虽然只有薄薄的 149 页，但书中字里行间蕴含的教育哲理却极为深刻。在读这本书的过程中，我不时地叩问自己："我做到了相信自己班上的每一个孩子吗？"

踏入教师行业将近两年了，辛酸苦恼和幸福欢乐相依相伴，组成了我的教师生活。初为人师的激情满怀，似乎逐渐被时光消磨。夜深人静之时，常常会反思、责问自己："今天的生活，你感到快乐吗？"有时，这问题像是被抛进了万丈深渊。许久，才传来连声的叹息。有时，这问题又使自己挑灯夜战，不敢懈怠。久而久之，终于明白：我的 87 个孩子，他们在时时刻刻牵扯着我的心。也可悲地发现：我所谓的努力工作，其初衷只是为了让自己心安理得。这让我感到内疚和不安。

一个教师，只有跟孩子们在一起，才会找到自己真正的归属感。很开心，我的孩子们接纳了我。

走上讲台之前，我的心情忐忑不安，唯恐自己难以胜任这个工作。我向来不喜欢孩子。看到父母围在其他小孩子跟前时，我的心里都酸酸的。说句实话，当时的我在嫉妒这些小孩子……在我的印象中，小孩子会哭会闹，打架生事，没有片刻宁静。现在想想，当时的自己何尝不而是一个孩子，做事冲动、情绪化，甚至喜欢跟自己的学生赌气。是这些宽容善良的孩子们，接纳了我这个不着调的老师，包容我的过失和不足，安慰我，陪伴我成长。

我是他们的老师。他们也更像是我的老师。他们把自己的一言一行、喜怒哀乐真实地、毫无保留地呈现在我的面前。古人常说"以人为镜，可以明得失"。诚然如此，孩子们的真实反馈，让我得以发现自己的不足。是他们，催促着我变得更加完美。

但他们也是小孩子，心思敏感，单纯善良。需要教师的陪伴与呵护。

今年的 3 月 7 号，我由一名普通的任课老师，升级为一名崭新的班主任。角色的突然转变，让人无所适从。与单纯的教学不同的是，我需要与班里 43 个性格各异的孩子打交道，走到他们中间，去贴近他们。20 天的时间，我的生活更加忙碌，也更加充实和快乐。他们成了我心头的牵挂。甚至在我的梦里，都梦到班里的小胖子眨着大眼睛，扑到讲桌前问："老师，你在批我的默写本吗？"原来，跟孩子们在一起的生活，有这么大的魔力。他们带给我无尽的快乐，也让我对自己感到自责失望。

当这个周读了《要相信孩子》这本书之后，书中的一个个详细的案例，让我感受到苏霍姆林斯基对孩子真挚纯粹的爱，也让我看到了自己的差距。书中反复提及的"相信"二字，更是刺痛了我。我从未真心实意地相信过这些与我朝夕相处的孩子。

班里成绩倒数的一个小男孩儿因为成绩不好，"品行不端"，被安排在教室的最后一排，单人单桌。班里的老师和同学都否认他的学习能力，因为他至今还有好多字不会写，需要用拼音来代替。初二的孩子需要面对地理会考，于是换了一个异常严厉的老师。这个老师对所有的孩子都严格要求。在这次的地理阶段性检测当中，我们班的成绩很不理想，而这个孩子成了考试中的黑马，考出了 89 分的成绩，令所有的同学震惊。

为了与这个孩子多接触，我在午睡期间，希望他帮助我收拾书架。我们将架子上的书本、练习册一摞一摞地搬下来，他还找来了两块抹布，一干一湿，认真地擦拭书架。在摆放书本时，我征询他的意见，由他来决定摆放位置，我来执行。也许是我的做法让他感受到了老师的亲近，他向我说出了自己的苦恼——班里的同学都说我在考试时抄书了。而我当时的回答让我至今汗颜："你有没有在平日考试时翻过书呢？是不是类似的经历导致同学的误会呢？"看似委婉的两句话，让这个孩子伤了心。他叹了口气，默默地收拾起书架。

我的质疑一定伤了他的心。因为孩子以往的失误，而戴着有色眼镜去观察孩子。这是我的过错。他渴望被一视同仁，渴望被关怀、被信任。而面对孩子的这些诉求，我却没有在意。轻描淡写的两句话，打消了孩子与我亲近的念头。

在面对孩子的问题时，我们容易戴上有色眼镜、甚至是放大镜来看待他们。我们一个不经意的眼神、动作、甚至是一句话，都会对孩子产生影响。一只南美洲亚马孙河流域热带雨林中的蝴蝶，偶尔扇动几下翅膀，可以在一个月以后引起美国得克萨斯州的一场龙卷风。"蝴蝶效应"在教育中同样适用，甚至威力更大，它足以影响孩子的一生。

我们需要重新审视自己作为教师的言行，把孩子当作孩子，也把他们当作自己的老师。

这篇阅读随笔虽然出自一位参加工作不到两年的新教师之手，但已初见功力。

首先，从整篇文字看，注意了表达的条理性、语言的通俗性、内容的可读性。在阅读随笔的起始撰写阶段，主要注意的是随想随记、及时记录，针对文章的语言、逻辑等一般不求多么严谨、规范，大多情况下也很难一气呵成、一步到位。这样的写作没有太大压力，久而久之，也会有助积累。但在后续梳理阶段，则有必要在写作表达的条理性、通俗性、可读性上多下一些功夫，这是让阅读随笔有所升格的基本前提。

其次，这篇随笔看似抒发随感，却是基于特定主题的有感而发。"把孩子当作孩子"强调对孩子的尊重、洞察儿童心理，"把孩子当作老师"强调从孩子们的表现、反馈中学会反思、审视自我，以此促进教书育人能力的提高。这是一枚硬币密不可分的两面，与原著的精神也是吻合的。作为新教师，在阅读之后能够做出这样的主题归纳与提炼，还是比较到位的。作者在文中围绕"是为了心安理得而工作还是真正为了教育、为了孩子而工作"进行追问与反思，这样的所想、所感，作为真实心迹的流露，已经具有一定的思想水准，更加耐人寻味。

再次，在抒发感慨的过程中，作者善于联系实际，联系切身体验与典型案例，以此印证对作品主题思想的理解。作者反思了自身职前认知的欠缺，又特别谈到了作为新班主任所面临的角色转变，列举了一位在老师眼中的"差生"因取得好成绩遭受自己质疑的实例，从中反思、检讨自身认识和行为的偏差，从一个侧面抒发了对"要相信孩子"的主题内涵的理解。

尽管具备以上优点，这篇阅读随笔要达到公开发表水平，还是有一些细节、有一些问题需要做出改进：

最突出的一点，恐怕在于读者意识还不够强。作为教师的日常阅读随笔，一般作者即为第一读者，首先具有自我留存、纪念的性质，因此，写作上当然可以随意一些。但是，文章更多情况下要面临更多读者，要在更大范围被更多人所接受、认同，产生其阅读价值，还需要树立读者意识。《要相信孩子》一书有的人可能读过，而有的读者可能没有读过，所以，在阅读随笔中对此要有一些基本的铺垫和交代。本文开门见山谈到书中蕴含着深刻的教育哲理，但下文并没有就书中内容对此进行分析，文章中间提及书中案例对自我的启发，强调"相信"这一关键词"更是刺痛了我"，但对原著内容也未有回顾，这其实是缺乏读者意识的"私人写作"的典型特征，作为私人写作，这样表述本也无可厚非，很多东西自己心里是明白的。但是，从公共阅读的角度看，这篇阅读随笔对原著有关内容的铺垫、交代与表达——总的来看显得太过简略，甚至微乎其微、几近空白，以致所读成了由头，全文接近一篇单纯的教育随笔。这应该是一个比较明显的瑕疵。

再者，阅读随笔不能满足于随机记录整理自己的阅读感受，更要结合当前教育教学存在的问题，或者自我教育教学的相关体会，由阅读所获启发——引申生成自我的教育理解、观点主张。对此，这位青年教师的表达表现出这种努力，但还略显不足。特别是在结尾收束环节，最好结合原著内涵以及自身的观察体验，进行有所深化的总结提炼，将"把孩子当作孩子""把孩子当作老师"背后的教育辩证法加以统合，形成更为理性、系统的表述，这样的话，这篇阅读随笔的思考深度也会有所掘进，高度也将随之抬升。

下面，我们再来通过一个例证对阅读随笔的撰写、整理有所管窥。

蓬莱第二实验小学辛本亮老师热衷于《儒林外史》阅读，他认为："就艺术价值而言，《儒林外史》和《金瓶梅》难分伯仲，应在《红楼梦》之上，特别是作者流水账似的'白描'，功力深厚。其价值更在于深刻的现实意义，书中人物都'活'在我们身边，他们让这部著作具有不息的生命力。"辛老师先后写下9篇随笔，文题、时间、字数分列如下：

《〈儒林外史〉中的半首诗》，2012年8月31日撰，447字；

《〈儒林外史〉中的两个细节问题》（一、郭孝子的父亲是不是王惠；二、杨执中家的老妪是不是他的妻子），2014年2月22日撰，1099字；

《读书不是为了让人更傻——〈儒林外史〉中的"小鸡子"是啥玩意》，2014年9月17日撰，598字；

《王玉辉的故事》，2015年12月4日撰，937字；

《谈谈马二先生的品性》，2016年2月10日撰，1455字，2017年8月另补注31字；

《谈谈马二先生的学识》，2016年2月10日撰，1002字；

《〈儒林外史〉中的三次名士大会》，2016年2月20日撰，917字；

《有感于匡超人的人生沉浮》，2017年1月6日撰，3162字；

《至贤至圣的虞博士》，2017年8月17日撰，2896字。

请看以下随笔。

读书不是为了让人更傻

百度贴吧中有个"儒林外史吧"，汇集了众多读者。有不少都是古典文学方向的研究生，还有不少自称通读多次、钻研考据过多年的"专家"。

其中有一个帖子，一位叫"三国南天一鹤"的吧友问："请教大家，那个小鸡子是什么？先说匡超人到家，他哥哥赶集回来带了个小鸡子给他接风，他先盛了一碗给老爹，我估计就是普通的鸡。可是后来再看，他中了生员之后，老爹请门斗吃饭，一口气煮了十几个小鸡子，门斗饭量再大也不至于吃这么多吧？"

请看其他吧友的回复。

xlp00385089：是不是鸡翅，鸡腿之类的。

haputao：鸡蛋嘛。

吧主：是鸡，不是鸡蛋。

yiwufym：你们小时候就没有吃过糖水鸡蛋吗？以前风俗，客人来了都会做一碗的呀。

青末了 sd：就是鸡蛋啊，早在《世说新语》里就有此说法。

……

其实，稍有生活常识的人就知道前后两个"小鸡子"不是同指一物，前面指鸡，后面指鸡蛋。就这么个不成问题的问题，居然让这些"专家学者"煞费脑筋，争论不休。读了十几年、几十年的书，读成所谓"文傻"，还不如不读。

作为普通人，读书不一定要精，但一定要广，特别是学文科的，不能光读文史哲方面的书，一定还要读读自然科学方面的书。鲁迅先生曾给年轻人一个很好的建议：不要只读一个人的书，不要只读文学类书，还可以读读游记和科普读物，看看科普电影……拓宽阅读范围，是治疗"文傻"的一剂良方。

其实还有一本十分生动的"大书"，那就是我们的生活。以读书的态度读思结合，从生活中汲取有益成分，或许才是阅读最有效的途径吧。

有感于匡超人的人生沉浮

匡超人的故事是《儒林外史》中最长的一篇，从第十五回后半部分一直到二十回前半部分，生动具体地描写了一位淳朴的底层青年的成长、堕落过程。

短短几年间，一个人为什么会有如此大的变化？分析其中原因，不仅具有文学鉴赏方面的意义，对于教育也会有一定启示。

一、外因分析

从表面看，匡超人只是一个底层的农家子弟，没有多大能量，就像一片浮萍，自己虽在努力，但也免不了随波逐流，他在成长道路上的每一步都是偶然、被动的，遇到马二先生这样的读书人指点，就往科举正路上走；得到景兰江这些假名士的提携，就想走捷径成为"大名士"；而遇到了潘三这类不法分子，又和他们打成一片；但最后还是在李给谏的提携下，回到科举道路，成了一个"体面"人物。

匡超人第一次遇到马二先生的时候，境遇十分窘迫。在得到马二的指点与资助回到家乡后，能以孝事亲，勤劳敬业：清晨早起杀猪、磨豆腐，然后到集市上卖；中午也不睡午觉，还要出去下棋；晚上一边侍奉生病的父亲，一边点灯苦读。这样优秀的年轻人，着实少见。所以，后来知县对他的欣赏是很自然的。

如果没有什么变故，匡超人要走的路不外乎两条：一条是考取功名去做官；一条是屡试不中，继续待在家里养家糊口。但是，一切都因为知县的被弹劾而改变，于是匡超人第二次去了杭州。

这次到杭州，他本意是来投奔潘三，因为潘三出差，一时没见到，却意外遇见了景兰江等一班"大名士"。这些"名士"有的是头巾店老板，有的是医生，有的是盐务巡商，他们不屑于走科举道路，相互抱团取暖，写些歪诗互相唱和，以此提高知名度，以诗得名，通过这条捷径来谋取名利。遇到这些人，涉世未深的匡超人算是开了眼界，他个人聪明绝顶，诗词一学就会，又得到"名士"提携，他"上进"的道路似乎更宽了。

而当潘三回来后，匡超人的成长轨迹又有了一次转折。潘三在衙门当差，混得风生水起。这个人坑蒙拐骗无恶不作，但也有优点，就是讲义气，对匡超人照顾得十分周到，还帮他娶了媳妇，当然也偶尔利用匡超人干一些不法勾当作。如果沿着这条路走下去，匡超人自然会成为潘三圈子里的骨干分子，他们的圈子里缺少的正是匡超人这样聪明的有学问的人。

但是，随着潘三团伙的覆灭，匡超人的这条道又被切断了，好在天无绝人之路，以前帮助他的知县不但洗清罪名，而且进京当了更大的官。这位李给谏还记得以前乡下那位勤奋好学的好青年，现在有了权力，自然要提携他，于是匡超人又得到进京考选教习的机会。这次在京城，匡超人抛弃了老家的妻子，又娶了李给谏的外甥女，还拿蔡邕的例子为自己开脱。

匡超人第三次到杭州，为的是回省城开证明，这次成了准官员，就和以前大不相同了：景兰江等名士请他去茶室喝茶，他嫌不上档次，必须去酒楼；潘三在监狱里传话想和他见见，帮忙疏通门路，他怕遭到连累，一口回绝；在船上和牛布衣谈起曾帮助过他的马二先生，也极力排斥，说马二先生"理法有余，才气不足，所以他的选本也不甚行"。这样，以前帮助过他的人都被他一脚踢开，他要走的是一条更"光明平坦"的大路。

这样看来，匡超人所处的环境决定了他的成长，作者塑造这个人物的用意所在，读者也或可感知。

二、内因分析

跳出文学作品范畴，从个人成长角度来看，我认为匡超人之所以堕落，起决定作用的并不是外因，而是内因。我从事教育多年，亲眼看到同一个班级里形形色色的孩子不断成长，走上截然不同的道路，这其中的原因自然有家庭、社会的影响，但归根结底还是源自各自的心性。

　　先看匡超人的个人心理品质。从马二先生略一指点就能掌握做八股文的基本要点、一晚上就能学会写诗、中午不睡午觉也能熬夜早起等事例来看，匡超人的智力水平一定很高，而且精力充沛；从他在乐清老家、杭州、北京的生活态度来看，境遇不论如何，都是积极向上的。

　　但从他个人的道德品质上来讲，却不是这样。他的价值观念的核心就是利己，只要对自己有好处的事，不论对错都去干，在乡下是这样，在杭州是这样，在北京也是这样，只不过在乡下是一个"朴素的利己主义者"，第三次去杭州时已经发展为"精致的利己主义者"。

　　一开始在乡下，表面看起来他孝顺、勤劳、刻苦，为人处世也十分周到得体，实际上也是利己主义在起作用：

　　先说孝顺，不否认这其中既有封建礼教的影响，也不否认有源自生物本能的驱动，但肯定有他个人为博得好名声的私念。

　　其次说勤劳，这无非是为了改善个人及家庭的生活条件，这样做肯定不能说怎样坏，但也说不上如何好，趋利避害，这是一种本能。

　　再说刻苦，这无疑是受到马二先生举业理论的影响，无非是为了日后的考取功名、光宗耀祖。

　　最后说处世，匡超人作为一个涉世未深的青年，在叔叔来驱赶他们搬出去的时候，对叔叔说的那段话十分得体，表面上看确实深明大义，实际上不过是为了有个栖身之地，或许在心里不知要骂他叔叔几百遍。

　　以上匡超人的这些作为，都不能说坏，但也说不上好，这主要是客观条件限制的，因为他还没有作恶的资本。

　　遇到景兰江等人时，匡超人很快融入"名士"圈子，但在这个圈子里资历尚浅，这时他表现得很谦虚随和，特别是隋岑庵、卫体善两位老先生辱骂马二先生时，匡超人很淡定，不动声色，既不反驳也不附和，而且把两位老先生的话用到了自己所作选本的序言，脑瓜真是活络！

　　在匡超人眼里是没有是非只有利益的。这一点，遇到潘三后，表现更为明显，为了经济利益，甚至连犯法的事都干，走上了邪路。其实这种悲剧结局往往是写在基因里的，只不过年轻时没有作恶的能量而已。

　　最后，匡超人和牛布衣等人在船上闲谈，匡超人吹牛说北直隶、山东、山西、河南、山西五省的读书人家里都供着他的牌位，上书"先儒匡子之神位"，他出的书连国外都有卖！这时的匡超人已经彻底堕落了，但这样低级的谎言出自他这样的聪明人之口，仍然令人觉得不可思议。这其中可能是作者的刻意夸张，讽刺的不仅是匡超人的愚昧无知，更讽刺他忘乎所以。因为这时的他马上要进京做教习，牛布衣等草民对他来讲算不得什么，所以他无所顾忌，本性至此完全暴露，而他的故事也到此结束。

三、一点感想

在学生成长轨迹中，教师应该起到怎样的作用？教师能起到怎样的作用？有志于从事这一行业的年轻人和正在从事这一行业的已不年轻的人，都应该给自己找到一个精准的定位。

从匡超人人生沉浮的外因来看，一个好的环境是多么重要啊！同一个人在不同的境遇里表现迥异，因此，在教育教学中，我们一个微小的举动，或许就会改变学生发展的轨迹，所以我们都应该有一片赤诚，为年轻人的成长付出努力。

从匡超人堕落的内因来看，作为教师，在影响学生的同时，又不可自视过高，我们身为教师的，也不免有所缺陷，所能做到的终究只是恪尽职守、尽己所能，能够给学生平等的、向善进取的机会，引领学生朝好一些的方向行走，也就足够了。

辛老师自述"读《儒林外史》，每次或多或少总有新收获，写下一些散碎的文字"，从所写来看，时间、感点、字数、深浅等都较随机自如，从中可见"阅读随笔"之特点。领略其风格，或联系生活直接推断，或结合原作细致梳理，或前后联结辩证分析，无不体现出阅读随笔的"感兴"特点，即往往就一两个问题或方面发表自我见解体会，如电光石火，仓兴而就，意到笔随，意完笔止。

我们常有这样的体会：阅读过程中突然而至的一个念想，因未及时记录整理，过后便搁置遗忘，可见在阅读过程中及时撰写随笔、整理感受的必要。这种随笔对老师们来说，是最直接、最普遍的一种阅读成果呈现形式，它在专业阅读起步阶段或者初读某一重要作品之际，往往更显重要。

与此同时，需要看到的是，鉴于阅读随笔原本多处于单一、碎片状态，表达的感性、即时色彩较浓，要使之成文成章、更具公共阅读价值，还要进行一定修整，做到主题明确、结构完整、表述中肯、篇幅恰当。阅读整部作品之后，再反观所写随笔，通过冷却的思考与审视，会发现有的随笔在表达上还有优化、深化的空间，还可能发现有些随笔之间存在关联、可以进行整合，从而形成联系，从某一角度或多个维度说明某一问题。

以上述随笔为例，所撰多凭一时之兴，虽然话题明确、表达流畅，但欲精益求精、凸显公共阅读价值，有些地方仍有进一步推敲的空间。比如，⑤⑥两则可以合并，对马二的为学为人进行系统梳理；还可将④⑤⑥等几条加以整合，围绕马二的真诚、虞博士的豁达、王玉辉的迂腐、匡超人的堕落等，从一隅展现《儒林外史》的人物刻画、现实意义与艺术价值。

综上所述，阅读随笔写作的私人化、个性化意味相对较浓，要走向公众阅读，即使已经具有较高水准，也要尽量增强读者意识、增进表达意蕴、注重行文规范、凸显作品意义。如此，作为阅读成果的价值影响才可能得到进一步提升，以达到"随而不随"的境界。

二、感悟

"感悟"本是中国传统文学创作的一个概念，常被理解为一种"心理上的妙觉"："感"者，感知、感兴也，有所感触，侧重感性；"悟"者，领悟、晓悟也，理解领会，着眼理性。此中"悟性"，当起于感性，沟通知性，奔向理性，甚而通达灵性，应该更有深度、更有层次。

我们认为，严格意义的"阅读感悟"，更强调围绕所读作品主题思想——针对其支撑性的内容内涵、思想观点及现实意义等进行完整的解读与把握，从而体现整体性的"悟"，为此，可能还需要分成几个方面进行全面深入的分析。如果说"阅读随笔"主要体现在阅读过程之中，主要目的在于更好地理解所读作品、抒发个体感受，相当于"读中感"的话，"阅读感悟"则主要体现在整个阅读过程终结之后，是真正意义的"读后感"，其中固然不乏自我感受的融入，却是一种更高层次的总结提炼，其认知思维的层次性、写作表达的专业性、公共阅读的价值性均要高于"阅读随笔"。

当代著名学者杨义在《感悟的现代性转型》认为"感悟近乎理性直觉，或直觉的理性，但比之多了一点奇妙和超越"，同时指出：

感悟，不仅是探寻体系、消化理论、解释经典和理解隐喻背后的文化密码的一种非常独到的思维方式，而且也是对文本进行细读的出奇制胜的思维方式和精神状态。……细读不光是一种理性的思考，更不能拘泥于"评价一首诗就像评价布丁或一台机器"。因为从结构到意义、从文字到理性之间会有一段距离，这就需要用悟性来沟通，还原其细针密缕的语言脉络和活泼鲜灵的生命整体。

感悟又以材料反刺激于研究者自我，使之产生广泛的奇妙的联想，达到一种知识的攀连和聚合。甚至破解原本的结构，从中剥离出某些具有深度阐释可能的生命片段。因此，感悟在人与文字相对时，形成精神的默契，形成双向的情感和意义的交流，把死文字变成了活文字。[①]

这里，杨义谈"感悟"虽然是把它作为一种文艺作品的阅读方法来谈的，但对教

---

① 杨义. 感悟通论〔M〕. 北京：人民出版社，2008：97-98.

师专业阅读不乏启发意义。它启发我们"阅读感悟"需要把握三个着力点：

一是深入对话。感悟不是自说自话，前提是必须细读文本，与文本深入对话。细读需要由感性通向理性的思考，但这种沟通不是机械、生硬的，而是鲜活、灵动的，以此还原作品的脉络内涵。

二是深切关联。感悟要在人与文本、文字之间形成高度契合，而不仅仅是解读文本、理解字面意思，还要和自身的经验与体验等形成深切关联。

三是深度阐解。对文本已有内容内涵做出深入理解、反射自我、形成联想的同时，还要尽可能在某些层面做出深度阐解乃至批判思考。

与此相对，当前不少出自教师手笔的"读后感"往往存在几个突出问题，有的甚至在严格意义上算不上"读后感"，显得不伦不类：

一是忽略所读的自我张扬。"我（们）"如何如何的现实例证、现象等谈得多，而对所读内容的理解谈得很少甚至一笔带过，难以让人感到你在与文本深度对话，更没有整体感。

二是拘泥文本的抽象评说。这种情况下，"只见所读不见我"，大多表现为机械套用、引用原文原义，至多是对所读内容进行了一定程度的变相复述，很少甚至根本没有联通自身教育教学经验或当下教育教学情境，不能让读者感到文本对你深有触动、你与文本有深切关联。

三是泛泛而谈的平面之论。虽然有与文本对话的姿态，有反射自我的关联联想，但基本满足于面上的整体理解和一般性的大众化认识，不能让人感到你在某些层面确有打通自我的深度阐释，却缺少独立深刻的省思。

此等"读后感"，至多可谓散漫之"随笔"，其阅读圈子和意义一般更局促于小我。即便是"随笔"，也当有感而发提高水准，上述问题也当尽力避免。至于"感悟"，就更不用说了。故"读后感"必须有感而发、当发则发、发在要害，否则实无必要。

下面来看一下海阳市行村镇小学陈海霞老师针对亚米契斯《爱的教育》一书《少年笔耕》一文所撰读后感。

给爱的人以自由——读《爱的教育》之《少年笔耕》有感

《爱的教育》是意大利作家亚米契斯的一部经典著作，我读的版本是译林出版社出版的插图本，译者是著名教育家夏丏尊先生。他在序言中谈到"教育之没有情感，没有爱，如同池塘没有水一样，没有水就不成其池塘，没有爱就没有教育"，用极其生动的比喻诠释了教育的真谛，那就是爱。

今天，我想跟大家分享的是书中描绘父子之爱的故事——少年笔耕，它出现在小主人公安利柯第十二月的每月例话，讲述的是五年级小学生叙利亚为了减轻父亲重担，深夜偷偷替父亲抄写书件，后因睡眠不足影响学业遭到父亲的斥责，但小叙利亚并未放弃，直到真相大白，父亲为此也感到深深自责的故事。最早读到这个故事是在初中七年级，感动书中小叙利亚的懂事、孝顺、对家人的担当和爱，理解父亲的辛苦、不易和对孩子们深沉的爱。再次拜读，除了感动，更多的是对爱的思考。

从笔耕少年的故事中，我读到了一种"有负担"的爱，一种"有期待"的爱。在生活极其拮据的情况下，父亲不以儿女为累赘，深爱着他们，对叙利亚更是呵护备至，毫不放松督促其用功读书。当小叙利亚提出要帮他分担抄写书件的请求时，父亲生怕占用了叙利亚学习的时间，一口回绝，坚决不许。父亲这样做，一是出于父母对子女本能的怜爱，另一重要原因是望子成龙的期待。书中在开头就明确表达了父亲希望小叙利亚能早日完成学业、谋得好工作、帮助维持一家人生计的愿望。因此，当小叙利亚因每日深夜帮父亲抄写导致睡眠不足进而影响学业时，父亲表现出从未有过的愤怒，对孩子大加责骂。两个月中，不但没有调查是什么原因导致孩子学习下降，反而只是一味地责怪孩子不用功，辜负了全家人的期望，让小叙利亚本就羸弱委屈的心又增添一份深深的自责和愧疚。

面对孩子学业下降，父亲只是一味倾诉自己心中的不满："叙利亚！你真对不起我！你和从前相比不是变了样子吗？当心！一家的希望都在你身上呢。""你知道我为了养活一家怎样的劳累？我为了你们，是把命在拼着呢！" 对于一个五年级的小学生来讲，父亲的这份爱是多么沉重呀！

我想，此时若问小叙利亚"你是为什么而读书？"答案一定是"为家人能过上更富裕的生活"之类的。因为他从小被动接受的单一价值观就来自父亲这种充满期待的爱。这种爱让小叙利亚只能顺从地选择好好读书，一旦学习成绩有所下降就会陷入莫名的自责。这种爱让小叙利亚早早懂事成熟，顾念别人的感受而掩藏了内心最真实的想法。很显然这种爱已然成为一种负担，阻碍了父子间真诚顺畅的沟通，让彼此深爱的人受伤。

在这里，我不想批判这种父爱，因为对于一个贫困的家庭来说，读书改变命运是他们唯一的希望。就在当今社会，这种有期待的爱，这种认知依然普遍存在。回忆自己的求学时光，师长教育我们知识改变命运，读好书才能出人头地。父母苦口婆心，把全部希望都寄托在我们身上，即使再苦再累也值得。那时，若是考试没考好就觉得自己没脸见人，越是到高年级这种负罪感就越强烈。

记得小学四年级一次期末考试没考好，怕父母失望，自己就把成绩单偷偷藏在炕席底下，做贼心虚的我在睡梦中哭着说出了成绩单的下落，在梦里请求父母原谅。虽然第二天父母没有责备，话语里尽是理解和安慰，但自责和懊恼还是涌上心头，挥之不去。

我问身旁安静的丈夫，他也坦言求学路上总有一种无形的压力，现在想想这种压力多半来自父母和家人充满期待的爱。而今已为人师的我，努力在教育教学上不给学生传输这样的价值期待，但有时常常让自己沮丧。教育不是只有一条路，但教育常常使人走上同一条路。更重要的是，我发现自己正在拷贝旧的教育版本，也用以前老师教育我的方法教学生，尤其是当学生不符合自己的期待时。平常学生没有完成作业，老师和家长们就会严厉批评学生辜负了老师的辛勤教诲、父母的辛苦付出，以后怎么在社会立足。这种爱在师长那里的出发点全是对孩子无微不至的爱，充满殷殷期待。可是，这种爱让孩子的学习变得更加被动，甚至让他们觉得不自由。生活在衣食无忧环境里的他们，很难像书中的小叙利亚那样懂事，能体谅父母生活的艰辛，更多的是任性而为，认为读书是为父母、为老师而读，何谈学习的主动性和积极性？

前两天在讲《为中华之崛起而读书》这篇课文时，我问学生"你们为什么而读书？"只有一个人是为自己的梦想而读书，其他的要么是为找一个好工作而读书，要么是为长大后能挣大钱而读书，要么是为爸妈而读书。班上一位学习不错的孩子在一次"说说我的心里话"习作中表达了自己渴望自由、想要做点自己喜欢的事的想法，而不是忙碌着上补习班、做永远做不完的习题。课后，我在肯定他学习优秀的基础上，尝试着鼓励他把自己真实的想法讲给父母听。孩子目光黯淡地说："还是算了吧，他们也是为我好。"这是一个多么懂事的孩子，但又是一个不自由的孩子。我感动孩子的乖巧懂事，更心疼孩子那颗被父母之爱所累的心！

我常常在想，有没有一种更好的方式来交流和表达爱，给爱的人以自由。最近在读的一本书，中国台湾作家、教育家李崇建老师写的《麦田里的老师》给我很大的启发。书中谈道：真诚地表达自己，一致性的沟通姿态，是最好的沟通。所谓的一致性沟通姿态，就是要和自己一致，对自己真实，承认自己不管是好还是不好的情绪和感受。目的并不是去改变别人，而是真诚地表达自己。在《笔耕少年》一文中，小叙利亚多次想要表达自己的真实想法，表达自己想帮助父亲的决心，却终因种种顾虑，未能说出口。这就是不一致性，对自己不诚实。而这种顾虑，正是小叙利亚所背负的负担，也是他不能保持一致性沟通姿态的原因。试想，若是在一开始，小叙利亚就明确表达自己可以在不耽误学习的情况下帮父亲抄写，或是被父亲误解后勇于说出真相，然后和父亲一起商量解决问题，就不会有后面更深的误解和更大的伤害。叙利亚的父亲在面对孩子不符合自己的期待时，虽然觉察了自己生气、沮丧的真实情绪，并且承认它，但若试着与它共存，并能在觉察后加以整理，再以平稳沉着、温柔坚定的语气，向孩子真诚表达自己，我想事情的发展也不会让彼此都难过。在小叙利亚刚出现学习疲倦的情况时，父亲若能以正向好奇的态度，了解孩子内心想法，真诚地接纳和倾听，这样父子两人就能真实表达彼此的爱，并让对方感受到，从而实现心与心的沟通和生命间的对话。

很多时候，问题的本身不是问题，如何面对问题才是问题。我想选择一种正确、科学的方式来沟通和交流爱，才会让这世间最美好的情感变得更加美好，并让爱的人在获得爱的同时——感受爱的愉悦和自由。

读了《爱的教育》中笔耕少年的故事，反思自己的教育教学活动，有许多以爱的名义进行的说教和采取的行动，带给孩子的尽是负担和束缚。我提醒自己，面对教育问题，心态上要更谦卑，期待不要过于急迫，行为不要过于急躁，给爱的人以自由。我坚信教育需要爱，我们应努力让这份爱更宽阔，让身处其间的人能更酣畅淋漓地表达爱！

这篇读后感，实际上是针对《爱的教育》之《少年笔耕》故事的感悟。它很好地体现出刚才所说的三个着力点，同时避免了对应的问题：

一是紧扣文本深入对话，避免疏离文本的自我张扬。对原文的内容细节进行重温、回放，从故事中父亲、儿子以及双方沟通的多个视角进行解读，有如剥竹笋一般由外而内、递进深入，剖析不温不火、中肯到位，既避免大篇幅复述原文、分析简浅的倾向，又避免了对原文简单一提随即大谈特谈自我随想经历的倾向。

二是联通自我深切关联，避免拘泥文本的抽象评说。对原文内涵的阐发与自身的经验、观察做到紧密结合，先后联系当下教育形势和学生读书学习的价值取向、自身及丈夫求学时相应的心理感受、自身在教学中与学生的对话等对感悟主题进行反思解读，对故事中的父爱所表现和承载的教育方式既表示理解又做出警醒，这种关联恰如其分，真正实现了人与文本、文字"在情感和意义上的双向交流"，同时表明了自身相应的教育立场，对读者更具启迪作用。

三是择取精要深度阐解，避免泛泛而谈的平面之论。这则故事背后的教育隐喻令人深思，但不少读者读完之后多会止步于感叹小叙利亚家庭贫困、对其父无奈之举抱有同情的格调，陈老师对此却有独到深入的发现，她从故事背后所传递的那种"有负担""有期待"的爱入手做出深度阐解，在联系自我经验体会的同时，结合《麦田里的老师》一书阅读进行互文解读，对如何实现良性、和谐的亲子沟通、师生沟通提出建议，从而把思考向纵深推进。由此，这篇感悟更类似一篇关于"爱的教育"的深刻检讨，昭示着现实中的每一名师长。

不难看出，这篇感悟成功的根本，还在于"感点"选取与阐发的精当深刻。当然，这只是针对一本书中一篇文章的感悟，鉴于其内容信息的有限，所以"感点"比较单一，但是，正因作者抓住这一能够俯瞰全局并深度辐射的关键点，并在对应点上深挖细究，使得这篇感悟具备了较强的穿透力和思想性。

"阅读随笔"和"阅读感悟"的相同点是都会结合文本内涵，联系自身实践经历或教育现实谈出感想，而两者最大的区别就在于——前者"感点"相对零散、随机和碎片化，后者"感点"则指向整体、核心与主脑。

"阅读感悟"的关键，即在于"感点"的把握。"感点"实际体现的是立意，只有"感点"揪住所读书目之灵魂血脉，才能对其做出贴近全局整体、直指核心要害的理解分析。

再看一例。

《不跪着教书》是一部很有影响的教育随笔集，虽然全书所涉内容视角广泛，却有着鲜明的旗帜和集中的格调，"不跪着教书"秉持和宣示着一种独立的思考与人格，一种坚守教育理想的精神姿态和教学勇气。阅读本书过程中，可以抒写的零散感点很多，但纵观全书阐发感悟时，最为适切的核心感点是什么，作为读者还需心中有数。请看下面两则阅读笔记，思考其感点选择及立意之别。

只要肯读书，什么都好办
——读《不跪着教书》

"腹有诗书气自华"，形容一个人只要饱读诗书、学识渊博，便自然会表现出文人的优雅举止和翩翩风度。读吴非老师的《不跪着教书》，我不自觉地想起这句诗。作为一名教师，一名在三尺讲台上给孩子们"传道授业解惑"的教师，无时无刻不以自己的学识和言行影响着孩子。所以，读书对我们就显得尤其重要。

在《不要跪着读》一文中，吴非老师首先对教师职业特点提出思考，"什么是教师？难道指的是那种'叫你干啥就干啥'的人吗"？而后又谈到"培养独立思考的一代，是教育最重要的任务""如果教师不敢于培养学生的怀疑精神，未免是叶公好龙"。正因如此，"教师要学会教书，首先应当学会读书，学会思考"。

那么，我们应当读什么书呢？吴非老师首推经典和名著。至于为什么要做这样的选择，他在《爱与敬重的阅读》一文很干脆地回答——"是为了获得教养，为了能像一个真正的人一样站立着"，因为"如果不懂得敬重知识，不懂得敬重思想，不懂得爱，只图功利，只是因为要作为一项任务，任何阅读都有可能是无聊的，毫无作用的"。

吴非老师认为教师群体综合素质提高缓慢除了社会原因以外，教师本身进德修业意识比较单薄也是一个方面，特别是"主动学习的意识不够"。是呀，看似都在学习，实则仍有主动被动之分。被动学是出于学校领导指派或为评职称挣学分不得已为之。"读书进修本是为提高自我",只有树立如此目的,才会主动地学,有更大的学习热忱。是什么原因使教师丧失了自主学习的动力呢?吴非老师在回答这个问题时,并没有回避社会现实:"这个问题可能很复杂,体制方面的、机制方面的原因都有。"可见吴非老师在看重读书对提高教师素养的重要作用的同时,也极清楚当下窘态,故而提醒"倘若条件有限,那也要有点自我提高意识",呼吁"只要肯读书,什么都好办",甚至"哪怕读点闲书也是好的""哪怕知道一些掌故也是好的""即使自己读书不多,听听别人说读书也行"。

读书的作用,不独于教师,对青少年的道德养成也有着重要作用。在《读好书如播种》中,吴老师认为针对青少年的道德养成,"通过读书获得文明教养,通过文学阅读净化心灵世界,是重要的途径","让爱和美充实学生的心灵世界,让崇高和尊严引领青春的目光",不要让他们看到的只是周围那些黑暗的腐败的东西。这时候,我们就要对所读之书加以甄别,经典、名著就凸显了无可替代的地位。

"阅读需要爱,需要敬重",完全没了敬重之心,只是趋于某种功利性的目的,为了应对高考,为了走进大学校门,这种阅读也是无多大益处的。"人如果到了十七八岁,还不能认识到人文精神的重要,还没有独立思考的意识,指望进了大学再修炼,性情心灵和教养已经有很多补不了的空洞了。"如此,道德滑坡、人情淡薄都不足为奇了。所以,现在的青年"虽然快乐却没有精神的支柱,不用等到上了年纪,就会垮的"。

纵使一片乌云压顶,总可拨云见日。"老师,是要在课堂上与孩子们说话的",我们的素养高低不仅仅是我们自己的事,也在无形中一点一点地感染熏陶着孩子。所以,怀着敬重与爱,多读点书吧,读点好书,什么都好办……

我们需要站着思考
——读《不跪着教书》

读罢吴非老师的《不跪着教书》,掩卷深思,感慨良多。我不禁追问自己:读完本书,最大的感触何在?

虽然本书是随笔、杂感的荟萃,整体看来并没有什么严密的逻辑体系,全书的精神内核却是一以贯之的,正如序中所言:"想让学生成为站直了的人,教师就不能跪着教书。如果教师没有独立思考的精神,他的学生会是什么样的人?"这是一部唤醒之作,唤起我们以独立的精神去冷静地认识教育问题。书中对"人文精神"的呼唤、关切和强调更可谓全书脊髓:只有从"人"本身出发,最终回归于"人",才会具有人文精神。缺失了人文情怀，就很难谈得上有什么独立、冷静的思考。作者的解读，在笔者看来，主要体现在以下三个关键层面：

首先是人的价值尊严、人性的真善美和人格健全。

苏霍姆林斯基有一个著名的经典故事，谈到校园的花房里开出了一朵硕大的玫瑰花，师生们都来观看。一天早晨苏霍姆林斯基发现一个幼儿园四岁的小女孩把玫瑰花摘了下来，他就上前问孩子摘花想送给谁，孩子说她的奶奶病得很重，她告诉奶奶学校里有一朵大玫瑰，奶奶不信，她要把花儿摘给奶奶看看然后再送回来。苏霍姆林斯基又摘下两朵玫瑰送给孩子，说道："这一朵是奖给你的，你是一个懂得爱的孩子；这一朵是送给妈妈的，感谢她养育了你这样好的孩子。"吴老师把这个故事进行截取，以前半段为材料作文，让学生续写后文，结果很多学生都是写教育家如何如何教育小女孩不能损害公物，甚至写教育家对小女孩做出处罚，不遗余力地从道德高度提出种种"教训方案"。这一训练，从一个侧面折射出一些学生的心中着实缺乏人性美、人情美的感悟，缺少同情与悲悯之心。因此，吴老师强调，学校在对学生严格要求的同时一定要真正做到以人为本，要有人情味，包括学校的规章制度也要体现人道精神，真正有利于学生的成长与发展。

吴老师还认为，就教师的职业性质而言，"对学生的冷漠，对生活的冷漠是对职业的亵渎。"要唤起学生对于人性美的正确认识，需要教师本身具有更高的站位。这种冷漠对待学生和生活的本质，其实也是一种忽视人性尊严、人格不健全的表现。所以，一个老师必须有精神追求，努力守望灵魂的高贵。这种追求和守望在有的人看来或许玄虚，其实完全可以渗透和体现在教师生活的各个层面。比如，教师的形象问题，教师形象远非外在的衣着穿戴，其根本还在于是否真正注重自我尊严，如果穿着西装革履却在学生和他人面前释放粗鄙、表现得缺乏修养甚至流露出人格与心理的阴暗，那所教的学生又怎么可能成为"站立起来的人"呢？又如，教师的阅读问题，一个老师的阅读素养和他的人格养成也有密切关联，身为师者，不敬重阅读，不亲近经典，则不免走向心灵的荒芜，又怎么可能培养学生的人文素养、向学生播撒精神的种子呢？

其次是公民必须具备的平等思想。

具有平等理念是一种重要的公民素养，如果头脑中没有平等理念，所谓对人的尊重、对自我的尊重也就无从谈起。

吴老师认为，对学生渗透和实行这样的教育，课堂仅仅只是一部分，还需要贯穿在学生在校的全部活动，以及学校生活的各个侧面。比如，学生向老师问好，有的老师各忙各的无所回应，让学生感到的是一丝卑微，这怎么行呢？在学校当中，学生干部存在的目的何在？如果说渴望当学生干部不是为了发挥自己的才干、更好地服务大家，而是觉得自己高人一等，这样的观念恐怕就要反思了。如此等等，如果学生在学校中惯于耳闻目睹这些类似的现象，对其成长与价值观的养成必将产生负面影响。作为学校和教师，对此必须有所体察并身体力行地对学生做出正面示范与引领。

平等更体现在对于法理、原则的敬畏和尊重之上。吴老师认为在教育学生的过程中——"无论是教师还是家长，在对同一问题产生分歧的时候，都应当注意服从最高原则，服从教育教学的规律，而不应该感情用事"。家长爱自己的孩子无可厚非，但不能无视学校校规校纪的正当约束，不能无视集体的存在。平等不是单方面的，家长和老师更做到相互尊重，既尊重人的存在，也敬畏规律、法理与规则、原则的存在，从而给孩子们做出好的榜样。

这种平等还应体现在家庭生活、家庭教育之中。吴老师对一些家长偷看孩子日记的行为进行了批评，指出这是一种对孩子正当权利的不尊重，这种做法也不利于孩子成长，因为不能保障自己的正当权利，也就很难真正做到尊重他人权利。与此相对的是，一位普通女工在读了孩子的作文写到她之后，感动之余也写了一篇文章登在自己工作集团的刊物之上，并送给吴老师一本。吴老师细读之后深受感动，感动于她在文中提出要让孩子懂得爱、明白自己的责任，感动于她作为家长在奔波劳碌之余还能拿起笔写下感悟，做到和孩子一起学习、一起成长。

再次是深沉的历史反省意识。

革命领袖列宁有一句尽人皆知的名言："忘记历史意味着背叛。"历史是凝固的现实，而现实是流动的历史，如果不能正视历史，就谈不上对现实的反思与改进，也就不会创造更加美好的未来。正视历史不仅仅是"知道和了解历史"，还要有深沉的历史反省意识。

正是带着这种深沉的历史反省意识，吴非老师指出，对于中国历史要有理性、辩证的认识，既要引导青少年认识中国文化的光辉灿烂，也要对一些反人性的历史糟粕有清醒认知，这样才能更好地传承中国优秀文化，有利于促使青少年认识到人的尊严和价值所在，从而培养人的现代意识。

也正是带着这种深沉的历史反省意识，作者针对自己早些年所看到的一些地方开展的流于形式的"学雷锋活动"，看到有些人遇到麻烦想起雷锋、没有麻烦不以为然的现象，又表达了这样的观点："我们中国现在需要雷锋，是因为我们对平凡的理解还停留在'凡夫俗子'的阶段，我们还没有真正地理解这就是一个人所能做到的。"这一观点表明，学习和倡导雷锋精神并非有些人理解的那么高不可攀，对大众来说是可见、可学的，学雷锋重在将其精神着力转化为一种自觉追求和自我约束：雷锋精神的主体是助人为乐，从公共生活的角度看，和谐社会也需要"助人为乐人人乐"，无论走到哪儿都呼唤这种风尚；雷锋的克勤克俭是对传统美德的继承和弘扬，在我们的日常生活中也需要这样的品质；雷锋的"钉子精神"表现为勤学好读、爱岗敬业，我们完全可以将这种朴实的精神渗透到学习、工作之中，做到学以致用。由此，吴老师认为，如果把德育搞成"高空作业"、提一些大而空的要求，就很容易流于形式，还是要重视基本的养成，教给学生最朴实的东西。与此同时，还要通过高品位的文化追求达成良好的精神塑造（譬如师生的读书）。

作者还谈到一个问题，就是一些名校在普遍注重外在形象宣传的同时，更应反思一下自己的办学方向和理念究竟有没有问题。其实，这也是一种历史反省意识在教育领域的体现：学校办学要有特色，这种特色还要建立在正本清源的坚守本色之上，必须把"学校为谁而发展""培养什么样的人""究竟怎样培养"等根本问题放在首位，切实把准办学和育人方向。毫无疑问，没有这种经常的反省与审视，后续的发展往往也会出问题。

这样一种基于历史、观照现实的深刻反省，远非吴老师一人之举，而是源自近现代以来诸多思想家与知识分子的一种精神传承，他们以明敏的目光从人情世事的常态之中剖析有关问题，以期"引起疗救的注意"。只有时刻保持这样一种深沉的反省和自觉，我们的教育乃至其他事业才能吸取教训获得教益，走向更为健康的前行之路。

《不跪着教书》在文字的背后，有着更为深邃丰富的内涵，有一种思想的穿透力牵引你走向纵深之处。如果用一句话来概括它"教"给了我什么，那就是：教育的本质在于真正归位于"人"的教育和发展。如果没有这样的认识和行动取向，作为"教育工作者"就很难谈得上有什么独立思考，更可能由此不断稀释、冲淡着本该属于自己的"思想"。现在，只有站起来，冷静地审视自我和周遭的所思所为——才可能找到真正的自我，找到教育的真谛所在。是的，我们需要站着思考，这一天也许来得有些太迟……

第一篇借用吴老师的话语"只要肯读书，什么都好办"作为"感点"谈阅读感受，选择这个点谈感受当然可以，也有其意义，但相较全书而言，这篇笔记还是一篇"阅读随笔"。限于其感点与立意，难以对全书精神骨架与内核做更进一步的深度解剖。

第二篇直切《不跪着教书》全书精神脊髓，即对"人文精神"的呼唤、关切和强调，将其剖解为三个方面，全篇围绕这一核心及其三个方面反顾原作、审视现实，相比第一篇而言，它更接近于"阅读感悟"。

下面再看福山区崇文中学邹亮老师撰写的《教学勇气》阅读感悟。《教学勇气》可以说是一部适合教师啃读的经典，这类经典的逻辑体系比较明晰，不需要你多费脑筋，但其体系之内的观点思想相当丰富，要让自己的感悟方向能在相当程度上浓缩主体要素、同时吻合原著精神，确非易事。邹亮老师开门见山指出其根本价值所在："一本好书有时不在于它能帮助我们解决多少问题，而在于它能启发我们更好地认识自我，更深地理解我们所处的环境。"后文循此基调，抓住"恐惧文化""自身认同""学习共同体"几个关键要素展开评说议论，而这些恰恰是阅读《教学勇气》最需要把握的核心。

找回自己的教学勇气
——《教学勇气》读后

书读完了，思考却没停止。一本好书有时不在于它能帮助我们解决多少问题，而在于它能启发我们更好地认识自我，更深地理解我们所处的环境。我觉得，这本书做到了，它就是帕尔默的《教学勇气》。

这是一本讲述教师心灵成长的书，它提倡教育改革应把重点从改进教学方法、教学技术甚至教学艺术等层面向教师的自我反思、同行交流、获得心灵成长方面转变。有鉴于此，贯穿全书的一些关键词更是引人注目，可谓全书命脉所在。

最先引起兴趣的是"恐惧文化"。

"作为一个教师，当我让恐惧占上风时，不管是教学时我恐惧学生还是我弄得学生恐惧我，我都处于最糟糕的状态……当学生的恐惧和我的恐惧混合在一起时，恐惧就以几何级数递增——这样教育就瘫痪了。"

第一次看到用恐惧这个词来形容教师心理，第一次知道一个年近60岁的老教授走进教室前也会恐惧——我之前以为只有自己才是这样。对于恐惧，书中没有具体定义，但有案例描述，比如害怕在讲台出丑，害怕学生提出自己不能应付的话题，害怕"作为教师的我成了过时的人"。回想从前的教学生活，我也是经常在恐惧中度过的：恐惧明天的课准备不够充分，恐惧对课堂驾驭不够熟练，恐惧难以达到满意的教学效果……"难道教师的生活就是这样吗？""难道其他教师的心理也是这样吗？"我多次自问，一度对自己的教学失去信心。

其实，作为教师，我们每个人都免不了恐惧，这种恐惧有时隐藏于你的内心深处而不被你察觉而已。你会恐惧教学效率的不尽如人意，恐惧家长、社会对教师提出的高要求，恐惧学生课上课下挑战自己的权威，恐惧绚烂的理想之花与现实之间还存在那么大的差距……因为恐惧，继而便拼命地寻找改变的源头活水，并不断拼搏、抗争、奋斗，终于，有了小小收获，然而成功的喜悦尚未遍及全身，便发现自己早已因此疲惫不堪，只不过成功之前处于高度兴奋状态而未觉着疲累而已。于是忍不住感叹：人是多么渺小，以个体之柔弱真的根本无法和那些看不见又无处不在的力量抗衡。感叹过后，很多人会选择再战，也有人选择了逃避，丧失斗志，从此消沉。

看到帕尔默对恐惧的解释，我豁然开朗。帕尔默告诫我们说"不要害怕"，因为

"我可以恐惧，但不必置身心于恐惧之中——只要我愿意立足于我内心世界景观中的其他天地而教学"。其实，此刻的我们需要明白：教育世界原本就是如此混沌、复杂，充满矛盾。教育不是一首诗，理论和梦想不是教育的全部，生活在这个特殊教育时代的我们，需要的不是自责，更不是逃避，必须在教育的理想与现实之间，找到属于自己的中间地带，亦即顺应教学的内在规律和法则，尊重本我、尊重学生，努力提升生命的质量和意义。

愚以为，自觉的不间断的学习更是教师克服恐惧的"盾牌"。子曰"学而优则仕"，而我不断地学习却并非为"仕"，而是源于对自我恐惧心理的能动应对。庆幸的是，《教学勇气》也鲜明地表示："我也害怕，我们一起去进修吧！"面对恐惧，假如我们懂得怎样去破解恐惧，许多恐惧就能帮助我们生存，甚至促动我们学习和成长，恐惧是可以被超越的。

其次是关于自身认同与自身完整。

触动我的，是那句"真正好的教学不能降低到技术层面，真正好的教学来自教师的自身认同与自身完整"。自身认同与自身完整让我联系到另外一个词语——内驱力。内驱力无疑是教师成长发展的内因。但是，从事这一职业的目的不同、对教育的理解不同、自我设计和自我发展的目标不同，由此也会造成内驱力的有无、大小之别。内驱力隐藏于自我个体之内，具有隐蔽性，只有对他们的行动追根溯源才能找到他内驱力的源头。时下，各级各类荣誉评选，为激发教师的内驱力提供了外因，但这些荣誉远没有个人达到自我期许、自我认同的目标后所产生的成就感更有价值。帕尔默说："外部加诸你的惩罚绝不会比你加诸自己、自我贬低的惩罚更糟。"这句话可以反推过去：外部给你的表扬和荣誉绝不会比你给自己的表扬和鼓励更有价值，更有成就感。最高境界就是教师在这份工作中能够获得内心的宁静与愉悦。按朱永新先生的说法，就是"过一种幸福完整的教育生活"。

是啊，教育是复杂的心灵与心灵之间的交流，如果教师专业交流仅仅停留在技术层面，那么，我们永远只是在培养"经师"而不是在培养"人师"。欠缺"人师"激励机制的后面潜伏着一种深刻的危机："任何制度或文化，如果不提倡教师发挥他自身独特的优势，不鼓励教师以一种自身认同与自身完整的本真状态与学生的生命深层互动，永远只是在努力拔高向外在标准靠拢，那就很可能压抑教师独特的创造潜力，枯竭教师作为优秀教学之根本来源的心灵世界，相应地会导致学生更多地生吞活剥成套的知识概念，却欠缺了心灵的滋养和生命的启迪。"这种危机警示我们：任何疏离于教师心灵能量发挥的教育改革或课程改革都不可能成功，改革要想成功，必须创造条件让教师在教学活动中彰显自身生命的本质。教育迫切需要找回教师的真心真我，学生迫切需要沐浴教师心灵之诚信与完整，教师更需要透过学生的生命强健而完满自我，重振敞开心灵的教学勇气，在教学的苦乐成败中吸纳成长的源泉，把教师的自我、所教学科和学生编织成复杂的联系网。

第三个让我感受颇深的是"学习共同体"的描述。

"学习共同体"包含了教师与学生一起构建的学习共同体和教师同事之间的学习共同体。帕尔默对共同体的解释是："共同体是个体内部不可见的魅力的外部可见标志，是自身认同与自我完整与世界联系的交融。"通俗解释就是"与志同道合的朋友一起追求真理"。我们身边也有一些带有共同体性质的组织，小到备课组、教研组，大到校际联动、区域教研等。但总感觉这些共同体的交流多停留在表面形式，在这些共同体内无法体验那种表达与倾听的愉悦，甚至不习惯于表达自我观点，不敢提出疑惑，不愿听取别人批评，更不愿意批评别人，对别人的看法也不以为然。长期形成的个人思维与矜持更阻碍了有效沟通。为什么这些共同体难以起到应有的作用？帕尔默给出了解释："在共同体形成外在性状和形式之前的一段日子里，它一定要在完整的自我中生根，只有当我们充分认识自己后才能与别人和睦相处。"是的，我们还没有充分认识自身，还没有达到自身认同与自我完整，我们的个体还没有想要表达自我的渴望，所以还没有真正的交流与沟通。

曾经读过这样的俗语："假如你有一个苹果，我有一个苹果，互相交换，就各有一个苹果。但假如你有一种思想，我有一种思想，我们互相分享，就各自有了两种思想。"教师学习共同体的沟通与分享，是种多元、多层的合作互补的关系，身在其中，思想、知识、经验的共享和吸收不仅是叠加的，还有相互碰撞、浸润、融合。正如佐藤学在《学习的快乐——走向对话》中描述到：学习共同体，它不是机械地凝结在一起、如同"珊瑚般的学习共同体"，而是"交响乐般的学习共同体"，音色、音阶都不同的乐器发挥其差异，和谐地发出音响。"独乐乐不如众乐乐"是古人对共享的顿悟，作为今天的教师，当置身于"交响乐般的学习共同体"之中时，多元的看法和想象相互碰撞激荡、回响共鸣，或许能带给我们无限遐想，更好地促进我们的成长。

帕尔默在努力寻找一种"与自己本性契合"的教学方式。他的努力让我明白：我们要找回自己。很多时候，我们总是习惯于模仿：比如，看到一种好的教学方式，就想着怎样照搬到自己的课堂之中。也许这是一个必要的过程，但如果一直是模仿就有问题了。因为这样最终只能丧失自我，更不用说找回自我了。

《教学勇气》一书，带给我启迪的，远不止这些，其中最具影响力的，莫过于"勇气"二字。让我们拿出勇气，试着改变自己，从行为习惯到思维方式，从教学理念到教学方式。我相信，只要如此做了，总有一天，你会发现，因为自己的改变，原本自以为不可能改变的东西，有一天居然也变了！

从严格意义上说来，并非所有作品的阅读都适合写阅读感悟，它更适合针对那种逻辑主线明晰的作品，特别是原理探究类作品，抑或主题思想鲜明集中的作品。反之，缺乏逻辑主线或主题思想不够鲜明集中的作品，并不适于撰写整体性的阅读感悟。这其中，还包括一些思想内容丰富的名家经典之作，诸如苏霍姆林斯基《给教师的建议》、陶行知《陶行知文集》等。作为文集，其本身缺少统一的逻辑主线，但教育思想内涵相当丰厚，因为所涉主题众多，往往很难选点统摄。所以，这类作品更适合针对其中具体内容撰写阅读随笔，相形之下，选取其中主题鲜明的重点篇目或能形成主题联结的部分篇章——作为一个局部整体、尝试撰写感悟可能更较合适。

"阅读感悟"还要把握好"感悟"的具体方式。

感悟虽注重理性分析，但也可能需要感性抒发，或者需要多元交融，关键还要看具体阅读感悟的是什么作品：感悟一部文学作品，可能感性的笔触会多一点；感悟一部理论著作，则需要充分的理性阐述。感悟方式还可能会因为考虑面对的读者对象而有所差异：如果面对的是中小学生或一般大众，可能就会多一点感性；如果针对知识分子和专业人士，可能就需要注入更多的专业理性。

阅读感悟一般以针对单一作品为主，当然，有时也可同时针对存在较大关联的两部作品展开，下面请看烟台福山产业区中心校蔡华老师阅读《静静的顿河》与《日瓦戈医生》两本书的对读感悟。

读《静静的顿河》与《日瓦戈医生》

最近，在同读两本书，这两本书都曾获得诺贝尔文学奖，来自同一国家——苏联，所描写的也基本都是同一历史时期——俄国十月革命前后的那一历史巨变时期。其主题也大体一致，都是关注普通人在战争中、在社会剧烈变革时期的命运。更重要的是在对于生命的态度上，两者也是基本一致的，都对于战争中生命的脆弱表示深切的伤感和一种人道主义同情。这两本书是肖洛霍夫的《静静的顿河》和帕斯捷尔纳克的《日瓦戈医生》，后者还是一本曾经的政治禁书，作者因此被迫拒领诺贝尔文学奖。

《静静的顿河》为我们描绘的是从第一次世界大战到苏联国内战争期间顿河两岸哥萨克人的生活画卷，着力展现了民族和个人在革命中的命运。主人公葛利高里·麦列霍夫是一位被席卷到十月革命的浪潮旋涡中而始终不能理解、赞同十月革命，并且长时期用步枪和马刀来对抗十月革命的悲剧性人物。他在动荡的历史年代走着一条独特、坎坷的人生道路。

在个人的感情生活中，葛利高里动摇于妻子娜塔莉亚与情人阿克西妮亚之间，两次回到妻子身边，三次投入情人怀抱，使这两个都深爱他的女人为他死得异常悲惨——娜塔莉亚痛恨丈夫的不忠，私自堕胎身亡；阿克西妮亚在与葛利高里逃亡途中，中枪而死。在哥萨克视为天职的战士生涯中，葛利高里也始终处于内心的矛盾与斗争之中：他厌恶白军的腐朽反动，又对红军的过激行为不能容忍。而在具体行动中又始终处于无可奈何、无法选择的状态，徘徊于白军与红军之间，三次加入白军，两次参加红军，最后成了身处绝境的散兵游勇，年纪不到三十却已鬓发斑白。穷途末路之际，他把武器丢进顿河的冰水之中，回到家破人亡的故居，此时，他与这个世界的唯一联系只有他幸存的儿子了。

葛利高里这一形象是现实生活中的人的真实写照，他的欢乐与痛苦、探索与迷惑、追求与失望，无一不反映了真实人生的复杂性。他的摇摆不定来自他的双重性格：在投入到战争中去的时候，他是一个燃烧着战争激情与狂热的哥萨克，以置对手于死地为唯一目标，毫不犹豫；而当战事结束，人的良知和善良本性似乎又回到他的心中，他对对手不无怜悯，对战争的疯狂和残酷感到了本能的厌恶，同时对自己的所作所为充满疑惑。这种双重性格始终伴随着葛利高里，一直像一个挥之不去的阴影一样与他一路同行。所以，作为战士，他骁勇善战，剽悍无比；而作为一个有理性有良知的人，他又每每陷入痛苦之中，为疑惑和不解所包围。

可惜的是，葛利高里性格中的后一方面是脆弱的，他未能在痛苦和疑惑之余再往前走一步，对战争的性质和自己的行为进行更深入的思考。葛利高里始终没有真正理解战争的性质，对自己究竟应该怎样做也未能做出明智判断。如果说战争是一股巨大的漩涡，那么，葛利高里就是被卷入漩涡中的一叶小草，他身不由己，摇来摆去，随波逐流，终于一步一步堕入深渊而无力自拔。

肖洛霍夫对葛利高里的毁灭表示了无限惋惜和同情，也对导致葛利高里毁灭的红军的错误政策和过激行为进行了揭露和批判。在某种意义上，葛利高里的悲剧既是他个人的悲剧，也是革命的悲剧和历史的悲剧。在历史的长河中，能够在当时而不是事过境迁之后就看清历史发展方向，并使自己的选择与之相一致的——毕竟都是极少数人。大多数人是无意识地被历史潮流卷进去的，其中，有的人后来看清了方向，有的人则始终不能觉悟，葛利高里就属于这最后一种人。像葛利高里这样的人并不是个别的，他的性格与命运，反映了当时顿河地区相当一部分普通人的形象，可以说是他们的缩影。

帕斯捷尔纳克的小说《日瓦戈医生》为我们讲述的同样是个人与时代碰撞的悲剧故事，小说几乎囊括了十月革命前后一系列重大历史事件。在这部经典巨著中，帕斯捷尔纳克用全部心血为苏俄知识分子唱响了一曲时代的挽歌。

《日瓦戈医生》的主人公出身富家，十岁左右成了孤儿，随后在莫斯科求学长大成人，成了出色的"日瓦戈医生"。第一次世界大战爆发后，战争将他的视野拉到了战场。他亲身经历了第一次世界大战和沙皇专制统治带来的苦难，因此同情人民，渴望改变旧的生活秩序，希望周围的人们和自己都能得到自由与幸福，渴望着革命。当十月革命胜利的消息传来之时，他为这一史无前例的壮举而欢呼，真诚而欣喜地称颂它是"历史的奇迹"，宛如一次"了不起的手术""巧妙的一刀，便把多少年来发臭的烂疮一下子切除了"。

然而，日瓦戈的内心世界是复杂的，他一直专注于人的命运的思考。他认定革命是必然的历史潮流，是不可避免的历史进程，因此他欢迎革命、向往变革，但他认为在热烈辉煌的另一面不免有着秩序的崩溃与理性的缺席。随着革命后内战时期的严酷现实和经济萧条，某些游击队的盲目施暴、群众自发力量的肆意杀戮、对于传统文化的蔑视、视知识分子为异己以及一些人在虚假的革命辞藻掩饰下的狂热与过激行为，这一切使他对革命产生种种疑虑与动摇。在这个风起云涌的大变革时代，他仍然固执坚持着独善其身的原则，这就不可避免地造成了理想与事实的脱节。他渴望理解革命，景仰革命的理想与目标的崇高力量，但否定为达到这些理想与目标所采取的过激的暴力手段。这样，他就注定成了新生活的失败者，自己也陷入十分矛盾的痛苦之中，最终心力交瘁猝死在走走停停的电车旁边。

日瓦戈是从人的生命尊严、人的终极价值层面来看待革命的，他首先思考的是作为一个人的尊严，关注人的生命价值的终极意义。所以他赞赏革命所产生的行动力量，但并不赞赏革命本身。革命有其残酷的一面，充满人道主义精神的日瓦戈医生关注的是在革命历史洪流中渺小的个体命运，因此他更多看到的是革命以后的凄惨场景，看到暴力革命给人带来的种种不幸。日瓦戈医生的人道主义思想不允许革命以牺牲个体自由来换取一个阶级的解放，以牺牲个体利益去换取更高的整体利益，他无法承受这么沉重的代价。无论时代怎样变迁，他始终坚持着自我的价值取向，也决不丢掉一个知识分子的良心和道义，决不丢掉对生活、生命独立思考的权利，决不丢掉一个人的尊严。正是这种态度，导致了日瓦戈医生在革命年代里经历了向往革命、欢迎革命、赞叹革命、疏远革命、背离革命这样一个矛盾的精神历程。

然而，在帕斯捷尔纳克的眼中，尽管日瓦戈最终为新时代所淘汰，但他却最终保持了个性的完整和个性的凛然不可侵犯，这也正是作家对主人公的期望所在。正因如此，《日瓦戈医生》与和其同时代的许多作品不同，对于其诞生的时代而言是"不合时宜的思想"。仅仅因为在描写一部分旧知识分子在十月革命前后的遭遇时——过多写到革命的失误和挫折，让笔下人物发表了许多与革命格格不入的议论，导致小说完成后在苏联国内无法出版，后来辗转在国外出版，1958 年 10 月 23 日，瑞典科学院宣布将当年度诺贝尔文学奖授予帕斯捷尔纳克，在巨大压力下，帕斯捷尔纳克拒领诺贝尔奖。

相对于波澜壮阔的革命而言，个人不过是沧海中的一滴水。个人与时代有着千丝万缕的联系，同时又有着自己的意志，所以，个人与时代可以和谐共处，也可能发生激烈冲撞。在社会发生巨大变革的时代，个人与时代的关系更加微妙复杂，个人与时代的碰撞也更加触目惊心，而它所能导致的，也多是个人的悲剧。时代体现的是一种集体意志，它最终淹没个人的声音。在这两部作品中，肖洛霍夫与帕斯捷尔纳克正是以悲悯的情怀，通过描写主人公与时代的复杂关系，从普通人的角度反观大时代里的大变动，从而为小人物唱出了一首人道主义的悲歌。

在葛利高里和日瓦戈之间，如果让我来选择的话，我会把更多的同情给予日瓦戈。如果说葛利高里的特征是摇摆不定的话，那么日瓦戈的特征则是一种孤独的坚守。日瓦戈医生既没有顺应革命的洪流成为前沿斗士，更没有与邪恶的势力展开正面交锋，他既不能保护自己的家人，也不能救助自己爱的人。然而，正是这样一个普通人，在另一场看不见的战争中——维护自己的心灵，不为时代的风潮所左右，表现出罕见的胆量。他保持独立而决不盲从，他反对扭曲自我服从权贵，他毕生崇尚个性价值，追求人性完善。但是，在一个动荡的社会，在强大的国家意识形态下，他的命运不得不以悲剧告终。这本是一个平常的有正义感的知识分子典型，他的不普通在于：经过社会的长期动荡的洗礼，别的同类都纷纷屈服了、妥协了、整怕了，与势不可当的时代潮流趋同了，甚至由内心做出了积极的配合，他却依然故我保持底线，最后竟落得什么工作和身份都没有，完全成了体制外的人物。在历史的大潮中，人们都忽视了个体生存的价值，不仅忽视了自己的个性，也不断在糟蹋其他人的个性，而日瓦戈却肯定人的主体命运，肯定个人的价值。他用微弱的呼唤挽留住卑微的生命，这正体现了他那极其难能可贵的自由、独立的精神。

这两部小说是厚重的，留给我们的思考也是厚重、久远的……

这篇笔记是同读两部名著所形成的阅读感悟，对两者的创作背景、主题思想、作品蕴含的生命态度、主要人物形象等进行了联系比较，也阐发了个人的思考评价，体现出较强的整体逻辑。

还有一些特殊形式的阅读感悟。比如，针对同一作者的阅读感悟。笔者在中国教育报读书周刊发表的《读懂巴班斯基的"最优化"理论》一文，对巴班斯基教育思想要义及其作品内涵尝试进行了整体归纳，下面是文章提纲：

"最优化"蕴含的教学质量观与科学发展观——阐述巴班斯基"最优化"教学思想的历史与现实意义；

"实际的学习可能性"：基于学情视角的建构——解读与"最优化"紧密相连、不容忽视的另一核心概念"学生实际的学习可能性"，从学情建构视角探讨其对当代教学的启发；

"最优化"背后的教育辩证法精神——对巴班斯基教育著作及其最优化思想体现的教育辩证法精神进行列举评述。

下面是第一部分内容。

"最优化"蕴含的教学质量观与科学发展观 [①]

如果说什么是学校发展的关键词，大概没有比"教学质量"及其评价更为重要的了。但是，究竟什么是真正的"教学质量"，当下很多学校认同的"教学质量"及其评价取向是不是真的"教学质量"，首先是一个值得追问的问题。

对此，最精辟的概括当属美国教育家卡罗尔对"教学质量"的定义——"对学习任务要素的表达、解释及程序安排符合特定学习者的程度"。如果说卡罗尔的说法还有些抽象的话，巴班斯基的分析则比较通俗，并点出了重心所在。

巴班斯基认为，在现代学校条件下，"首先必须把解决教学教育任务的效果、质量，以及教师和学生为解决这些任务所花费的时间和精力作为教学过程最优性的最重要标准"。他强调，判断教学质量的依据则在于"教学成果同现代学校教学的全部目的和任务的要求相符合的程度""教学成果同每个学生在一定发展时期内的最大可能性相适应的程度"。他进而指出，能同时符合下列两条标准的教学过程是最优的：

教学过程的内容、结构和发挥作用的逻辑，都要根据国家教学大纲的要求，按照每个学生最大的学习可能性的水平，保证有效地和高质量地解决学生的教学、教育和发展任务；

达到既定的目的，既要不超过现行教学计划用于课堂作业的时间，也不要超过学校和劳动卫生学规定师生用于家庭作业的最高时间标准，同时还应防止师生疲劳过度的现象。

不难看出，在巴班斯基看来，好的教学应该是最优程度适应学生并促进其发展的教学。

———————————

[①] 下面文字出自笔者已发表文章，见：孙贞锴. 读懂巴班斯基的"最优化"理论〔N〕. 中国教育报，2017-04-17.

教学质量评估的核心正向标准，说到底并不复杂，即教学效果与时间消耗最大、最高程度的契合与平衡。毫无疑问，巴班斯基的教学质量观是建立在科学、规范基础之上的质量观，而不是我们时下有些教育管理者所谓的"质量观"。教学最优化的意义，用今天的话说就是"减负增效"，这也是长期困扰我国基础教育的焦点问题。其实，反观学校、教师教育教学成绩与质量的提高，愈发呈现两种取向："传统"的一类是惯于挤占挪用大量时间，科任教师间各自为政，布置大量作业练习，课下辅导泛滥，"第二课堂课堂化"，靠机械重复、粗放式的高投入低产出加以推进；另一类则是结合实际，严格课程管理与实施，努力规范教学行为，在实践反思中优化改进教学方法、提高效益、加强教学辅导的规划性和针对性，且教且研，以此激发教学活力。在课程改革向纵深推进的今天，何去何从，值得深思。

或许，不得不承认，我们已然处于一个所谓的"应试时代"之中，让绝大多数中小学校及其教师完全对抗"应试"是不现实的。但是，不能忘却的是：纵然我们处于所谓的"应试时代"，也绝不应该淡忘作为学校和教师应该承载的责任。之于学生成长与教师发展，应该有着怎样的走向，直接考量着一个学校的发展观。教育最大的遗憾是在功利、浮躁中迷失自我甚至随波逐流，渐而远离本真。其实，就当前学校、教师发展范式而言，那种追求单极指标的道路已经走到了极限，教育的发展和时代的变化要求我们实现新的转型，或者说它在本质上是一种回归。虽然，如何在夹缝中实现这样的转型与回归还有诸多值得探讨的问题，但终究是绕不过去的存在。有鉴于此，巴班斯基"最优化"所蕴含、承载的教学质量观，无疑可谓一种朴素的科学发展观，它或许能够给我们带来更为真切的教益与启迪。

这种感悟需要对作者的核心思想及其主要作品有充分准确的把握，抓住其突出价值点，联系历史与现实，适当引介原典重要观点或素材进行精要阐发。

再如，针对同一主题的阅读感悟。这个主题可能是既有、显见的，也就是先有主题后有相应阅读，也可能是在阅读过程中逐渐明晰、自行提炼而成。这时的阅读感悟是围绕整个主题、结合相关阅读素材展开的，背后涉及书目一般较多，在行文中不一定非要提及。

请看烟台市实验中学于培冰老师在学校读书节"一家讲坛"活动时的讲稿《明史里的忠与孝》。

明史里的"忠"与"孝"

大家好，今天我讲的题目是《明史里的"忠"与"孝"》。为什么要围绕"忠孝"这个话题展开？主要有两点原因：

首先是历史的召唤。

儒家"人生八德"是"忠孝信悌、礼义廉耻"。"忠"是忠诚，"孝"是孝顺，"信"是守信或诚信，"悌"是兄弟间和睦友爱，"礼"是礼仪，"义"是义气，"廉"是廉洁，"耻"是羞耻。八个字涵盖了人生方方面面，"忠"与"孝"排在前两位，可见地位有多重要。在古代，很少有人敢挑战这八个字。在现代，不尽然。比如"忠"，有的大学生全无国家观念，在网络肆无忌惮地发布不当言论。再看"孝"，当今社会其实有很多不孝之举，只不过我们似乎有点习以为常了，或者说以为是人家的家事而不便干涉。作为国人，真不应该把自己的传统美德丢掉。

其二是时代的要求。

2016年9月13日上午，中国学生发展核心素养研究成果发布会在北京师范大学举行，中国学生发展核心素养以培养"全面发展的人"为核心，分为文化基础、自主发展、社会参与三个方面，综合表现为人文底蕴、科学精神、学会学习、健康生活、责任担当、实践创新等六大素养，具体细化为国家认同等18个基本要点。其中在第三个方面"社会参与"下的第5要点是"责任担当"，主要是学生在处理与社会、国家等关系方面所形成的情感态度、价值取向和行为方式。具体包括社会责任、国家认同、国际理解等基本要点，而公民的国家认同，必然包括忠于国家的含义，"社会责任"也必然包括家庭之内的"孝"。

明史里的"忠"

可讲的太多了，这也是我喜欢明史的原因。

主要讲三个人。

在讲第一个人之前，我提一个问题：大家忠不忠？如果有人让你去守卫一座城：兵力是敌人的十分之一，战斗力是敌人的十分之一以下；没有援军，城一定会被攻破，你一定会死；最重要的是，主帅下达了逃跑命令，你也可以一起跟着跑。你，还守不守这座城？

有一个人的答案是"守"。这个人就是袁崇焕。

我们看看那场战争的一些基本情况。

【战前局势】

没有朝廷支持、没有老师指导、没有上级援兵、没有胜利把握、没有幸存希望。

当时朝廷的当权者是魏忠贤，根本无心国家大政，所以说没有朝廷支持；袁崇焕的老师孙承宗——宁锦防线的构筑者，此时已被魏忠贤等奸党调入关内解除兵权，所以说没有老师指导；当时的辽东经略高第已经下令放弃宁锦防线，退守山海关，所以说没有上级援兵；当时努尔哈赤的后金军战斗力非常强，明军与后金军作战根本就没赢过，所以说没有胜利把握；当时宁远只是一座孤城，一定会被攻破，所以说没有幸存希望。

【战争准备】

袁崇焕毕竟是卓越的将领，既然要战，就要有充分的准备，他制定了四条策略：

死守。就是不出城迎战，只是坚守。

决心。在战争开始前，袁崇焕召集所有部下，在一片惊愕声中向部下跪拜，坦白地告诉大家没有援兵、没有帮手，宁远已经被放弃，但他决定守在这里，直到最后一刻。然后咬破手指，郑重地将誓言写了下来。此举大大鼓舞了士气。

准备武器。即红夷大炮，当时明朝最厉害的火炮，恰好宁远城头有布置这种火炮，袁崇焕抓紧时间训练了炮兵。

坚壁清野。城外百姓全部进入城内，所有粮食草料搬进城内或者掩埋，让后金军找不到，使后金军粮草无以为继。

【战争过程】

远处的敌人，大炮轰；靠近一点的，射箭；到城下的，用"万人敌"，相当于早期的燃烧瓶；还有，烧红的铁索在城墙外来回摆，使敌人靠不上摸不着。

【战争结果】

重伤后金军统帅努尔哈赤，毙敌6000以上，后金军撤退，宁远守住了。

袁崇焕，只为一天的不朽，让所有人为他的"忠"由衷钦佩。

讲第二个人之前，再问你一个问题：有一个奸臣，权倾朝野，整个朝廷90%都是他的爪牙，皇帝也无心朝政，你的告状信也只能递到这个奸臣手里，而且基本可以预见：只要你告，就会被他整死，你还告不告？如果不告，国家形势堪忧。你告吗？

有一个人说"我告"。这个人，就是杨涟。

当魏忠贤权倾天下、祸乱朝政时，杨涟不顾个人安危，毅然上书弹劾魏忠贤二十四大罪。他知道，这封奏疏最后只会落到魏忠贤手里，皇上根本看不到。魏忠贤蒙蔽了天启皇帝，伪造圣旨，将杨涟下狱。无论锦衣卫指挥使许显纯怎样用刑，杨涟都不做伪证诬陷他人。许显纯想让杨涟死，但找不到理由，就用暗杀的办法：

先用铜锤砸杨涟的胸膛，几乎打断了所有的肋骨，杨涟没死；

然后又向杨涟身上压上盛满泥土的麻袋，企图压死杨涟，没有成功；

后来用钉子钉进杨涟的耳朵，仍然没成功；

最后用铁钉钉进杨涟头顶，才把杨涟折磨死了。

杨涟备受摧残之际，写下控诉奸臣的血书，转给东林党人顾大章，顾大章也在狱中，自身难保，结果被狱卒发现。但是狱卒被血书感动，冒死藏了下来。直到三年后真相大白时，这封血书才昭示天下。

拷打、折磨，毫无人性的酷刑，制服了杨涟的身体，却没有征服他的意志。无论何时，他都坚持着自己的信念，坚持着那个他写在绝笔中的信念，那个崇高、光辉、唯一的信念："涟即身无完骨，尸供蛆蚁，原所甘心。圣德刚明，海内长享太平之福。此痴愚念头，至死不改。"

千年之下，曾有一人，不求钱财，不求富贵，不求青史留名，有慨然雄浑之气，万刃加身不改之志。杨涟，千年之下，终究不朽！

讲第三个人之前，再问一个问题：如果有人剥夺了你最重要的东西，到这个人有难时，你会不会为他去死？

有一个人的回答是"为他去死"，这个人就是王艮。

靖难开始了，燕王朱棣的军队打到南京城下。这时，解缙、王艮、李贯三个老乡在一个酒馆里喝酒，谈论时局。解缙和李贯慷慨激昂，说要为国尽忠、以死殉国。王艮一言不发，只是喝酒流泪。三人离去后，酒馆老板的儿子说：解缙和李贯叔叔真是忠臣，令人钦佩啊！酒馆老板却告诉儿子：这里面真正会以死殉国的，是王艮。

果然，李贯当晚就出城投降，解缙第二天投降了。只有王艮，以死殉国。王艮，在建文帝时参加科举，取得会试第一名，但是殿试时，建文帝见王艮不英俊，把本该点给王艮的状元点给了李贯。按理说，王艮是应该恨建文帝的。国家以貌取人，王艮，却未以势取国。

明史里的"孝"

古代有一项重要制度叫作"丁忧"。根据儒家传统的孝道观念，朝廷官员在位期间，如若父母去世，则无论任何官职，从得知丧事那一天起，必须辞官归乡，为父母守制二十七个月，是谓"丁忧"。

这里讲三个典型的例子。

杨廷和，十二岁中举人，十九岁进士及第，仕历四朝，是正德皇帝的老师，正德、嘉靖两朝首辅。正德年间，皇帝贪玩，朝政靠首辅杨廷和来处理。可是，他收到父亲去世的消息，立马收拾行装，准备丁忧回家。正德皇帝多次挽留，杨廷和以心情悲痛为由，坚决辞行。最后正德皇帝只好允准。

杨廷和回家后，正德皇帝又多次请老师返回，杨廷和又多次推辞。足足在家守制三年，才重新回到内阁。

阁臣能完全为父母守制三年，是从杨廷和开始的。

明朝万历年间，吏部尚书杨巍，每次上朝处理完政事以后，就回到家中闭门谢客，穿起便服侍奉他的母亲。他为母亲端洗脸水，倒痰盂，搔痒擦背，所有的事都亲自去做。

春天，他穿起平民百姓的衣服，把老母背在背上，在花丛中漫步游荡，树枝摇曳，花香扑鼻，他们在树阴下欢快娱乐地玩一整天。不久，他以供养老母为由请求归乡，为母亲种了一岭的桃花供其观赏。他的母亲一直活到一百零四岁。

海瑞也非常孝顺母亲。前面两个妻子，因为不孝顺母亲都被海瑞休了。海瑞为官清廉，家里非常穷，自己带领仆人种菜，常年不吃肉，只是在母亲生日那一天，才买点肉吃。

能做成海大人的生意，让卖肉的人激动了好几天。

忠国爱民，敬老孝亲，本是中华民族的传统美德。近年调查发现：不少年轻人家国情怀淡漠，对如何爱国感到迷茫；许多年轻人认为寄钱回家就是对父母的孝；快节奏的生活、过重的生活压力，使年轻人很少有时间与父母团聚，空巢老人越来越多，孤独感越来越重。作为传统道德的"忠孝"在当今如何继承，已成为一项需要正视的课题。在实现民族复兴的征途上，我们应多从历史汲取营养与力量，弘扬优秀传统，从而创造更加灿烂的精神文明。相信"明史里的'忠'与'孝'"，能够从一个历史的横断面给我们以启发……

这篇讲稿看起来叙多议少，其实，叙中已经隐含、渗透了对既定主题及其素材的感悟，开头铺垫、结尾收束的前后照应，更加凸显了中心。它是针对"明史里的忠与孝"这一主题进行研读的成果呈现：不但要对"忠与孝"所承载的传统文化背景、道德理念有比较精准的阅读理解，还要从有关阅读中挖掘整合素材，结合时代动态及相关信息进行分析，以达到围绕主题反顾历史、审视现实、唤起省思的目的。

还有其他一些特殊形式，在此不再罗列赘述。

"阅读感悟"更注重成果表达的整体逻辑和深度驾驭，它是打通感性认知和专业理性的一种训练形式，对于主题思想鲜明集中的优秀作品的阅读、原理探究形态作品的阅读、某些教育教学经典的根基阅读以及主题类阅读梳理来说，最终更需要的是形成"感悟"而不是仅仅满足于"随笔"。在专业阅读的进阶和发展阶段，应该适当注重有选择地整理"阅读感悟"。

当然，这里只是一种相对区划，从大范围来说，"阅读随笔""阅读感悟"并非泾渭分明，只要符合原则、表达条理、富有思考、内容可读即可。

三、书评

"书评"是以所读作品本身为分析对象，对其主题内容、核心理念、观点思想、风格特质、阅读价值、已经或可能产生的地位影响乃至缺陷不足等进行总体评判，其功能重在评价、评介某一作品，有一定的推荐色彩和导读效用。篇幅有长有短，一些专业研究类作品的书评往往篇幅更长。

请看下面的一篇笔记文字。

一部用电影引导孩子成长的好书
——聊聊《让电影陪伴孩子成长》

一部优秀电影就是一部好书，对它的解读就像对一本好书的解读那样令人回味不已。影像阅读其实是一种特殊的阅读，解析优秀电影，将电影与儿童成长、教育问题有机结合，日渐成为一种重要的教育解读与阐释方式。当代作家曹保印所著《让电影陪伴孩子成长》就是在这一方面不乏特色、值得一读的好书。

作为一名长期关注教育、儿童、动物保护等社会问题的作家，曹保印的作品独具一格，充满了对相关问题的深思和追问。《让电影陪伴孩子成长》是作为父亲的作者用心书写的亲子电影笔记，从爱家庭、爱生命、爱朋友、爱追梦、爱青春等五个主题出发，以儿童成长、家庭教育的视角对20部经典电影进行分类解读，鼓励父母自觉运用它们引导和影响孩子，促进孩子健康成长。

本书体例给我们创造了解读电影的一个模板和范本：

在每一个大的主题分类之下有四部影片，而在每一部影片的解说中，先是简明扼要的剧情介绍，然后是观影随感，后者构成解说重心，针对能够引人共鸣、发人深省的重要剧情、人物活动——结合现实中儿童成长、家庭教育的具体问题和实际情态做出观察思考，充分挖掘影片的教育文化内涵。在解读中，作者反复提醒父母要尊重孩子的感受，蹲下身来和孩子交流，认真倾听并理解孩子的烦恼，设身处地换位思考，以潜移默化的形式影响孩子的精神世界。

在围绕影片的重点分析结束之后，作者列出的内容是让父母看完电影、对照自我就有关孩子的教育成长问题进行反思，由此思考自身教育举措的科学性、可行性。紧接着，又从孩子角度提出问题，让父母和孩子讨论电影故事背后折射的成长问题：先是充分的导读阐解，然后是有针对地围绕相应问题进行反思对照、双边互动。如此设计，更在于引导父母把电影看深、看透，并学会如何与孩子一起感受、体悟电影带来的教益。

在每一部电影解读和问题研讨的最后，作者还推荐了一些相关的文学作品。父母与孩子在欣赏电影的同时，还可以"顺藤摸瓜"地找到原作进行阅读。精彩的电影吸引着孩子走进相关经典书籍，而书籍又会帮助孩子更好地理解电影内涵。这种互动比较的学习，比单纯的阅读或观影收获更多，能够启发孩子多角度、多路径地观察与思考问题。

本书的核心理念在于倡导父母与孩子一起观赏电影，这对培育和谐的亲子关系和家庭氛围、拉近父母子女间的心理距离、增进彼此了解、营造和谐家庭氛围都有着不可替代的重要作用。在轻松愉悦的家庭氛围里，看看电影聊聊天，父母与孩子的心理距离渐渐拉近，了解慢慢增多，感情日益亲密。通过优势互补的"共赏""共读"，共同的兴趣与话题将会使得亲子沟通变得顺畅，孩子会对父母吐露心声，父母也能有效地引导和帮助孩子面对问题、度过困难，亲子关系将更加和谐牢固。

稍有遗憾的是，书中推荐的电影数量有点少，一共才二十部，而用了大量篇幅去设计看完电影以后如何和孩子一起讨论，在分析罗列透彻详细的同时，不免显得稍多，教育的痕迹可能有些明显。真正的教育是潜移默化的，太过强化电影的教育意义可能会适得其反，让孩子产生一定的抵触心理。所以，个人认为，如果书里的说教内容再少点，在电影介绍方面再多一些篇幅，效果可能会更好。

如何让孩子懂得和体谅父母，生出对家的依恋与责任？如何让孩子少些叛逆期的莽撞与躁动，多一份青春的欢畅？如何让孩子学会在善恶交织的社会里生存，并活得更有滋味……欲知个中奥妙，还请诸君一同走进《让电影陪伴孩子成长》。

这篇笔记的重点是评介《让电影陪伴孩子成长》一书，对其主要特点、作者背景、主题内容、体例风格、核心理念、缺憾之处等进行了概括评述，除结尾部分稍有抒情意味之外，主体部分的表述是比较客观、中性的，所以可以视为一篇简短、通俗的"书评"。

有人认为，撰写"书评"应结合切身经历，写出自我特色，做到夹叙夹议，有生动的案例以及深刻的反思，有时完全可以以所评对象为引子加以阐发，这样的文字在现实中确实大有存在，但对这种表达主张与取向笔者不尽赞同，它很可能混淆"书评"与"阅读随笔""阅读感悟"的差别。就同一作品的阅读来说，三者差异在于：

"随笔"大多表现为没有系统、随性自由、深浅不一、不拘一格的"散点"，让读者更多看到的是作为阅读主体的"我"的所思所想。

"感悟"则更强调凸出整体核心、注重理性阐发、给予深度启迪的"要点"，让读者更多看到的是作为阅读主体的"我"与作为阅读对象的"书"之间更高、更深程度的沟通、契合。

"书评"偏重的是以客观、理性姿态介绍所读作品的主题、立场，对其"亮点"与突出价值做出判断。它不尽然局限于作品本身，还可能从居于其上的更高站位进行认识评判，让读者更多看到的是其"书"主要具有怎样的品性内涵。书评重心在"评"，当然，在一定程度也会包含着评论者的阅读所"得"。

所以，此三者在读者意识上一类比一类更强，在表达的专业理性、逻辑层次上一类比一类要求更高，书评的难度其实更大。高水平、负责任的书评，固然不乏作者的个性风格，也可以适当渗透自己的阅读体验与建议，但一定是极尽客观、理性、精深的评述，一定要自觉摒弃主观情感、站在适当的高点之上做出中肯的认识评判，包括指出其存在的不足或者缺憾。即使确有联系自我体验、相关案例反思的表达需要，也应该是有所节制、为客观评述服务的，而不是自觉不自觉地把所评对象演绎成自己大发感慨、议论的引子和由头。以此反观有些所谓"书评"，往往掺杂甚至过度彰显了评者对作者、作品、自我的主观情感，甚至喧宾夺主，既有失客观又偏离重心，此等倾向并不切合书评之核心要义。一些图书销售网站的"书评"，多是一些随性的短评文字，有的"长评"也不过三四百字，大多只是购书者粗略的整体印象。类似评价的存在，更在于起到助推市场和产品反馈之用，并非严格意义的书评。

苏联阅读学专家波瓦尔宁曾提出过著名的《求知阅读守则》，其中强调的两条就是"先要很好地理解，然后再评论""读完一本书后，再读别人对这本书的评论"，也就是说，无论是自己写书评还是读别人所写书评，都必须是在认真阅读和深入理解相应作品之后才能做的工作。这两条守则恰恰说明了"书评"的严肃性。

相对而言，拟写书评需要阅读者具备更丰富的学识、更广阔的视野、更深厚的功底。它不仅需要读透所评作品，还要读透作者，让读者窥察领略到相应作品的骨架、气质与思想，以达到引起读者关注、激发阅读欲望的目的。比如，要写《静悄悄的革命》这类大家名作的书评，从大面来说，凡是阅读者皆可为之，但真正有能力写好的恐怕为数不多。这是因为，如果你只读了一本书就下手写书评，未必能全然把握作者背景及其思想脉络，尤其名家、大家，其某一作品很可能只是其思想论题的单一、局部呈现。比如佐藤学《静悄悄的革命》一书的一些思想论断，与其《教育方法学》《课程与教师》《学习的快乐——走向对话》等著作都有紧密关联，如果你对佐藤学及其思想没有充分把握、对其著作缺乏深入阅读，只是对眼前他的一本书、某一篇章下了力气，即使能写出形式上的书评，往往在认识和驾驭高度上也会有所不逮，因为你的功底、背景、学识等都还不足以支撑完成这样的工作。为此，作为中小学教师，需要明确的一般原则是：

在大多数情况下，书评不是一种普遍的阅读笔记形式，没有必要在阅读之后特意撰写书评。当然，作为一种有难度的阅读写作形式，我们可以在具备一定基础的前提下，结合实际有选择地进行相应尝试。

如果对某一作者、其人其书及其思想确有兴味、确有长期深入的钻研，可以选择其代表作撰写整理书评。

如果自身在某一领域有较大的专业建树、学术影响的话，可以有选择地针对相应范畴的一些优秀作品拟写书评,以客观、负责的态度做出考察评介。

不管什么形式的笔记,在把握基本写作原则的基础上,都要最大程度引发读者阅读思考,避免写作的模式化、套路化,避免写作思维的单一、固化。

综上所述,阅读笔记的撰写,尚须结合实际有选择地进行,一定要根据个人各方面情况,根据具体作品特点及其阅读需要等做出综合权衡。否则,凡读必写、无所取舍大可不必,泛泛而写、无所侧重亦不足取。

第二节

成果的间接体现:融入专业实践

教师阅读研修应当与教育教学活动紧密结合,进而融入专业实践,提升教育智慧,改进工作品质。作为专业阅读成果的一种间接呈现,这中间当然需要一个积累和转化的过程,而不是"简单拿来"的事情。这种呈现的方式、取向很多,在此列举几点稍做探讨。

一、催生教学创意

美国教师雷夫在《成功无捷径——第 56 号教室的奇迹》中介绍了很多教学游戏,如"Buzz"游戏、心算暖身和数字砖等。比如雷夫老师的学生非常喜欢玩"Buzz"游戏,如果选 3 当"Buzz",那么当第一个学生说 1,第二个学生说 2,第三个学生不能说 3,而要说"Buzz",第四个学生说"4"……答错的同学就要坐下来,看最后谁还站着就是赢家。这个游戏,既好玩又可以锻炼学生的倾听和反应能力。一位数学老师读了本书之后,在讲二次根式内容时就仿照"Buzz"游戏设计了"Fighting"游戏,规则是"说 1 到 100 之间的最简二次根式,本身是最简二次根式的要用 Fighting 代替,能化简的二次根式则要直接说出化简后的数据"。这位老师通过尝试进行了要点总结:

学生一个接一个地说,必须集中注意力倾听,否则就会出错;

整体还要保证纪律,形成约定,耐心等待,不能提前说出答案;

报数的座位顺序可灵活安排,或横排,或竖排,或交叉,或"S"形,或老师随机报数、叫一个学生接下去然后请下一个学生报数。

可见，这样一种"先读再做，边读边做"下的教学创意，可能要经历一个"移植模仿—改进调整—重构再造"的过程。

与此相对的是，还有一种"先做再读，边做边读"的活动格局，即自我实践在先，然后通过阅读来为实践导航、增色。下面先请看笔者教学手记《对学生"合作创作"的一点尝试与探讨》。

对学生"合作创作"的一点尝试与探讨 [①]

记得几年前的一节作文课，我让学生改编或续写《石壕吏》一文，将其编成一个完整的白话故事。

课堂上，有同学突然提出："老师，我们两个人合写如何？"

"合写，合作创作？"我稍稍迟疑、停顿了一下，"好，行啊！"

于是，于蕾、于孟芸同学，于豪杰、潘立超同学，于丽燕、吕萌萌同学，孙浩、李程新、郭新磊同学等先后申请了"合作创作"，各小组分头行动、热烈讨论，并有专人进行笔录，一时间热情高涨。晚自习第三节课，于蕾、于孟芸等请求到办公室里继续进行研讨创作。

当时，班主任老师见此情况，还嘀咕了一句："合作创作？这样效率更低！"

这句话勾起我内心的疑虑，引起我的深入思考。学生主动要求"合作创作"，这种情况在通常是鲜见的，往往也不允许。这次学生提出相应想法，我始料未及，但还是抱着期待和尝试的心态，让他们就此试一下，也好从中发现一些端倪。"合作创作"的优势不言而喻，可以克服单枪匹马之不足，做到集思广益、优势互补。同时，利于促动学生之间达成积极、有效的合作，三个臭皮匠要想顶个诸葛亮或者胜出诸葛亮还得多一点付出和磨合。例如，于蕾、于孟芸同学在周末就相约一起继续进行"合写"，有的同学周末为此互通电话交流整合双方构思，实属难得。

"合作创作"为何有效率低之嫌？我想主要在于两点：

一是耗时相对更多，两人或数人思考不能像一人那样集中，要有一个交流、研讨以至达成共识的过程；

二是合作者的水平、梯次、心态存在差异，难免有人"少劳多得"甚而赖于他人"共享"成果，跟着吃"小锅饭"，对于三人以上者很容易出现这种情况。

[①] "合作创作"只是笔者当时的一种姑且提法，严格意义来说，中学生的写作多是尝试性的习作，距离"创作"尚有距离。

通过实际观察和学生反馈，确有这一倾向，但是还不是很突出。我对学生合作完成的相应作品进行了初读，感觉整体面貌还不错。但是，问题在于：合作写作的优势和水平怎样才能更好地得以凸现？怎样才能既发挥合作小组的力量又不失写作主体之个性？这些问题还有待探讨。

后来，我在班级局部对此进行了一个阶段的尝试和总结，也由此"培植"了几个优秀的"合作创作小组"。对此，形成了以下几点粗浅认识：

"合作创作"这种方式不宜大面积推广，必须坚持自愿申报和严格审批原则，不能在常态作文训练中进行临时的随意组合，否则难以调控，又不免出现抄袭、拼凑现象。

合作人员不宜过多，最好为两两组合，组合要相对固定，多者不过三人，且写作水平相近者方宜。居住地临近者更好，这样更便于课后交流。

"合作创作"并非对所有的写作要求都适宜，想象作文、传奇故事、评说说明类似乎更较适宜，个性色彩鲜明、观照独特生活体验之类文章并不适合（如侧重叙写自我生活经历之记叙文）。

必须加强对"合作创作"的过程督导，形成一套有效运行的规制，理顺创作团队内部在构思、创作和修改等方面的矛盾关系，促动团队自身的检评、管理，以提升绩效。同时要加强评价上的引导、反馈和激励，开发、设计出一套有效的评价工具，对于"合作创作"之优秀作品及时推介，形成几个合作组之间、合作组与个体之间的有序竞取，促使"合作创作"作品品质的提升，既彰显合作优势又不失创作个性，以免出现先热后冷的现象。

"合作创作"对于推动学生在写作上的自主互助具有积极意义，可以以此为生成点进一步思考如何加强学生在写作上的互助合作问题，进而改进作文教学组织形式，以合作小组为主平台开展研究性写作。

新课标在"关于写作的评价"中提出，要引导学生"取长补短，通过相互了解和合作，共同提高写作水平"，"合作创作"作为来自学生的创意，为什么不能放手一试呢？也许，我在那节作文课上遭遇的小插曲以及由此生发的教学经历，根本算不了什么，甚至有人会感到肤浅，然而，或许正是在如是经历中，我们对教学实践和教育生活的认识，才变得渐进深入起来……

随后，笔者将此列为一项自我课题开展后续研究，并在叶圣陶先生的著作《文心》中发现了关于中学生"合作创作"的一些明显的思想痕迹，下面节选的是文中中学生大文和乐华"合作创作"的经历[1]。

---

① 夏丏尊、叶圣陶. 文心〔M〕. 北京："生活·读书·新知"三联书店，2008：26-28，83.

题目与内容

王先生挺一挺胸，环视全堂一周，又说："诸君拣定了题目，就在自修的时候动笔。下星期一交给我。作成了最好自己仔细看过，有一句话、一个字觉得不妥当就得改，改到无可再改才罢手。这个习惯下了课的时候，乐华和大文并着肩在运动场上散步。乐华问道："你打算作哪一个题目？"

大文说："王先生说两个都作也可以，我就打算两个都作。"

乐华忽然想起了一个念头，拉着大文的手说："我们作了《新秋景色》交给王先生看；信呢，我同你两个合起来写，写给李先生；写好了先请我的父亲看过，然后发出。李先生看见我们写的信像个样儿，比以前作文有进步，一定很欢喜的。"

大文听了，跳动着身体说道："这很好。你我把要对李先生说的话都说出来，共同讨论；去掉那些不关紧要的，合并那些合得起来的，前后次序也要排得好好的。只是，誊上信笺去是不是各写一半呢？"

乐华对于大文这带着稚气的问话发笑了。他说："这当然只需一个人写好了。你的字比我好，你写吧。"

一封信

当天晚上九点钟的时候，乐华和大文把寄给李先生的信稿拟好了。他们先把要说的话都说出来，然后互相批评，这几句是不用说的，那几句是可以归并到哪里的。批评过后，再商量哪一段应该在前，哪一段应该在后。造句也共同斟酌，由乐华用铅笔记录下来。他们的心思很专一，淡青色的月光充满庭心，有好几种秋虫在那里叫，在他们都像是另外一个世界里的事。当一个拟成一句句子，另一个给他修正了，彼此觉得满意的时候，兴奋的微笑便浮现在两人的脸上。从前在小学校里，有时也共同作文，全级的同学合作一篇文字；可是，他们感到今夜的共同写作，那种趣味是绝端新鲜的。

印象

"今天回去，我们要写一篇游记。"乐华突然说。

"各写一篇呢，还是合写一篇？"大文问。

乐华不回答大文的问，却继续说他自己的话："我们不要平平板板记述走过哪里，到达哪里，看见什么，听见什么。我们要把今天得到的感觉写出来。感觉山在哪里迎过来，就写山在哪里迎过来；感觉河里的柳树影宛如镜子里的女子，就写河里的柳树影宛如镜子里的女子。这样写的游记，送给别人看，或者留给自己将来看，都比较有意义。"

大文跃跃欲试地说："好，我们一定这样写。"他又说："那么，当然各写一篇了。我的感觉和你的感觉未必相同，如果合写一篇，就要彼此迁就，这是不好的。"

"各写一篇好了，就请父亲给我们批评。"乐华说着，回头望枚叔，说："我们走得太快了，父亲还在后头。等他一下吧。"

除了乐华和大文的"合作创作"之外，原著第十二节《戏剧》部分讲述了乐华和同学们讨论编写抗战剧本的故事，也带有明显的"合作创作"意味。

《文心》以中学生口吻传递了作者的语文学习思想，书中所描述的中学生"合作创作"的经验做法，印证了我的相关实践、思考的合理性，也对自身进行深入探索提供了很好参照。不难看出，这种"先做再读，边做边读"格局下的教学创意，一般会经历一个"实践尝试—寻找参照—借鉴改造"的过程。

二、改进教学测评

《当代教育科学》（基教版）2007 年第 17 期刊载了泰安市泰山区教科研中心生物教研员鞠庆华老师文章《命题与读书》①。鞠老师对这个题目思考了很长时间，在一次闲逛书店时买下法布尔的《昆虫记》，随后一有时间就阅读此书，还把书中故事讲给儿子听，比如蝎子的聪明（法布尔在实验中发现蝎子会装死）。通过阅读，鞠老师感到《昆虫记》不仅是记录昆虫的趣事，更是一部展现出昆虫世界生机盎然的伟大作品。在命制期中考试试题时，经反复阅读挑选，她选择了其中一个片段《荒石园》，通过创设问题情景考查学生对相应生物知识的理解和应用：

黄莺在丁香树上选址安了家；翠鸟在柏树密枝间落了户；麻雀在每片房瓦下塞进了破布头儿、碎稻草；梧桐树梢上落下南来的金丝雀，它们啾啾地欢唱着，建造出柔质小窝巢，看上去就像半个黄杏；鸱鸮适应了园中环境，每晚赶来试演自己单调的曲谱，歌喉婉转得像笛声；人称雅典娜鸟的猫头鹰，也跑到这里来呻吟和长号。房前有一大片池塘，向全村输送泉水的渡槽不断将清水注入这池塘。池塘周围方圆一公里的地面，是两栖类动物恋爱季节的好去处。灯芯草蟾蜍，有的个头儿像盘子一样大，它们披着一条紧挨一条的黄色细饰代，相约着到池塘来泡澡。黄昏光景，人们看见雄性助产士蟾蜍在池塘边上颠跳，两条后腿间拖挂着一嘟噜胡椒粒一般的大卵粒。宽厚慈祥的一家之父，带着珍贵的包袱远道而来。把这包无价之宝置于水中，然后再离开池塘，

---

① 以下相关陈述及试题均出自：鞠庆华. 命题与读书. 〔J〕当代教育科学，2007（17）：62-63.

躲进一片石板下，从那里发出一阵铜铃般的咕呱声。

利用这段展现生物和非生物环境自然和谐美的情景，鞠老师设计了两个问题：

（1）文中提到的生物中，属于植物的是_____，属于动物的是_____。请写出以上生物的两项共同特征：_____。

（2）在荒石园中，影响蟾蜍生存的非生物因素有（至少答出三种）。

鞠老师以此设题的目的，还想传递两个信息：一是促动学生体会生物界的自然美，渗透美的熏陶和教育；二是促发学生关注《昆虫记》，走近法布尔。

鞠老师还喜欢阅读余秋雨的作品，在读《余秋雨简要读本》时，其中谈到的以色列将沙漠地区变成绿洲的事例给她留下了深刻印记，正好命制一个年级期中试题时，她就把所读信息事例应用到考察无土栽培等相关知识之上：

作家余秋雨在以色列旅行时，看到沙漠里的一些村庄绿树茂密、鲜花明丽，其种植的秘密是：地下虽然是黄沙，却有一根长长水管沿根通过，每隔一小截就有一个滴水的喷口，清水、营养液一滴不浪费地直输每棵植物，这种栽培技术叫作滴灌。据此思考分析：

（1）与无土栽培一样，滴灌所需营养液的配置要求是_____。

（2）用滴灌方法种植西红柿时，对营养液的特殊要求是_____。以色列农民适时摘去西红柿顶芽的目的是_____。

引用此例不仅在于考查相关生物知识，也在于让学生认识生物科技的魅力，渗透一种科学思想的教育。

笔者一度投身关于苏轼的主题阅读，在读小品文萃《东坡志林》时，感觉与《东坡赋译注》相比——少有长篇大论，多为短小篇幅，笔记味道十足，一些篇章也适合初中生选读。教学课文《记承天寺夜游》之后，我从《东坡志林》选了一篇《记游松风亭》，创制了一份拓展阅读训练。

记游松风亭

苏轼

余尝寓居①惠州嘉佑寺，纵步松风亭下。足力疲乏，思欲就亭止息。望亭宇尚在木末②，意谓是如何得到？良久，忽曰："此间有甚么歇不得处？"由是如挂钩之鱼，忽得解脱。若人悟此，虽兵阵相接，鼓声如雷霆，进则死敌，退则死法③，当甚么时也不妨熟歇④。

【注释】

①寓居：寄居，居住。　　②木末：树梢，此指树林远处。

③死法：死于军法。　　④熟：充分。

1.解释下列句中加点的词。（4分）

余尝寓居惠州嘉佑寺（　　）　望亭宇尚在木末（　　）

由是如挂钩之鱼　　　　若人悟此（　　）

2.下列加点字词意义用法相同的一项是（　　）。（2分）

A 思欲就亭止息　　指物作诗立就

B 虽兵阵相接　　虽人有百手，手有百指，不能指其一端

C 此间有甚么歇不得处　　虽席地不容间也

D 意谓是如何得到　　目似瞑意暇甚

3.下列句中加点词"之"与"予独爱莲之出淤泥而不染"中"之"用法意义相同的一项是（　　）（2分）

A 由是如挂钩之鱼　　B 孔子云：何陋之有

C 无丝竹之乱耳　　D 吾欲之南海

4.请将文中画线句子翻译成现代汉语。（4分）

_____

_____

5.苏轼游松风亭为宋哲宗绍圣元年（1094）十月间事。当时苏轼连续遭贬，从定州、英州辗转到惠州。联系学过的《记承天寺夜游》一文（写于1083年），你认为《记游松风亭》与《记承天寺夜游》表露的情感相比，更能突出表现苏轼怎样的性情？（3分）

_____

_____

前面几道题目是联系所学考查字词理解、语句翻译，最后一道题目考查对文章题旨的理解，与课文形成联系比较，从而深化所学。

此外，在文章下面根据情况加注必要的注释，以疏解阅读障碍。这篇小品文及其训练题目，与课文学习形成了较好的链接呼应，取得的阅读训练效果还是不错的。

在一些文言文课外篇目的命题中，因为命题者本身对文本缺乏深入的阅读理解，对语料和学生所学联系程度拿捏不准，对学情把握又不是很到位，往往把学生能力想象过高，有必要注释之处一味从略或者压缩，一些题目也缺乏针对性，从而影响了训

练效果。

提高命题水平，不仅是教研员应该考虑的，一线教师平常也需要编选、编制试题。以专业阅读融入教学测评，这是一个双赢之道。例如，历史老师阅读原始史料史论，在丰富阅读的同时可以从中选择加工、编制试题。当然，这个功夫需要刻苦锻炼，还要深入研究相应的课程精神以及考试评价的原则、策略和规律。

作为中小学教师，在尽可能把专业阅读融入教学测评的同时，最好把教学测评方面的阅读研修列为一项长期主题。比如，作为初中语文教师，笔者建立了一个相应的主题阅读单，以便按需检读、择时精读：

1.《义务教育语文课程标准（2011 版）》，中华人民共和国教育部制定，北京师范大学出版社 2012 年 1 月第 1 版。

2. 余映潮著《阅读教学艺术 50 讲》第 7 章《书面练习的设计艺术》（41—44 讲），陕西师范大学出版社 2005 年 11 月第 1 版。

3. 王萍著《语文试题编制原理与技术》，广东教育出版社 2015 年 9 月第 1 版。

4. 章熊、张彬福、王本华著《中学生言语技能训练》，人民教育出版社 2005 年 4 月第 1 版。

5. 王荣生总主编《新专题教程》"初中语文系列"（5 本），华东师范大学出版社 2009 年 4 月第 4 版。

6. 周国平著《对标准答案说不——试卷中的周国平》，长江文艺出版社 2017 年 4 月第 1 版。

此外，随时浏览中国人大复印报刊资料《初中语文教与学》等期刊关于教学测评、练习与命题创编、试卷讲评等方面的文章案例并做摘要。

这样一种阅读，对提高教学练习、测评、命题水平以及形成相应科学认识还是很有帮助的。

三、反思教育实践

结合并运用专业阅读内容来解读、反思、重构教育教学实践，同时深化对所读内容内涵的梳理、发掘，达到一种契合与圆融，是专业阅读成果转化的一种突出体现。

闫学老师在《跟苏霍姆林斯基学当班主任》一书中重点梳理、提炼了苏霍姆林斯基教育思想中对班主任工作具有启发借鉴意义的种种做法，研究了他在班级管理、道德建设、师生交往、习惯养成、家校沟通、组织活动等方面的经验与价值，并结合当下管理和育人工作中遇到的种种困难进行反思。书中每一条目的基本结构是：呈现当下问题或案例—摆出苏霍姆林斯基观点论述及其案例—作者再做综合分析（有时穿引现实案例）。

从这个结构不难看出，闫老师一方面是在利用所读经典的观点案例与现实问题进行对照反思，做出引领指导，一方面又是在这种解读反思中深化对原典的理解，这其实是专业阅读成果的一种深度转化。这种方式在我们的常态实践中同样存在，再请看烟台第三中学段敏老师的教育随笔《由"好朋友变仇人"所想到的》。

由"好朋友变仇人"所想到的

这一年多来，有不少同学来跟我哭诉班级同学之间的矛盾，很多都是由原来的好朋友变得像仇人一样，甚至在别人面前贬低朋友。如果有学生和你诉说他们人际关系的苦恼，你会感到学生对你的信任和期待，感到年轻教师的人格魅力和年龄优势。但是，作为老师的我们应该怎样解开他们的心结，正确引导他们呢？遇到这种事情，我也很头疼，感觉现在的孩子越来越不会与人相处了。

我们在询问由"原来的好朋友"变得"像仇人一样"的彼此表现时，可能会发现一个问题，就是学生们认为的好朋友会"无话不说""一味迁就""形影不离"，等等，而一旦变成"仇人"，大多是因为上述状态发生改变，或者一方无法容忍"亲密"带来的束缚和羁绊。

深究一下这种现象产生的根源，从家庭教育和学校教育两方面看，每一个孩子对人际关系的处理方式，都带着父母和不同类型老师的印记，其中也隐含着一些教育的误区。譬如，在孩子们成长的那些年，如果和同学吵架了，父母总是说："为什么和别人打架？肯定是你不好。"如果和老师有了隔阂，父母总会说："老师还有错吗？批你肯定是你有问题，为啥不批别人？"

根据科尔伯格的儿童道德发展阶段性理论，在儿童早期，服从权威和关注个人利益是主要的道德认知与评价，而到了中期一直到高中阶段，"做好孩子"是孩子们的主要认知特点。所以，在孩子们的心里：父母是权威，老师也是，他们说的自然是正确的。父母和老师都要我做好孩子，他们才喜欢。如果和父母、老师相处的过程中有摩擦，老师和父母一般都是对的，是我不够好，所以他们说的我就要照着做。因为对权威的服从可以减少伤害，这样才可以做好孩子，我才更安全。

与此同时，孩子们感到：我需要朋友，有了朋友可以让我更温暖。而他们在交友时，把对父母师长的那种潜意识作用中的道德认知自觉不自觉地迁移过来，认为和同学相处很重要的一点是要尽可能地认同和服从，这样可以让他们更喜欢我。

但是，高中阶段又是学生自我概念形成的重要时期，学生迫切需要知道自己到底想要的是什么，将来成为一个什么样的人，而这种自我意识的发展与原有的道德认知逐渐产生了极大冲突。所以，当孩子们与朋友相处之际，针对一些人情事态特别不想违背自己意愿的时候，就可能产生情绪困扰和心理矛盾，而理由往往只有一个，"我实在不想，但我怕他不高兴"。这时候，认识和处理不当的话，就可能出现"好朋友变仇人"的错觉和偏差。

其实，孔子在几千年前就告诉我们一个最简单的处理人际关系的思想"君子和而不同，小人同而不和"，君子之交坦荡荡，他们会尊重彼此的想法和主张，然后在平等的基础上把自己的观点表达出来，无须掩饰，这样的交往才会长久。小人呢，表面迎合，内心却有不同想法，彼此之间不是平等相处，自然不会和睦长久。所以，真正的朋友从来就不怕对方的坦诚，而恰恰是这样的坦诚才让我们感觉友情的弥足珍贵，才会享受和朋友的真诚相处，也才会在相处中收获。

同样的道理，有时我们在生活中面对朋友坦诚说出内心的真切感受时，会发现伤害并没有造成。相反，当我们藏匿真实的想法去违心迎合对方、做我们不想做的事情时，友谊则可能真的走向尽头。所以，作为教师，一定要教给学生在交友相处时学会向对方说"不"，学会必要的拒绝。

"己所不欲，勿施于人"，作为教师，我们也应经常反思自我，学会换位思考，不要把自己的思想或行为强加给学生，当我们这样去想去做的时候，学生才会更加信任和尊重我们。反之，如果一意孤行，则可谓对学生、对教育的亵渎。

在这则随笔中，段老师先提出面临的典型问题，然后对其现象背后的原因进行探究分析，其中穿插了科尔伯格儿童道德发展阶段思想、高中生自我概念与自我意识的认知、孔子人际关系思想等重要理论论据，这些当然离不开作者的阅读。段老师通过上述阅读认知对有关问题矛盾加以反思，并在最后对教师如何引导学生相处、如何与学生相处给出意见建议。这种情况下的反思，于人于己以深刻启迪，针对专业阅读内容的"结合""运用"不是机械生硬的穿插，而是内化于心的一种自然表达。

四、联结行动体验

莱州市玉皇中学迟永梅老师在阅读台湾唐全腾老师《教师不可不知的心理学》一书之后，对书中关于破窗效应的论述深有体会，因为她此前对这一心理效应有所了解并深有体验，在这次阅读之后扎根于心，她随即写下心得《护好心中那扇窗》，这一案例在同行中间引起很大反响。

护好心中那扇"窗"①

读唐全腾《教师不可不知的心理学》"破窗效应"一节，不由想起了自己的一次真实经历。这次经历使我认识到：我们只有努力在心中修建一座桥并去行走，才可能使"知道"与"做到"之间存在的天堑化作通途。

探幽入微，触摸心灵之门

放学铃声响过，我下了教学楼朝餐厅走去。教学楼后面有一个闲置的花坛，正在我绕行时，初一四班的赵栋晗从背后喊了一声："老师。"我应声回头，看见他蹦蹦跳跳地从花坛穿过，顿时感觉他仿佛是从我的心上踩过，实在是不舒服。这是学校三令五申不允许的，他也是个能自觉遵守纪律的孩子，为什么会这样呢？

吃过饭，我找到了赵栋晗，问他："你知道学校不让从花坛走吗？"

"知道。"他回答，还点了点头。

"知道为什么吗？"

他又点点头。

"那为什么你要从里面走吗？"

这次他不说话了。

"我发现那儿已经踩出一条小路，我估计从那儿走的人不止你一个，我作为一个思想品德老师不是想批评你，只是奇怪，同学们为什么会从花坛里走？"我尝试着给他心理减压，以便走进他的心里。

果真见效了，他告诉我："刚开始时，看到别人走，心里很不得劲儿，像自己被踩疼了似的，但后来看到大哥哥大姐姐们都走，我也跟着走了一次，感觉没什么了，从那以后就经常从花坛中穿过去。"

听到这儿，我知道这是他的心里话，也是其他孩子的心里话，甚至是社会上许多人的心里话。明明知道有些行为不对，但看到别人那么做自己也就随大流了。探幽入微，这次深度的触摸心灵，让我有了一种想法：我要修建一座架起"知道—做到"的心灵之桥。

山重水复，分享心灵之约

以后的几天，我一直在思考这个问题。简单说教很难解决这个问题，从哪个角度

---

① 《教师不可不知的心理学》是笔者所组织的三人行教师读书会所确定的 2016 年度共读书目之一，迟老师系读书会骨干成员，本文为当时的共读交流素材之一，后推荐发表于《师道》期刊：迟永梅. 护好心中那扇"窗"〔J〕. 师道，2016（08）：47．

入手孩子才能更好地接受？一时间我陷入了困惑。偶尔的一篇文章，使我如释重负，终于找到了恰当的切入点，真是"山重水复疑无路，柳暗花明又一村"。开启心灵之窗，从分享这篇文章开始。

文章的大概内容是：如果有人打坏了一个建筑物的窗户玻璃，而这扇窗户又得不到及时维修，别人就可能受到某些暗示性的纵容去打坏更多的窗户玻璃。久而久之，这些破窗户就给人造成一种无序的感觉。结果，在这种公众麻木不仁的氛围中，犯罪就会滋生、发展。很多时候，当一件事物完美的时候，大家都会去用心维护它，一旦它出现了残缺，大家就会加速地破坏它，认为反正是坏的东西，再破点也无所谓……

这个小故事讲述了一种理论——破窗理论，是由政治学家威尔逊和犯罪学家凯琳提出来的。

我把这篇文章讲给赵栋晗听。"你看这破窗理论是不是把你罩起来了？"讲完后我问他。

他似懂非懂、似信非信地点了点头。

"老师想邀请你一起在咱们学校那个地方验证一下这一效应，你愿意吗？"我真诚地望着他，他痛快地答应了。

曲径通幽，体验心灵之旅

按约定，我俩利用第二天一整天时间去统计有多少人从花坛里走过。待放学后，我俩又一起把整个花坛认真锄了一遍，破了皮的土地焕然一新，立显生机。然后就留心记录每天从这儿经过的人数。结果第二天一整天都没有人去踩花坛，第四天也是，第五天……一天天过去了，新翻开的土被风吹过，像扑过粉似的，渐渐变干变白。

突然在第二个周的周二，我俩发现有一行脚印，怎么办？最后我俩商定原封不动，统计一下从这儿走过的人数会不会迅速增多。果不其然，人数直线上升，不到三四天工夫就被踩出一条白色的小路。

我找到赵栋晗说："我们刚翻锄好时，同学们都不踩，保持了六天，恰如完好无损的玻璃窗一样，大家都在呵护着它。等到有一个同学踩过，就相当于产生了破窗，踩的人就越来越多了，结果三四天就踩出了一条小路。为了获得更好的实验效果，咱俩再锄一次，而且发现有人踩就及时翻锄，看能保持多长时间，好不好？"他欣然同意。

结果令我都大吃了一惊，这一次在第六天时有一位同学踩过，之后在第十七天又发现了一次，后来竟然保持了一个月，现在已经没有同学踩花坛抄近路了。

赵栋晗兴奋地说："老师，这个科学家研究的破窗效应真神了，我算是完全相信了。"

看着天真可爱的孩子，我想再往深里挖一下，便说："咱们一个小小的举动向全校同学传递了一种正能量：这儿有我们辛勤的付出，不能踩；而踩他的同学向全校同学在传递一种负能量：踩踩也没关系。我们呵护的不是一个花坛，而是一种正能量，它看不见摸不着，但作用却是无限的。其实，在咱们班级里、学校里、社会上还有很多这样的情形。我们一个小小的中学生，一个不起眼的举动，就能拨正一股风气，我俩动员咱班同学一起行动起来吧？"

"好！"他痛快地答应了。

知行统一，开启心灵之窗

在我的倡导和赵栋晗同学的组织发动下，全班同学立志做好护"窗"人，马上展开了护"窗"行动：在教室里，看到地上的废纸马上捡起来，看到课桌脏了及时擦，看到课桌歪了马上排整齐；在校园里，看到水龙头滴水及时关，看到操场上的树枝弯腰捡；甚至在社区里，也会主动摘下挂在树上的方便袋，拾进垃圾箱外的垃圾袋……

就连我也悄然发生着变化：从前自以为自身素质较高，从不做违背社会公德之事，虽未干过"破窗"之事，却也从未护过"窗"。自从带领学生开展护"窗"行动以后，我也主动扔掉邻居放在楼下的垃圾，扫净废品回收后留下的一地碎屑……楼下大妈经常说："当老师的人素质就是高！"对门邻居经常拖楼道，看见我总是说："都是跟你学的！"住在干净整洁的楼洞里，感受着邻里之间的和谐，心中甜蜜蜜的。

迟老师在心理学阅读中重温破窗效应时想到了自己的一次切实经历，发现那次经历就是一次对破窗效应的行动体验，从而把阅读到的理论叠合到切身经历之中。这样一种与行动体验的联结，印证和强化了阅读所得，专业智慧也悄然而生。

如果能像迟老师这样有心，在专业阅读过程中多一些类似的"联结行动体验"，阅读所得更是意义非凡，因为再多的思考分析、千言万语怕也不能与此媲美。

五、助力专业写作

专业阅读与专业写作紧密联系，阅读不仅滋润人生，还可为写作论题寻找根据，解决心中难解之谜。经验表明，当对某个问题苦思冥想不得其解、面对一个题目感到无话可说时，如果阅读时遇到的一些材料能够用上，都可能使得我们眼前一亮、思路开通，进而转化为专业写作的力量。

请看小学语文特级教师宋运来的经验：

一次听一位名师执教《秋天的怀念》一课，她在对"央求"一词的处理上引起了我的关注，在教师看来很简单的词语，学生理解起来却困难重重。无独有偶，听很多老师的课也遇到类似问题。当翻阅了王兴举老师的《知识、学习与教学——新课程理念下的课堂教学》（《课程·教材·教法》2003.01）及《江苏教育科研》上关于人类两种知识的学习时，才豁然开朗。后来我以案例的方式撰写《从缄默知识到感受性教学》（《福建教育》2005/7A）一文。通过写此文，我不仅理解了这类知识的来龙去脉，而且在此类知识的教学艺术上更上了一层。

再看笔者的一次经历。

倡导中小学教师做研究成为近年的一个热门话题，中小学教师研究的功用何在，成为笔者随之关注的问题。2012年，综合前期观察梳理，笔者撰写了《对中小学教师研究的几点思考》一文，其中第一部分重点探讨的是"中小学教师研究功用之辨"：

对于中小学教师做研究，最突出的论调就是"无用论"，这种论调适应了一种低端定位，以为埋头"抓成绩"即可，"成绩"亦非真正源于对"有效教学""高效课堂"的追求，以此轻视、抵制专业诉求，造成的结果可能就是坐井观天、后劲不足、底蕴空乏。这种不利教师发展、束缚教师思维和视野的错误观念，容易为某些落后的管理思想奉迎，以此作为"简单管理"的信条，因为它看不到也不愿等待看到——专业学习、教学研究在促进教师、学校发展方面的文化意蕴和慢效应、潜在力，其核心表现就是不规范的办学和教学行为的蔓延、泛滥，无视教育教学基本规律，缺失人文情怀、疏离儿童心理世界。

在随后的分析中，笔者引介了陈大伟教授《教育科研与教师成长》中提出的一个颇具省思价值的命题，即"教育科研与教学合理性"的矛盾关系。在陈教授看来，教师参与教育科研对学生成长最为根本的意义是"能够提供更加合理的教学"：

在我心目中，"敬"意味着敬畏，敬畏就是担心，就是害怕。担心、害怕什么？害怕自己的教育实践对不起学生，伤害了学生，妨碍了学生。为什么有这种担心呢？因为时间具有不可逆性，生命具有不可逆性。在学校里，在课堂，随着时间流逝的是人的生命，人生是宝贵的。对于生命活动，我们不能不敬畏，不能不小心。

实践的合理性根植于信仰和理念的合理性。追求教学实践合理性需要以对教育的合理认识和理解作为基础。教师对教育的认识和理解牵涉到价值观、学生观、知识观、方法论等诸多问题，交织着伦理道德、个人追求和信念的矛盾冲突。没有教师的研究，就很难获得正确的教育认识和理解，也很难找到相对更合理的教育道路和方法。[①]

陈教授作为我国中小学教科研领域培训专家，其上述分析，恰好可以引为笔者阐述相应话题的很好论据。它告诉我们：淡化、摒弃"合理性"诉求的教学，可以把反常的因素正常化，进而造成教育教学价值取向的异化，"研究无用论"自然也就有了市场。

---

① 陈大伟. 教育科研与教师成长〔M〕. 华东师范大学出版社，2009：56-57.

　　笔者在后继分析中又适时引介苏霍姆林斯基《教师创造性劳动的几个基本问题》有关论述。

　　有人虽然多少认可教学研究之于中小学教师的功用，但更着意于一种"外用"：把它当成装点和掩饰，不深入细致地做实际工作，只是满足于一些好看不中用的花花草草，到头来左拼右凑充门面，这种"泡沫式"的"研究"充满浮躁，鲜有内涵，反而成为一种无意义的负担，对专业发展当然也就没有多少作用。苏霍姆林斯基在《教师创造性劳动的几个基本问题》中指出："决定我们成绩的东西不应当是偶然的成功和侥幸所得，而应当是兢兢业业的探索，是对所做的事情与所得的结果之间的依存关系的研究。"他强调"研究"的过程性、真实性，强调工作的目标指向必须和工作过程的合理优化有机结合，而不是"不管白猫黑猫，抓住老鼠就是好猫"。为了追求外在的最终结果，对"所做的事情与所得的结果之间的依存关系"疏于反省，教师教学的合理性往往会越来越低，愈发滋生不当的功利之举。

　　助力专业写作，是专业阅读成果转化的一种重要方式，这更要求我们活读活用、善于积累，如此才能实现有效的以读促写、以写连读、读写结合。

　　这一讲所说的成果体现，侧重探讨的是在阅读过程中、在阅读之后能够做什么，从哪些方向体现和转化"读之果"。从大范畴看，如果把"教师专业阅读"视为需要不断探索的课题、专题的话，只要对相关问题有一定思考、具有借鉴意义的成果，都可以说是专业阅读的成果体现，比如，教师自身总结的行之有效的阅读方法等。这种性质的探讨、研究同样有其意义，它所需要的专业阅读要求比前者更高。因为，这已不仅仅是阅读和借鉴一二书目的问题，而需要从更高站位对专业阅读之经验认识进行浓缩提炼。所以，没有更为广阔乃至深厚的阅读基础，也就谈不上对专业阅读进行总结研究，一般的流俗的经验之谈，是无法形成成果结晶的。

思考与研讨

　　1.你认为阅读笔记可以进行怎样的划分？结合你所读过或者整理撰写过的阅读笔记，谈谈你的看法。

　　2.本讲提出了"阅读随笔"与"阅读感悟"的相对区划，两者最大的区别何在？请列举你读过的两部（篇）作品，然后根据第二讲提出的"专业阅读作品形态划分框架"判断作品主导形态，并分析相应作品的阅读是否适合撰写"阅读感悟"。

　　3.请找出1~2篇比较完整、尚未公开发布的阅读笔记，看一看它接近于本讲所谈的哪种类型，然后重加审视、认真修改，以争取发表。

4.试选取两部主题相近或相对的作品进行比较、联系阅读，然后写一篇阅读感悟。

5.你在专业阅读融入教育教学实践、研究方面有什么经验或者想法？如有相关案例，试做整理陈述。

6.现实中存在这样一种现象，一个教育学专业的研究生上课未必赶得上一个从未读过教育学、心理学但实践经验丰富的教师。为此，有研究者指出"支配教师教育教学行动的不是理论知识，而是其实践知识"，那么，在专业阅读中怎样才能把所读更多地转化为"实践知识"？请就此谈谈你的看法。

专业阅读的时间管理

本讲重点探讨专业阅读"何时读",如何科学有效地进行阅读时间管理,针对时间做到既充分利用又切合实际。"时间就像海绵里的水,只要愿挤,总还是有的。"鲁迅先生的这名言可谓尽人皆知,之于教师阅读"没有时间"的说法,很多人认为"越忙越要读书","没有时间"只是托词。事实真的如此吗?我们认为,"时间"怎么"挤",也是需要审视的问题:缺乏时间保障、不善时间管理已经成为制约中小学教师专业阅读的一个重要瓶颈。本讲拟就此略做探讨,为大家寻求科学可行的时间管理提供些许参考。

时间管理是指通过事先规划并运用一定技巧、方法和工具实现对时间的有效、灵活运用，从而提高工作效能、实现个人或组织既定目标的一种行为。在促进教师成长方面，往往关注较多的是提升教师素质、优化队伍结构、健全考核制度、完善激励机制等问题，却常常忽略了"时间"这一看似细微却至关重要的条件。

美国学者瓦赫特、卡哈特合著《教师时间管理策略》一书指出："你必须分割时间这块饼，当你没有谨慎地分割这块饼时，最终的结果当然是一片狼藉。"时间管理一般包括三个方面：

时间规划——针对目标制订发展规划，同时按照轻重缓急合理分配时间。

时间监控——通过自我监控聚焦既定目标，克服不良习惯与自我惰性，排除干扰因素，保证在规划时间内最大程度完成规划任务。

时间评估——对时间规划和利用进行评价反馈，根据反馈评价结果对时间管理做出调整、优化。

教师专业阅读同样离不开时间管理，时间管理与目标设置紧密相连，目标则一般有长期、中期、短期之分，不同的目标设置之下的时间管理要求也有差别。我们在第二讲"专业阅读的阶梯结构"所谈到的教师专业阅读规划问题，已涉及相应的时间管理，只不过它主要指向的是大范畴的长期目标的时间管理。本讲所要探讨的时间管理，更指向具体的常态化的规划、监控与评估。

第一节

时间管理：教师专业阅读的必须

当下，关于中小学教师不阅读、读书少的一个很普遍的声音就是"没有时间""时间太少""时间上得不到保障"。这种声音的背后，确实反映了比较普遍的客观现实。对此，著名校长凌宗伟曾在《读书人应秉持怎样的阅读伦理》一文不无辛辣地谈道："管理者总是千方百计绞尽脑汁延长教师劳动时间，恨不得教师一天24小时都将精力花在教学上，甚至双休日变成单休日甚至不休日，哪儿有时间让教师读书？教师的时间如果花在读书上了，岂不影响教学？可悲的是，在这样的氛围中，许多教师也以提高了几分、多考上几个为荣。"

苏霍姆林斯基在《和青年校长的谈话》中指出："要把看书学习变为教师的精神需要，应有一些非常具体的、容易捉摸和便于衡量的前提和条件。这首先就是时间——教师的空闲时间。教师能自由支配的时间越少，他陷在写各种各样的计划、汇报里的事情越多，那么，他没有什么东西可教的时刻就会来得越快。"因此，他所在的帕夫雷什中学有一项规定：教师在上课以外参加其他一切活动的时间每周不超过两次，而且要绝对限制时间。

身为校长，苏霍姆林斯基特别强调"应当尽可能给教师留出更多的时间用于自学，让他们从书籍这个最重要的文化源泉中尽量地充实自己"。他还谈道："人们常常听到关于教师应该这样那样的许多要求。譬如：教师应该好好备课；教师在走进教室时应该把一切个人的和家庭的苦恼和不幸丢在门外，面带笑容地站在孩子们面前；教师应该善于找到通往每个孩子心灵的小路，等等。但是我们常常忽略了一点，就是我们应该给教师一些什么。例如：为丰富教师的精神生活创造环境和条件，使他不要白白地耗费精力和宝贵的时间，去做那些琐碎无用和妨碍他创造性努力的事。"在苏霍姆林斯基看来，教师阅读首先应是身在岗位基于常态的一种行为，也就是说，应该是在校内工作时间允许乃至鼓励的一种专业行动，学校本身应该对此有所斟酌并努力落到实处。

苏霍姆林斯基谈到学生智力劳动时说了一句话："学生为了满足求知的愿望和爱好而深入思考地读书，这是防止游手好闲和虚度时光的极重要的手段。"我们借着这句话要说的是，如果一个教师本身没有养成阅读研修的意识，他们在紧张的工作之余或者有朝一日工作负担减轻了，所能做的也同样可能是"游手好闲""虚度时光"。

2017年2月6日《中国教育报》刊发笔者文章《教师读书的"忙"与"闲"》，文章指出，在因繁忙或空虚而无心无力阅读的背后，需要看到的是：如果没有一种基于个体自觉的专业觉醒，教师无论多"忙"抑或多"闲"，都很难实现真正的专业发展。

教师读书的"忙"与"闲"（节选）[①]

现在大多数中小学教师本身承载的工作量比较大，能够自由支配的时间已经很少，针对这一情态，教师更需要集中有限的空闲和精力潜心教研，有关方面首先应该考虑

[①] 本篇文字为笔者已发表文章，见：孙贞锴. 教师读书的"忙"与"闲"〔N〕. 中国教育报，2017-02-6.

的是怎样引导教师利用相对的空闲时间进行有效的读书学习和专业规划，并在某些必要的统一的集体活动之外尽可能为教师创造一点自主的空闲时间。遗憾的是，在浮躁功利、形式至上之风的浸染下，学校、教师往往为某些繁苛的项目所捆绑，被一些琐细的事务所困扰，如此折腾更不堪重负，谈何读书学习？而且很多教师在宣传鼓动下只知道一味地挤学生、抢时间、拼分数。面对如是导向，很多人自然利用一切时间"忙"着，忙着那些不管有用无用、不管得当与否但对于眼前"功利"却实实在在的东西，尽管这样的日子从其内心来说着实很苦、很单调、很乏味，尽管教育生态和教师发展已然潜伏并呈现"亚健康"症候。

这时大家似乎看清了一点：有时越是说要做"有思想的教师"，实际走向却越是在做"思想单纯"的教师。久而久之，我们会看到这些群落之中整体及其个体内涵的缺失，尽管这种缺失仍会以某种特有的方式被掩饰乃至美化着。

诚如爱因斯坦所言，过多忙碌、负担过重必然导致浮浅。

现在，我们倒过来想想：如果教师的工作量都有较大幅度的减轻，空闲时间大大增加，教师的"读书学习"和专业蕴涵是不是就会大大增进？未必。

一个显见的例证是：在一些教师编制充分、平均课时数和执教班级量减半的学校，我们没有看到教师中间专业学习的热情有多高，有时看到听到的却是一些人如何利用这些比较充裕的空闲上网购物、聊天、玩游戏等。在教师的整体休闲领域这些活动有其合理性，但是，将其在工作时间无度移植、扩展显然不当。对此，教师本身应有清醒认识。

面对相对富余的空闲时间和有利条件，很多人或者找不到前进的支点和取向，或者仍然驻足于那种原始的工作方式。多少年下来，我们看到的恐怕仍然是：这些群落之中整体及其个体内涵的缺失。

为此，我要对爱因斯坦的话做出补充：不知何以所负，过而不当的闲散也必然导致浮浅。

我们倡导教师专业阅读，绝不是要大家进行书呆子式的闭门造车，绝不是要大家单纯务虚而松却教学实务，绝不是要大家无视考试、分数等现实教育测评合理层面的诉求，而是为了切实转变和提升教育理念、趋于正当的教育价值取向，为了建立和坚守教育者应有的人文情怀和精神本体，为了建构清醒、理智、敏锐、深远的专业头脑和专业思维，稳步增进教育教学内涵，以更适切的方式改进教育教学工作。

苏霍姆林斯基一再强调教师要养成思考的习惯，要"把读书作为精神的第一需要"，而其"读书学习的需要只能在教师集体的整个精神生活的气氛中养成"。可见，没有一种置身集体的健康文化的引领，没有一种基于个体自觉的专业觉醒，教师无论有多"忙"

抑或多"闲",都很难实现真正的"专业发展",更难以探寻并获得真正的"幸福感"。

只有真正"忙"其所"忙","闲"其所"闲",教师才会"忙"而不乱、"忙"得更有价值,才会"闲"而有道、"闲"得更有意义,在"忙"与"闲"的相得益彰、互补互助中,真正步入和达成一种持续稳健、蓬勃向上的成长与发展境态。

可见,教师阅读时间管理的背后,是阅读习惯的养成。养成阅读习惯并非易事,既需要教师自身具有尚学、尚研的专业自觉,也需要良好的外部环境支撑。源于各种原因,中小学教师的阅读环境不容乐观,为此,教师本身更要对专业阅读保持一颗心无旁骛的恒心。也只有建立在这一前提之上,对其时间管理的探讨才会有所意义。

1970 年出版的由日本教育学者杉山正一等编著的《小学班主任工作方法和技巧》一书在《车上学习》一文就曾对班主任阅读的时间管理给出过相应建议:

当班主任很忙,得会巧妙地挤时间学习。

乘公共电、汽车上下班的老师,完全可以利用车上的时间钻研教材或读书。比如单程乘车 30 分钟的老师,每周在车上的时间就有 6 个小时,一年约有 250 个小时,按每周 6 小时算,一年就有 41 天半的时间可用于学习。建议老师像下面那样把这些时间利用起来:

1. 拟定一天的计划——翻阅手册,拟定当天的计划,记些要对学生讲的话什么的。一天的生活由此可以过得很有秩序。

2. 读专业书籍——做长期的计划,有效地利用车上的时间通读《教育学全集》《日本历史全集》等专业书籍,会得到很好的收益。

3. 读丰富自己性格的书——从日本文学全集、世界文学全集一直到流行的文学作品等,都是阅读的对象,自己的性格修养会大大丰富起来。

4. 读杂志——读各种各样的杂志,以丰富自己的知识。

5. 从车窗外寻找话题——例如用这样的话作为上课开场白,会使上课的效果更好:"今天我在车上,看到路旁农民正在插秧……"[①]

《车上学习》给出的时间利用技巧未必完全适合我们,但其精神实质在于倡导教师注重时间管理、充分利用碎片时间和业余时间进行阅读学习、不要让时间从身边流走,这种精神还是很值得学习的。

---

① 魏书生. 班主任工作漫谈〔M〕. 北京:教育科学出版社,2009:23-24.

第二节

关于专业阅读时间管理的认识分歧及其分析

针对教师专业阅读的时间管理问题，当前主要存在两种不同的看法和做法：

一种主要强调教师专业阅读必须坚持"业余时间主导"。有人认为教师在工作时间内应全力进行教育教学，阅读学习应全部放到业余时间进行，对业余进行阅读学习的行为要大力倡导。

一种主要强调教师专业阅读应该侧重"日常时间渗透"。有研究者认为，教师要有效进行专业阅读的时间管理，学会对自身时间消耗进行诊断，教师的阅读时间要努力在整个时间系统和工作生态中获得保障。

江苏仪征中学特级教师刘祥在《时间都去了哪儿》一文中表达了在日常工作中为自己减负增效、赢得专业读写时间的时间管理观。

时间都去了哪儿 [1]

同天南海北的同行闲聊时，很多人感慨没有时间读书，更没有时间写教育教学论文，做课题研究。较为统一的观点，是每天 6 点多钟到学校，一直忙到晚上 22 点多才能闲下来。"人都累散架了，哪儿还有时间和精力读书写文章。"老师们如此感喟。

一线高中教师忙，向来不是什么行业秘密。老师们用以戏谑和自嘲的"起得比鸡早，睡得比狗晚"，本就体现着深深的无奈和感伤。然而，在学校的这十几个小时，是否真的挤不出读书的时间，却值得商榷。每个人的一天都是 24 小时，为什么有的人有时间读书、写文章，多数人却总是抱怨没有时间？他们的时间都去了哪儿？

最大的消耗，当然是批改作业或试卷。总有一定数量的教师，唯恐学生有了空闲时间会"惹是生非"，便想方设法用作业或试卷填满学生的一切空档。还有一定数量的教师，总想着让学生在自己的学科上多投入时间和精力，便尽量多地布置作业，抢占学生的课余时间。也有一部分教师，看到了搭档们都在抢时间，担心学生彻底抛弃

---

① 刘祥. 时间都去了哪儿.〔J〕教育研究与评论（中学教育教学），2015 年（04）：卷首语.

了自己的学科，迫不得已，也只能用作业或试卷去占地盘。凡此种种，折腾学生的同时，自己的时间，也被折腾掉了几个小时。

还有一些时间，耗费在自习课或活动课的看管上。这类本该放手让学生自主学习、自主活动的课，因为总担心会有人不遵守纪律，总担心会出现各种意外，便全程监管。更要命的是，老师们已经在教室里了，按理说，学生自习时，自己读读书，该有时间了吧。但依旧不放心，还要在教室里顺时针转转，再逆时针转转，一颗心始终用来防止学生做小动作、看"闲书"、打瞌睡。

高中的学生，需要用那么多的作业消耗他们的空闲时间吗？需要用严防死守掌控他们的一切活动吗？为什么不少布置一些作业，让学生们有些时间去阅读去思考？为什么不让他们学会自主管理自主学习？也许有同行会说，现在的学生难管，你不看死他，他就不好好学习。我却认为，恰恰是因为我们看得太死，才使得学生们丧失了自主学习的能力。

我乐意于少布置甚至不布置以抢时间为目的的作业或试卷，乐意于让学生自主管理班级中的事务，我解放着学生，也解放着自身，于是，我的时间便有了富余。

我常同学生说，勤劳和顽强，有时也是一种错。坚信勤能补拙的人，往往因为勤奋和顽强，反而丧失了思考的时间，也就不会去琢磨，如何用更好的方法，提升工作效率。有些时候，在教育教学中，多一点"投机取巧"之心，反而有利于为学生减负松绑，为教师赢得读书和写作的时间。

笔者认为：中小学教师阅读的时间管理不能走极端，或者在工作时间绝对排斥阅读，或者在业余时间全力阅读，均不符合中小学教师职业特点及其专业成长需求。

近年，中国教育科学研究院教师发展研究中心针对我国中小学教师工作量与时间分配问题曾做过问卷调查，调查显示，教师承担的非教学工作较多，"开会、笔记、检查和填表是出现频率极高的关键词，99%的教师都提出了含这些内容的非教学工作，而且带有极强的心理反感"。与此同时，教师的自主学习和反思时间也比较匮乏，"14.4%的教师没有时间读书或学习，84.4%的教师每天反思时间不足1小时，76.4%的教师读书时间不足1小时"，与中小学教师专业标准提出的"终身学习"理念、"反思与研究"能力要求相去甚远。为此，必须对教师的工作时间进行科学分配，"教师的核心工作是教书育人，因此首先要保证教师课堂教学时间及其备课、批改作业和评价的时间，确保教师履行职责到位"，还要"预留教师自主学习、专业反思和参加专业发展活动的时间"，因为"大量研究证实，教师需要充足的时间来反思当下的教学方法，提高自身专业化程度，因而教师必须在工作日能够有一定的时间去反思并进行个人规划"。

　　从中国教科院教师发展中心的有关调研分析来看，研究者强调中小学教师工作时间内应确保"教学时间"的主体性（包括备课、批改等配套工作），这自然是一个被普遍认同的大前提。同时，还要保证教师在"工作日时间"具有一定的、必要的自主学习与反思时间，而"自主学习和反思"的一个重要体现，就是教师的阅读学习。可见，在工作时间不加分析地排斥阅读学习，并不符合教师发展及其时间分配的基本诉求。

　　2017 年 6 月《江苏教育研究》（理论版）发表署名肖洋、陈静勉文章《中小学教师工作时间理论模型与评价标准的构建》，文章通过对国内外相关研究的回顾发现，教师工作时间的内涵已不局限于传统的教学时间，还应包括为教师教学提供支持、辅助的相关工作时间，并据此构建了中小学教师工作时间的三层次模型：

　　第一层的教学时间是教师完成核心教学工作所付出的时间。对于科任教师来说，往往指的是学科教学时间；对于班主任教师来说，还包括班会课教学时间。

　　第二层的教学支持时间是保证教学工作良好运转的保障性工作时间。从教师与学生的角度来看，包括制订教学计划与备课时间、教学评价时间（批改作业、测试卷）、课后辅导时间、辅导和组织学生课外活动的时间、监管学生纪律时间；从教师个体或群体的角度来看，则包括持续专业发展时间、科组教研时间。

　　第三层是行政和辅助工作时间，包括参加学校或教育局组织的事务性会议时间、参与常规学校事务时间（如课间操、晨会）、文案工作时间、与家长联系的时间、与社会团体联络的时间等。[①]

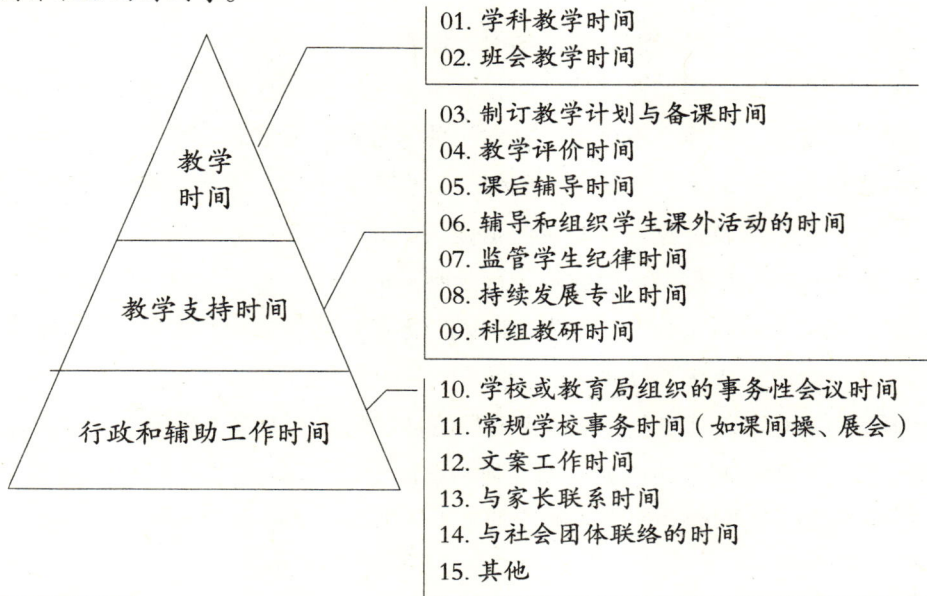

金字塔模型：
教学时间：
01. 学科教学时间
02. 班会教学时间

教学支持时间：
03. 制订教学计划与备课时间
04. 教学评价时间
05. 课后辅导时间
06. 辅导和组织学生课外活动的时间
07. 监管学生纪律时间
08. 持续发展专业时间
09. 科组教研时间

行政和辅助工作时间：
10. 学校或教育局组织的事务性会议时间
11. 常规学校事务时间（如课间操、晨会）
12. 文案工作时间
13. 与家长联系时间
14. 与社会团体联络的时间
15. 其他

---

① 肖洋，陈静勉. 中小学教师工作时间理论模型与评价标准的构建——基于层次性和二维化的视角（J）. 江苏教育研究，2017（16）：10-15.

作者认为，教师超负荷工作不应得到提倡，在工作时间总量一定的前提下，更应科学分配工作时间：保证一定的教学时间，留下相应的教学支持工作时间，避免过多的行政和辅助工作时间。针对"教学支持工作时间"，不应让教师落入频繁的作业和试卷批改中，这样只能使工作时间的分配结构失衡，处于只取不存的职业透支状态。

不难看出，三层次模型中，以教学时间为核心，同时强调教学支持时间的重要性，特别指出"教学支持"不等于全然从事辅导批改，还应有"专业发展时间、科组教研时间"。

正因缺乏专业阅读等方面的提升，很多人日渐停留在教材理解、考点操练、高分套路等短平快的行动和经验层面，而对课程标准、课程内涵、教育测评等内容缺乏科学的学习、研究，更不能在深刻理解的基础上努力践行其中所承载的课程与教学价值规范，最终导致教育教学常规活动的机械重复、枯燥单调，更谈不上有什么教育教学主张和思想。

所以，教师在工作时间抓好教学实务，与必要的学习研修、合情合理的阅读并不矛盾，认为教师在工作时间绝对不能、不应阅读的看法，可以说是片面乃至极端的。为此，我们可以结合实际寻求一些减负之道，当然也不能无度扩张，更不可以此冲击甚至放松实际教学工作及学生工作，而应从中寻求一种适当的平衡。笔者认为，教师在工作时间所进行的阅读，作为"教学支持工作"范畴，更应是一种有计划、有节制的集约性、渗透性、整合性的阅读。

教师充分利用业余时间进行阅读学习，体现了一股钻劲，值得充分肯定。但是，把业余时间全身心投入到专业阅读之中，甚至为此全然牺牲必要的休息休闲时间，即使获得了家庭支持，同样也不可取。这样一种非常态、反常态之举，很难为大多数教师接受，如果由此影响正常教学精力的保持，也着实不妥。正如《教师时间管理》一书所言："虽然作为教师你很重要，但是爱侣、父母、好友这些角色，更是独一无二不可替代的。你的学生重要，而你是你孩子唯一的父母，孩子只有一个童年。你是爱人的伴侣，是唯一与他（她）分享生命的人。你和这些生命中重要的人应该有更多在一起的时间，即使你选择了教师这个光荣而辛苦的职业。"[①]

必须指出的是，教师专业阅读的主要目的是以此改进工作、提升素养、培育思想，而不是让广大教师在阅读中成为学术大师和解读专家。因此，那种希望或要求教师把能够挤占利用的一切时间全力投入阅读甚至不惜剥夺、牺牲常态休息时间的阅读行动，

---

① （美）瓦赫特，（美）卡哈特.教师时间管理策略〔M〕.张迪帆，译.北京：中国轻工业出版社，2009：4.

即使能够更大程度地促进教师成长、造就一批优秀人才，也是值得审视的。

因此，教师专业阅读的时间管理必须从实际出发，做到合情合理，在这一前提和基础之上根据个人差异和实际条件再行规划、加以优化。

第三节

专业阅读时间管理微观格局设计举例

"时间像海绵里的水，是挤出来的。"这句话大家耳熟能详，也经常引用，但时间管理不是总靠"挤"就能解决问题的，重在合理规划。教师阅读的时间管理不可能有统一格局，但不管什么样的格局，都应切合实际，具有科学性、可行性。

下面，我们以有一定阅读基础、学校工作量达到平均水平的成熟教师为假定阅读主体，为其设计一种"三位一体"的常态阅读参考格局，并提出对应的时间管理要求。

类属	主要指向	主要时间安排
常规性基本阅读	针对课程与教学实施的跟进阅读与教学资料检读	一是渗透融合在备课、反思等日常实务中，二是在工作时间选择适当的固定时段进行
问题式主题阅读	某一教育教学具体课题的阅读，或者是学科教学问题，或者是班主任、学生工作问题，或者其他	工作时间与业余时间相结合，固定时段与随机安排相结合。工作内从事相应阅读，时间要相对集中并有所节制
个性化自主阅读	一般的零散、随性状态的阅读，主要适合浏览泛读个人比较感兴趣、同时有益身心的小书、闲书等	主要放在工作外业余时间。工作内则主要利用一些随机的碎片时间为宜

这一微观格局主要包含了指向三个方面的阅读，对其时间管理我们试做如下分析：

"常规性基本阅读"重在突出面上学习。它突出的是针对课程与教学实施的跟进阅读与教学资料检读，可以视为一种常态化的基本动作，主要表现为交融、整合在相关教学活动中的阅读，如穿插结合到备课、反思、教研等项目中，也就是不专门针对阅读单独安排时间。与此同时，有些内容的阅读不专门安排时间会显得不足，这就要考虑在一定的循环周期内专门划分出一个固定的时间段进行集中阅读。这个周期可根据自身工作量等具体实际合理安排，可以是一两天、三四天，甚至再长一些、一到两周等。具体固定时段的设定也是这样，比如，以一周为循环周期的话，就要设定在哪一天或几天的哪几节课、利用多长时间进行相应的阅读学习。对多数老师来说，如果能够认真做好这一步，就可以说是不小的成绩。

"问题式主题阅读"意在强调点上深化。这个点可以是某一教育教学课题的研读。比如，在班主任工作中，如果你对问题学生的教育很有研究兴趣，或者在这方面存在比较突出的疑难困惑，那么，你就可以围绕这个点进行研读，同时结合实践进行梳理反思。这种阅读的目的主要在于解决自身比较突出的实际困惑，或者在于把自身比较拿手的感兴趣的项目做大、做深。这种阅读在工作时段内可穿插进行，但要相对集中并有所节制，因为时间安排过多会打破整体教学时间的平衡，毕竟，你不能专门坐下来、什么都抛到一边去研究这些问题。与此同时，单纯靠工作时间恐怕有所不足，可以选择合适的业余时间再做一下补充。

"个性化自主阅读"旨在兼顾个性需要。每个教师的阅读毕竟都有自己的取向偏好，在专业阅读中应该给这种个性化的自主阅读留有空间。这种阅读对教师来说，也是一种滋润和调剂，所以，它主要放在业余时间更合适。在工作时间之内，进行这种阅读不是全然不可，利用一些随机的碎片时间进行这种阅读倒也无妨，但是，不宜由此在相应时间消耗上无限制、大板块地加以扩张。

需要补充说明的是，如果这种个性化的自主阅读能和自身专业活动、专业思考结合起来，也可能为自身个性化的教学建构创造条件优势。比如，上百家讲坛的纪连海老师，主讲纪晓岚、和珅等人物，对他们都有深入的阅读研究。表面看来，这些基本属于其个人兴趣，与他教高中历史的专业行为关联不大。但是，他的这种个性化主题阅读——既丰富了自身学养，也在公众化的历史讲播中，自觉不自觉地与其教学发生了某种关联，从而强化了他的教学特质与教学风格。

上述格局只是一种设计而已，通过这一举例分析，主要目的是想告诉大家：教师的阅读时间管理，一定要养成习惯、摸索并建立可行性的规律，不能貌似"我的时间我做主"，实则没有规划和规律可言。

第四节

针对专业阅读时间管理的策略建议

　　根据上述分析，结合实际观察，我们提出以下策略建议供大家参考：

　　教师个体的阅读时间分配，最好先确定自我一定循环周期之内的阅读格局，然后有所侧重地合理搭配和安排时间，在因时制宜、养成规律的同时结合实情灵活把握。在时间安排上既要有习惯性的固定动作，也要有适当的弹性余地、机动空间。

　　在一定周期的阅读时间安排上，还应保证有相对集中的时间段，在其时间段内能够进入一种高度专注的思考状态。管理学研究提出了"90分钟"现象，即一个普通人超过90分钟精力就难以集中，"不够90分钟"则难以处理好一件事。我们在阅读时要想进入佳境，不一定非要刻意安排90分钟的阅读，但必须保证有一定的较长时段的集中阅读，而相应时段的选择也要力求"优质化"。

　　特别是在网络和手机时代，教师阅读更应注重将时间阶段和阅读内容进行优化组合，以最大程度提高时间的有效利用：相对具有较高价值的内容，应放在优质时段阅读；价值相对较低的内容，则应放在非优质和低质时段内阅读。我们可以确定某些工作日的优质时段进行这种集中阅读（比如上午9点到10点半）。遗憾的是，有的老师根本没有把握阅读时间管理的核心要义，从早到晚几乎被手机或电脑的零散信息所俘虏，基本处于浅阅读境态，优质高效阅读更无从谈起。

　　教师时间管理还要考虑具体阅读内容的属性，在最合适的时间读最合适的内容。

　　心理学家曾研究过一种叫作"餐后精力衰退期"的现象，即很多人在午餐之后和下午的某段时间会处于精力低潮期，在这一时间区间，读一些理论抽象乃至沉闷枯燥的内容可能会让人昏昏欲睡。"餐后精力衰退期"的说法未必准确，因为它和午餐与否、具体何时进行午餐关联不大，甚至没有关系，但它确实可以启发我们：在精力衰退的时间段进行不合适的阅读，无疑是阅读时间管理的错位。

　　例如，对一些文史作品和休闲文字，一般放在碎片时间阅读比较妥帖，特别是业余时的相关时间更合适。而阅读专业理论或进行专题研究类阅读，时间则不宜与此交织混同，一般放在比较集中、排除干扰的最佳时段进行比较好，工作时间内可以进行一点，业余时间也可有选择地进行，两者最好根据实际有所结合。

具体到每一天的阅读时间管理来说，也要有这样的意识。

印度哲学家埃内斯·艾斯华伦在《沉思课》中谈道："当我们放松意识的控制，白天的混乱就会一股脑地在心灵中浮现出来，并一直延伸进睡眠。结果就是我们无法好好休息。你是否曾经一觉醒来却觉得精神不振，几乎和躺下同样劳累呢？如果在睡前看了扰乱人心的书籍杂志，或是看了暴力电视剧，那么情况就更糟了。"[1] 这种体会想必大家也曾有过，怎么改善呢？埃内斯·艾斯华伦给出的建议是"在熄灯前读一些灵性文字"，也就是进行一点灵性阅读，个中道理不言而喻。

2016 年 9 月 7 日《人民日报》转载《读书当分日与夜》一文，文章谈道："即使在一天之内，读书的心境也时有不同。白日里阳光明灿，心朗气清，多艰涩幽深的文字都能读得气定神闲，甚至面对让人缺氧的悲绝沉郁之作，也有勇气撑到结局，因为知道最后一页之后，抬眼仍有满怀的金色阳光，拯救受伤的情绪。不用说，恐怖悬疑推理小说也只能在这朗朗白昼阅读，其中的惊险刺激，夜深人静时绝难消受。"[2] 这段文字，同样表明日常阅读应"读当其时"的道理。

具体到个体来说，还要根据自身"时间效率趋势"来进行规划、监控。所谓"时间效率趋势"，就是在一天或者一定周期内，每个人都有注意力最较集中、效率相对更高的时间段：有的人早起精力最好，注意力更集中，效率最高；有的晚间状态更佳，效率更高；有的则在白天某一时段有更好的发挥；如此等等。总之，要抓住自身最理想的阅读时间进行最有效的阅读，调整阅读时间适应身体特定的活动规律。

具体到某一作品的阅读来说，要注重限时"克期阅读"。胡适先生认为阅读应"克期"，一本书到手要规定期限按期读完，否则拖得越久思路被打断，坚持就越难。这一点非常重要也要努力坚持，尤其在一定计划内主攻书目的阅读必须限时突破，这样可以提高阅读的专注力，否则就会"尾大不掉"。

与有些情况下针对有些作品采取"克期强攻"的办法不一定奏效，可能还需要一定的"缓期执行"。这种情况，主要表现为个体认知与所读内容在"信号对接"上还存在较大距离。什么意思呢？阅读首先要了解所读的基本背景、主体信息，厘清作者的观点、思维与逻辑，如果只是出于一时兴趣或者他人推荐、外在驱动等原因而不加斟酌地跟读某一作品，自身却不具备相应的认知储备、没有进入相应的认知情境，那么，作为读者和所读之间的"信号对接"肯定就成了问题。这时，勉强的"克期"反而未

① （印度）艾内斯·爱斯华伦.沉思课〔M〕.高天羽，译.长春：吉林出版集团有限责任公司，2010：200.
② 黎武静.读书当分日与夜〔N〕.人民日报，2016-09-7.摘编自 2016 年 9 月 6 日《广州日报》，原题为《日夜书》。

必合适，读了之后也不过含含糊糊、懵懵懂懂，与其求速则不如从缓，通过必要的缓冲、铺垫来弥补自身的认知空白。可以一点点地慢慢啃、逐步向前推进，或可整体通读、先粗后细、渐进反刍。对于一些难懂书目，特别是原理探究主导形态的专业论文、书刊等，不要期望一口吞下去，可以先选读它的结论、摘要，然后从头阅读，读的过程中也不必非得一鼓作气，特别是读不下去时可以暂时放下，过一个时段再"嚼一嚼，啃一啃"，能读懂多少算多少，总会慢慢有所吸收，有所收获。再如，在寒暑假时间，就可以啃读一些有坡度的书目，还可回读一点平时未读完、读得不充分的作品，根据实际"克期""缓期"有机结合。

这里举个例子。有的作品因为涉及背景较为复杂，没有相应铺垫恐怕很难读透，尤其是一些人文作品。例如，前期《人民的名义》电视剧热播，剧中多次提到《万历十五年》这本书，一股"历史阅读热"也在教师中间兴起。一些老师通过阅读，也感受到本书在历史观方面带来的震撼与冲击。但在阅读交流中，不少人表示这本书"不好读""读不懂"，为什么？道理很简单，本书不是读一两遍就能读懂的，而且从某种意义看，它并非单纯研究历史的著作，而是借助、截取特定史料表达作者对国家、民族发展历程反思认识的一个特殊范本。因为很多问题牵扯复杂的历史、政治背景，靠一时之兴的突击阅读，怕是很难真正有所把握。这就需要对其中涉及的中国古代政治体制、明代历史以及其他相关的诸多问题有所认识。所以，读这类著作，"克期"只能囫囵吞枣，或者"权当涉猎"，要真正有深一点的理解，还要有"缓期"的回读、开具配套的辅助阅读，才能有更实质性的收获，否则，也只能"读读而已"。

从阅读内容及其阅读时间消费标准的矛盾关系上看，可以参考把握"四时段阅读分配原则"。

长时段阅读：针对蕴含较高思想价值和启蒙力量、出自大家大师的经典原著，哪怕比较难读、也须努力追求一种"坚硬的阅读"，细嚼慢咽，硬着头皮去啃。这样的高价值阅读，需要长时间的集中、连续，它有利于克制浮躁心态，培养静气和思考力，我们也会从中学会有意识地克服自我惰性、坐稳冷板凳，从而夯实底蕴深化积累。

中时段阅读：主要是读一些有一定质量的畅销作品，以及需要重点关注的教育教学报刊等。教师不能"一心只读圣贤书"，也要跟上时代节拍，在工作、生活中接触一些反映当下思潮、理念的比较畅销的书刊。同时，教育教学工作也要了解一些最新的信息动态，有必要订阅一两份对自我工作具有较大参考价值的专业报刊。

短时段阅读：主要表现为基于某种工作需要而临时安排、突击进行的阅读，带有明显的临时抱佛脚、补课性质的阅读。比如，要准备一节特定教学课题的公开课，对有关内容以前没有进行过充分思考，在讲课之前有必要对文本解读做出钻研，同时思考设计教学流程和具体实施方略，这时所进行的阅读就属这种类型。中小学教师以教育教学实务为主，经常可能面临一些实际问题，这种临时补充、短促突击式的阅读往往成为必需，对寻求专业理性、提炼专业智慧、提升快速分析和解决问题的能力也有所裨益。

微时段阅读：也可称为"瞬时阅读"，主要可以考虑浏览一些时效性较强、对自身工作有一定指导意义的微信公众号文章、博客文章等，或者随手浏览翻阅一些不需集中研读、主要对自我心境状态能起到一定休闲调剂效用的报纸杂志、零碎短篇等。这种阅读在信息时代有其存在的价值，从时间消费上看，必须严格限制比例、不可喧宾夺主，选取一些属于"边角料"的碎片时间、隐性时间为宜。

"四时段"之下的阅读，针对中小学教师专业阅读而言，最重要的恐怕还是"长时段阅读"，其他几种可以根据实际决定用力侧重、做到合理把握。从常态来看，更可能是几种阅读资源内容同时在读、几个时段同时进行。当然，也可在某一阶段根据需要适当突出某一方面。

作为教师本体，更要结合自身所处具体实际，总结探讨适合自身的最优化的时间管理之道。下面请看烟台市牟平区文昌小学宋文香老师的经验总结。

阅读时间哪里来？

作为一名语文教师，工作量是很大的，除了平时的管理班级、备课、上课、批改，再加上许多的家务活，哪有时间读？这是我们大家面临的共同问题。我通常是这样做的：

固定时间坚持读。我一般是每晚睡前读15~20分钟，千万不要小看这点时间，聚沙成塔，集腋成裘。以沈东云所著《优秀是教出来的》的一书为例，我每天睡前读一读，大约一个星期就读完了。长期坚持，读的书目就可观了。

利用零碎时间读。每次要出行时，包里总是愿意带几本书。记得去年是暑假到西安旅游，在火车上的时间就是读书的好时机，当时我拿了四本书，下火车时已读完三本。前年过年时，终于下定决心去整一下头发，一想起那四五个小时甚至七八个小时的煎熬，就心有余悸。拿了一本《小学语文教学》去了，果不出所料，人真多呀！那等待可真不是一般。我把这本教学杂志读完了，头整了还没有一半。我只得把几篇自己认为不错的文章又读了一遍，最后实在是无聊，就选了几个重点段背了背，当时理发店的人都用一种异样的眼光看着我。领着孩子去泡温泉，中午休息时的间隙一本书也能读三五十页。这时的读书，打发的是无聊，也充分利用了零碎时间，读书就完全不是负担了。

寒暑假期集中读。寒假与暑期是读书的好时机，我常利用假期大量读书，这时候没有学校的事烦扰，心比较静，就容易读进去。一个假期下来，读十几本书对我来说往往不是问题。假期里，老公和孩子看电影、电视，我在床上看书，基本不看电视。把看电视的时间缩短一点，看看书就够了。时间有没有，能不能用得上用得好，其背后的关键还在于你想不想读。

要对阅读时间进行有效评估，我们还可以开发利用一些相应的工具，比如时间日记。

美国学者艾比·马克斯·比尔在《如何阅读》一书中主张通过一周的时间记录，坚持记下每一整天所做的活动，以此对阅读时间的安排利用进行反思调整、监控评估。她建议，为了找到更多、更合适的阅读时间，可以回顾日志，重点寻找以下几点[1]：

▲没被计算在内的时间。这部分时间是用来进行阅读的最合适的时间。

▲耗费时间的事情。例如，看电视，煲电话粥，或者上网。建议花更少的时间做这些事，挤出更多的时间来阅读。

▲可以同时完成多项任务的时间。例如，在上下班的途中，或等待开会，或等待预约时，都可以阅读。记得随身带本书或杂志，因为你永远不知道什么时候有空。

▲你留出来准备读书但通常不太清醒的时间。把一天中最清醒的时间拿来阅读吧。当大脑清醒时，阅读是最有效率的，可以用更少的时间读更多的东西。

▲相信总能挤出几分钟。吃午饭时，为了避免熙熙攘攘的食堂，你可能想要在办公桌上或找一个安静的地方吃饭，读书也是一样，总能找到合适的时间来阅读。

笔者曾经针对自我时间管理，在教学日记中先后设计了两种比较简便的工具模板。

一种是"事务主线——因事择时"式"一日常务规划"，即对每日常务及其达成情况进行一早一晚的计划、记录，其中就包含了阅读学习。

下面是 2006 年 12 月 6 日（第 15 个教学周，星期三）教学日记第一部分"一日常务规划"内容回放。

常务项目	具体事务	达成情况
语文教学	继续讲授《郭沫若诗两首》，重点背诵《天上的街市》。 备课：《月亮山的足迹》及《〈世说新语〉选读》（自行开发阅读项目）。 批改作文 15 本	√ √ √ （完成18本）

---

[1] 艾比·马克斯·比尔，美国普林斯顿语言研究中心.如何阅读〔M〕.刘白玉，韩小宁，孙明玉，译.中国青年出版社，2016：140–141.

（续表）

共青团与学生德育工作	第二节课间召开各班级团干部会议，要点：强调升降旗活动分工、程序，下周国旗下讲话稿准备，班级新一期黑板报要求，出具小黑板表扬好人好事，安排团干部读书学习任务	√
阅读学习与教育科研	结合自身实际，继续研读《给教师的建议》第33条"给刚参加工作的教师的几点建议"。	√
	整理申报区级小课题项目：课堂非预期性问题成因及对策研究（偶发事件、"异类"声音等）	√

当时进行的这种规划评估，或许还较粗放机械，比如，阅读时间的分布不够明确，在备课等环节缺少和专业阅读的整合等。这种安排还可细化，如在"具体事务"增补"时间需求或限制"，增强时间监控的针对性。当然，这种方式的好处是显而易见的，即在于能够适当逼迫自己每天读一点、学一点东西，对自身阅读学习进行一点计划并监控达成情况。

一种是"时间主线——因时定事"式"一周项目规划"，即对一周之内的主要事项按照从早到晚、基本以课节顺序设定排列，在一个阶段内遵循相应规划执行落实即可。中间可能根据实际情况有所微调，但总体保持稳定。

下面是笔者2016年秋执教六年级两个班级兼学校教科室管理工作时设计的阶段性"每周工作日主要项目及时间规划"。其中，包含了晚间自我活动主题设定。此外，每周工作日内相应课时教学的具体任务也另有"定制"，在此从略。

	周一	周二	周三	周四	周五
第1节	A	课1.5	课1.4	A/C	B
第2节	A	B	课1.5	B	B
大课间	休息				
第3节	例会	B	课1.5	B	课1.4
第4节	A/C	C/值班	C	课1.5	A/C
午间	微阅读/休息				
第5节	B	B	B	A1/C	课1.5
第6节	课1.4	课1.4	B	A1/C	课1.5
第7节	课1.5	A/C	A/C	课1.4	课1.4
第8节	C/休息	C/值班	课1.4	C/休息	C/休息
晚间（1小时）	C（文本解读）	B/值班	C（文本解读）	C（教师阅读）	C（教师阅读）

符号代表项目说明：

A.备课及教学反思（其中周四下午 A1 为语文教学测评集中研修段，即学习研究如何"出题"）。

B.作业评改（作文为主）。

C.专业阅读。

两个字母的表示两者结合，如"A/C"表示备课同时进行对应的教学参考层面阅读。字母和文字组合的表示对应时段两分处理，如"C/休息"表示前半段时间阅读，后半段时间休息，其他类同。

字母 C 后面加括号的表示对应的主题阅读，如"C（教师阅读）"表示围绕"教师阅读"进行相关的主题阅读。

这一模板结合自身实际，对周工作日内主要事项及时间标准进行设定，相较前一种"事务主线—因事择时"式规划，这种"时间主线—因时定事"式规划，更具有高度的计划性，时间分割更为明确，每天只需按照设定加以落实即可，每一两周可以进行一次总的评估、反顾。

这一模板的缺点在于自由机动时间相对很少，笔者当时的设定目的就在于聚焦教学教研，把一些无关紧要的杂务基本排除，抑或在缝隙中消化解决而不另作大块时间安排。现在看，不能定得太死，针对有些项目和时间的规划最好留有一定余地。

在这一模板的安排中，专业阅读时间既有相对集中时段（比如工作日内关于教学测评阅读研修时段、晚间主题阅读研修），也有分散、渗透在其他活动的非集中时段（和备课结合时段），加上碎片时间的"微阅读"和业余时间的专题阅读，可以说，阅读学习得到了一定的体现和保障。

以上两种工具模板的设计与落实，笔者从中获得的最大感受在于：如此久而久之，有助于建立比较稳定的常态工作及时间运行模式，从而梳理明确一定周期的工作路线，一并养成对阅读时间进行自觉管理的习惯，促使自我学会统筹规划，努力将计划限定完成的要务尽早完成，最大程度排除不必要的干扰、无意义的事项。

当然，管理工具不限于上述以周、日为单位的计划、记录，还可以扩展到月度计划、年度计划及其纪要，计划要具有可行性、调适性，形成之后最好跟进记录，以便在计划执行过程中进行调控分析，从而总结纰漏加以改进。开发利用有关工具的目的，不是要由此使自己变成单纯工序化的机器人，而在于进行更好的梳理，建构更较合理的时间系统。

时间管理的根本在于克服怠惰、杜绝拖延，只有自觉、严格执行方能养成良好的时间管理习惯。所以，必须提高时间规划的执行力，经常反思日常工作完成情况，审视时间利用的流向，提醒、敦促自己及时完成既定任务。否则，光有工具在手而不执行等于零。

当然，工作与生活中常会有一些非预期事情的存在、发生，监控、评估时间规划也并非一成不变，也应适当考虑稳中求活，保有一定的弹性空间，从而能够根据变化做出适时、适当的调整优化。

归根结底，教师专业阅读时间有效管理的大前提，最终离不开教师对自我时间的整体有效管理，离不开良好习惯的养成与坚持，离不开教师的理性决策、能动执行。特别需要看到的是，在屏读后来居上的时代，身为阅读主体的教师，更应建立正确的阅读心态，理性统筹阅读时间和阅读内容，最大程度提高阅读效能，从而谨防自我阅读掉进"脚踩西瓜皮，滑到哪儿算哪儿"的非理性陷阱之中。

思考与研讨

1.华东师范大学叶澜教授认为 "学校中教师静下来的时间很少"，提出应该关注和提升教师的日常教育、教学生活的质量，把研究放进教师的日常工作中去，建议"教师的工作量、教学的工作量要减轻"，由此让教师"通过学习、研究有实现发展的感觉，然后越来越感受到工作本身的价值、吸引和魅力，这样他才会成长起来"[1]。作为中小学教师，你是否有"静下来的时间很少"的感觉？你认为教师在工作时间是否需要"学习、研究"（其中当然包括专业阅读）？

2.结合实际，谈谈你在阅读时间管理方面的经验做法，或者谈谈在这方面存在的不足、困惑。

3.结合自身各方面实际，以单周或双周为单位，拟定一份时间管理计划，其中要包含专业阅读时间的分配，然后在对应时段内按照计划开展行动，每天对自己的时间规划及其落实进行监控、评估，最后进行一次总的梳理反馈，谈谈从中获得的认识与体会。

---

① 叶澜，王厥轩，韩艳梅. 教师的魅力在于创造. 上海教育〔J〕，2013（16）：32-36.

第六讲

专业阅读的组织推动

　　本讲重点探讨专业阅读"如何推"，专业阅读不是
单纯的个体行为，也需要必要的推广、领路，离不开有
效的组织、推动。专业阅读的组织推动，不是靠着一个
简单的"推"字即可奏效，其中需要审视的问题还有
很多。只有对其组织推动中应遵循的基本原则、注意的
主要问题有所把握，才能以此寻求更为科学有效的方略。
在专业阅读中，无论你是"推动者"还是"被推动者"，
抑或只是单纯的旁观者，都有必要对此有所认识。本讲
对这一问题的探讨，只能说是一种有限的观察与反思，
权为抛砖引玉。

在谈及教师专业阅读时，我们似乎更多注重于"专业阅读"本身，而对"组织推动专业阅读"这一话题少有关切。作为教师，在自读的同时，可能又会处于"被组织""被推动"的状态。有的老师可能还通过一定平台，在一定范围充当和发挥组织者、推动者的作用。专业阅读的组织推动者，首先理应是虔诚的阅读者，同时还要对阅读和教师阅读有比较深刻的理解。从这个意义上说，"组织推动专业阅读"与"专业阅读"本身同样重要，甚至比后者更有难度。所以，无论你是"被推动者"还是"推动者"，抑或只是处于单纯的旁观姿态的"阅读者"，都有必要对其"组织推动"有所认识。

第一节

怎一个"推"字了得："组织推动"须审视

教师专业阅读的组织推动，主体可以源自官方，如教育行政部门及其教研机构、学校，也可以源自民间，如教师自发组织成立的各种形式的读书交流平台等。下面，我们以学校层面的组织推动为切口，看看三位一线教师的观察与认识。

A. 强制性读书活动加重教师负担[①]

许多学校为了强迫教师阅读，提出了许多硬性要求。比如，一年要读几本书，做几万字的读书摘记，写几千字的读书感悟等。这样的要求一出，还没等读书，教师的心头就被压上了石头，透不过气来，还有什么兴趣阅读呢？还有什么心情去感悟呢？

读书应当是一个思考与感悟的过程，它的收获只能体现在一个人思想与言行的慢慢转变。外在的要求过多，没有意义，只有轻松自主的阅读才能让教师带着思想去

---

① 赵春梅. 强制性读书活动加重教师负担〔N〕. 中国教育报，2014-03-26.

旅行。阅读一旦被检查所牵制，就会大大加重教师心理负担，增添压抑情绪。

B. "行政手段"推动教师读书值得肯定 [①]

学校要高度重视教师读书活动的开展，要结合实际制订读书规划，使读书活动经常化、规范化、制度化。学校要将读书活动纳入到校本培训活动之中，并将之与学校的课题研究等结合起来，与教师的评价和考核结合起来，使读书活动深入开展，真正为教师和学校的发展提供动力。学校可以推荐阅读书目，规定阅读指标，提供统一的阅读时间，把读书纳入业务考核的范围，把读书笔记等纳入教育科研奖励的范畴。学校可以通过召开阅读教育报刊座谈会等形式，给教师提供展示的平台，让教师把阅读的精彩"秀"出来，尽情享受读书带来的无穷快乐。这样，使阅读成为一种内在的必然需求，对推动教师阅读、帮助教师养成良好的阅读习惯会起到积极的促进作用。另外，要在用人导向上突出读书的价值，如果一所学校能把热爱读书、有真才实学的人才用好，何愁阅读不成气候？如果一边号召教师认真读书，掌握知识，提高素质，一边却是"黄钟毁弃，瓦釜雷鸣"，不学无术大有市场，那只会让真正的读书人心寒。

C. 行政手段可以推动读书 [②]

一项制度要想见成效，需要持之以恒，推动教师读书也是如此，需要长期不懈的努力与坚持，直到教师把行政要求转化为自己的内在需求，把为了应付检查考核而被动读书，内化为追求专业成长而主动读书，把苦读书变为乐读书，形成习惯，形成自觉。万事开头难，但只要开了头，只要行政命令下了，就要用钉钉子的精神，一锤一锤接着敲，直到把钉子钉牢钉实。

但是，仅有行政命令还不够，强制要求容易招来抱怨，关键在于与服务相结合，事先做好充分保障，行政推动会更顺畅。比如，学校要对教师的阅读兴趣与愿望进行调查，根据教师需要，再结合专业发展需要，为教师推荐和购买好书，引导教师有计划、系统性阅读，潜移默化推动教师成长。如果学校选书，没有科学计划，没有明确目的，不符合教师需要，就会做"无用功"，行政命令遭受质疑也就不难理解了。

三位一线教师的观察与观点各有侧重：

第一位老师认为强制性推动教师阅读弊端明显，加重教师负担。

第二位认为必须启动教师阅读的动力系统，采取切实的行政手段推动教师阅读。

第三位老师认为行政手段可以推动教师阅读，但不宜单纯强制要求，还要做好配套的服务工作。

---

① 史延虎. "行政手段"推动教师读书值得肯定〔J〕. 教学与管理（小学版），2013（07）：28-29.

② 肖汉斌. 行政手段可以推动读书〔N〕. 中国教师报，2017-05-3.

三者看起来观点有别，但反映的实质问题存在不约而同的交集，即在学校中组织推动教师阅读，只有把握教师心理需求，采取得当举措，才有利于教师良好阅读习惯的养成、阅读氛围的促成。

一些区域、学校为推动教师阅读工作，多会采取一些措施，如组建读书沙龙、开展读书演讲、举办征文比赛等，也取得了一定成效，但能否保障活动的持续健康开展，还要另加审视。其中，必须看到的矛盾在于：一方面，当一些组织推动不能沁入教师主体心灵、对教师产生促发唤醒作用时，教师阅读很难与教育教学实践、自我发展形成联结，由此便很难真正深入下去。另一方面，如果没有一定的组织推动，完全靠教师的自我唤醒而自觉迈上专业阅读之路，也不太现实。在第一讲，我们就谈过"外驱阅读"和"内驱阅读"的矛盾关系：如果说学校的组织推动起步于"外驱"，其最终目的还是要以此调动教师的兴趣、热情，增强"内驱力"。

有的学校在这方面就善于把握矛盾，进行过有价值的探索，取得了有益经验。请看三位时任校长的有关经验体会。

A."四步导入"点燃教师阅读热情[①]

为了促进教师阅读学习，我们不惜通过强制性的行政手段、精细化的过程督导、数字化的阶段性量化评估和终结性的年终奖惩，有时甚至将教师的阅读学习与职称评聘、绩效工资和年度评先评模挂钩，却收效甚微，甚至激起教师的抵触情绪。

为此，我很伤脑筋。后来静下心来想一想，与其强压造成矛盾重重，不如采取"诱导"的方法激发教师的阅读兴趣。我们推行"四步导入"，来点燃教师阅读的热情：

一是创设情境。我们不惜重金装修了图书馆，将图书馆打造成全校环境最优美、最舒适的地方，并安装了空调，做到冬暖夏凉。于是，教师课余纷纷来到图书馆休息，那特有的读书氛围潜移默化地影响着教师，使他们不由自主地捧起书来，图书成为教师手中的"消遣"工具。

二是兴趣引导。为了进一步吸引教师读书，我们在图书报刊征订上大胆创新，提出了教师自定购书计划，所有教师只要有喜欢的图书、杂志、报纸都可以购买，由学校报销。由于都是自己喜欢的书籍报刊，教师阅读的积极性明显提高。

三是营造氛围。我们认为教师仅在图书馆阅读还远远不够，于是把教师喜欢的图书、报刊搬到教师办公室，设立图书角和报刊架，让教师转身就可以看到，随手就可以拿到。

---

① 徐俊申. "四步导入"点燃教师阅读热情〔N〕. 中国教育报，2014-09-18.

四是成就激励。为了让教师长久保持阅读的热情，我们组织教师自愿成立了读书沙龙，由教代会牵头，学校资金支持，与多家杂志社联系，帮助教师发表读书体会、论文、教学心得等；每学期将教师的优秀文章辑录成册，分发到教师手中，留存到校史馆；组建了教师QQ群，进行网络交流，鼓励教师开设网络博客。我们还在办公室开辟了读书交流专栏，校长带头将优秀文章推荐给大家，并发表自己的观点，供大家讨论、交流。

B. "逼"老师读书[①]

在洋泾中学我们"逼"老师读书。一开始，我在语文组里给老师介绍要读的书。中午吃饭时，我就去和老师们交流读书心得。一些老师没有读书，或没认真读书，在我面前一问三不知，显得没有学问，非常丢面子。过几天，我午餐时又去问老师，没有读书的老师非常怕我这个校长走到他的面前，纷纷低下了头。就这样我们读书的老师越来越多。为了鼓励教师读书，我曾在杭州西湖中租了一艘大船，让老师们在船上跟我读两天书，谁都不准下船。老师们都是非常讲面子的，讲面子也是一种资源。后来，我开始邀请著作的作者到学校，与学校老师一起交流，围绕著作内容敞开交流，最后是洋泾中学的语文老师最出风头，发言非常有深度，有见地。这一系列的举措使学校的语文老师获得了读书的成就感，进而爱上了读书。

C. 教师阅读共同体的构建与价值[②]

每个周五下午是我校教师的集中研修时间，其中有一个研修项目可以说是雷打不动，那就是以教师阅读交流为核心内容的"新师者论坛"，也是我校教师阅读共同体——"渐渐"教师读书会的汇报展示活动。每次活动都至少有两位教师作为主讲人，向全体教师介绍自己近期正在读的书，分享自己的阅读收获。每位主讲教师都事先做好精美的课件，以求达到最佳的讲述效果。每位主讲教师发言结束后，是听众点评和提问的环节，由主讲教师进行互动反馈。将自己的阅读感受与同伴分享，已经成为老师们的习惯，也是"渐渐"教师读书会的常规活动。事实上，通过"渐渐"教师读书会这几年的持续努力，每一个参与到读书会活动中的教师都从这样的经历中获益匪浅。

通过三个案例可以看出，组织推动专业阅读，首先必须具备一些重要的基本前提，如学校评价的认可、阅读时间的保障、资源条件的改善等，如果骨子里只是将其作为一种临时点缀、面子工程来做的话，这种组织推动是不会长远的。激发教师阅读的主

---

① 教师二次成长论——卓越型教师的成长规律与成长方式〔J〕. 今日教育, 2015（01）：48-50. 选文标题为笔者所加。
② 闫学. 给教师的阅读建议〔M〕. 上海：华东师范大学出版社, 2015：95.

动性和积极性，形成良好的引导激励机制，才是其中的关键所在。所以，教师阅读的组织推动不是仅仅靠热情就能生效的，也不是靠不讲差异的一声令下就能群起响应的。我们说凡事讲"坚持"，"坚持"才能有更高的造就，但这种"坚持"是一种怎样的"坚持"，尚须深加斟酌。否则，就可能南辕北辙或流于形式。

第二节

专业阅读与常态教育教学活动的结合方式

教师专业阅读的组织推动，完全可以和一些常态教育教学活动进行有机结合，这里简要谈几种可供参考的方式。

一、与教研活动相结合

朱永新教授认为："专业阅读毕竟不同于消遣性阅读，它有理解上的难度，需要通过专业交流来不断地加深理解。因此，要珍视教师当中自发形成的读书沙龙并予以支持，必要时要创设这样的环境。在许多学校里，教师互不来往，这是不对的。要创造教师们共同生活的环境，只有共同生活才能够形成共同的语言，才能够在专业阅读时互相帮助。必要时，可对一些传统的教研活动或班主任会议进行改造。"[①] 朱永新教授的意思是，可以在学科教研、班主任工作中注入专业阅读的成分。不得不承认的现实是，事务性的学科教研活动和班主任会议往往很多，能想到利用专业阅读对其进行改造的似不多见。

在 2009 年年底，上海市北中学组织的一次语文教研活动上，著名语文教师、校长陈军在活动中提出了一个倡议，让每个老师选择教材中的一篇课文和它的作者，进行深入研究，然后写成文稿，在语文教研组活动时进行交流。

老师们精心准备，其中要做的一个工作就是要进行大量阅读，在陈校长带动下，大家走近鲁迅、孔子、曹雪芹等作家名人，读他们的传记，整理别人对他们的评论。陈校长为老师们改稿，大家也通过各种形式互评交流。定稿以后，撰稿人要次第走上

---

① 朱永新. 我的阅读观〔M〕. 北京：中国人民大学出版社，2012：224.

学校讲坛讲给老师们听，稿子还要挂到校园网供大家评议。经过这样一番博览、深思、慎取，大家感觉受益匪浅。最后老师们的文稿还结集出版。

二、与课程开发相结合

近年，在国家课程和地方课程之外，学校和教师也开始参与课程开发。教师结合自身教育教学和实际学情，开发有创意、有价值的校本课程、班本课程、生本课程等，也是教育创新与教学创造的应有之义。

课程开发需要充分利用自身优势资源，根据学生情况进行规范而灵活的设计。在这个过程中，专业阅读也会派上用场，其可能存在的取向大致有两种：

一种是通过阅读解决工作上的困惑。在课程开发过程中，存在一些困惑，这种困惑可能是针对研发项目、课程本体的知识问题，也可能是课程建构中一些相关环节的问题，如课程管理、课程评价上的问题。这时，就可以通过相应的检索阅读、学习研修来进行解惑。

一种是以阅读为主要依托，从阅读中生成课程。也就是说，课程的来源基本出自阅读，从阅读素材中进行筛选、重构，形成具有明确主题的课程内容。

比如，一位初中语文老师在阅读古代家训类作品时生发了一个想法，开始规划设计针对学生的家训课程，从课程简介、课程目标、课时实施、学习对象、内容板块、教材范本、学习评价等开始进行系统架构，并在这一过程继续阅读、研究家训类书目，同时关注、挖掘本土社会资源和文化因素，把该课程的开发实施和学生的语文学习、情感教育加以融合。这种情况下的课程开发，即属后一类型。

三、与课题研究相结合

教师的研究虽然属于行动研究，但并不是说可以完全放弃对理论资料的占有，可以在"去阅读"的状态下进行任何研究。相反，占有一定数量的研究成果，研读、学习相关论著，对教师的研究来说很有必要。关键在于阅读这些资料时要结合自身工作多做思考。

在第四讲已经谈到，开展课题研究，需要检索资料，阅读与课题相关的书目。无论什么级别、性质的课题研究，都应与专业阅读有机结合，这样才能提升研究的成果品质。这个道理是显见的。

真正的研究，本身也是一个持续学习的过程，所以，脱离阅读与学习的课题研究只能是伪研究。在课题研究的准备阶段，我们需要查阅文献资料，从中梳理研究思路、寻找理论依据、明确研究方法。在课题研究的实施阶段，尤其需要围绕特定的研究目的、研究内容进行主题性的学习、研讨活动。在这一过程中，阅读活动是必不可少的：主持人要有针对地组织有所聚焦、有的放矢的主题阅读；通过相应的主题阅读与学习，课题研究者要学会借鉴已有的观点、思想、理论等，并将其与自我经验形成联系，从而化用到自身的研究与实践之中。

就课题来说，有狭义和广义之分：狭义上的课题，指的是通过立项的或者纳入自我明确规划的研究课题、教研课题等项目代称；广义上的课题，还包括需要通过深入研究才能完成的具体工作、事项等，这一层面与前者有所交叉，但又不局限于前者。比如学校新教师阅读资源库建设，既可以视为一项需要仔细研究的项目，但又不仅仅止步于研究，因为它所要完成的工作远不止于狭义上的课题研究。无论什么意义的课题，除了一些个人项目之外，很多课题更需要团队力量，需要引进任务驱动模式下的团队阅读加以推进。

此时，任务驱动模式下的团队既是课题研究人员，也是阅读团队成员，整个流程包括先期规划、具体实施、阶段验收与终结评估等环节。任务驱动模式下的团队阅读，相关问题是其产生和存在的前提，而在问题解决、任务完结之后，作为研究团队、阅读团队、工作团队的临时共同体也随之解散。当然，有的项目可能更需要后续的成果推广、深化拓展，在这种情况下，团队也可继续存在或优化调整，在原有基础之上结合动态继而提出新的任务驱动。

基于课题任务驱动模式的教师团队阅读，一般需要以下几个基本步骤：

其一，围绕课题目标遴选成员与书目。问题即课题，任务即课题，针对相应课题组建合适的人员团队，初步搭配纳入参考范围和研究视野的阅读书目。

其二，围绕问题任务阅读相应书目，开展阅读分享等活动。团队成员的阅读及其分享交流，一方面是在基于阅读的前提下为研究解决相应问题任务进行理论储备，一方面又是为了促进阅读、针对需要解决的问题探讨可行的策略与办法。

其三，围绕问题任务应用所读要点。根据阅读理解与研讨，团队人员在后续的课题推进过程中，紧扣问题任务对所读所学加以运用，开展解决问题的具体行动，排除相应困阻。

其四，经过评估、检验确认问题基本得到解决、基本实现预期任务目标。这是最后一环，体现任务驱动模式下教师阅读的运行成效，也是对相应阅读价值体现的一种反馈。随着问题的解决、目标的实现，特定任务驱动下的团队阅读也随之告一段落。

四、与学生阅读相结合

推动学生阅读也是教师应该做的一项工作，尤其是针对一些文学、科普、人文类优秀作品的阅读，完全可以将其与推动学生阅读进行紧密结合。

2012年中国教育报十大推动读书人物候选人之一的史金霞老师，从教20年来，无论是在贫困的山区教书，还是在残酷的县中教书，还是在发达的苏南教书，都将引导孩子热爱读书视为己任。读书，已经成为她和学生共享的一种生活方式。

史老师坚持一种开放的阅读观，出于全面关注学生生命体验的初衷，她关注学生的多种需求，不仅仅是学科知识，也关乎爱情、伦理、历史和政治，师生双方会就爱情、生命、信仰、时事等方面进行对话和阅读。在史老师的班上，读书形式花样迭出，孩子跟史老师一起享受着阅读的乐趣。那些已经读大学、参加工作的学生也大多保持着阅读习惯，很多人也一直跟史老师保持联系，互相交流阅读体验，彼此推荐好书。

其实，学生阅读不应仅仅局限于语文学科和文学作品，应该辐射更多学科，近年"学科阅读"的兴起就说明了这一问题。"学科阅读热"的背后，还要有一些冷却思考，不能满足于一时热闹，还要考虑学生的学业负担，结合实际量力而行，要有切实可行的指导措施。

请看一位小学科学教师在推动学生科学学科课外阅读方面的经验总结。

科学阅读的目的不在于培养未来的科学家，而在于为培养具有理性思维、批判意识、创新精神的健全公民。学生在课余时间读什么书呢？市面上面向小学生的书，总体来看，值得读的好书并不多。虽然我们现在从网上也可以找到各种"必读书目推荐"，但仔细考究一下，也会发现很多问题。

比如"新阅读研究所"组织推荐的阅读书目，高年级科学类必读书目有三本，分别是《科学家故事100个》《昆虫记》《地心游记》，其中第一本是人物传记，第三本是科幻小说，都不属于科学类书籍，只有《昆虫记》能勉强算得上是科学类读物，其实它的文学性也是很强的。也就是说，如果按照这个推荐书目开展阅读活动，学生在科学阅读方面是"吃不饱"的。

还是以这个推荐书目为例，小学阶段的科学类必读书籍共有十四种，其中十二种都是外国人写的，译作就有一个二次加工的问题，同一本书经过不同翻译水平的译者加工，可能面目迥异。

比如《森林报》——《夏》这一部，其中有篇文章叫《夜行大盗》，描述"夜行大盗"唯一的一个定量数据就是"300公斤"，文中又明确告知不是虎和熊，那又是什么动物？连我都很疑惑，更不用说学生了。翻阅后面的篇章，才发现答案竟然是貂獾。貂獾是中小型猛兽，一般只有几十斤重，不可能长到300公斤。这是怎么回事？我从网上查阅了最初的版本，发现并非"300公斤"，而是2普特，普特是俄国的重量单位，2普特大约是30多公斤，看来，是后来的译者为了方便国内读者阅读，把它换算成了公斤，可能计算能力太差，多加了一个"0"，使得原本很好的一篇文章变得十分荒唐。后来那些投机取巧的所谓译者，也把这个错误照搬下来。这篇文章，我就把它作为一个反面教材，让学生知道，不能"尽信书"。不过学生还小，他们缺乏辨别哪个译本好、哪个译本不够好的能力。

这种情况下，我们老师就不能图省事，从网上找现成的推荐书目，或者放任自流，让学生随便去读，而是很有必要进行筛选。

我校科学教师推荐科普读物时，会坚持如下几个原则：

一是推荐书目必须是自己精读过的，而且自己能够发现其中的价值。

二是尽量不推荐呈现碎片化科学知识的书籍，重点推荐关于科学史、科学方法方面的书籍。

三是要适应学生认知水平，不仅要考虑到年级之间的分层，还要考虑到同一年级中不同学生的分层需要。

四是推荐书目不求多但求精，注意与课内学习相结合，注意与其他学科共协作。

五是注意可操作性。要考虑到推荐书目是否易于购买、价格方面学生能否接受。

之前我们所做的这些，如果归纳成几点不成熟的经验，主要就是阅读内容要有选择、阅读方法要有指导、阅读环境要有自由。

从这位老师的经验介绍可以看出，教师在推动学生阅读时，必须身体力行参与其中，把握方向原则，而不是单纯居高临下发号施令，或者在指导的名义下单方面输出一些孩子并不欢迎的阅读技巧。

英国著名儿童文学家艾登·钱伯斯认为，儿童阅读、学生阅读的引导，需要在其周围存在一些"有协助能力的大人"，而"他同时也是一位有深度思考能力的读者"，这样孩子们才会喜欢阅读并善于思考。[①] 在他看来，这样的成年人至少需要具备以下条件：

一是熟悉自己的阅读经历。即通过回顾自身的阅读经历，从中思考相关经历对孩子们可能具有的意义。

二是保留自己的阅读时间，让自己的阅读程度随时跟上时代的脚步。也就是说，在辅导和帮助孩子阅读以前，自己应该尽可能多读一些书。"尽可能"不代表无穷无尽，至少应该包括你所辅导的孩子在未来几年可能需要阅读的书目。

三是随时掌握信息，关注出版机构和阅读推广机构提供的新的信息资讯，在阅读

---

① （英）艾登·钱伯斯.打造儿童阅读环境〔M〕.许慧贞,译.北京：五洲传播出版社,2009：128-132.

内容的选择上保持明智。

可见，教师在组织推动学生阅读的过程中，也应该对学生阅读、儿童阅读的相关研究有所关注，并结合自身实践进行一些有益的探索总结。

例如，国内亲近母语儿童阅读研究中心编辑出版了一套儿童阅读指导丛书，其中涉及儿童阅读地图（书目）的分阶段研制、班级读书会和读书课的操作等内容，这些项目的研究者多为一线教师。

再如，韩国的二志成老师针对学生学业成绩不佳、读书不得法的情况，先后总结撰写了《所罗门读书法》等著作，他开发的读书法是主要针对学生的实用阅读，主要目的在于应对考试提高成绩，这一层面的阅读指导也是有价值的，和前一层面的研究应该形成互补。

五、与亲子共读相结合

亲子共读就是以阅读作品为媒介，让孩子和家长共同阅读、共同分享的阅读过程。亲子共读，并非亲子间阅读行为与步调上的简单协调与匹配，更在于情感、精神、思想上的深度沟通。学校、教师融入亲子共读，日渐成为近年播种阅读的一种重要方式。

下面我们来看几个案例。

A. 老师很重视亲子共读，但她从来不让儿子在大家面前展示，也不以物质奖励的方式刺激他，这使得她和儿子的阅读很纯粹。

B. 学校每学年开学，会告知家长一学期的亲子共读阅读计划、阅读书目等内容，每个班级都建立了亲子共读 QQ 群，以班主任老师和语文老师为主，与孩子、家长定期在群里交流读书心得，及时对有关问题做出反馈。同时，学校利用家长会等形式安排教师对家长进行阅读指导，请一些家长分享经验，了解亲子共读的基本要求及方法。

C. 学校教师在参与和推动亲子共读过程中，发现有一定深度的影视作品也可以作为共读共赏素材，随后，他们就如何通过文本与影像的融合开展亲子共赏与家长切磋，给予家长指导。学校给每个学段推荐两部亲子共赏电影，要求教师同时参与共赏。在此基础之上，逐渐考虑向不同年段、不同个性的学生及其家长推荐共赏影片：如针对缺乏自信、对自身潜能认识不足的学生，共赏影片《阿甘正传》，让孩子和家长明白每个人都是独特的，都有机会成功；向家庭条件富裕但自理自立能力欠缺、对父母辛苦缺少体谅的孩子推荐《小鞋子》，让孩子与家长体会到"所有的孩子都需要早当家"，让孩子参与父母的工作和学习，哪怕只有一天，也是一种最真切的教育；针对父母与青春期孩子不易沟通的现状，向家长引荐《微微一笑很倾城》，构建相互尊重与理解的交流渠道。

　　第一个案例，教师的亲子共读主要针对自己的子女展开，看起来范围窄小，却是一种具有重要意义的"组织推动"。这样一种亲子共读，既有助培养孩子阅读兴趣，也可以在和孩子的互动交流中加深对作品的理解。

　　从第二个、第三个案例可以看出，在亲子共读中，教师、学生与家长的三位一体，可以促进阅读行动的有效、深入开展。其中，学校、教师起到重要的纽带作用，还要对此进行有针对的研究和指导，才能促进活动质量的提升。

　　需要注意的是，少年儿童的阅读在很大程度上具有明显的个性差异，因此，在教师阅读与学生阅读、亲子共读结合的过程中，应当把对这种个体阅读差异、阅读偏好的尊重和发现作为相应阅读指导的重要原则，以此帮助学生提高阅读选择的能力，而不是以此简单地代替孩子们进行选择，这样的阅读实践，才可能更加受到欢迎。

　　除了上述形式之外，教师专业阅读的组织推动还可以和多种形式相结合，另如家庭教育、名师建设等，在此不再赘述。

第三节

教师阅读共同体的组织运作

　　与独立的个性阅读不同的是，阅读共同体强调的是群体之间相同或相近的阅读志趣、价值认同或发展愿景，着眼于互动、互助与分享、共享的共读。关于"自读"和"共读"的矛盾关系，我们在第一讲已经谈过。教师阅读共同体的建构与建设，本身就是组织推动教师阅读的一种重要渠道。在自读的同时，加入阅读共同体，对教师的益处在于能在一定程度获得同伴鼓励与启迪，克服懈怠思想，通过共同的学习交流见证彼此的成长。

　　在教师阅读共同体的建构中，教师读书会是最普遍的一种组织运作形式，以学校为主导组织教师读书会又是其中最重要的一种方式。很多学校在这方面也进行了尝试，但要真正做好这件事并不容易。笔者认为，新教育实验项目组提出的一些建议很值得参考，在此择选精要略做介绍① ，一并穿插谈谈我们的一点意见。

---

① 以下关于新教育实验项目组的建议主要引自: 铁皮鼓. 构筑合宜的大脑: 新教育实验教师专业阅读项目用书〔M〕. 天津: 天津教育出版社，2009：146-148 .

针对读书会组织形式，新教育实验项目组的建议是读书会与教研活动进行整合，这种整合便于讨论学科问题。还可以由德育、政教部门组织班主任读书会。这两个层面的读书会都可以按照低年级、中年级、高年级再进行具体规划。

新教育实验项目组提出的这种整合是常态化的，而不是仅仅满足于一两次活动与阅读的结合，目的是突出教研或德育方面研究，主动融入专业阅读，增强相应活动的品质与品位。笔者的看法是：仅仅围绕学科教研活动整合校内读书会，从学校全局角度看还有些零散，学校在整体倡导和推动教师阅读的基础之上，最好有一个统一层面的读书会，把各个学科、各种岗位的骨干吸纳进来，聚焦于公共专业阅读，与此同时，再进行学科教研及其阅读研修的整合。全校性的读书会，其意义重在辐射引领，人员参与上不求外观的人多势众，以吸纳有生力量为主。如果某一发展段教师较多，就可以考虑组建一个针对相应群体的读书会。比如，新入职青年教师为数较多的情况下，可以建立青年教师读书会，按照专业阅读的阶梯结构对共读书目及其活动进行规划。

与此同时，各学科、班主任层面的读书会也可考虑建立，但是不要搞得太多。有时未必就叫读书会，读书会既可以界定为一个组织，也可以界定为一种载体。在各学科不平衡的情况下，也可先选出一两个基础较好的优势学科，进行探路、引路，其他学科有所参照、逐渐加强。

针对具体运行模式，新教育实验项目组列举了四年级语文教研组的读书活动，认为主持人自然而然应是年级学科负责人（也可由老师轮流主持），负责整个活动的策划组织，可以根据教学进度或者教材编排组织主题阅读。例如教学《渔歌子》，他可以组织大家分头组织查找资料：

1. 文本解读资料。

2. 关于隐士文化以及儒道文化方面的资料。

3. 关于诗歌教学方面的资料。

然后主持人对这些资料进行筛选，提前设计好主题，印发给大家。读书会围绕这些材料进行讨论，提供相关书籍给大家作参考。若大家感觉意犹未尽，还可以围绕诗歌鉴赏和教学做进一步探讨。如，有计划地读一本诗歌赏评专著。讨论资料还可以是杂志文章或者其他。

如果是班主任读书会，可以和问题学生诊疗结合起来，进行案例讨论，激发教师阅读，把涉及问题学生的若干阅读资料进行编订加以学习。在这个过程中，再对一些关键概念反复研讨。

笔者的看法是这种形式很有创意，但针对学科的阅读研讨一定要主题鲜明，不要扩得太大、太多。关于主持工作，最好设立一个常务主持人，在此前提下实行轮流主持。

发言要人人参与，确立中心发言人。

　　班主任层面的读书会也是这样，主题不必拘泥于学生问题，还可以是关涉班主任成长的一些焦点、难点问题等。有关话题也可以从班主任当中征集，但一定要有阅读素材，要联系自身的实践、阅读谈体会，不能演变成离开阅读的一般研讨。

　　新教育实验项目组认为这种与教研活动相结合的读书会非常有效，但是它不同于一般的读书会，它有较强的行政介入，因此要注意以下事项：

　　要警惕全面化、平均化的行政思维。行政层面组织读书会，容易希望普遍受益，但真正有效的策略，恰恰在于"让一部分人先富起来"，即在条件相对成熟的组或者年级先做起来，取得经验逐步推广。

　　行政要持续不断地提供扶持。时间、场地、印刷资料、图书配置等都很重要。没有扶持，很难靠热情维持。

　　行政要及时总结推广经验。这种形式的读书会已经成为对教研活动的深化改革。因此应视为学校教师专业发展的课程，及时总结提炼好的案例，把它作为学校的财富而积累。

　　可以说，这几点提醒很重要，具体到每一所学校，还要考虑自身内部情况，组织开展活动力求稳一点、慢一点；千万不要开始吹拉弹唱，后面寂寥无声；贵在朴实，贵在坚持。还要看到教师当中存在的差异，要求上要有所区划、留有弹性，不能定得过高、过死。对于经验要总结推广，但不要急躁，要低调行进，不要仓促出笼，因为经得起推敲的东西必须有所积淀、经受检验。

　　具体运作中需要注意的细节、可能出现的问题很多，还要结合实际对各种矛盾关系加以审视，做出可行的规划引导，才能把活动向纵深推进。

　　近年来，以网络形式为主导的民间教研组织也多了起来，这其中，也包括相应的教师读书会。与行政主导色彩鲜明、任务性相对较强的官方教师读书会不同的是，这种网络教师阅读共同体相对比较宽松，有的还有名家、媒体的参与，有一定的影响力和辐射力。在组织推动过程中，组织者和参与者也面临着不少矛盾。如何吸引大家积极参与，实现更有效的互动交流，也是组织者需要不断反思、总结、探讨的问题。为此，有几个方面值得关注：

　　一是明确基本规程。网上民间阅读活动的开展，虽然比较自由，缺乏刚性约束，但也要建立基于成员充分讨论、大家理解认同的制度规程。为此，有必要要明确共同体存在的愿景目标，基于愿景目标定期推出阅读书目与活动规划，明确一定周期的活动时间、讨论主题、发言规则等。对活动主持、中心发言、总结反馈等主要分工也要做出一定的约定安排，并尽可能提出对积极参与者的激励措施。总之，要探索形成一种既比较宽松、留有弹性的研讨环境，又有一定指向、约束的交流机制。

二是秉持包容精神。健康的网络阅读共同体应该具有民主气息，少一些硬性或软性捆绑，充满自由、兼容精神。参与者都有其话语权，对问题的认识很大程度没有对错之分，只是水平和境界存在差异，对这种客观存在的差异要有所尊重，而不是简单地要求大家一个步调、一个姿态。阅读共同体的契约规定应以保障良性的学习互动、保障参与者正当的话语权利为前提。如果相应规约自觉不自觉禁锢了思想的碰撞、学术的质疑，演化成少数人的话语特权，或者单一的话语模式，这样的所谓"共同体"最终不免走向故步自封。

三是培育核心力量。虽然民间教师网络阅读共同体相对宽松，但并不意味着专业引领层次可以随意降格，相反，它更要有一定的层次追求。在组织过程中，要逐步发现、聚拢一批具有担当情怀、思维比较活跃、堪为榜样示范的骨干，由此形成核心力量。组织者可以根据其特点专长有选择地让他们发挥主导作用，以推动交流活动的有序、有效开展。还可以约请水平相对较高的专家学者、优秀教师作为嘉宾或顾问，或点评案例，或答疑解难，或发起讨论，从而吸引更多人参与。

需要注意的是，不要把培育核心单纯演变为"非精英不吸纳"。须知：精英聚合的团队，未必会走得长远。民间阅读团队更不可一刀切，更要讲求差异、协调、组合，本照求同存异、自觉自愿的原则开展工作，这样才可能团结更多的同道者。

四是注重问题引领。在民间网络阅读共同体交流中，离不开富有聚焦性、吸引力的问题。问题设计不宜过多，一般三两个核心问题即可，问题之间最好前后连贯，统合在一个主题之下。有的作品包含的主题层面众多，这种情况下，可以选取相对重要的核心主题组织研讨，有时还可针对其他主题、内容进行二次研讨及后续研讨，以促成比较透彻的理解。

问题设计不能就书论书，在名词概念之上打转转，而要尽可能紧扣教育教学或现实生活，如果把阅读研讨与一些相应的典型案例的讨论结合起来，效果可能更好一些。

在网络研讨中，如果只是围绕某一作品进行单纯的阅读交流，就可能显得单调，造成一种疲劳。所以，最好能够结合教育教学和现实生活设计一些贴地气的研讨题目，使得相应研讨既有一定阅读素材的穿针引线，又超越单一的阅读交流。下面请看笔者主持的烟台市民间教师读书团队——三人行教师读书会所进行的一次专题研讨活动的"话题引读"。

师生交往中的细节：话说"打招呼"

"打招呼"是学校、班级里司空见惯的事情。但当前学校校园中却流行这样一种现象——学生"打招呼"，老师反应冷淡。长此以往，有不少学生再见到老师，就慢慢变得不愿打招呼。那么，校园中，剃头担子一头热的"打招呼"现象是如何形成的？我们教师又该如何利用打招呼这一契机，为学生树立文明礼貌的好榜样，真正把关爱送到学生心里并最终达到改善师生关系的目的呢？

为此，本专题选取三篇文章作为话题研讨素材，围绕素材及其主题做一些探讨，希望能引起老师们的重视，给大家带来一点有益的启示。三篇文章分别为孙贞锴撰写的《老师，"您"为什么不做回应？》，邹亮撰写的《一场争论引发的思考》，还有孙茂茂所撰《放下老师的架子》，三篇文章围绕这一话题分别谈出了自己的观点认识，为我们的研讨做了很好的铺垫和参照。

话题提出之后，出示引读素材，而且素材出自读书会成员本身，随后的互动研讨即围绕该话题及其引读素材展开，可以通过谈观点、说故事、摆案例等多种形式表达自己对话题及其引读素材的思考。这种具有专题聚焦意味、以"自家人"相应素材为专题阅读、问题探究起点的研讨活动，还是较具吸引力的。

在每期的专题研讨之后，我们还提供了与专题对应的有一定代表性的阅读链接，列出参考书目及内容概要，为成员的延伸思考提供参考。比如，该期研讨终结之后，提供了以下阅读链接内容：

1.《每天都问候学生》，选自安奈特·L·布鲁肖《给教师的101条建议》，中国青年出版社2007年5月第1版。

本书提示的101条建议来自美国最好的教育行业培训项目之———FIRST教师培训体系十余年所积累的培训经验。这些建议为教学提供即时有效的指导、为教师提供各种实用的技巧策略、有益的方法案例。作为FIRST的负责人，安奈特的教育理念是教学的实用性和人性化，注重在与学生的接触中进入他们的情感世界，并强调情感教学与创造性教学手段的结合。安奈特提出，教师应该主动向学生问候，给学生创造积极健康的环境。

2.《主动问候学生》，选自宋运来主编《影响教师一生的100个好习惯》"教育习惯篇"，江苏人民出版社2008年1月第1版。

究竟何为教师的习惯？教师又如何真正拥有良好习惯并有效促成自身专业发展呢？《影响教师一生的100个好习惯》是我国第一部以研究国内著名教师好习惯为主题的著作，从教师的教育习惯、教学习惯、学习习惯、生活习惯、行为习惯五个方面结合经典案例系统地研究评述教师应该养成的好习惯。习惯的养成实际上是教师专业姿态、心态、情态的反映，决定着教师发展的走向与高度。《主动问候学生》是其中"教育习惯篇"的第19条，文章通过案例分析指出：学生不是不想和老师打招呼，很多时候他们不确定老师是否认识他，害怕和老师打招呼后老师没有反应而尴尬。因此，要改善师生关系、做学生的知心朋友，教师就要放下师长的架子，做到真正的师生平等。教师要主动与学生打招呼，常怀此心，常行此道，从点滴小事做起，才能成为学生的良师益友，真正得到学生尊重。

3. 李镇西《民主教育的内涵》，选自李镇西《做最好的老师（修订本）》第一章《爱是永恒的教育理念》，文化艺术出版社2012年11月第2版。

《做最好的老师》集中展示了当代教育名家李镇西老师的教育教学思想。作者擅长把理性的思考倾注于可读性很强的教育故事之中，在一个个跌宕起伏、曲折动人的故事里，作者的教育思想、教育机智、教育技巧、教育情感等融贯其中，发人深省。《民主教育的内涵》是该书第一章《爱是永恒的教育理念》中的一篇重要文论，文章对民主教育的内涵进行了入木三分的分析解读，对根植于教师内心深处、在事实上打着师生不平等思想烙印的一些行为细节进行了深刻反思，颇值一读。

这样，整个研讨起于阅读，收于阅读，但又不拘泥于阅读，给参与者带来的收获可能是多方面的。

除上述几点之外，在有可能、有条件的情况下，还要尽量给参与者更多的展示机会，最好是搭建一些平台，如利用团队公众号、合作媒体等用以发布大家优秀的阅读和研讨成果。如果能在一定范畴、程度实现网上对话与网下面对面交流相结合，对提高研讨质量、提高读书会影响力也将多有裨益。

在网络高度发达的今天，对教师本身来说，对民间网络教研组织包括其中的教师阅读共同体也应有自己的判断与选择，切勿贪多不化。有的老师为鞭策自我阅读、实现快速成长，接二连三加入很多民间网络教研组织和教师读书会，为此忙得不亦乐乎。在这种积极的背后，需要反思的是：这些组织的存在，它们所开展的活动，是否都适合你的学习与成长需要？如果有其需要，又是一种怎样的需要？它们是否需要平均用力、四面出击？在加入相应组织之后，其活动理念、学习内容在多大程度上能够切合你的发展愿望？……毕竟，对个人而言，再好的阅读共同体要发挥作用，也必须建立在本人有效阅读的前提之上，阅读共同体的存在对个人阅读来说，很大程度上也只是一种辅助，而不可对其过于迷信。人的精力也是有限的，我们的成长与发展更须妥善规划，据此做出合理选择，而不可盲目从众、丧失自我。诸多民间网络教研、阅读共同体的存在，为我们进行学习研讨、阅读研修提供了平台，但也容易使一些人迷失在丛林之中。这些团队组织的活动方向与水平——往往受其创建者、主导者影响，所形成的学习格局与研讨内容也未必适合每一位参与者。作为网络共同体，它也很难照顾到具体个体所处的环境、背景与诉求，很难兼顾相应的各种差异。所以，只有对自身专业阅读与成长有更明晰的规划时，你才能对其团队是否具有与自身发展相称的建设理念、活动取向、榜样示范等做出明断，从中找到更有助自身发展、更对自己胃口的团队，才能进而在团队中找到感兴趣的着力点，找准自身位置，实现有意义的分享与互动。

最后，需要强调的是，不管什么形式的教师阅读共同体，在其组织运作中都要注意阅读伦理问题。所谓阅读伦理，其核心即在于如何妥善处理共同体内个体与群体、自我与他人的阅读选择之间的矛盾关系：

一方面，需要看到的是，在阅读资源更加丰富的今天，要增强对阅读资源的品性、价值等方面的判断能力，从中汲取、挖掘有益养分，单纯依靠个人力量根本无法完成。这就需要我们充分发扬互联网时代的阅读分享精神。在分享的同时，自然也不排斥自觉主动的学习借鉴、寻求并接受有益的指导。

近年，在呼唤教师阅读领路人的同时，还有研究者提出要建立旨在帮助教师成为职业阅读者的"阅读指导委员会"，委员会最好吸纳作者、书评家、专业研究者、精英读者等多方参与，对教师阅读状况进行跟踪调研，从书目推荐、阅读方法指导、阅读实践活动开展等多个方面予以指导，引领教师阅读健康发展。这种提议和设想的背后，所担忧的最大问题即在于——教师个体在专业阅读自我摸索状态下可能造成的时间浪费和实践误区。有鉴于此，教师阅读确实需要分享、借鉴乃至引领。

另一方面，我们每个人对内同样具有保持个性阅读，保持自我阅读选择与阅读区间的权利。所以，任何时候，都不宜硬性地以"推荐"名义向他人摊派自己所认可的书目。即使在一定范畴获得较大认同的教师书目编制，也只能作为一种参考依据，而不能摆出唯我是从的姿态。

积极推荐阅读书目本是好事，但容易自觉不自觉地呈现几种不良倾向：或出于一己偏爱而未必客观精准，或局限个人视野而未免有所缺漏，或走向自我中心而忽略受众状态，或夹杂人云亦云而疏于实际考察，或单纯迎合形势而远离读者兴趣。此外，有的推荐本身可能还带有一定的市场目的，图书宣传与其内容内涵未必全然相称。凡此种种，都提醒我们，既不要以指导者自居而盲目地给别人开列、推荐书目，也不要不加思考地接受甚至迷信一些所谓"必读书目""最全书单""推荐阅读"。

所以，阅读书目的选择、阅读要求的提出、具体活动的设计等都要慎重，不能以此压抑个体的阅读兴趣和思考热情。在共读、共享之外，可以考虑安排一些关于个人阅读史、阅读经验的交流分享。毕竟，基于个体的自主性的阅读学习，能在更细微的层面给予人更大的帮助，只有对自我的阅读兴趣、偏好、偏差等有更多的认识，阅读选择与阅读效果才可能变得更加高效。

第四节
专业阅读的量化与内化

在组织推动教师阅读的过程中，一些地区、学校、团体为了突出相应的考查评估，越来越重视引入量化形式。前面谈到一些老师反对推动阅读的硬性要求，如一年读几本书、做至少多少字的摘记、写几篇阅读随笔，这些硬性要求即属于量化形式。反之，有的老师所主张的规定阅读指标、把阅读及其读书笔记纳入业务考核与教科研奖励范畴，这些同样也属于量化形式。从各方面反映来看，对以强化量化手段推动教师阅读是存在一定分歧的。

在上述量化手段之外，一些组织者或研究者又开始了对其他一些形式的探索，书面测验就是近年流行的一种方式。

书面测验，指的是以书面形式呈现测评题目、受测者按照题意以纸笔作答的测验工具。一般需要编制主观和客观两种试题，组成比较完整的测评系统，测量被试者基本知识、学习成就、认知能力等方面差异，这类评价方式包括通常的大规模考试、教师自编成就测验、标准化成就测验以及其他作为教学评价辅助工具的各种心理测验等。例如，一些地市组织的教师基本能力测评，集中考查教师对课程标准、考试说明等学科纲领性文件的掌握程度。书面测验的信度和效度相对较高，实施方便，经济省时，评分也较客观，从而对教师阅读的推动起到一定的导向作用。

书面测验对我们来说并不陌生，只不过在教学中运用普遍，针对教师阅读的管理评估则较少用到。近些年，这种形式在教师阅读评价中的运用日益有所凸现。除了针对学科课程标准、教学知识的能力测评之外，书面测验方式在教师群体整本书的共读中也得到运用。例如，下面是一所小学开展苏霍姆林斯基《给教师的建议》阅读活动的阶段性测验。

《给教师的建议》读书活动第二阶段测试题

姓名：_____ 所任学科：_____ 分数：_____

一、必做题目（50分）

1. 苏霍姆林斯基在《谈谈教师的教育素养》中，就教育素养谈了哪些方面的问题？你对此又有什么样的体会呢？

2. "教师日记是一种个人的随笔记录，是思考与创新的源泉。"结合我校的教育博客及个人的一些做法，谈谈自己的认识。

二、学科选做题目（50分）

1. 在《给教师的建议》一书中，作者在许多章节中谈到了图画（绘画）在教师教学及学生学习中所起的积极作用。试举一例并谈谈自己对此的体会和认识。（语文学科、综合学科）

2. 苏霍姆林斯基一直十分重视对学生的阅读习惯及阅读能力的培养。请结合我校开展的读书系列活动，就阅读对学生的思维、智力发展等方面谈谈自己的一些观点及认识。（语文学科）

3. 苏霍姆林斯基在《让学生进行独立的脑力劳动》一文中，提到了"研究性学习法"。结合自己的读书体会以及"和谐高效、思维对话"型课堂教学改革谈谈自己的看法。（数学学科）

4. 数学学科注重的是一种思维的训练，而不是简单的机械性的重复操练。《给教师的建议》一书就提高学生的观察、思考、分析等多方面提出了许多建议。试举一例并谈谈自己对此的认识。（数学学科）

5. 《动手与智慧》实际上与素质教育中提出的"创新精神和实践能力"是完全吻合的。请结合自己的教育实践，谈谈教学中自己的一些尝试与体会。（综合学科）

这份测试题分为必做和选做两大板块，必做题目重在结合教师与学校实际，对相应阶段阅读重点进行考查，选做题目则"三管齐下"，即要求针对具体学科教学、回顾原著相关要点、结合自身教学体会来阐发观点认识，总结提升经验。测试题目本身"有统有分"，有所兼顾，题量适当，这样一种阶段性的小测验，可以说对深化阅读理解、促进分享交流、提高表达能力都是有一定积极意义的。

笔者认为，在教师专业阅读中，引进和运用测验等量化形式，确在一定程度为教师专业阅读提供了一扇窗户，但是，这扇窗户不是万能的，必须审慎地、有条件地应用。

我们来看一则案例，谈的是一位新教师入职后缺乏团队精神、比较自负，学校对其进行专业测试，转而促进她不断成长的故事。

呵护不完美的新教师（节选）①

新疆阜康市九运街镇幼儿园   焦 敏

新教师入园之后总要适应一段时间，作为一名园长，要善于观察新教师、帮助新教师有效提升适应能力、业务素养和自身专业素养。

入园测试专业技能时，小安演讲、舞蹈、讲故事均不错。但她之前在一家管理不是很正规的幼儿园工作，没有团队精神，比较骄傲，与老师们相处不是很融洽。一天，一位教师向我哭诉不想和她住在一个宿舍了，说舍友做好饭小安吃完往床上一躺，什么都不干，碗都不洗。

老师们的反映与我观察到的情况较为一致，这让我意识到必须要对小安进行引导。

专业测试去掉傲气

幼儿园要发展，就必须抓师资队伍的建设，除了要注重教师梯队建设，还要注重零起点教师的发展。专业测试可以了解新任教师的专业水平，根据新教师的专业水平制订切实可行的培养计划。于是我们从专业测试入手，了解新任教师的专业素养。

在接下来的专业测试中，小安的弱项就显现出来，她的《3-6岁儿童学习与发展指南》测试中没有几道题是对的，我当场分析并进行讲解，小安了解到自己的短板后，惭愧地低下了头。我抓住时机与她谈话，鼓励她多看书，多与同宿舍老师沟通学习。

委以重任激发热情

在几次打击之下，小安急于证明自己，干得特别卖力，而且工作有思路有想法。园里德育主任因病请假，因观察到小安有干劲有热情，我就把这个岗位的工作交给了她，希望她在德育工作中发挥自己的才能，把工作干得精彩。在全园六一儿童节活动中，她策划、预演的节目特别好。我及时把她叫到办公室谈话，肯定了她的成绩，并派她去州实验幼儿园听课。

从她放亮的眼睛中，我看到了不断变化的小安。

---

① 焦敏. 呵护不完美的新教师〔N〕. 中国教育报，2016-12-4.

......

从行文看，案例中谈到的专业测试，主要形式应该是书面测验，也可能是面对面的口头测验。口头测验在教师专业阅读的考查中，也有所运用。

口头测验即受测者口头回答问题，问题可能以口头或书面等形式给出。口头测验有时会采用一定的标准化和控制技术，比如，向受测者提问相同的问题、限制作答时间、对受测者答案进行电子录音并对录音进行回放评价等。以口头测验考查教师专业阅读，主要有两种可能：

一种是针对阅读而测验，即对教师阅读的相关知识、技进行整体布局，聚焦教师阅读的主要问题，以掌握教师阅读状况。如在测验中直接提问，苏霍姆林斯基提出了"两套大纲"的教学思想，你对此是怎么理解的？如果不读苏霍姆林斯基，对其"两套大纲"的教学思想毫无了解，肯定无法作答。

一种是测验题目可能间接考查教师的阅读素养。例如，河南省郑州市教育局组织的第五届名师选拔考试的面试题为：当前，导学案的应用很普遍，你对导学案有何看法？再如，某区业务校长选拔的口头答辩题目为：小组合作作为新课改以来的教学组织形式在课堂上得到了广泛应用，作为业务校长，根据你的教学观察与体验，谈谈对这一教学组织形式运用的看法。这种情况下，缺乏阅读基础、但教学经验丰富的教师也可能做出较好应答，对导学案问题有一定阅读研究的教师一般会更具优势。也就是说，在这种情况下，教师阅读的基础、视野、追求及其背后的思维能力也可能有所呈现。

口头测验的突出优点在于具有很强的现场性、即时性、真实性和不可复制性，除了可以考查受测者相应知识的理解掌握、确定其知识范围之外，还会对被试者的应变、思考、表达能力等有所考查。与书面测验相比，其备答时间可能更短。口头测验的缺点也被人们所一直诟病，如耗费时间、效率不高、不够严密、对一些知识和理解力的测验有失公平等。口头测验的误差主要来自施测者或者评价者。因此，口头测验的施测者需要对什么问题适合口测有很好地把握，并对所测内容有深刻了解，清醒地意识到什么是正确、合理的回答。所以，运用口头测验并不比书面测验更为容易。

不管书面测验还是口头测验，都会对教师相应的阅读基础有所考查。当然，口头形式的难度相对更大。对成年人和教师而言，口头测验之下，被试者的相关经验与认识、情怀等也会有所呈露。上面这个案例说明，测验这种方式对考察教师阅读素养确实是有作用的，正是通过专业测试暴露的不足，使得这位新教师开始去掉傲气、反省自我，进而走上了良性的成长之路。

与此同时，在这个案例的背后，还要思考的是：通过测验形式考查教师阅读素养，获得高分即代表"高能"？这种方式能在多大程度考查教师的阅读素养？有的老师阅读积累比较可观，但让他进行限时书面测验可能成绩一般甚至较差，或者进行口头测验也不见得多么出色，这又该怎么看？如果案例中的老师是一位老教师的话，这种方式会奏效吗？如果案例中的小安受到打击之后，转而变得消沉或者更为抵触，这种方式还适合继续运用吗？如此等等，追问下去，或许会有更多思考。

测验固有积极意义，但也有明显缺点，容易受被测者文化程度等多方面因素影响，用于不同背景、不同需求、不同心态的被试者，有效性也会有所降低，甚至出现无法使用、缺乏信度的情况。

在以上两种测验形式之外，还有研究者提出了以"阅读量表"对教师专业阅读进行考查的设想：

阅读量表是美国阅读课堂非常常见的测试方法，一般来说，需要教师准备分级词汇表、分级阅读文段、故事复述大纲、阅读理解问题等内容。运用这种方式的目的，在于分析被试者的朗读能力、流利程度、复述能力及理解能力，从而对被试者阅读能力进行评估记录。利用量表进行阅读测试的实践，在美国中小学中得到了广泛应用，但在国内中小学教学中，适切的阅读测试量表仍有待深入研究开发。有研究人员认为，针对成年人的阅读活动，也应该设计相应阅读量表，针对教师阅读的测试量表则应涵盖一些基本方面，诸如测试教师对相关原理的掌握程度、对阅读技能的熟练程度、对阅读策略的运用程度等内容，还可通过精细研究、具体测算和多次校准，研发更加精确的阅读量表。

在此，笔者认为，必须谨防混淆两个视角：

其一，教师的阅读考查和学生的阅读考查。教师的阅读考查和学生的阅读考查尽管有相似之处，但鉴于读者的阅读方向和阅读目的、发展取向的不同，在评价尺度和形式上还是有较大差别的。学生常规考试下的阅读测验形式，未必适合迁移运用到教师阅读素养的考查之上。针对学生的阅读测验，带有明显的诊断乃至选拔性质，而教师专业阅读的主要目的在于促进和提高，并不在于对教师本身的阅读研修水平进行诊断和选拔。

其二，用于检测的阅读和指向素养的阅读。用于检测的阅读，虽然也能在一定程度考查阅读素养，但指向一时之得的功利目的相对更为突出，即为了应对考试评价，应对某种特殊训练，比如知识记忆、快速作答、迅速理解等。指向素养的阅读，则是为了通过阅读提高自身的某一或某些方面的素养、涵养，更应该注重过程性，它在素材选取、阅读功能、阅读方法、阅读评价等层面和前者尚有不同。即使同一阅读素材，在用于检测的阅读和指向素养的阅读的不同归位之下，所呈现的外延也必然存在差异。因此，如果不加分析地把两者混为一谈，过度突出、夸大检测手段，甚至运用失当，反而会造成不良导向。在教师阅读的组织推动中，这种做法会有"应试主义"之嫌，更可能消弭教师亲近书卷的热情。

以检测形式促进教师阅读评价，应该控制在一定范畴之内，并以诊断反馈、正面激励、激发兴趣为主，而不宜突出等级评判、与教师评价硬性挂钩。为此，有时完全可以采取不定时间的自主检测或开卷考试、问卷应答等形式，通过这样一种辅助调剂的方式对教师阅读有所促动。

下面简单谈谈专业阅读"量化"与"内化"的概念所指，由此分析怎样处理二者矛盾关系。

量化：提高教师阅读评估的科学性和精确性，通过症结诊断、数据驱动、系统意识，对教师阅读进行问题反馈、行动改进，体现的是数据思维。

内化：内化是将所读、所思、所闻经过内证实践之后所领悟出的具有一定价值的认知体系。内化一般通过同化和顺应两种机制完成。

人的认知结构是一个能动系统，它是发展变化的，有着自我调节、自我完善的能力。心理学家皮亚杰认为，任何外部刺激、影响都是通过同化、顺应两种机能而被接收到主体认知结构中来的：所谓同化，指主体认知结构对外部刺激进行过滤或改变——把它接纳到认知结构中来。与此同时，认知结构在同化外部刺激的过程中，自身结构也会渐进发生相应改变，这种改变就是顺应。同化和顺应实质上是同一心理过程的两个方面。

教师阅读质量的提高，不能单纯期望一刀切或者烦琐化的量化来短期达成，更要着意于内化。这种内化，需要通过有效的设计、渗透、引领、互动、交流等方式创设良好的阅读文化，来"同化"更多的教师，使之进而"顺应"，走向更有效度的成长与觉醒。毕竟，量化的主要作用应该定位于一种外在辅助，而且它适用的对象、范围、时机也要具体斟酌，作用也不能无限拔高。否则，刻意突出量化，滥用量化方式，反而可能造成异化，由此加重教师心理负担。

从教师本体看，阅读研修确实需要一定程度的量化，需要量的积累，需要阅读数量、笔记数量等铺垫其中。毕竟，没有量变就谈不上质变。但是，这种量化很大程度不应该是外显的，不是拿来炫示于人的；而更应该是内敛的，更应视为一种锲而不舍的自我砥砺。

第五节
对专业阅读课程化的探讨

"课程化"是近年基础教育领域的一个热门词汇，关于"课程化"的有关建议、呼声也是接踵而至，诸如，学生阅读需要课程化，综合实践活动需要课程化，研学旅行需要课程化……在课程化的背后，反映了一种情结，就是只有把相应的学习、体验等纳入"课程"范畴才显得更规范、更集约、更有保障。

其实，在教师专业阅读领域，也有"课程化"的迹象与体现。

所谓专业阅读课程化，是指教师专业阅读活动的组织推动者基于阅读研修目的而开发的具有特定目标、内容、过程与评价的阅读课程。它一般具有比较完整的教材学材、课时计划、课程板块、作业要求、考核评估系统。

例如，新教育实验项目组创办的公益性质的网络师范学院根据他们所提出的"新教育教师专业阅读地图"，针对苏霍姆林斯基的经典著作开发了课程教材《苏霍姆林斯基教育学》，尝试从苏霍姆林斯基的众多著作中抽取框架，梳理"苏霍姆林斯基教育学"的基本结构和关键要素，以帮助学习者、阅读者理解苏霍姆林斯基的真正贡献，并使之在教育教学中真正有所发挥。整套课程教材围绕"自尊心""智力""丰富多彩的校园精神生活""道德教育""家校合作""教师发展""学校文化"七个层面对苏霍姆林斯基教育学的关键知识进行梳理、重构。[1] 就每一部分的内容编排看，主要由以下部分组成：

导读——对整个部分的前导性的概括说明、简要分析。

文选——围绕相应主题遴选经典文选，在每篇文选之后附有"问题与思考"。

解读——针对相应主题穿插原著、联系现实加以分解解读。如，第一部分"自尊心"又分解为"自尊心培养的误区""信任""评分""个别对待"等具体主题。

案例——针对相应部分呈现来自现实的教育教学案例，并附有案例点评。

资源与拓展——针对相应主题及其具体要素的理解，提供具有参考性的拓展、延

---

[1] 魏智渊. 苏霍姆林斯基教育学〔M〕. 北京：文化艺术出版社，2013：183-185. 对全书内容编排的具体概括为笔者所概括。

伸阅读书目或素材。

文选与解读构成其中的重心。

上述内容编排，可以说科学有序、环环相扣、多位一体，对于读者和学员学习具有明确的导向、路径和要求，确实体现了课程教材的鲜明特点。凡参与网师学习的学员，修习相应课程，也必须按照有关课业要求完成读写任务、修满相应学分。

再如，在近年的山东省中小学教师暑期远程研修中，选课模块增加了专业阅读内容，围绕《学记》《给教师的建议》等教育名著以及中国古典文化等提供讲解视频，供研修人员选择学习。只要完成视频听讲，即计入相应学分。这种依托影像、视频来推动教师阅读并纳入研修选课的形式，其实也可视为专业阅读课程化的一种体现。

专业阅读课程化，从课程的高度对教师的阅读学习提出明确的指导、要求和标准，而且特别强调阅读能力与涵养的提高，从而增强了阅读研修的针对性。作为一种组织推动手段，其优势是显见的。需要看到的是，专业阅读课程化必须有强大、雄厚的学术资源、师资力量等作为支撑，对于人力、物力、财力丰富的教育行政部门和教育学术团体来说，采取这样一种方式推动教师的研修、阅读当然有其可行之道。但是，对于大多数中小学校和一般的区域、教师阅读共同体等来说，组织这种课程化主导的活动，从各方面条件储备来看，显然有些不太现实。

笔者认为，对教师专业阅读来说，除了针对一些经典阅读可以考虑相应的课程创制之外，对更多的阅读学习内容来说，并不适合进行课程化处理。在此，我们回顾一下"课程"的内涵：

课程是指所应学习的学科总和及其进程安排。课程是对教育目标、教学内容、教学活动方式的规划设计，是教学计划、教学大纲等诸多方面实施过程的总和。

广义的课程是指为实现培养目标而选择的教育内容及其进程的总和，它包括所教授的各门学科和有目的、有计划的教育活动。

狭义的课程是指某一门学科。

根据上述定义，不难看出，目前基础教育领域所谈到的很多关联"课程"的内容，其实并非严格的"课程"定位，而是更多包含了相应"教育活动"的"泛课程"。严格意义的"课程化"，其基本前提是具备课程实施的时间、空间与条件，仅从预设范畴构建出课程的体系架构、范本参照等，而在现实教育教学环境下缺乏稳健运行、有效管理、科学评估的长效机制，这样的"课程"恐怕只能作为一种形式上的标签。

"课程化"思维的泛滥与过度，也可能对中小学教学造成一些不利影响。例如，针对很多儿童阅读推广人、研究者提出的"分级阅读"主张，江南大学人文学院黄晓丹教授、江苏无锡南湖小学武凤霞老师指出："阅读之所以成为标准化课程之外最为重要的学习手段，是因为阅读本身的开放性和个人化。标准化课程为儿童进入成人社会提供最基本的知识储备和学习方法，但不管在深度还是在广度上，它都不能满足每个学生的差异性需求。以这种差异为前提，广义的儿童阅读指导应该尽量保有其开放性，呈现出与标准化课程教学完全不同的特质，从而有能力与课程教学互为补充。试图总结出一套'儿童分级必读书目'，将它填塞到现有语文教学之中的方法，实际上是一种将阅读'课程化'的办法，它既加大了现有语文教学的压力，又降低了'阅读学习'的独特价值。"①

笔者认为，作为教师领域的"阅读课程化"，虽然和儿童领域的"阅读课程化"存在差异，但也需要保持辩证、理性的审视。在肯定其价值的同时，也要看到这种"课程化"之下可能忽略教师个体内在差异、增加学习压力、导致兴趣不高的弊端。如果"课程化"的要求过多、过高、过严，学习强度超出常态化的承受水平，虽然确实会鞭策一部分自制力较强、肯于艰辛付出的教师跟上节奏并实现较大提高，但对多数人来说，只怕是疲于应对甚至望而却步。这种"课程化"的背后，同样可能会演变成另一种"异化的量化"。

所以，对大多数基层的组织者、推动者来说，专业阅读的实施，主要还是针对教师所进行的一种专业活动，侧重点应该放在对阅读主体的激励引导、唤起兴趣与自觉、给以方法指引、促进有质量的切磋等方面之上。这种活动的组织开展，不应是随意、随机的，而应借鉴"课程化"取向之下目的、计划、要求明确的优点，尽可能做出比较科学、完善的规划与优化，有一定的统一规范。与此同时，还要结合实际量力而行，保有弹性留有余地，尊重和观照个体差异，多一些富有人性化的举措，以此逐步吸引和带动更多人的有效参与，从而积极稳妥地开展工作。

---

① 黄晓丹，武凤霞. 做会为自己选书的阅读者——基于儿童阅读偏好与兴趣的观察与解释〔J〕. 人民教育，2013（24）：32.

第六节

正视"专业化"及"专业阅读"之局限

"专业化"日益凸显的优点毋庸赘言，但也不乏弊端：任何一项工作在"专业"旗帜下细化为一项项具体任务、项目并提出相应的严格标准之后，在具有高度规范的同时，也可能会带来一些必不可免的单调、枯燥，给人带来更大的心理压力。

为此，笔者更认同这样的观点：教师专业化有其必要，其中，自然也包括教师专业阅读的推进。但是，完全期望通过"专业"轨道来解决现实中小学教育及其教师存在的问题，恐怕也是不现实的。所以，组织推动教师专业阅读，对提高教师素养、促进教师发展、改善教育品质有其重要作用，但这种期待不应被无限拔高。

坚持行动研究、二十多年来致力于从事访问学校和参观教室活动的佐藤学教授曾经说过这样一句意味深长的话："从书本中学到的东西固然很重要，但作为一个教育研究者和实践者，更重要的，还是从教学实践和现实中学习，像能够读懂书本一样读懂课堂里的现实。"[1] 佐藤学先生所说的"从教学实践和现实中学习"，指的就是深入开展校内教研活动、大力倡导公开教学。

对佐藤学先生的话，我们可以做出三个方面的理解：

首先，阅读对于中小学教师来说具有相当重要的作用，我们必须"从书本中学"，在阅读中形成深刻理解并努力"学到东西"。

其次，中小学教师的阅读学习，需要尽可能和现实教育生活、教学实践、工作需要等相结合，尽量体现学以致用。

再次，中小学教师的工作具有很强的实践性，在阅读之外，还要脚踏实地、扎根实践、扎根课堂，从现实中学习，对课堂教学和教育现实同样有深刻的理解。

根据对佐藤学先生这句话的解读，笔者更加认定：对中小学教师专业阅读而言，意义必须强调，目的必须端正，定位需要合理，局限需要正视。对其局限的弥补与突破路向，也要有所明确：教师的成长与发展，尚须返归于常态的教研活动、课堂观摩

---

[1]（日）佐藤学. 静悄悄的革命〔M〕. 李季湄，译. 北京：教育科学出版社，2014.

之中，如果这活动的开展，能与阅读研修做到恰到好处的相融，效果可能更好。前面我们谈到专业阅读的组织推动要与教研活动相融，实际就是基于这样的考虑。

由此，纵观教师专业阅读的组织推动，有两种值得警惕的倾向：

一种倾向就是前紧后松，流于形式，缺乏长效。

近年，各地在"建设书香校园"等名义下开展的有关活动层出不穷，投入不少人力、物力、财力，也起到一些积极作用。但不可否认的是，很多地区和学校的相应工作并未持续深入地开展下去。表面繁荣之下，演变成运动式的短期工程，变得虎头蛇尾，走向偃旗息鼓。究其原因，或源于动机偏颇，只是把开展教师阅读活动当成一时之需，作为一种功利性的存在，满足于宣传报道、呈现材料、对外展示而已；有的则徒有热情疏于规划，后续工作因为缺乏有效的方法路径而打不开新局面，更无法解决面临的困惑矛盾，无法调动广大教师自下而上的积极参与，最终不得不黯然落幕。

与此相对的另一种倾向就是温度过热，活动频繁，劳民伤财。

这种倾向更多表现为——为了创造成绩，加大宣传力度，不断提高要求，活动应接不暇，参与者颇感紧促，组织者却不以为然。教师专业阅读的组织推动，需要热情的倡导发动，也需要沉静的深耕细作，这一过程更需要守候，需要等待。这样才能有深厚的积累、稳重的成长、丰实的收获。一味升温之下的名目繁多、乱花迷眼、活动无度，也会助长浮躁。事实证明，任何针对教师阅读的组织推动行为，都要保持适当温度，遵循人的常态活动规律，从教师实际工作状态、承受能力出发，而不宜基于单方面意志而一味升温。毕竟，植根于教师成长需要的阅读，只有经过更长时间的酝酿、沉淀，才可能显现其更为持久、稳健的力量。

所以，不管怎样的组织推动，都要建立在对专业阅读的辩证认识、全面把握的基础之上，真正着眼于促进教师发展、提升教师境界，做到立足实际、精于规划、善于反思、尺度得当，才可能取得更好效果。只有正视"专业化"及其"专业阅读"之局限，才能更好地开展专业阅读的组织推动工作。

思考与研讨

1.下面几段文字出自苏霍姆林斯基《和青年校长的谈话》第 3 次谈话"学校集体的精神生活"[①]，阅读后请思考：

---

① （苏联）苏霍姆林斯基.和青年校长的谈话〔M〕.赵玮，等，译.北京：教育科学出版社，2009：85-87.

（1）针对教师阅读的组织推动，苏霍姆林斯基在文中呈现了哪些观点或举措？

（2）作为校长的苏霍姆林斯基在"读了一本关于少年的有趣的书"之后，为什么会引起广泛、深入的讨论？

（3）苏霍姆林斯基认为在学校和教师中间"应该更加有目的地进行书籍的宣传工作"，你对此有何看法？如果你的学校也打算进行这种宣传工作，你认为怎样才能把相应工作做得更好？

我们全校教师有一项规定：教师在上课以外参加其他活动（包括教学法研究会、校务委员会的会议、课外辅导工作）的时间，每周不得超过两次。应当尽可能给教师留出更多的时间用于自学，让他们从书籍这个最重要的文化源泉中尽量地充实自己。这是全体教师精神生活基础的基础。

读书的兴趣、热爱和尊重书籍的氛围是不会自发产生的，也不是靠领导的指示形成的。这件事用行政命令的办法根本不行。有了集体思考、集体讨论、座谈、生动活泼的争论和钻研精神，才会有爱读书的风气。我读了一本关于少年的有趣的书，就建议八年级的班主任们也读一读。这本书引起了许多争论。一位有经验的女教师说："事情并不都像作者所描绘的那么简单。作者认为一切都取决于学校。这固然不完全错。但是家庭呢？应当从家庭做起，单向家长普及教育知识还不够，还应该对他们做某些更深入的教育工作。这单靠学校的力量是不够的。要提出和研究'社会—学校—家庭'这个课题。"

这本书也引起了其他教师的兴趣，许多人都读了。大家一致认为，"社会—学校—家庭"这个问题，不能像现在那样来解决，而应该采取一些更加认真、更加彻底的办法。大家还谈到了社会教育、少年道德面貌的形成、家庭和学校集体的关系等重要问题。在教师集体中产生了关于青少年的公民教育、关于中年级和高年级学生集体的精神生活等一些很有意义的想法。学校党组织关心了这些问题。我们邀请了学校共青团积极分子和共青团区委书记来参加校务委员会的会议。我们讨论了应当做些什么工作，能使共青团和年龄大的少先队员感到自己是一个真正的公民，使他们对自己的所作所为怀有公民责任感。我们全体教师通过对我校和其他学校一些做法的分析，得出这样一个结论：要正确地安排公民教育，就必须规定专门的劳动任务，必须使学生的劳动生活充满公民责任感。

这些思想就是受那本有趣的书的启发而产生的。随后，教员休息室的书架上便出现了一些有关社会、文化、教育和道德等方面的书籍。当然，并非每一本书都能引起所有教师的兴趣，事实上也不需要这样。一部分教师对某一本书感兴趣，他们便自动结成一个小组。我们并不组织什么专门的讨论会，而是通过友好的交谈进行议论的。

我们认识到，应该更加有目的地进行书籍的宣传工作。我们有时组织一些报告或专题报告会，介绍我国社会乃至全人类都在关心的重大问题，其中包括社会、政治、道德、教育、美学、自然科学等各方面的问题，这可以说是一种独特的到书籍的世界里去的旅行。这种旅行已成为我们精神生活的一个丰富的源泉。这种报告由哪些教师作，并不做硬性规定。出席这种报告会也是自愿的。但是，几乎每次都是全体教师参加。

2. 下面是 A 校老师的一段话，这位老师谈到的现象在某些学校同样存在。请就此思考：造成这种现象的原因可能有哪些？这种现状怎样才能有所改善？

每一学期，学校都会征订相关的教育教学、人文社科等类报纸杂志，包含了各学科最有权威性的期刊，雅致整齐地摆在阅览室，阅览室的环境布置也较温馨。可直到学期结束，也很少有人问津。而我们的学校编制充分，教师的整体课时工作量并不算很重。

3. 请阅读下面一段话，思考讨论：如果教师"读困者"存在，其形成原因有哪些？这段话对教师专业阅读的组织推动有何启发？

有研究者认为，不爱读书的教师存在着一定的阅读障碍，可以称之为教师"读困者"。教师虽然是成年人，但在专业领域仍然是一个成长中的人、有发展潜力的人和愿意提升自我的人。因此，对教师中的"读困者"，应当给予理解并怀有足够的善意，相信他们暂时不爱读书、不善读书。随着工作难度的提高、自我教育意识的觉醒、同伴和成长共同体的影响及教育管理部门和教师培训机构的推动，将来也会转化为爱读者、善读者。

4. 2017 年 7 月《陕西教育》（综合版）刊发中国教育报记者张以瑾文章《如果不追求人的主体性，阅读或推动阅读就有根本性缺陷》[①]，下面是文章的部分内容，阅读后请思考：

（1）作者谈到不能"只读叙事类的著作""至少读一本教育哲学"，你是否赞同这一观点？请回顾第二讲所提出的教师专业阅读作品分类框架、"三维四性阅读体系"架构，对于"叙事类的著作""教育哲学"所对应的作品主导形态、主要阅读性质是怎样界定的？结合本文观点，你从中又获得了怎样的启发？

（2）作者认为"社会科学著作"的阅读"可以帮助我们很好地分析、认识我们身处的社会以及这个社会的发展趋向"，你是否有相应的阅读经历与体验？作者说一些教师更多地关注人文类、国学类、教育类阅读，忽视社科类阅读，你是否有同感？

[①] 张以瑾. 如果不追求人的主体性，阅读或推动阅读就有根本性缺陷〔J〕. 陕西教育（综合版），2017（05）：28-29.

无论是教师个人追求的阅读，还是教育部门、学校或校外组织倡导和推动的教师阅读，都需要融入更多的审慎考虑，以达成阅读效益的最优化、最大化。在具体操作层面，有两个现象需要引起注意。

一是只读叙事类的著作。我们不可小觑"故事"的承载力和传达效果，但通过散碎的故事或絮絮叨叨的叙述，基于叙事者过于个人化的视角，很难对教育以及与教育有关的人性等问题达成一种全面的、系统的见解。教育工作者越是需要面对生命个体的需求和具体的教育场景，就不可不借助抽象的思维建构和统摄性认知。因此，但凡有交流教师阅读的场合，我都会郑重建议：至少研读一本教育哲学。

二是忽视社会科学著作。在很多教师阅读现场，只有小说、诗歌、散文等人文类著作唱主角，或者完全是"国学经典"的专场，或者只读封面带有"教育"字样的书，国内外的社会学、心理学、人类学、政治学、经济学等社会科学著作少之又少。

5.下面是一所学校制定的读书考核制度的部分内容，阅读后请思考：

（1）你对相关考核制度有什么看法或意见？

（2）在这项制度中，涉及以竞赛、测试形式对教师阅读进行考查，你觉得这种形式的运用应该注意哪些问题，怎样才能起到更好的促进作用？

（3）现实中，读书演讲作为推动教师阅读的一种形式，也被很多地区、学校所采用。在活动中，很多演讲者也是激情澎湃，罗列甚多，往往还会有"我读……从中明白了……"之类的排比、感叹。该校则明确提出"不重形式，重在谈出自己的读书体会"，你觉得读书演讲怎样才能既在一定程度唤起教师激情，又不仅仅止于"演讲"形式、切实谈出自我阅读体会？

每学期一次读书竞赛，所有学科任课教师参加。竞赛题目围绕各学科必读书目，出三至四道题目，要求教师结合自己的读书收获和教育实践进行论述，重点看教师是否消化吸收了书中的主要思想。

每学年一次读书演讲比赛，由40周岁以下教师参加，不重形式，重在谈出自己的读书体会。

每学期一次读书征文比赛，主题参考上级主管部门指示精神，结合学校教师读书实际进行确定。

每月一篇读书随笔。随笔字数不限，内容不限，只要是围绕教师近期读书篇目进行阐述即可。随笔必须是教师原创，严禁从网上下载或抄袭。

以上内容根据教师成绩分成相应等次，计入教师考核。根据教师综合成绩，评出每学期"读书明星"，并发放一定书籍进行奖励。

后记

我从未想过有一天还要完成一部专门探讨中小学教师专业阅读的著作，如今这一从未想过的事情终于成为一种现实。这部著作的背后，其实有着较长的一段心路历程和成长轨迹。

参加工作之后的一段时间，我脑中并没有专业阅读这个概念，只是满足于完成岗位任务。2006年，工作已经六年的我开始琢磨着给自己找点事干，从此走上专业阅读之路。2010年春夏之交，我和吕景辉、邹亮、黄大通、鹿秋理等几位同仁自发成立了民间性质的"三人行"教师读书会。一路走来，虽磕磕碰碰、困阻不断，但终究有所坚持。这中间，我对教师专业阅读问题也有了一点经验，多了一些认识。

受烟台市教科院委派，我于2013年、2014年接连在全市教科室主任研究素养培训班、全市课题主持人暨名师研究素养提高班主讲教师专业阅读专题。2018年又在山东省教育创新研究院组织的全省中小学教科研主任高级研修班主讲这一专题。前后几年时间，还受一些学校或团体之约举办讲座。每一次培训和主讲，对我来说，都意味着一种挑战与超越。

2013年到2015年，我主持承担了山东省教育科学"十二五"规划重点课题"中小学教师专业阅读体系构建研究"，最终顺利结题。但我始终感觉有关的探讨与总结尚显粗糙，不够系统、深入。2016年，全规办下发有关课题申报通知，福山区教科室要求我以专业阅读体系研究为主题进行申报。中小学一线教师想获准立项全规办课题具有相当难度，所以我根本没抱希望。当时，我只是一级教师，作为主持人必须有两名正高级教师做担保，而本区中小学领域尚无正高级，这就意味着申报难以为继。我本就无心挑战这一高难动作，正想顺水推舟予以放弃之际，福山区崇文中学王永胜校长明确表示不能放弃，他亲自出面联系烟台汽车职业工程学院两位正高级领导作为课题担保人。其后，我申报的"中小学教师专业阅读体系构建深化研究"项目竟一路过关——被立项为全国教育科学"十三五"规划教育部重点课题，成为当年度山东省中小学领域唯一通过全规办匿名评审、获准立项的项目。

早在 2013 年，烟台市教育局就曾在全市会议上对我的专业阅读推动与研究工作表示了充分肯定。在国家级课题申报与研究过程中，还先后得到山东省教科院张斌主任、烟台市教育局王旋副局长、烟台市教科院管锡基院长、福山区教体局王海成副局长、福山区教科室王诏主任等领导的关切。值本书出版之际，向各位领导表示衷心的感谢！

课题的实际难度远超预想，中间可谓备受煎熬。这部专著纵为拙著，仍然要用"呕心沥血"四字形容个中艰辛，因为它毕竟承载了多年的积累与探索。期间，除个人实践研究所得素材之外，还吸收了烟台官方推动教师阅读的一些经验认识，引介了邹亮、郭玲等课题组核心成员以及徐茂玲、李申松、辛本亮等读书会骨干的有关篇章。还有福山产业区中心校蔡华先老师、海南热带海洋学院附属中学熊纪涛老师等同行、朋友也为我的研究提供了有益素材。此外，全书还援引了少数名师、学者的有关例证或论述，在此一并致谢。

特别感谢中国教育科学研究院储朝晖研究员及上海市教育考试研究院常生龙副院长于百忙之中为本书拨冗作序。储朝晖研究员治学严谨、著作等身，是我仰慕已久的著名学者。常院长在肩负管理重任的同时更是阅读与写作的典范，获评 2012 年度中国教育报"全国十大推动读书人物"，更是我辈学习的楷模。

还要特别感谢著名学者、北京师范大学肖川教授，《中国教育报》资深记者、读书周刊梁杰编辑，语文教育家、著名特级教师韩军先生——先后阅读拙作并盛情撰写推荐语。在此，向宅心仁厚、提携后学的各位前辈、学者、名家致以最真挚、最崇高的敬意！

感谢课题组邹坤、吕景辉、鞠传江、冯承君、李广东、梁涛、李伟等成员，不但在整个研究过程积极参与、献策献力，最后还为书稿的修订提出很多宝贵意见。

我原本并未想过做一名"专业阅读的推动者和研究者"，后来却自觉不自觉地走上这条道路。蓦然回首，已近十年，所谓"十年磨一剑，白了少年头"，本无铸剑之志，何来一剑之谈？倒是平添白发，青春岁月不再。虽说四十不惑，心中却是困惑诸多。蓦然回首往昔，终究过眼烟云。我更深知，任何一种有意义的追求与超越是没有止境的，为此，我更愿意怀抱相应困惑，迈向新的探索，寻求新的开悟……

孙贞锴
2019 年 4 月于烟台